欧亚历史文化文库

总策划 张余胜

兰州大学出版社

新疆考古论集

丛书主编 余太山

孟凡人 著

图书在版编目(CIP)数据

新疆考古论集／孟凡人著. — 兰州：兰州大学出
版社,2010.8
（欧亚历史文化文库／余太山主编）
ISBN 978－7－311－03529－7

Ⅰ.①新… Ⅱ.①孟… Ⅲ.①考古—新疆—文集
Ⅳ.①K872.45－53

中国版本图书馆 CIP 数据核字（2010）第 153995 号

总 策 划　张余胜

书　　名　新疆考古论集
丛书主编　余太山
作　　者　孟凡人　著
出版发行　兰州大学出版社　（地址：兰州市天水南路 222 号　730000）
电　　话　0931－8912613（总编办公室）　0931－8617156（营销中心）
　　　　　0931－8914298（读者服务部）
网　　址　http://www.onbook.com.cn
电子信箱　press@lzu.edu..cn
印　　刷　兰州人民印刷厂
开　　本　700mm×1000mm　1/16
印　　张　33
字　　数　460 千
版　　次　2010 年 9 月第 1 版
印　　次　2012 年 4 月第 2 次印刷
书　　号　ISBN 978－7－311－03529－7
定　　价　98.00 元

（图书若有破损、缺页、掉页可随时与本社联系）

出版说明

　　随着 20 世纪以来联系地、整体地看待世界和事物的系统科学理念的深入人心，人文社会学科也出现了整合的趋势，熔东北亚、北亚、中亚和中、东欧历史文化研究于一炉的内陆欧亚学于是应运而生。时至今日，内陆欧亚学研究取得的成果已成为人类不可多得的宝贵财富。

　　当下，日益高涨的全球化和区域化呼声，既要求世界范围内的广泛合作，也强调区域内的协调发展。我国作为内陆欧亚的大国之一，加之 20 世纪末欧亚大陆桥再度开通，深入开展内陆欧亚历史文化的研究已是责无旁贷；而为改革开放的深入和中国特色社会主义建设创造有利周边环境的需要，亦使得内陆欧亚历史文化研究的现实意义更为突出和迫切。因此，将针对古代活动于内陆欧亚这一广泛区域的诸民族的历史文化研究成果呈现给广大的读者，不仅是实现当今该地区各国共赢的历史基础，也是这一地区各族人民共同进步与发展的需求。

　　甘肃作为古代西北丝绸之路的必经之地与重要组

成部分,历史上曾经是草原文明与农耕文明交汇的锋面,是多民族历史文化交融的历史舞台,世界几大文明(希腊—罗马文明、阿拉伯—波斯文明、印度文明和中华文明)在此交汇、碰撞,域内多民族文化在此融合。同时,甘肃也是现代欧亚大陆桥的必经之地与重要组成部分,是现代内陆欧亚商贸流通、文化交流的主要通道。

基于上述考虑,甘肃省新闻出版局将这套《欧亚历史文化文库》确定为2009—2012年重点出版项目,依此展开甘版图书的品牌建设,确实是既有眼光,亦有气魄的。

丛书主编余太山先生出于对自己耕耘了大半辈子的学科的热爱与执著,联络、组织这个领域国内外的知名专家和学者,把他们的研究成果呈现给了各位读者,其兢兢业业、如临如履的工作态度,令人感动。谨在此表示我们的谢意。

出版《欧亚历史文化文库》这样一套书,对于我们这样一个立足学术与教育出版的出版社来说,既是机遇,也是挑战。我们本着重点图书重点做的原则,严格于每一个环节和过程,力争不负作者、对得起读者。

我们更希望通过这套丛书的出版,使我们的学术出版在这个领域里与学界的发展相偕相伴,这是我们的理想,是我们的不懈追求。当然,我们最根本的目的,是向读者提交一份出色的答卷。

我们期待着读者的回声。

总　序

　　本文库所称"欧亚"(Eurasia)是指内陆欧亚,这是一个地理概念。其范围大致东起黑龙江、松花江流域,西抵多瑙河、伏尔加河流域,具体而言除中欧和东欧外,主要包括我国东三省、内蒙古自治区、新疆维吾尔自治区,以及蒙古高原、西伯利亚、哈萨克斯坦、乌兹别克斯坦、吉尔吉斯斯坦、土库曼斯坦、塔吉克斯坦、阿富汗斯坦、巴基斯坦和西北印度。其核心地带即所谓欧亚草原(Eurasian Steppes)。

　　内陆欧亚历史文化研究的对象主要是历史上活动于欧亚草原及其周邻地区(我国甘肃、宁夏、青海、西藏,以及小亚、伊朗、阿拉伯、印度、日本、朝鲜乃至西欧、北非等地)的诸民族本身,及其与世界其他地区在经济、政治、文化各方面的交流和交涉。由于内陆欧亚自然地理环境的特殊性,其历史文化呈现出鲜明的特色。

　　内陆欧亚历史文化研究是世界历史文化研究中不可或缺的组成部分,东亚、西亚、南亚以及欧洲、美洲历史文化上的许多疑难问题,都必须通过加强内陆欧亚历史文化的研究,特别是将内陆欧亚历史文化视做一个整体加以研究,才能获得确解。

中国作为内陆欧亚的大国,其历史进程从一开始就和内陆欧亚有千丝万缕的联系。我们只要注意到历代王朝的创建者中有一半以上有内陆欧亚渊源就不难理解这一点了。可以说,今后中国史研究要有大的突破,在很大程度上有待于内陆欧亚史研究的进展。

古代内陆欧亚对于古代中外关系史的发展具有不同寻常的意义。古代中国与位于它东北、西北和北方,乃至西北次大陆的国家和地区的关系,无疑是古代中外关系史最主要的篇章,而只有通过研究内陆欧亚史,才能真正把握之。

内陆欧亚历史文化研究既饶有学术趣味,也是加深睦邻关系,为改革开放和建设有中国特色的社会主义创造有利周边环境的需要,因而亦具有重要的现实政治意义。由此可见,我国深入开展内陆欧亚历史文化的研究责无旁贷。

为了联合全国内陆欧亚学的研究力量,更好地建设和发展内陆欧亚学这一新学科,繁荣社会主义文化,适应打造学术精品的战略要求,在深思熟虑和广泛征求意见后,我们决定编辑出版这套《欧亚历史文化文库》。

本文库所收大别为三类:一,研究专著;二,译著;三,知识性丛书。其中,研究专著旨在收辑有关诸课题的各种研究成果;译著旨在介绍国外学术界高质量的研究专著;知识性丛书收辑有关的通俗读物。不言而喻,这三类著作对于一个学科的发展都是不可或缺的。

构建和发展中国的内陆欧亚学,任重道远。衷心希望全国各族学者共同努力,一起推进内陆欧亚研究的发展。愿本文库有蓬勃的生命力,拥有越来越多的作者和读者。

最后,甘肃省新闻出版局支持这一文库编辑出版,确实需要眼光和魄力,特此致敬、致谢。

余太山

2010 年 6 月 30 日

目录

1 交河故城形制布局特点研究

19 世纪末 20 世纪初以来,国内外的一些学者在交河故城曾陆续做过调查或试掘。然而,由于其资料零散且发表的有限,尚不能据以研究交河故城的形制布局。改革开放之后,交河故城的考古工作有较大的进展。特别是 1992 年 10 月至 1996 年 4 月,在交河故城整体保护修缮期间,配合工程全面调查了城内遗迹,对部分遗迹进行了必要的清理和发掘,测绘了交河故城平面图(此图较全面、完整,水平远在过去平面示意图之上),刊发了有关的资料,[1]从而为全面研究交河故城奠定了初步的资料基础。据此已有学者对交河故城的形制布局谈过看法,[2]本篇则拟从不同的角度,就交河故城形制布局及其特点再略作探讨和研究。

1.1 依托于台地自然地理特点的城建总体规划

交河故城在吐鲁番市西 10 公里,位于雅尔果勒村(亚尔乌勒)西侧台地上。该台地南对也木什塔格山北侧缺口,东连吐鲁番腹地,据守

---

〔1〕中国国家文物局、新疆维吾尔自治区文物局等:《交河故城保护与研究》,新疆人民出版社,1999 年。此外,李肖参加了 1992 年 10 月—1996 年 4 月交河故城保护修缮过程中的考古工作,1998 年 2—5 月又到交河故城进行专题调研,在此基础上撰写了博士论文《交河故城的形制布局》(文物出版社,2003 年)。李肖论文收集资料丰富,又增加了不少新资料,笔者撰写该文时参考较多。

〔2〕见前揭《交河故城保护与研究》所收解耀华:《交河故城的历史与保护修缮工程》一文之三,"交河故城遗址布局与保护现状";柳洪亮:《交河故城城市布局调查》;另见前揭李肖论文。

·欧·亚·历·史·文·化·文·库·

要冲,控扼古代交通咽喉,具有重要战略地位(图1.1)。[1] 台地上的城址建成区,在周边自然地理环境衬托之下,雄伟壮观,建筑密集,布局有定,井然有序,其整体性、封闭性和防御性很强。凡此都说明交河故城现存形制的形成期,事先应有城市总体规划,其主要表现有以下三个方面。

首先,交河城在选址上很重视自然地理环境,以营造出城市所需的外缘景观。交河城附近的自然地理环境除前述者外,在该台地的东西两侧,还分别有二道沟和三道沟(或称河)河水环绕,两水于台地南、北端交汇,故史称"交河"(图1.1)。[2] 另外还有头道沟在台地北端汇入二道沟,三道沟之西的四道沟于台地南端不远与二道沟相汇。四条沟水间夹四块较小的台地,分别位于交河台地外之北和西侧(图1.2)。

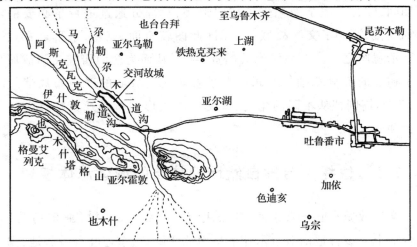

图1.1 交河故城地理位置示意图

---

[1]交河故城北对大河沿,沿河越天山经唐代"他地道"通北庭城(今吉木莎尔县城北,护堡子唐北庭都护府城遗址),西偏北进盐山山口沿白杨河经唐代"白水涧道"通唐代轮台县(今乌鲁木齐南乌拉泊古城。"他地道"、"白水涧道"见《西州图经》。西南通唐代天山县(今托克逊县城附近),进而经唐代银山道(今库米什)达焉耆,又经今托克逊附近的阿拉沟西进伊犁盆地。交河故城之东和南面为吐鲁番盆地的腹地。由此可见,交河故城控扼古代吐鲁番盆地西部交通要道的交通枢纽,具有重要战略地位。

[2]《汉书·西域传》"车师国"条记载:"车师前国,王治交河城。河水分流绕城下,故号交河。"

2

这样就使交河台地处于环水之中,台地高出河床近30米,呈岛状兀立。上述诸种情况相辅相成,遂造成交河台地山峙水绕,隔河诸相邻台地拱卫的龙盘虎踞之势。此外,由于交河台地拔地高耸,悬崖峭壁,台地上沿崖边筑胸墙与之相得益彰,又有台地外东侧地势坡降的烘托,故台地更显崔巍突起,立体感十分强烈。总之,交河台地依山带水,附近地貌多姿,地势高低错落,四周林木翠绿,水草茂盛,景色壮丽。如此城市外缘景观,堪称一绝。

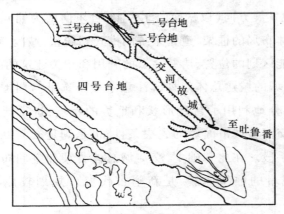

图 1.2　交河故城附近台地位置示意图

其次,交河城较充分地利用了所在台地的地形特点,进行城市总体规划。交河台地平面略如柳叶,地势呈北西—东南走向(为行文方便,以下将台地两端称南北,两侧称东西)。西北高(海拔 82.16 米),东南低(海拔 43.95 米),南北狭长 1700 余米(或说 1800 米),中部最宽处约 300 米,总面积 35 万余平方米,城址建成区面积约 22 万平方米。[1] 交河城依据台地这种地势和走向,大体将其规划成三大部分,即台地南段和中段在海拔高度约 40(最低处)~60 米左右区间内,以世俗居住区和衙署区为主体(杂有寺庙);台地中段偏北和北段偏南,在海拔高度约 65~73 米左右的区间内,建大(北)寺区;寺院区之北,

〔1〕参见《交河故城保护与研究》刊布的资料,新疆人民出版社,1999 年。

海拔高度约73～80米左右的区间内为墓葬区。[1] 这样就使整个台地自南向北，从低到高被划成人（世俗居住区等）、神（寺院区）和鬼（墓葬区）三大区块（图1.3）。如此规划自有其早期以来渐次发展的基础，然而它的最后形成应有意而为。这种规划模式，恐怕与当时的意识形态、宗教信仰和等级观念是有一定关系的。

此外，交河城还按照台地的走向和地势，充分利用台地狭长的特点、宽窄不同的部位和诸制高点，全面规划城内建筑用地范围（指墓葬区之南）和用地发展方向（以从南向北为主，自东向西为辅），进而确定了城市建筑总体布局的框架，道路系统的模式和线型，城门、轴线、主要干道和不同功能区划的位置，诸制高点的利用和相关建筑的配置等等。

总之，交河城的城建总体规划既注意了城市选址与周围自然景观的结合，又较充分地利用了台地形状和地势的特点，进行建筑艺术构思。这是体现交河城城市面貌的先决条件，也是满足交河城生存和发展需要的重要手段。在此基础上，交河城总体骨架和空间布局明确而得体，展现出城市的独特风貌，是新疆古代城市规划较成功的范例之一。

1.2 城门错位而置，轴线和干道配置独特

交河台地之西和北边悬崖壁立，高差很大，隔沟是与交河台地高度相近的台地，阻断了交通（见图1.1、1.2）。因此，交河城依据台地狭长和周边地理环境的特点，只建两座城门，并将其位置选在崖壁相对较低，又便于与外界沟通的台地南端西侧和台地的东面。[2] 南城门为正门（已毁，封堵。现在的南门是紧邻原门址的北侧后开的出入口），位于台地南端西侧。东门大致位于台地建成区东侧中间的位置。两座

---

〔1〕参见《交河故城保护与研究》（新疆人民出版社，1999年）刊布的交河故城平面图上标明的海拔高度。另见前揭李肖论文所附交河故城总平面图上标出的海拔高度较清楚。

〔2〕前揭解耀华论文认为，交河故城还有位于西北小佛寺西侧50余米处的小西门，位于地下寺庙西南70米崖岸附近的北门。前揭李肖论文亦持此说。但据笔者实地调查，这"两座城门"尚难确定是否为城门，它们与交河故城内的形制布局也无关联。

城门的位置南北相错较远,改变了一般城市城门基本对称配置和具有多座城门的格局,从而制约了城内轴线的位置和走向以及主干道的数量、位置与走向,又影响到城内用地发展方向和各功能区划的方位。这是交河城总体规划和形制布局模式的重要决定因素之一。

交河城内有一条轴线和三条主干道。轴线大致位于交河城建成区中部偏南,处于所在区段东西向宽度中间偏西,界于南面高台寺庙(俗称瞭望塔)与北面中央大塔之间,长约 340 米,宽 8~11 米,两侧是残高 3.5~4、残厚 1.5~2 米的生土墙(俗称中央大街)。轴线南端于衙署与南面高台寺庙之间向东折拐约 70 米,然后与南门内大街和东大街相接。轴线北端分叉,各绕中央大塔东西两侧北行,与北寺区前街相接(见图 1.3、1.4)。该轴线是交河城布局总图的主脊,类似中原城市的中轴线,它可能与邺城以后出现的中轴线布局艺术有某种直接或间接的关系。由于这条轴线界于中央大塔与南面高台寺庙之间,两侧高墙壁垒,故封闭性很强。所以轴线形成的中央大街从交通功能上看,大概不是日常惯用之道,很可能主要是供举行重要活动之用,并成为一条通向北部大寺区的参道。

城内的三条主要干道,分别为南门内大街、东大街和东横街(见图 1.3、1.4)。南门内大街从南门略斜向东北,主要路段大致位于所经区段东西宽度的中间,略弧曲,北端在南面高台寺庙东侧与轴线向东折拐路段东端相接,长约 342、宽 4~6 米。南门内大街虽较斜,但仍可将其看作是与轴线共同构成交河城内的南北向大街,南门内大街两侧遗迹残毁无存(两侧原或有高墙?)。东大街位于轴线之东,大约在轴线至东崖边的中间穿过。东大街北端至东北佛寺前,南与轴线向东折拐路段东端和南门内大街北端相接(三者相接后,略呈南北向的"Y"形),长 880 余米,宽 1.8~2.5 米,街道多处弧曲,两侧多残存生土高墙。东横街从轴线中间向东连接东大街,线型较直,长约 135、宽约 2.4 米,两侧是残高约 6 米的生土墙。上述干道虽然也有较强的封闭性,但其岔路口相对较多,是连接南门和东门及城内除西寺区外各主要功能

·欧·亚·历·史·文·化·文·库·

图1.3 交河故城平面图

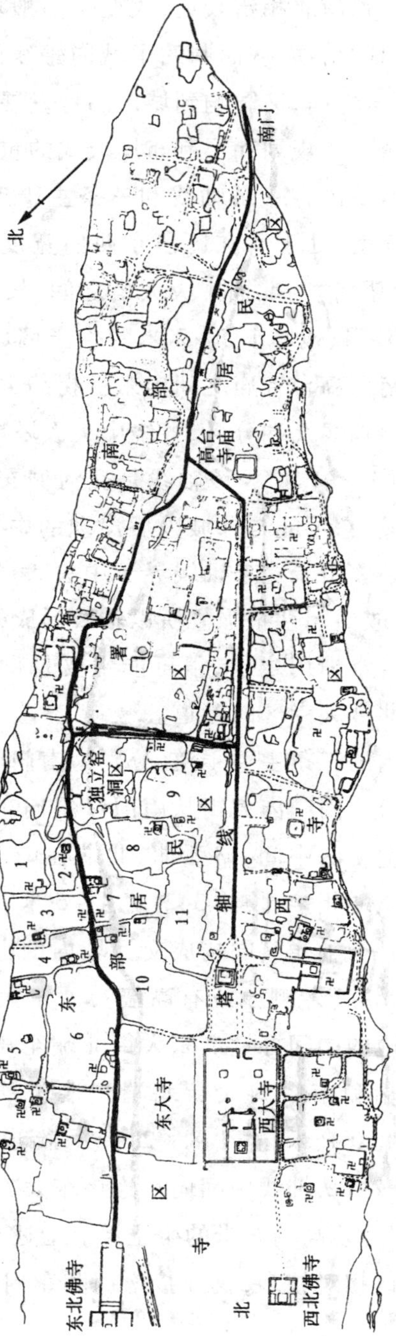

图1.4 交河故城建成区干道与区划平面图

区划的主要交通干线。这些干道与轴线共同组成了交河城内的主体骨架。总之,交河城在总体规划指导下,因地制宜的轴线和干道布局艺术新颖独特,手法简练,既实用又有美学效果。

1.3　总体形制布局带状展布,区划块状分割

交河台地南北狭长,东西宽度较窄,故城建总体规划采用沿台地狭长走向呈带状展布延伸,各功能区划在带状上块状分割的布局形制。这样既可充分利用有限的空间,满足城市因发展变化而增扩用地的需要,又利于布置和调整城市总体结构,便于城内功能区划灵活与合理的配置。

交河城内各功能区划块状分割,主要集中在轴线的两侧。轴线之西为西寺区;轴线之东以东横街为界,南面是衙署区,北面是东部居民区。在东部居民区东南隅,以居民区内巷道、东大街和东横街为界,又区划出独立的窑洞区。此外,轴线北端以寺前横街为界接北寺区。北寺区塔林北约 80 米处有连接东、西崖边的壕沟。壕沟较规整,沟宽 2 米、深 1.5 米,沟中间向北突出,沟北为墓葬区。[1] 轴线南端接南部居民区(以上诸区划见图 1.4)。上述情况表明,交河城内各功能区划的分割与连接以轴线为主,东横街为辅。东大街在区划中的作用,主要是进一步强化交河城南部居民区、衙署区、独立窑洞区、东部居民区和北寺区的有机连接,并在衙署区和东部居民区内起分割作用。南门内大街连接南部居民区和衙署区,又在南部居民区内起分割作用。由此可见,轴线与三条主干道相互配合,共同构成了城内区划的基本框架。在这个框架中,除较小的独立窑洞区外,轴线与建成区的其余五个功能区划都直接相连,而独立窑洞区由于包容在东部居民区的范围之内,亦可看作与轴线有密切关系。显然,交河城十分强调和突出轴线的作

---

〔1〕解耀华:《交河故城的历史与保护修缮工程》(新疆人民出版社,1999 年)论文说:壕沟的作用有将居住区和墓葬区分开的“阴阳界”说,以及军事防御设施说,未完工的街道说等。我们认为“阴阳界”说较合适。

用,并将其作为组织城内空间布局的最重要的手段。从而使诸功能区划串连成有机的、秩序井然的整体,集中体现出交河城形制布局的精彩之处,这是交河城布局的重要特色之一。

交河城上述各功能区划,在新疆残存的诸古城中是最明确、最完整的,其他古城功能区划如此分割者也绝无仅有。交河城功能区划这种独有的块状分割形式,不仅弥补了总体带状展布形制视觉效果的不足,加大了城市布局变化的力度,而且还为以不同区划确定土地利用和空间布局形式,营造各具特色的人居环境创造了条件。同时这种块状布局也有利于局部与整体的连接,便于各功能区划和城内街道网和交通系统的配置。总之,交河城不同的功能区划及其各异的形制布局,在交河城建筑布局艺术面的展现景观中,占有十分突出的重要地位。

1.4　街道交通系统条块结合,出现"环岛"

交河城内由各种街巷组成的交通系统,在交河城带状展布、块状分割的总体规划布局框架之中,也相应采取了条块结合的配置形式(见图1.4)。所谓"条"与前述的带状展布相对应,由轴线、南门内大街、东大街和沿台地周缘环线构成。[1] 东横街虽然呈东西向,但从其交通作用来看,仍属"条"的范畴。"块"则与城内块状分割功能区划相对应,主要指各功能区划内的街巷系统。"条"和"块"或直接相通,或由支线串联,共同组成交河城内的街道网络,构成城内的交通系统。

以"条"和"块"两大要素相结合,是交河城内交通系统的总体特点。在"条"的范畴内,其主干道和次干道与中原地区及中亚和南亚同期城市主干道、次干道较直,多平行配置,丁字街和十字街规范,交通枢纽较多的情况不同。交河城的主干道(轴线、南门内大街)和次干道

---

〔1〕据解耀华:《交河故城的历史与保护修缮工程》(新疆人民出版社,1999 年)介绍,交河故城沿崖边修筑防护墙(又称女墙,俗称胸墙),残高 1.4～1.6 米,残厚 0.5～1.5 米。东崖岸残存防护墙 159 米,西崖岸残存 882 米。东崖岸台地北端至西门的防护墙多为土块砌筑,只有少量生土墙体。西门至南门大部分为生土墙,极少土块砌筑,防护墙只有 50 余米生土墙基本完好。又说"沿交河东西崖岸自南向北有 2 条环城路",大部分残毁,东环路线残存 388 米。

(东大街、东横街)中,仅轴线与东横街是直线形,南门内大街和东大街均略斜,线形弧曲。主干道和次干道结合点少,无十字街;东横街与轴线和东大街相交为丁字街,轴线向东折拐路段与东大街和南门内大街斜交。主干道和次干道经行路段交通枢纽少,仅东门内的交通枢纽最具典型性。属于"块"的各功能区划内的街巷网络,因各功能区划的地势和布局形式的不同而差异较大。其中东部居民区街巷总体配置略呈鱼骨状(见图1.4),相对较规整。其余各功能区划内的街巷则自由配置,形式多样,很不规则。诸功能区划内街巷网络的共同特点是区段短,狭窄,通行能力小;线形直、斜、曲混杂;交叉点较多,斜交多于直交,十字交叉路口很少。此外,交河城内街道和巷的通风和日照采光功能较差,路旁也无绿化的余地。上述诸种特点与同期的中亚和南亚城市街区街道网络,以及中原地区城市里坊式街道网络均有明显差别。

除上所述,交河城内交通系统的重要特点,是在东城门内有环形交叉口,在交叉口中间有中心岛(见图1.5)。中心岛在东城门内西侧,封住瓮城西口,正对东城门,处于东城门、衙署区、东部居民区和独立窑

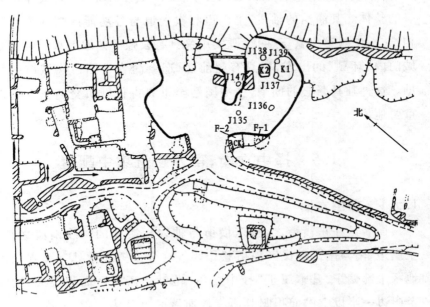

图1.5 交河故城东城门和"环岛"平面图

·欧·亚·历·史·文·化·文·库·

洞区结合部位。中心岛是一个独立的小台地，南北狭长，北部较圆厚，南部逐渐变窄，端点收缩呈尖状，长约20米左右，高约10余米。交通线绕中心岛环行，东大街从中心岛西侧通过。自东城门出瓮城西口沿中心岛东侧南行路线，于中心岛南缘不远处分别与东大街和东横街相连。又出瓮城西口沿中心岛东侧北行绕中心岛北端路线，与经行中心岛西侧的东大街再次相连，并有多条支线略呈放射状进入东部居民区（包括独立窑洞区），成为街巷网络的组成部分。上述情况表明，东城门附近的各条街道，经中心岛的联接与分流后，可直接或间接地通向全城。这样中心岛在客观上就起到了类似现代交通的"环岛"作用，故可暂借称之为"环岛"。由于南城门已残毁，其附近的交通状况不明，所以东城门内的"环岛"就成为交河故城内目前仅存的主要交通枢纽（考虑到南城门内大街的作用，西寺区的封闭性及轴线之东的重要性，并结合下文对东城门重要性的分析，似可认为东城门和"环岛"乃是该城内最重要的交通枢纽）。

综上所述，由交河城街道网络构成的交通系统，将全城连接为统一的整体。其简洁的轴线，主干道和次干道与各功能区划内街巷网络相结合，于规整中富于变化，既实用又具有较强的艺术效果。特别是东城门内"环岛"的出现，更具有超前性，迄今尚为中国古代城市中所仅见。这种独具匠心的创举，在中国乃至世界古代城市交通史上均占有重要地位。

1.5 择中立衙，官方建筑集中配置

1.5.1 择中立衙

衙署区在东横街之南，东横街与轴线相接处的轴线南段之东，东至崖边，南与南部居民区隔街巷相邻。这个位置大致处于北寺区以南地区中部偏东，基本属于"择中立衙"范畴。衙署区面积很大，轴线东至崖边一半以上的面积归其所有。衙署区可分为三部分，中间是主体建筑，东西两侧配置附属建筑（图1.4）。

10

衙署区主体建筑在东横街之南,衙署区西边附属建筑之东,东大街之西,东大街与轴线南端折拐路段相接处之北,位于北寺区以南最高的台地上。该台地北宽南窄,其东门在台地东北部通东大街,台地南端或有南门。[1] 台地上面较平坦,残存遗迹很少,布局不明。大体言之,台地北部空旷,残存拴马坑等遗迹,[2]北部中间偏东有夯土墙残迹,台地南部有房址残迹。在台地中部有规模较大的夯土围墙,围墙呈长方形,东、西墙开门,沿北墙内侧有一排房址残迹,南墙毁。围墙内西南隅有地下建筑,地下建筑上部东侧有进入较大地下庭院的踏道(踏道两侧各开一孔窑洞)。地下庭院内,沿壁开窑洞式主室和侧室,凿水井和隧道,隧道北行西折至残崖处经一窑洞出地面后,入衙署西部附属建筑区(图1.6)。

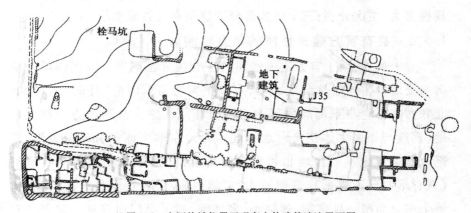

图 1.6　交河故城衙署区现存主体建筑遗迹平面图

　　西侧附属建筑区,位于衙署主体建筑所在台地西侧残崖下,其西邻轴线南段,北为东横街西端,区内有南北小巷通东横街。该附属建筑区南北狭长,北宽向南逐渐变窄,最后与主体建筑台地西侧南端重合,总平面略呈楔形。小区内西北隅生土高地上建小塔,由此向南一字展布庭院建筑,现大致残存五座小庭院,各有房址残迹。西侧附属建筑区褊狭,地势较低,建筑规模小,似为衙署一般工作人员的生活区。

　　〔1〕前揭柳洪亮论文认为,衙署主体建筑台地南部有衙署南门,正对南城门。
　　〔2〕李肖:《交河故城的形制布局》,文物出版社,2003年。

·欧·亚·历·史·文·化·文·库·

东侧附属建筑区所在台地,以南北穿过衙署区的东大街为界,西与衙署主体建筑高台地相望,东至崖边,北抵与东横街相对位置偏南的土埂(土埂北为与东城门南平台相连的空旷之地),南大致与衙署主体建筑台地南端齐平,有东西小巷与南部居民区隔开,总平面略呈南北长条形。区内建筑遗迹可分为三大部分。北部紧邻土埂为佛寺遗迹,面积较大,残围墙内有佛殿、地下建筑(有隧道通东大街)和水井等残迹。佛寺之南的该区中间部位有一较大的庭院,建筑遗迹较多,有地下建筑(形制与主要衙署地下建筑略同)和水井等残迹,似为次要衙署所在地。再南有三座庭院残迹,内均有水井和房址遗迹。此外,沿东崖边还残存一些建筑遗迹。[1]

以上三个部分共同组成交河城的衙署区,其特点是"择中立衙",规模宏大,主次分明;三个组成部分的建筑布局各成系统,又有机相连。

1.5.2　具有官方建筑性质的独立窑洞区

除上所述,属于官方建筑性质的还有独立窑洞区。该区南隔东横街与衙署区主体建筑台地相望,东隔东大街与东门内"环岛"对峙,其北和西有小巷与东部居民区西半部分相隔。独立窑洞区为一高大台地(高度与衙署主体建筑台地相近),台地东部主体部分略呈方形,西部收缩呈刀把形。台地北和东立面凿窑洞,整个北立面凿两组窑洞(残存形制已不规则),规模较大,窑洞内有小室,窑洞外有院墙残迹。整个东立面凿一排窑洞,规模小,多残毁,尚可见门窗残迹。窑洞外有水井和院墙残迹。台地上面东部主体部分空旷,刀把部分及其以东不远一带有庭院。庭院北墙中部(即刀把部分折拐处)开院门,院门对东部居民区小巷。进院门至院内中部偏南建小寺。以院门和小寺为界又将该组建筑隔成东西两个小院,各有水井和房址等残迹(图1.7)。独立窑洞区从其位置和建筑形制布局来看,应属官方建筑性质。其功能

〔1〕国家文物局古文献研究室等编:《吐鲁番出土文书》第十册,文物出版社,1991年。该书第226、234、235、236页等记有唐代"交河馆"。推测衙署东侧附属建筑区南部庭院及靠崖边建筑中,有的或供客馆之用。

目前有仓储和兵营两说。[1] 我们认为上述两种功能似兼而有之。[2]

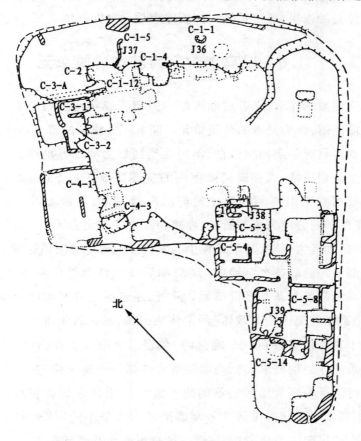

图 1.7 交河故城独立窑洞区平面图

在交河故城诸功能区划之中,除衙署区外,独立窑洞区是目前唯一可判定为官方性质的建筑小区。它与衙署区近在咫尺,当属集中配置的官方建筑的重要组成部分。总体来看,衙署区和独立窑洞区地处

〔1〕柳洪亮《交河故城城市布局调查》一文认为,独立窑洞区的性质是兵营,并说原有地道通东门(未说明地道的位置和根据);李肖论文认为是"交河仓"所在地。

〔2〕从独立窑洞区东立面窑洞残存情况,以及其临近东门,台地顶上东部空旷等情况来看,兵营说似有可能。又据《吐鲁番出土文书》(文物出版社,1991年)第十册,第56～57页等所记唐代的"交河仓",独立窑洞区北立面残存窑洞面积大,可作储物之所,或为"交河仓"遗迹(交河故城内,除此之外,目前尚无可断定为"交河仓"之处)。根据上述情况,似可初步推断独立窑洞区当有"兵营"和"仓"两种功能。

要冲,占据北寺区以南的制高点,并与东城门和"环岛"呈鼎足之势。这种位置的选择,显然是经过深思熟虑后刻意安排的。

1.6　以高墙院落为基本建筑单元

交河城的建成区,各功能区划内以街巷或巷间区划出来的诸独立的高墙院落,作为基本的建筑单元。高墙院落建筑的形式和性质,在同一区划内具有一定的相似性,不同功能区划之间则差别很大。如衙署区的主体建筑群,现存高墙院落内的主要建筑在地下(地面上情况不明);衙署在东西两侧附属建筑群的高墙院落,在西者以一般住宅为主,在东者则分别为小型衙署、寺院和邸宅等。北寺区和西寺区的高墙院落,高大者为寺院,其附近较小的院落多为僧院等附属性建筑。东部和南部居民区的各个高墙院落(南部居民区经李肖详细考查,认为亦是以高墙院落为基本建筑单元。此外,还包括独立窑洞区上面的高墙院落)都是住宅组团的载体(所谓住宅组团,系指若干栋住宅或一些房舍集中紧凑地布置在一个院落内,在建筑上形成整体,在生活上有密切联系的住宅构成形式),高墙院落内包括若干栋小住宅(个别的高墙院落可能是一座大邸宅完整的建筑组合),小住宅或有相对独立的小院(如图1.4东部居民区5号高墙院落内2号小院;另见图1.8)。下面以东部居民区为例,对高墙院落的情况略作介绍和分析。

东部居民区,在东城门、"环岛"、独立窑洞区和东横街之北,轴线与东横街相交处的轴线北段之东,东至崖边,北隔小巷与北寺区相邻。东大街从东部居民区中间偏东穿过,又将其分为东西两个小区。东区由纵横小巷区划出六座高墙院落(图1.4,东部居民区1~6号院落),西区由纵、横和斜巷区划出五座高墙院落(图1.4,东部居民区7~11号院落);高墙院落院门均开在巷内。东部居民区3、4号院落之间小巷与7、10号院落之间小巷相连,并与东大街十字相交。东区高墙院落排列相对较为有序,形制略规整。西区高墙院落排列错落,形制多呈不规则的几何形。各高墙院落内的形制布局和住宅的配置形式尚不清楚。

从残存情况看,在院落一隅生土台上以及生土墙体变宽处,或建佛塔,或建佛坛,有的还建有小寺,院内均凿水井(以上可能为院内的公共设施)。东部居民区5号院(图1.4)东南隅2号小居民院落经过清理,并刊布了复原平面图(图1.8)。从2号院落位置和平面图来看,似可认为在高墙院落内各独立的住宅可能多有自己的小院落,院内除居室和附属建筑外,同样在院内一隅建佛坛或塔,院内凿水井,有一整套必需的设施。[1]

据上所述并参照图1.4,可对东部居民区作如下初步分析:(1)东部居民区各高墙院落的位置有定,并尽可能地照顾到各高墙院落间的朝向、日照、通风和间隔等问题,配置较合理。说明东部居民区现存形制是有一定营建规划的。(2)东部居民区内街巷区段短,多不直,有的曲度较大,巷的模式极不统一,院落规模和形状无定制,差异较大。这些特点反映出,东部居民区现存形制不是一次性构建的,而是在原有建筑基础上,因地制宜规划改建的结果。[2]其中东区的高

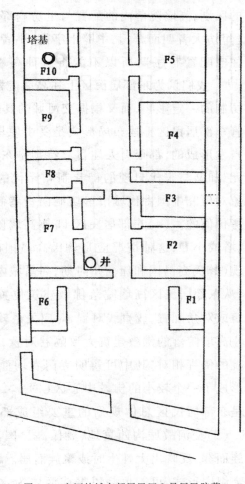

图1.8 交河故城东部居民区2号居民院落
复原平面图

〔1〕国家文物局、新疆文物考古研究所:《交河故城》第六章"二号民居遗址",东方出版社,1998年。

〔2〕李肖在《交河故城的形制布局》(文物出版社,2003年)一文中较详细地介绍了交河故城内遗迹的叠压和打破关系以及改、扩建的遗迹,同时又对交河故城内的改建问题进行了分析。

墙院落配置相对较规整,这种情况可能与改建前的建筑较少,或原建筑规模较小有关。(3)东部居民区上述高墙院落和住宅组团配置形式,与中原地区城市由正方向纵横街道区划出规模形状基本相近、排列整齐如棋盘的里坊(以及南亚和中亚希腊化城市街区的形制)有明显的区别,高墙院落内的配置与里坊内部街巷和住宅的配置也迥然不同(里坊大者四面开门,中辟十字街;小者东西开门,有一条横街,里坊内住宅配置有序),所以不能将这种高墙院落组成的居民区称为里坊。[1] 我们认为东部居民区上述高墙院落配置形式,或受到中原城市里坊制的一定影响,而又根据交河城的具体情况经过变通所致。但是,不管东部居民区上述布局形式是受中原里坊制影响后变通的结果,还是自发形成的,都很引人注目。特别是东部居民区这种布局形式早于宋元,却又与宋代出现的街巷制和元代的胡同有某些相似之处,这个现象对研究中国古代城市里坊制向街巷制转化的问题,无疑是有一定参考价值的。(4)东部居民区 11 座高墙院落内一隅,临街巷均建有佛坛、塔或小寺,这种情况应是麴氏高昌国以来高昌地区佛教世俗化的体现(麴氏高昌国和唐西州时期,高昌城内住宅区亦广建小寺)。[2] 此外,从东部居民区高墙院落佛教建筑位置来看,相邻高墙院落的佛教建筑或对角配置,或直线对置,对应关系较清楚。东部居民区十字街西两座高墙院落的佛教建筑大致隔巷对置,并分别与十字街东面两座高墙院的佛寺相对,其中可辨明寺门者均面向东大街,[3]从而在十字街又形成了一个较小的佛教中心区(图 1.4)。上述情况表明,佛教建筑乃是东部居民区总体规划的重要组成部分之一,其位置是精心安排的。(5)交河故城沟西墓地,麴氏高昌国至唐西州时期的大姓墓葬均聚族而葬,反映出大姓生时或聚族而居。因此,东部居民区高墙院落的住宅组团形式,可能也是以聚族而居为主(或与沟西聚族而葬的墓地

----

〔1〕前揭解耀华和柳洪亮的论文将东部居民区的高墙院落称为"坊"。

〔2〕姚崇新:《试论高昌国的佛教与佛教教团》(北京大学历史系,硕士论文,1997 年,未刊);另见国家文物局古文献研究室等编:《吐鲁番出土文书》第十册(文物出版社,1991 年)所记麴氏时期高昌城的佛寺情况。

〔3〕贾应逸:《交河故城佛教遗址调查报告》,新疆人民出版社,1999 年。

有某种对应关系）。从交河城诸功能区划配置态势判断,东部居民区
应是城内等级较高的重要居民区。

1.7　寺庙广布,集中与分散配置有定

交河故城内佛寺广布,[1]各功能区划中的主要建筑单元几乎都有
佛教建筑遗迹,现在交河故城残存的佛教遗迹仍有 80 处左右。[2] 其
中衙署区、独立窑洞区和居民区内的佛教遗迹,前已说明是有规律地
分散配置;墓葬区的佛教遗迹下文有说。此外,城内北部和西部还大面
积地集中配置佛寺群,形成两个大寺区,总面积约占交河城建成区的
三分之一左右。下面拟对两大寺区的概况略作简要介绍。

1.7.1　北寺区

北寺区在交河城轴线北端、中央大塔和寺前横街之北,东、西至崖
边,北以"阴阳界沟"与墓葬区相隔(图 1.3、1.4)。北寺区是交河城最
大的佛寺区,占地广阔,气势宏伟,现残存 4 座佛寺和 1 座塔林,其附近
还多有成组的附属建筑。从北寺区残迹来看,当初这个范围内的建筑
应比较密集,目前尚无确凿证据可断定该区有世俗建筑的存在。

北寺区的总体平面布局,大致以寺区南部并置的西大寺和东大寺
为中心,又各以两座大寺西和东侧的街巷为基准,分两路向北延伸配
置。西路以西大寺为首,该寺是交河城内保存最好、规模最大的佛寺。
佛寺高墙院落呈平面长方形,南北长 88 米,东西宽 59 米,南墙开寺门。
寺院西墙外有南北向窄巷,南连寺前横街,北达西北佛寺。该窄巷西至
崖边,与西大寺相对有一建筑群。建筑群北和中部有小巷与西大寺外
窄巷相通,从建筑群内小巷残迹和建筑遗迹分布态势来看,大致有 4 座
小院落。每座院落或为小寺,或有佛塔及佛堂遗迹,其间密布较小的房

---

〔1〕交河故城北寺区、西寺区和各区划内佛教遗迹的分布、残存形制和保存状况,参见前揭李
肖论文和贾应逸的调查报告。

〔2〕交河故城佛教遗迹数量说法不一。《交河故城保护与研究》(新疆人民出版社,1999 年)
前言说有 53 处,其后又作补充调查的 80 余处,另见李肖:《交河故城的形制布局》(文物出版社,
2003 年)。今后随着调查和研究的深入发展,可能会有相对较准确的统计数字。

·欧·亚·历·史·文·化·文·库·

址。西大寺北墙外与寺院北墙墙体相连也有建筑群残迹,它与大寺西边的建筑群应是西大寺的附属建筑,似为僧院遗迹。西大寺之北偏西为西北佛寺,西大寺西墙外窄巷直达西北佛寺寺门前,并与该寺寺门和主殿大致在一条线上。西北佛寺有方形高墙院落(边长 21.6 米),寺门南开,寺东墙外有附属建筑残迹,并向南延伸。

东路以东大寺为首,该寺西与西大寺有窄巷相隔并置(此种并置形式,或与库车苏巴什佛寺遗址大寺并置形式有某种渊源关系),东至东大街,平面长方形,院墙已毁,仅余少许残痕,院内有部分佛教建筑遗迹。自东大寺东墙外的东大街向东至东崖边的范围内,有一组建筑残迹,内有小寺、佛塔及一些小房址遗迹,似为东大寺的附属建筑(僧院?)。东大寺北偏东有东北佛寺,东北佛寺与西北佛寺斜向对置。东大街从东大寺东墙外向北直达东北佛寺封闭式甬道前(甬道两侧有残墙痕迹,宽 16.5 米,甬道长约 51.3 米),并与该寺寺门和主殿大致在一条线上。甬道之后佛寺高墙院落呈方形(边长分别为 35.5 米和 34.7米),院墙外之东和南有佛寺附属建筑残迹,寺南附属建筑残迹向南延伸已接近东大寺。东北佛寺之北约 100 余米有塔林,塔林的主塔大致与东北佛寺主殿塔柱在同一条线上。围绕塔林有方形院墙残迹(东西84 米、南北 85 米),南墙开门(门道宽约 17.6、长约 23 米)。[1] 塔林附近,西北佛寺之北均未见建筑遗迹。但是,在塔林西北约 62 米处(即与墓葬区相隔的"阴阳界沟"附近),则发现有佛教建筑遗迹(有线索表明这一带可能还有其他佛教遗迹)。

除上所述,北寺区的总体布局若东西向看,从南向北又可分为三列。南数第一列为东、西大寺及其附属建筑,第二列是东北和西北佛寺及其附属建筑,第三列目前仅见塔林遗迹。总之,北寺区的总体布局不

---

〔1〕据贾应逸:《交河故城佛教遗址调查报告》(新疆人民出版社,1999 年)一文说,塔林碳十四测定的年代数据为距今 1640 ± 70 年,不晚于北朝。但贾文未交代碳十四测定标本取自何处和材质情况。若是木质标本,由于它在极端干燥的吐鲁番地区可以长期保存和使用,故木质标本的碳十四年代数据不一定能代表塔林建造的年代。又据栾睿《交河塔林与密教东渐》(《西域研究》,2000 年第 1 期)一文认为,交河塔林是以塔的形式表示五佛五智理念的密教曼陀罗,塔林应是 7、8 世纪的金刚界大曼陀罗(观想)坛场。我们认为此说应引起重视。

管按南北还是东西向来分析,均可看出其配置是有一定规律的。

1.7.2　西寺区及诸功能区划之外的佛教遗迹

西寺区在轴线之西,东与衙署区和东部居民区相对,西至崖边,北有小巷和寺前横街与北寺区划界,南隔东西小巷与南部居民区西部为邻(图1.3、1.4)。西寺区东边是轴线高墙的西侧,从残迹观察尚不能断定轴线有通向西寺区的出入口,西寺区的出入口在其南北两端,比较封闭。西寺区内邻轴线高墙的内侧和西崖边有断续的小路残迹,区内以多条不规则的东西小巷区划出不同的院落,建筑遗迹均为中小型佛寺及其附属建筑。西寺区内仅见少量窑洞(时代似较晚),尚未发现成片的世俗建筑遗迹。

西寺区内地势起伏不平,各佛寺院落形制不规整(多已残毁),佛寺主体多建在高地上,周围有附属建筑。西寺区内起区划作用的东西小巷已不甚清晰,现在大体可将其分为三组七座佛寺(图1.4)。北组从与北寺区相隔的小巷和寺前横街之南,南至西寺区西崖边向内深凹处一线,有三座中型佛寺遗址,各寺周围有附属建筑残迹。中间一组在北组之南,位于今西崖边突出部位,是一座较大的佛寺(俗称西崖佛寺)。其主体建筑在西部,附属建筑主要在东部。南组三座佛寺,其中邻西崖佛寺者为一座较大佛寺遗迹,该佛寺之东南是一座中型佛寺遗迹,中型佛寺之西至崖边有一小佛寺遗迹。后两座佛寺遗迹之南与南部居民区西部隔东西小巷相邻。上述情况表明,西寺区的总体布局大致是南北向展布各寺院落。从西寺区各建筑单元之间区划不太显著,各佛寺院落内布局不规整、较杂乱、改建痕迹较多来看,西寺区现存形制布局和建筑遗迹应是在原有建筑基础上改建而成的。

除上所述,在交河城诸功能区划之外还有两座重要的佛教建筑遗迹。一是在轴线北端的大塔(图1.4),由于它大致位于岛状台地的中央,所以又俗称中央大塔。该塔残高约8.5米,方形生土塔基东西长14.5米,南北长14.05米,塔基高3米余。另一座是轴线南端的高台寺庙,残高约7米(图1.4)。这个遗迹过去俗称"瞭望塔",后经调查研究

·欧·亚·历·史·文·化·文·库·

确认为佛寺。[1]

1.8 墓葬区是交河故城现存形制布局的组成部分

墓葬区在"阴阳界沟"之北直至台地北缘,东西分至台地两侧。根据调查和试掘资料,可知墓葬区的墓葬形制主要有两大类。一类是小型竖穴土坑墓、竖穴偏室墓和竖穴二层台墓,其形制与隔沟相望的沟北墓地的墓葬基本相同,时代大致在战国两汉或后延一段时间。这些小墓的分布,向南已超出"阴阳界沟",在东部居民区和衙署区均有发现,并被现存建筑遗迹打破。[2] 这个现象表明,在两汉及其以前上述地段尚未完全开发利用,是时这一带很可能还不属于交河城建成区的范围。第二类是规格较高的斜坡墓道墓和中型及大型竖穴土坑二层台墓,其分布均在"阴阳界沟"之北,墓葬形制与隔沟相望的沟西墓地同类唐代墓葬基本一致。以此结合"阴阳界沟"打破三座竖穴偏室墓来看,[3]"阴阳界沟"的出现应与墓葬区的唐代墓葬同时。也就是说,到唐代才正式划定墓葬区的范围在"阴阳界沟"之北,其时代与交河城建成区现存形制的形成期相合(交河城建成区的时代,结语有说)。由于墓葬区在台地周缘胸墙围限之内,"阴阳界沟"又成为唐代墓葬不可逾越的界限,从而排除了墓葬对交河城建成区的干扰,保证了交河城诸功能区划的完整性,所以应将唐代的墓葬区看作是交河城现存形制总体规划布局的组成部分之一。在城的范围内辟墓葬区十分少见,这是交河城形制布局独有的特点之一。众所周知,在交河台地外的附近台地上,已有大片墓葬区,为什么又在交河台地北部专设墓葬区?其是否为交河城主要官员们的专用墓地(现在该墓地尚未全部正式发掘,情况还不甚清楚)?这个现象除延续前代习俗外,是否与高昌国和唐

---

〔1〕李肖:《交河故城的形制布局》,文物出版社,2003 年;贾应逸:《交河故城佛遗址调查报告》,新疆人民出版社,1999 年。

〔2〕李肖:《交河故城的形制布局》,文物出版社,2003 年。

〔3〕李肖:《交河故城的形制布局》,文物出版社,2003 年。

西州时期高昌城地区上层人物的主要墓葬区在城北(哈拉和卓和阿斯塔那墓地)有某种关系? 如是,而在交河台地北部辟墓葬区,是否又与交河城外之北台地早被当地民族占为墓地,到高昌国和唐代已不能在此辟主要墓葬区有关? 此外,后来高昌回鹘王国的王家墓地也曾设在高昌城内的北部,[1]是否亦与交河城内墓葬区位置的影响有关? 由这些现象所带来的疑问,都是今后需要进一步探讨的课题。

除上所述,在墓葬区西北部,西、南临断崖处还发现一座地下寺院(图1.3,按原应有地上建筑,只是残毁无存而已),[2]在其东北部又发现小佛殿和一些小塔群。[3] 关于地下寺院,从其打破关系和出土遗物来看,被打破的唐墓(M1)出开元通宝,距地下寺院约20米的M5出"开元通宝"和"大历元宝"。地下寺院所出塑像、佛教壁画、供养人像、文书等遗物均属回鹘时期。[4] 据此推测,地下寺院东北的佛教遗迹亦应与之大致同时。据文献记载,公元9世纪中叶以后回鹘占据今吐鲁番盆地,建立高昌回鹘王国。其建国初期以摩尼教为国教,到9世纪晚期至10世纪初才改信佛教,并使高昌地区的佛教达到鼎盛时期。[5]因此,地下寺院应建于10世纪初以后,故与前述交河故城的形制布局无关。但是,回鹘在唐代的墓葬区建寺院却反映出,是时唐代墓葬区已被废弃。此外,回鹘入主交河城后,对唐代交河城的世俗区未大动,主要是改扩建唐代佛寺(此现象在吐鲁番地区屡见不鲜),并新建少量佛寺。在这种情况下,很可能原寺院区已容不下更多的寺院(从寺院区残迹观察,其建筑较密集,似已达饱和状态),所以才扩展到前代的墓葬区。

〔1〕〔英〕A·斯坦因:《亚洲腹地》第17章,第三卷图版线图24,"高昌故城平面图"(Innermost Asia:Detailed Report of Explorations in Central Asia,Kan–Su and Easten Iran. Volumes Ⅰ—Ⅳ. Oxford,Clarendon Press,1928)。

〔2〕国家文物局、新疆文物考古研究所:《交河故城》之第四章"地下寺院遗址",东方出版社,1998年。

〔3〕李肖:《交河故城的形制布局》一文及所附交河故城总平面图,《文物出版社》,2003年。

〔4〕国家文物局、新疆文物考古研究所:《交河故城》之第四章"地下寺院遗址",东方出版社,1998年。

〔5〕孟凡人:《略论高昌回鹘的佛教》,《新疆社会科学》,1982年第1期。

1.9 巧妙的对称、鸟瞰和对景布局艺术及 该城总体布局艺术的美学特点

对称布局是交河故城基本的建筑布局形式。但是,该城的对称布局不是通常对称部分的形状和面积基本相近,形制规范的对称布局形式,而是采用了各对称部分形状面积有别,对称形式多样的对称布局艺术。交河故城在总体上大致呈东西对称布局,中段以轴线为界,东西两大部分南北长度相近(即东部居民区、衙署区等与西寺区),在宽度上西部略窄(根据斯坦因《亚洲腹地》的交河故城平面图来看,现在台地西部边缘已较 20 世纪初垮塌了许多),基本对称。故城之南以与轴线相连接的南门内大街为界,南部居民区略呈东西对称两大部分,在总体上可将其看作是轴线东西对称形式向南的延伸。北寺区东西两大组寺院略呈东西对称配置,这又是轴线东西对称形式向北部的延续。此外,交河故城在局部区域亦多采取对称布局形式。前述轴线南北延伸部分(南部居民区和北寺区)的对称形式,既与总体东西对称形式密不可分,同时也是局部对称布局的形式。在轴线以东,衙署与东部居民区和独立窑洞区以东横街为界南北对称。衙署区的附属建筑区对称配置于主体建筑群的东西两侧,东部居民区以东大街为界形成东西两小区对称配置。上述富于变化的对称布局艺术,冲破了传统的、呆板的对称布局模式,增加了城市布局的动感,应该说这是城市对称布局艺术因地制宜的一种创新和发展。

其次,鸟瞰布局艺术也是交河城突出的特色之一。交河城所在台地从北向南地势逐渐降低,北端最高点与南端最低点高差近 40 米。根据台地这种自南向北从低至高再到最高的地势变化,全城(包括墓葬区)形成了略呈阶梯式的总体鸟瞰布局。就交河城建成区而言,北寺区地势最高,寺院区宏伟,寺院高大,俯瞰全城。轴线两端的大塔和高台寺庙耸立,鸟瞰效果强烈。衙署区和独立窑洞区占据北寺区之南的制高点,与北寺区同为建成区鸟瞰布局的重要组成部分。此外,诸功能

区划内的各种佛教建筑均位于小区的制高点上,同时世俗建筑中也有占据次要制高点的分工配置。总之,交河故城布局中总体鸟瞰、局部鸟瞰和小区多点鸟瞰相辅相成,使交河故城的建成区形成高低错落的壮丽景观。

此外还有对景布局艺术。交河故城的对景布局艺术多寓于对称和鸟瞰布局艺术之中,从这个意义上说,交河故城的对称和鸟瞰布局艺术又是一种复合式的布局艺术手法。关于对景布局艺术,如前述轴线南北两端的高台寺庙和大塔南北对景,两者又与轴线之北的北寺区高大佛寺对景,并分别与衙署和独立窑洞区斜向对景。在各功能区划内,北寺区双轴线上的佛寺配置东西对景,各寺塔柱呈东、西、南、北相错对景。衙署区与独立窑洞区南北对景,以及各小区内寺塔相对或相错对景等。对称、鸟瞰和对景布局艺术,是中原城市建筑的布局传统(唐长安即是典型之一)。交河城上述三种布局艺术虽然与中原的标准模式有别,但仍可明显看出中原城市的影响。

除上所述,还应指出交河故城的布局,在宏观上既统一、协调又富于变化,并由此而体现出交河故城在总体布局艺术方面的美学特点。比如,交河故城的空间布局及其与城市自然景观和人文景观相辅相成的关系,处理比较得体,使城市面貌完整统一,展现出整体美。又如,交河故城在城市的空间比例、尺度,建筑序列和建筑群的区划,各建筑群位置的高低和不同的构筑技法等方面,全方位地统筹安排,相互密切配合,使其所体现出来的韵律节奏错落有致,严谨而协调,较充分地表现出城市布局的和谐美。再者,交河故城各功能区划自成体系,其建筑和布局形式不一,在总体的定式中富于变化,个性鲜明,对比强烈,在统一与和谐之中又突出了特色美。这些特点结合前述诸种情况,反映出交河故城现存形制布局的形成期对城市的建设和改建规划比较周密,同时在规划中对城市的总体和局部的布局艺术也有精到的构思。所以,交河故城在新疆的古城遗址中,其布局艺术堪称大手笔并独占鳌头。正因为如此,交河故城现存的形制布局在处理新与旧、继承和发展的关系上比较得心应手,恰到好处。这是迄今所知新疆诸古城遗址中,

·欧·亚·历·史·文·化·文·库·

利用和改造旧城最成功的范例。

1.10　形制布局中寓有较完整的防御体系

　　交河城位于四周环水的岛状台地上,台地周缘崖高壁立,形势险峻,易守难攻,其建于这样的环境之中显然重在防守。但是,交河城的防守若仅止于此仍有很大的局限性。为进一步加强防御,交河城在形制布局中还寓有外线和内线两套防御系统,两者有机结合并依托于天险,构成了交河城较完整的防御体系。

　　交河城的外线防御系统,主要由城门、城门内的防御设施、沿台地周缘修建的胸墙及顺胸墙内侧的环道等组成。交河城最易遭受攻击的部位是台地的东侧和西南部,故将东城门设在东侧中部,南城门开在台地西南端。东城门保存较好(图1.5),城门地面下距今河床约6米,有坡道(尚存台阶残迹)直达河水岸边。城门口窄,城门内建高墙窄长门道,门内南北两侧凿出南北约33.3、东西约24.5米的广场。广场南北两壁凿成内凹的弧形,状如瓮城(姑且以瓮城名之)。瓮城南、北壁东端与崖边相连部位各形成一个平台,平台临台地边缘建胸墙,平台上发现具有防御功能的水井和礌石坑(图1.5,水井J,礌石坑K)。瓮城南壁临瓮城西口处对东门门道有窑洞(图1.5之F,形制残毁,其功能或为士兵值守监视城门之用,与中原地区后代城门内的藏兵洞有类似之处),瓮城西口被"环岛"遮住,"环岛"顶上有建筑遗迹,或为守卫监视性建筑。瓮城西口与"环岛"间形成窄小的出入口(其交通情况见前面第四节交通系统部分的介绍)。瓮城西口与"环岛"间的南侧出入口,位于独立窑洞区与衙署区东部附属建筑之北的平台之间(该平台与瓮城南平台相接,图1.4),出入口的南面被衙署主体建筑所在高台地遮住。而瓮城西口与"环岛"间的北侧出入口,又被独立窑洞区挡住。总的来看,独立窑洞区台地、衙署区主体建筑台地,以及衙署区东侧附属建筑台地(三台地面对东门一侧的台地顶部均空旷,战时可为陈兵之地;而独立窑洞区东立面窑洞或为屯兵之所)与东城门和"环岛"之间互为犄角。上述态势表明,东城门及其附近一带防卫森严(入侵之敌很难攻破城门,既使攻破城门也难攻入城内),是重点设防区。如前所述,交河城据守要冲,控扼古代交通咽喉,具有重要战略地位,这是交河城重在防御的主要原因。而东城门的重要性,又是与它的具体位置密切相关的。前已说明交河台地呈北西—南东走向,本篇为行文方便所说的交河城东部实际上斜向北方,临通天山北部和西北部的要道(北边的他地道,西北的白水涧道)。[1] 天山以北的游牧民族若南侵,交河城首当其冲,而交河城的东城门则是无可取代的第一道关口。加之交河城的衙署区、独立窑洞区和重要的东部居民区皆在此附近,必须加强防卫,所以东城门及其附近一带重点设防势在必行。关于交河城南城门,现已残毁,从残迹看城门较东城门高大,城门内两侧亦有高墙门道,附近并有监视和防卫性建筑残迹。进南门后有"影壁"式生土高墙半掩,南门内大街须在此略折拐才能进入城区。总之,南城门亦具有较强的防御功能。至于连接两座城门沿台地边缘所建胸墙,以及顺胸墙内侧的环道,则是外线防御的配套辅助设施,现均仅余残迹而已。[2]

交河城的内线防御系统具有很强的隐性特征,处处暗藏杀机。可以说交河城内的形制布局,大都与城内防御有一定关系。比如,城内纵横贯穿全城的主干道很少,主干道两侧高墙壁垒,仅有少数丁字形交叉口,封闭性很强。诸功能区划都是相对独立建筑群的综合体,区内道路狭窄,曲折,区段短。各功能区划及区划内的大型院落均被高墙围限,连通各区划的道路很少,各高墙院落面向主干道无门,只在巷内开院门。上述情况表明,入侵者一旦进城,既不能有效地展开兵力,又难以自拔;而守卫者则可凭借这种特殊环境各自为战,或利用巷战逐一破敌。再如,前述鸟瞰布局艺术中的诸多制高点,实际上形成了控制全城的战略要地网,战时居高临下,互为依托,利于控制城内总体战局的

〔1〕《西州图经》残卷记载:"他地道,右道出交河县界,西北向柳谷,通庭州四百五十里,足水草,唯通人马。""白水涧道,右道出交河县界,西北向处月已西诸蕃,足水草,通车马。"
〔2〕解耀华:《交河故城的历史与保护修缮工程》,新疆人民出版社,1999年。

形势。而对称、对景布局艺术中的相关地段及其制高点,又可控制局部区间,易于造成多点防御或反击的态势。其他如北寺区和西寺区的高大建筑群,战时自然成为交河城北部和西部的屏障。北部空旷的墓葬区,又为战时创造了可回旋的余地。此外,城内广凿水井,衙署和重要寺庙及大邸宅多有地下建筑,这些设施在战时均可发挥相应的重要作用。

综上所述,交河城外线防御系统严密,内线纵深层层设防。以此依托于天险,在冷兵器时代的入侵之敌若想攻破交河城绝非易事。既使强敌入城后,也举步维艰,并有随时被歼的危险。由此可见,交河城的防御体系如果说固若"金城汤池",似不为大过(当然,入侵之敌若过于强大,则不在此例)。此外还应指出,交河城的内线防御系统不仅仅是供战时之用,在平时也有控制城内居民,加强内部防卫的重要作用。

1.11 交河故城现存形制布局的时代和性质

时代、城市性质和自然地理环境是制约城市形制布局的三大要素,因而也是研究古城形制布局时必须回答的三个问题。交河故城现存形制布局与台地自然地理环境的关系前已说明,至于交河故城现存形制布局的时代和性质,则是一个需要进行深入研究的考古学课题。但是,由于交河故城尚未进行全面发掘,科学而系统的考古资料十分匮乏,研究基础薄弱,故目前还无法按照考古学方法准确判定其时代(所以本篇前文对时代问题仅偶有涉及)和性质。[1] 为在一定程度上弥补这个缺憾,下面拟从历史背景入手,[2]结合现有考古资料,对时代

---

〔1〕交河故城尚未进行全面清理和发掘,考古调查所见遗迹间或遗迹与墓葬间的叠压和打破关系,以及回鹘时期改建和扩建的遗迹现象等,也未进行系统的整理和研究。因而建筑遗迹的形式构成、早晚关系和现存形制布局的时代界限仍不明晰。加之所出遗物较少,时代跨度不全,遗物出土位置、组合及共存关系(包括与遗迹的共存关系)大都不甚清楚,遗物发展演变序列更处于混沌状态,所以目前还不具备对交河故城现存建筑遗迹进行考古分期断代的条件。

〔2〕交河故城高昌回鹘时期以前的历史背景,主要参考文献有:《汉书·西域传》、《后汉书·西域传》、《晋书·张骏传》、《魏书·本纪》、《魏书·高昌传》、《魏书·车师传》、《周书·高昌传》、《隋书·高昌传》、《旧唐书·高昌传》等。正文中恕不一一注明出处。

和性质问题略作探讨,以供参考。

1.11.1 汉至高昌郡时期与现存形制布局无关

据汉文史料推断,汉通西域前姑师都城似已设在交河城,其上限不明。汉通西域后与匈奴五争姑师,交河城在40余年间处于战争环境之中(公元前108—前62年)。这个阶段汉曾在交河城附近短期屯田,姑师王还被迫率部远徙渠犁约20年左右。神爵二年(前60年)姑师分治,在高昌地区者改称车师前部(在今天山以北吉木萨尔境内者改称车师后部)。从此汉在交河城设屯田校尉,后改置戊己校尉,在交河屯田约50年左右(此后戊己校尉治所迁到高昌壁,公元327年建高昌郡后称高昌城)。此后到东汉魏晋(327年前仍设戊己校尉)和高昌郡时期(327—442年),车师前部独据交河城。这个阶段高昌地区动乱频仍,战事较多。是时车师前部弱小,又处于当地汉族政权和山北游牧民族势力的夹缝之中,时时受到威胁,450年车师前部灭亡。

据上所述,可知从两汉至高昌郡时期直到车师前部灭亡时止,既无条件也不可能在交河城进行大规模建设。交河故城现存建筑遗迹,亦无证据说明有属于上述时期者。但是,交河故城的遗迹有两点值得注意。其一是这个时期有些竖穴土坑墓已越过城北墓葬区,而延伸到东部居民区和衙署区,说明车师前部灭亡之前,上述地段可能还不是交河城的建成区。其二,南部居民区建筑遗迹中不同时期的改建痕迹较多,在叠压关系中发现有早期建筑遗迹(尚未最后判定确切时代)。[1] 据此推测,车师前部灭亡之前交河城的使用区似主要集中在交河台地的南部。

除上所述,还有佛教建筑问题。据《出三藏记集》卷8记载,建元十八年(382年),车师前部王弥第(《晋书》作弥寘)朝苻秦,其国师鸠摩罗跋献梵本《大般若经》一部。说明迟至4世纪后半叶车师前部已皈依佛教,所以是时在前述的交河台地南部应有佛教建筑。但是,迄今尚未发现有此时佛教建筑遗迹的确凿证据。

---

〔1〕李肖:《交河故城的形制布局》,文物出版社,2003年。

1.11.2 现存形制布局奠基于麴氏高昌时期

公元450年沮渠安周灭车师前部后占据交河城,从此交河城遂成为高昌国的西部重镇。所谓高昌国可分为沮渠氏(二王18年,442—460年)、阚氏(三王31年,460—491年)、张氏(5年,491—496年)、马氏(3年,496—499年)和麴氏(十王或十一王141年,499—640年)五个时期。从450年至麴氏建国约50年,在此期间高昌政局混乱,政权多短命,又受天山以北诸游牧民族的威胁,所以同样不可能在交河城进行大规模的建设。麴氏立国以后局势逐渐趋于稳定,享国时间也最长。麴氏时期交河城的地位仅次于高昌城,当时派王子驻守,在交河设郡置镇西府,城内有完整的行政和军事机构。城外沟西首次出现与麴氏政权有对应关系的大片汉族墓地,墓葬所出文书和墓志反映出交河城人口较多,大姓集中,各级军政官员不少。[1] 上述历史背景和情况表明,麴氏高昌时期交河城的建设当比前代有较大的发展。然而应当指出,麴氏高昌时期仍受到天山以北诸游牧民族的严重威胁,麴嘉时期(502—525年)为这种威胁所迫,甚至多次请求北魏准其内徙。此后麴氏高昌国虽然勉强偷安于一隅,但因其国力有限,所以也无力全面规划大规模地建设交河城。

从交河故城遗址来看,除前述的南部居民区应继续发展之外,据建筑遗迹的叠压和打破关系初步判断,[2]东门、东部居民区和衙署在麴氏时期似已初具规模(其形制布局不明,参见本篇有关改建部分及李肖论文)。关于佛教建筑,据《魏书》记载麴嘉时仍"俗事天神,兼信佛法",大约到麴坚前后(531—548年)佛教才步入盛期;此后参照高昌故城的佛寺情况,[3]我们认为交河城这时也应有较多的佛教建筑。但是,由于麴氏高昌与唐代佛教建筑多前后沿用,目前还无法将其明确

[1]黄文弼:《高昌砖集》,1931年;《高昌陶集》,1933年(以上两书均为西北科学考察团丛刊之一,西北科学考察团理事会印行)。另见《交河故城保护与研究》一书所收吴震:《吐鲁番出土文书中的交河》;邱陵:《交河沟西墓地新出土墓志及其研究》,新疆人民出版社,1999年。
[2]李肖:《交河故城的形制布局》,文物出版社,2003年。
[3]姚崇新:《试论高昌国的佛教与佛教教团》,1997年北京大学历史系硕士论文。

区分开来(特别是西寺区和居民区的佛寺),仅北寺区的东北佛寺有一个碳十四年代数据表明在麹氏晚期(资料待发)。总的来看,交河故城现存的建筑遗迹可能有相当部分始建于麹氏时期,其分布大致已达今交河故城建成区的范围,从而为唐代交河城的发展奠定了基础。

1.11.3 现存形制布局形成于唐代

公元640年唐灭麹氏高昌国,以其地置西州,此后直至公元791年吐蕃陷西州时止,[1]西州较稳定地发展了150余年。这个阶段恰逢唐朝盛世,处于汉代以来经营西域的巅峰时期。是时唐朝将西州作为经营西域的基地,视同内地,在交河置县设岸头府,有完整的行政、军事、交通和仓储等机构,一度还将安西都护府置于交河城。此外,交河故城北部墓葬区和沟西墓地唐墓多,规格较高,所出文书和墓志也反映出唐代交河城较麹氏时期有更大的发展。[2] 因此,唐代才是交河城建设大发展并形成定制的最重要时期。

从交河故城遗址来看,其形制布局在新疆诸古城遗址中独具特色。这种特色的形成,当然是植根于交河城自身形制布局的演变规律之中,但同时与中原城市形制布局的影响也有很大关系。根据前面对交河故城形制布局特点的分析,可较清楚地看出,交河故城的总体规划有明确的意图,强调城市与自然地理环境有机结合,城市布局体现出较严格的等级观念和整体综合观念;城内功能区划明确,位置有序,这些特征均与中原城市规划原则相近。其次,交河故城的轴线、对称、鸟瞰和对景布局艺术,以主干道和次干道为主区划功能小区等处理大尺度空间的诸种艺术手法;"择中立衙",东部居民区高墙院落的配置形式,城内广布佛寺,衙署和寺院等佛教建筑占据城内诸制高点等特点,都可在北魏洛阳城至隋唐长安城形制布局发展轨迹中找到相应的依据,并集中体现于隋唐长安城形制布局所造成的影响上。此外,交河故城北寺区(包括西寺区部分佛寺)佛寺的院落形制及寺前建双塔等

---

〔1〕《元和郡县志》卷40"西州"条记载:西州"贞元七年(791年)没于西(吐)蕃"。
〔2〕黄文弼:《高昌砖集》、《高昌陶集》,西北科学考察团理事会1931年、1933年印行。此外,交河故城附近墓地新出唐墓墓志和文书已刊布者较少。

特点,亦与中原地区唐寺较相近。除上所述,交河故城的构筑技法也很值得注意,其广为采用的减地起凸法(即按照设计要求和建筑结构,在原生土中挖去余土,形成建筑立面,构成单体建筑或建筑组合的主体框架),以及开凿窑洞的构筑方式,在新疆古城遗址中尚无先例(不计个别采用上述构筑技法的孤例),凡此恐怕均与陕甘地区传统的构筑技法有一定关系(陕甘黄土高原地区盛行开凿窑洞,减地起凸法或由此演变而来。下文将说明麹氏时期和唐代建交河城汉族起主要作用。这些汉族多来自陕甘地区)。而按照上述构筑技法营造的建筑若要改建,则必须破坏原有建筑往下重新挖建(即减地起凸法,如东部居民区现存建筑遗迹,改建后的墙壁上就有原建筑的窗户、井口、井壁等残迹),故此种构筑方式就决定了交河城不可能频繁地大规模改建。前已说明麹氏高昌国以前不具备在交河城大规模营建的条件,只有到麹氏时期才有这种可能性。从交河故城建筑遗迹保存相对较好的东部居民区来看,其改建痕迹和叠压打破关系虽然还缺乏应有的分析研究,但据笔者现场观察,可初步认为其现存建筑遗迹大都是经一次性改建而成的。交河城经过这次改建之后保存至今的形制布局明显可见唐长安城的影响,所出遗物也以唐代为主。[1] 总之,根据上述诸种情况,我们有理由认为,交河故城现存形制布局乃是唐代在麹氏时期的基础上,经全面规划后大规模改建而形成的(比如经过改建的衙署地下建筑,其碳十四年代数据在唐代,资料待发)。

前述交河故城的形制布局受到中原城市的影响不是偶然的,而有一定的必然性。众所周知,高昌地区从汉至唐代,一直都是中原各朝代经营西域的重要基地,因而汉族也逐渐成为当地的主体民族。在此背

---

〔1〕交河故城所出唐代遗物较多,除钱币、陶器等日用品和文书之外,以佛画最为重要。如诃梨帝母麻布幡画(勒柯克《火州》图版40b,Le coq,Chotscho,Berin,1913),麻布菩萨幡画(《火州》图版41c),麻布天王幡画(《火州》图版41a),麻布天王幡画(有"北方毗沙门天王"汉文榜题,《火州》图版42b),千佛壁画(有汉文榜题,《西域考古图谱》,日本国华社,1915年,上册,绘画之部23图),女供养人绢画(有汉文榜题,《火州》图版44a),十一面观音绢画(《火州》图版45c)等。被帽地藏菩萨绢画、骑士纸画、十王画等,属唐一回鹘时期(《火州》图版43a、47b、48)。发现的塑像多在唐至回鹘时期,如《西域考古图谱》上册雕刻之部图版9两件泥塑头像等。交河故城北寺区西大寺塔柱上佛龛塑像(头毁),像身较瘦,衣纹疏朗,似早于唐代。

景下,高昌地区的意识形态和社会风俗具有浓厚的汉族色彩。比如,对此最能集中体现的墓葬,自麹氏高昌以来虽然有地方特色,但基本属于内地墓葬系统(如阿斯塔那、哈拉和卓、交河故城附近诸墓地等)。所以这个阶段高昌地区的城市布局打上中原城市的烙印(麹氏和唐代时的高昌城布局,也受到中原城市的影响[1]),乃在情理之中。就交河城而言,麹氏高昌和唐西州时期的统治者是汉族,居民也以汉族为主体(车师人在灭亡前后已逐渐迁到焉耆等处(参见《北史·西域传》、《魏书·车夷洛传》等;并参见交河故城及其附近有关墓葬的文书资料)。当时西州和交河城以上述人文环境为底蕴的主要城建活动(除交河城外,还包括高昌城),就决定了汉族必然起主导作用。其次,麹氏高昌与北魏关系密切,交往频繁,应有许多学习和借鉴北魏洛阳城形制布局的机会,唐代时能较顺利和成功地改建麹氏时期的交河城恐怕与此不无关系(隋唐长安城的形制布局是承袭北魏洛阳城发展演变而来)。而唐代西州时期,其上层人物大都来自中原且多到过长安,此时涌进西州的大批汉人(特别是其中的工匠)又熟知中原城市的情况,所以唐代改建交河城,其形制布局受到唐长安城较大影响是不足为奇的。

1.11.4 回鹘时期交河城的形制布局因袭唐代

公元791年以后吐蕃占据西州70余年,这是交河城由盛而衰的转折点。公元866年回鹘自北庭入据高昌,[2]以高昌城为都建高昌回鹘王国后,便以吐鲁番城取代了交河城的地位。交河城地位的下降,也反映到今交河故城的遗迹方面。比如,(1)9世纪末10世纪初之前,回鹘以摩尼教为国教,[3]高昌故城等处均发现较多的回鹘时期摩尼教遗迹和遗物。[4] 但是,交河故城迄今却未发现有摩尼教遗迹和遗物的确凿

〔1〕孟凡人:《高昌城形制初探》,《中亚学刊》2000年第5辑。文中探讨了麹氏高昌国和唐代西州时期高昌城形制与中原城市的关系。
〔2〕《旧唐书·懿宗本纪》、《新唐书·回鹘传》、《新唐书·吐蕃传》,以及《资治通鉴》卷250等,均记载咸通七年(866年)北庭回鹘击败吐蕃夺取西州。
〔3〕孟凡人:《略论高昌回鹘的佛教》,《新疆社会科学》1982年第1期。
〔4〕〔德〕勒柯克:《火州》,新疆人民出版社,1998年。

证据,仅回鹘文摩尼教寺院文书中提到交河城有一座小摩尼寺[1] 上述情况表明,回鹘时期交河城内摩尼教建筑不仅很少,而且已毁坏无存。据此可知回鹘高昌王国初期的交河城似仍承吐蕃之敝,其地位已远非昔比了[2] (2)10 世纪初之后,高昌回鹘王国改以佛教为国教,[3]从此直到公元 1283 年元朝强迫回鹘王室东迁甘肃永昌时止,[4] 是为高昌回鹘佛教盛期。因此,交河城佛教中心的地位再度复活,现在交河故城所见较大的佛寺和一些佛教建筑多经回鹘人扩建和改建,[5]并新建了部分佛寺(如新发现的地下佛寺等),交河故城回鹘时期的遗物也以佛教遗物为主。[6] (3)交河故城世俗建筑遗迹中,目前仅见一些具有回鹘建筑特点的改建遗迹。[7] 回鹘时期的世俗遗物多为陶器等日用品,以及少量回鹘文文书等。其中回鹘文文书未明确反映出当时交河城的政治情况,这个时期遗物的数量和重要性也远逊于唐代。(4)回鹘时期改建扩建或少量新建的佛寺和世俗建筑(新建的世俗建筑尚难确指),均在唐代交河城形制布局框架之内。也就是说,回鹘时期交河城的形制布局仍一如唐代,在高昌回鹘皈依佛教后,交河城也仅仅是其佛教中心而已。

1.11.5　交河城的废弃

现在研究交河故城的学者,多将该城的毁坏和废弃与黑的儿火者对高昌地区进行的"圣战"直接联系起来。[8] 关于东察合台汗国黑的

---

〔1〕耿世民:《回鹘文摩尼教寺院文书初释》,《考古学报》,1978 年第 4 期。

〔2〕《突厥语大词典》维吾尔文本中记载,高昌回鹘有唆里迷、高昌、彰八里、别失八里、阳吉八里 5 座大城,不见交河城名。

〔3〕孟凡人:《略论高昌回鹘的佛教》,《新疆社会科学》,1982 年第 1 期。

〔4〕回鹘王室东迁永昌事见《亦都护高昌王世勋碑》(收在黄文弼《西北史地论丛》,上海人民出版社,1981 年),《元史》卷 122《巴尔术阿而忒的斤传》。

〔5〕李肖:《交河故城的形制布局》,文物出版社,2003 年。

〔6〕交河故城发现回鹘时期的佛教遗物以佛画为主,如麻布天王幡画(《火州》图版 42a)、佛教故事画(有回鹘文题记,《火州》图版 47f)、麻布菩萨像(《西域考古图谱》上册,绘画之部 49 图)等。《交河故城》第四章"地下寺院遗址"刊布的塑像、壁画和回鹘文文书等遗物亦属回鹘时期,东方出版社,1998 年。

〔7〕李肖:《交河故城的形制布局》,文物出版社,2003 年。

〔8〕解耀华:《交河故城的历史与保护修缮工程》,新疆人民出版社,1999 年。

儿火者汗在高昌地区"圣战"的情况,史未详载,仅知此役约发生在 14 世纪 90 年代初,[1]主攻目标是高昌城和吐鲁番城。[2] 高昌城经过激战后陷落,吐鲁番城或不战而降,[3]随后黑的儿火者移住于吐鲁番城。[4] 这个吐鲁番城即今吐鲁番县城东约 2 公里的安乐故城(俗称英沙古城,该城西北隔公路与苏公塔相望)。[5] 安乐城在麹氏高昌国和唐西州时期属交河县管辖,[6]到高昌回鹘时期交河城则归吐鲁番城辖属。[7] 黑的儿火者将吐鲁番城作为主攻目标之一,但有关文献却未提到"圣战"与吐鲁番城相距仅 20 余里的交河城有何关系,这个情况正是交河城在回鹘时期地位下降的真实反映(当时吐鲁番城的重要性,还可以 14 世纪末吐鲁番王国又以吐鲁番城为中心逐渐强盛起来作为佐证[8])。总之,从现有史料来看,交河城的毁坏和废弃与黑的儿火者的"圣战"本身并无直接关系。

但是应当指出,交河城的毁坏和废弃却与黑的儿火者"圣战"后在高昌地区强制推行伊斯兰教有直接关系。当时交河城作为高昌地区重要的佛教中心和异教徒集中之地,是强制推行伊斯兰教过程中必被摧毁的主要目标之一,交河城佛教建筑的毁坏即始于此时(这种情况

---

〔1〕关于黑的儿火者对高昌地区进行"圣战"的时间,解耀华文说在公元 1389 年。中国新疆地区伊斯兰教史编写组:《中国新疆地区伊斯兰教史》(新疆人民出版社,2000 年),第九章第一节"伊斯兰教传入吐鲁番",说在 14 世纪末,并推断"圣战"在公元 1392 年前后。

〔2〕李进新:《新疆伊斯兰汗朝史略》,宗教文化出版社,1999 年,第 153~160 页。关于黑的儿火者攻吐鲁番城,李进新说吐鲁番城不战而降。前揭《中国新疆地区伊斯兰教史》说,攻打吐鲁番城时有伊斯兰教徒策应,故很快拿下吐鲁番城。

〔3〕中国新疆地区伊斯兰教史编写组:《中国新疆地区伊斯兰教史》,新疆人民出版社,2000 年;李进新:《新疆伊斯兰汗朝史略》,宗教文化出版社,1999 年,第 153~160 页。

〔4〕中国新疆地区伊斯兰教史编写组:《中国新疆地区伊斯兰教史》,新疆人民出版社,2000 年;李进新:《新疆伊斯兰汗朝史略》,宗教文化出版社,1999 年,第 153~160 页。

〔5〕李征:《安乐城考》,《中国史研究》,1986 年第 1 期。

〔6〕国家文物局古文献研究室等编:《吐鲁番出土文书》第七册,文物出版社,1986 年,第 504 页,唐景龙二年文书记安乐城属交河县;田卫疆:《陈诚〈西域山川风物纪录〉校勘》(《新疆文物》,1989 年第 1 期)"土尔番(吐鲁番)"条记载:"土尔番城在火州之西仅百里,即古交河县之安乐城"。

〔7〕田卫疆:《陈诚〈西域山川风物纪录〉校勘》作"崖儿城"条,该条记载崖儿城(交河城)"今并入土尔番城",《新疆文物》,1989 年第 1 期。

〔8〕冯家昇等:《维吾尔史料简编》上册,第七章,民族出版社,1958 年。

·欧·亚·历·史·文·化·文·库·

在新疆屡见不鲜([1])。此外,在 1992 年至 1996 年交河故城考古工作中,于衙署区近旁等地发现多处伊斯兰教徒的墓地,[2]然而迄今却未在交河故城发现这个时期的清真寺遗迹。交河故城有伊斯兰教徒墓地,特别是有的墓地还在衙署近旁,说明该城在黑的儿火者强制推行伊斯兰教过程中惨遭劫难后已经近于荒废;而未发现这个时期的清真寺遗迹,又说明该城惨遭劫难后未再正式重新利用。黑的儿火者死后约 15 年(公元 1399 年死于征哈密之役,葬于吐鲁番的燕木什),明朝陈诚看到的交河城已是仅"居民百家"的破败景象。[3] 此后则逐渐变成一座荒城。[4]

1.11.6 交河故城现存形制布局所体现的城市性质

交河城自汉通西域到公元 450 年是车师前部都城,高昌国和唐代西州时期在这里设郡县,是高昌地区仅次于高昌城的第二大城。从交河故城现存奠基于麴氏时期成于唐代的形制布局来看,衙署区处于建成区的中心位置,面积很大;佛寺区的佛寺建筑宏伟,占地面积广,数量多;布局中寓有较完整的防御系统;居住区建筑规格较高等情况,可明确反映出麴氏高昌国和唐代时的交河城是一座政治性、宗教性和军事性的城市。这种情况与前述的交河城建置、地理环境、交通枢纽地位和有关的历史背景,以及墓葬所出文书和墓志的有关记载也是吻合的。

此外,有的研究者认为交河故城有商业区和手工业区。[5] 笔者曾多次到交河故城进行考古调查,并未发现有真正的商业区(不排除当

---

〔1〕米儿咱·马黑麻·海答儿著,新疆社会科学院民族研究所译:《中亚蒙兀儿史——拉失德史》第一编,新疆人民出版社,1985 年,第 225 页。中国社会科学院考古研究所:《北庭高昌回鹘佛寺遗址》(辽宁美术出版社,1991 年)结语中,已说明高昌故城 K 寺等寺院遭人为毁坏,发现许多被屠杀的佛教僧侣的尸体,以上情况均发生在黑的儿火者的"圣战"时期。

〔2〕李肖:《交河故城的形制布局》,文物出版社,2003 年。

〔3〕田卫疆:《陈诚〈西域山川风物记录〉校勘》,《新疆文物》,1989 年第 1 期。

〔4〕中国国家文物局等:《交河故城保护与研究》所收钱伯泉《交河故城的历史变迁》一文,认为交河故城最后废弃变为荒城在明末清初之时,新疆人民出版社,1999 年。

〔5〕解耀华:《交河故城的历史与修缮工程》一文"西城区"(即本篇中的西寺区)一节中说:西城区"北半部分地面散落大量不同时代的陶片,疑为手工业作坊区;中部有一南北长 80、东西宽 30 ~ 40 米的空阔地带,可能是古时的商市";"南大塔南侧也有一空阔地,也可能为商市遗址",新疆人民出版社,1999 年。

时有商业活动)和手工业区(不排除当时有家庭手工业存在)。[1] 我们认为交河城的性质和地理环境,决定了交河城不会有发达的商业和手工业。[2] 因此,没有发现真正的商业区和手工业区,可能正是上述情况的反映。

综上所述,本篇对交河故城形制布局特点以及其时代和性质的探讨,为的是把握其形制布局的精髓,突显其形制布局的个性,抓住其形制布局与城市性质和时代之间关系的线索,以构筑研究交河故城形制布局的基本框架,并对今后全面系统研究交河故城作必须的铺垫和准备。这样就可能使之成为今后深入研究、准确掌握交河故城形制布局的阶梯,成为今后开展交河故城各主要学术课题研究的初步基础及其选择切入点和突破口的依据之一。此外,这种铺垫和准备,还为扩大交河故城的研究领域提供了一个学术平台(尽管尚不成熟)。据此不仅可以有目的地开展交河故城与新疆、中原,以及中亚和南亚诸相关古城遗址进行比较研究,进一步探索交河故城形制布局的渊源,在更高层次上深入研究交河故城形制布局不断变化进程中的继承、发展和演变关系;而且还可以交河故城为中介,逐步建立中西方古城形制布局间的内在联系。[3] 如是,就可能以更高的视点、更广阔的视野,全面统筹丝路沿线诸古城遗址,探索其形制布局的类型构成,研究不同类型

〔1〕笔者曾对解耀华《交河故城的历史与修缮工程》一文记载的区域进行过考古调查,所见情况与解文不合。交河故城西城区(即西寺区)的建筑遗迹残毁严重,所谓的空地经仔细调查原大都有建筑存在,并与邻近的建筑有一定关系。其次有大量陶片而未发现与之对应的同时代窑址,也不能判定为手工业。前面正文已论证西城区实际上是一个较大的寺院区,李肖论文对此也有较详细的分析论证。

〔2〕[英]A. 斯坦因:《亚洲腹地》第十九章第七节中记载:在交河故城"我没有能找到巴扎(集市)的建筑遗存",当时"或在大道上设临时摊位进行交易,或交易在郊区进行"。又说:"位于孤立台地上的古城从未用作贸易场所","因为那里连骆驼和马车都无法进入"(按,指斯坦因当时所见交河故城的情况)。

〔3〕交河故城形制布局还有一些特征可看到与南亚(主要指贵霜地区希腊化古城)和中亚古代城市相似的影子。比如:交河故城总体规划侧重于防御和政治需要,封闭性强,规划内容主要着眼于道路和建筑群的安排,这些特征均与南亚和中亚古代城市规划原则有些雷同。此外,南亚和中亚古代城市多以中央大街中分城区,街区有围墙和自己的宗教建筑,有相对的独立性;王宫(交河故城可以衙署比之)与居民区分开,附近分布豪华住宅区等特点,在交河故城的轴线、东部居民区、衙署区,以及衙署区与东部居民区的位置关系中,均有程度不同的反映。

·欧·亚·历·史·文·化·文·库·

的差异和相似类型的内在联系,以及各类型间的关系,总结各种形制布局的变化规律,从而将交河故城和丝路沿线诸相关古城遗址的研究提高到一个新的阶段。

　　附记:本篇图 1.1、1.2、1.3、1.8 的底图,据《交河故城》之图 1、2、3、115。本篇图 1.4、1.5、1.6、1.7 的底图,据《交河故城的形制布局》之图 11、16、52 和 62。

（本篇初刊于《考古学报》,2001 年第 4 期）

2　高昌故城形制初探

　　高昌故城在今新疆吐鲁番城之东约50公里,位于吐鲁番盆地中央平原,建在哈拉和卓绿洲,坐落在哈拉和卓与阿斯塔那之间,其遗址今称高昌故城(此外,还有亦都护城,哈拉和卓古城等别称)。"高昌"之称首见于《汉书·车师传》,[1]其后《魏书·高昌传》则解释说:"高昌者,车师前王之故地","昔汉武遣兵西讨,师旅顿敝,其中尤困者因住焉。地势高敞,人庶昌盛,因云高昌。亦云其地有汉时高昌垒,故以为国号"。

　　自汉通西域到元代,高昌的建置凡五变。即汉初元元年(公元前48年)迄晋咸和二年(327年)为戊己校尉治所,称"高昌壁"。晋咸和二年至太平真君三年(442年)为高昌郡治所,称高昌城。沮渠氏承平元年(448年)至麹氏延寿十七年为高昌国时期,均以高昌城为国都。其间历经沮渠氏二王18年(442—460年),阚氏三王31年(460—491年),张氏5年(491—496年)、马氏3年(496—499年)、麹氏十王141年(499—640年)。唐贞观十四年(640年)灭麹氏高昌王国,在高昌城设西州州治和高昌县治(一度曾改前庭县)。公元9世纪中晚期回鹘占据吐鲁番盆地,以高昌城为都建立高昌回鹘王国。[2]入元以后高昌回鹘王国臣服于元,并逐渐走向衰落。至元十二年(1275)都哇等围攻

---

〔1〕《汉书·车师传》有车师王"驰突出高昌壁"一语。
　　〔2〕回鹘进据吐鲁番盆地立国后,也自称高昌。如〔法〕保罗·伯希和:《高昌和火州哈拉和卓考》(冯承钧:《西域南海史地考证译丛》第二册七编,商务印书馆,1995年,第20页),考证吐鲁番发现的突厥文写本和摩尼教经卷中的 Qoco 和 choco 两称,即"高昌"的对音。耿世民:《回鹘文〈土都木萨里修寺碑〉考释》,碑中自称高昌国,《世界宗教研究》,1981年第1期,第77~83页。此外,还有"亦都护高昌王世勋碑"等,见黄文弼《西北史地论丛》,上海人民出版社,1981年,第160~172页。

火州,[1]1283 年高昌回鹘亦都护(王)被迫东迁甘肃永昌,遥领高昌。[2] 1383 年别失八里的察合台汗黑的儿火者对高昌地区进行"圣战",强迫当地居民信奉伊斯兰教,[3]高昌城或毁于此役。其后《明史·火州传》已将高昌城称为"荒城",[4]据此判断,在公元 14 世纪晚期高昌城已经荒废。

如上所述,从汉至元代的 1400 余年间,高昌城在吐鲁番盆地的首府地位始终未变。而其废弃后,高昌故城又是新疆地区规模最大,形制最复杂,保存状况较好的都城遗址,故成为世人瞩目的历史名城。所以,近百年来中外学者对高昌故城多有研究。虽然如此,但是有关高昌故城本身的基础研究尚未被充分重视。比如,高昌城的形制及其演变序列和渊源问题就很少有人问津,从而严重地影响了对高昌故城全面系统的综合研究工作。鉴于上述情况,本篇拟就这个问题谈点初步看法。

2.1　高昌故城的形制

现存的高昌故城遗址,由外城、内城和"可汗堡"三大部分构成(见图 2.1、2.2、2.3)。

2.1.1　外城

外城平面呈不规则的方形,城墙有弧度和曲折之处,东和西城墙保存较好,南城墙次之,北城墙破坏严重。其中西城墙北部向内折拐,东城墙北部向外突出,南城墙西端呈弧线并与西城墙折拐相接,城周长约 5 公里。[5] 城墙夯筑,夯层厚约 4~12 厘米不等。城墙基宽约 12 米,现存残高约 5~11.5 米(20 世纪初高达 15~20 米)。城墙有些部位存在土坯或黑沙泥补筑痕迹,墙内侧残破处露桩木眼,墙外侧残存

---

〔1〕《元史·巴尔术阿尔忒的斤传》。火州见〔法〕保罗·伯希和:《高昌和火州哈拉和卓考》。

〔2〕《元史·巴尔术阿尔忒的斤传》。

〔3〕新疆社会科学院民族研究所编著:《新疆简史》,新疆人民出版社,1978 年,第 232 页。

〔4〕《明史·火州传》记载:"火州又名哈拉,在吐鲁番东三十里。东有荒城,即高昌国都。"

〔5〕新疆社会科学院考古研究所编:《新疆考古三十年》,新疆人民出版社,1983 年,第 10 页。

马面。据说本世纪初残存马面 70 个左右,马面间距一般在 30~45 米之间。此外,在城墙上还发现过淡蓝色或淡绿色釉砖。[1]

城门从残迹来看似有五座,西城墙开二门,一在城墙中部偏北有瓮城残迹,一在城墙北部折拐处,仅余豁口。东城墙城门一座,略与西城墙中部城门相对。南、北城门大致在南、北城墙的中间,城门均残毁。

2.1.2 内城

内城约位于外城的中间,其西墙距外城西城墙约 300 米,南墙距外城南城墙约 200 米。内城南北长约 1000 米,东西宽约 800 米,[2]平面呈南北长方形。城墙夯筑,夯层厚度与外城墙相近。从城墙残迹来看,西和南城墙不直,且为夹城(图 2.2)。内城西南和东南角呈弧形,西北角弧形内凹;北城墙仅中部保存一小部分。东城墙则只能看到东北角的高地和东南角的一个土台基。内城城门痕迹无存,在斯坦因的平面图上(图 2.1),内城南、北城墙中部均有与外城南、北城门大致相对的豁口,内城西北角也有一个豁口,这些豁口或为内城门的残迹。

2.1.3 "可汗堡"

当地群众将内城北部中间的堡垒式遗迹称为"可汗堡"。该遗迹平面不甚规则,南北长约 300 米,东西宽约 150 米,两侧北部向西突出约 200 米,围墙本世纪初残高有的达 15 米,[3]周长千米左右。"可汗堡"门址遗迹无存,从斯坦因平面图来看,南墙东端豁口,西墙北半部和南半部豁口或为门址残迹(图 2.1)。

2.1.4 古城内的区划

现在高昌故城残毁较严重,其形制除前述三大部分外,城内布局和区划已难辨识。因此,下面只能依据仅有的三个平面图略作探讨。

依斯坦因和阎文儒的平面图(图 2.1、2.3),外城内西北角有围墙

---

〔1〕〔法〕莫尼克·玛雅尔著,耿昇译:《古代高昌王国物质文明史》,中华书局,1995 年,第 75 页。

〔2〕据本篇插图 2.3 测算。

〔3〕〔法〕莫尼克·玛雅尔著,耿昇译:《古代高昌王国物质文明史》,中华书局,1995 年,第 89~90 页。

自成一区。该区西墙即外城西城墙有城门遗迹,区内向南和向东似有通道,未见门址痕迹。斯坦因的平面图(图2.1),外城东北角有一西南走向的残墙,其延长线应与内城东北角相接。这样在内、外城北城墙之间,外城西北小区之东至外城东北角斜墙之间又自成一区。在该区之内,内、外城的北墙均有城门,东与西北小区相通。此外,在西北小区南墙之南,东北角斜墙之南,内、外城南城墙之间,三者互相连通。虽然,格伦威德尔平面图(勒柯克也用此图)内城西墙南端略有延伸(图2.2),但起不到分隔作用,故上述三部分应为一区。在该区中内、外城南城墙均有城门残迹,外城西侧之北与西北小区相通。

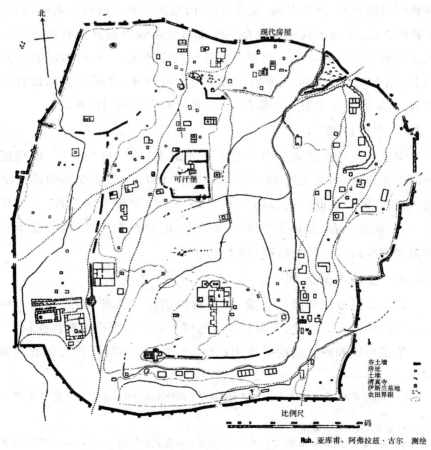

图 2.1　哈拉霍加高昌故城平面图(斯坦因:《亚洲腹地》第三卷附图)

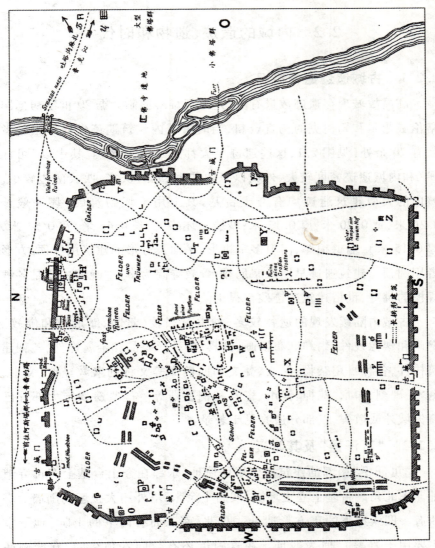

图2.2 〔德〕勒柯克:《中亚与新疆古代晚期的佛教文物》V册13页插图

根据上述分析,高昌故城内似应分为"可汗堡"、内城、西北角北子城、子城,以及内外城间西、南、东相连通的外城五部分。关于古城内的街道,虽论者每有推测,但地表已无迹可寻,只好待来日正式发掘时再行解决。

2.2 内城的遗迹、遗物和时代

2.2.1 古城遗迹遗物概况

　　高昌故城现存遗迹数量有限,并大都难辨形制。据20世纪初德国格伦威德尔和勒柯克的调查资料,当时古城内建筑遗迹仅摘要编号者就有70余处(见图2.1,这些遗迹今大都残毁或无存)。其中以"可汗堡"和内城遗迹密度较大,外城以东边居多,北边次之,西及南边较少。城内的大型建筑遗迹均有夯土台基,其上用土坯砌筑(土坯一般长0.30米,宽0.20米,厚0.15米;城墙土坯略大,长0.46米,宽0.23米,厚0.15米),墙壁很厚,门窗多呈拱形,平面长方形的建筑用券顶,方形者用圆顶。建筑遗迹早期以摩尼教、景教寺院为多,中晚期主要是各种规模的佛寺,世俗建筑遗迹残存很少。

　　古城内陆续发现的遗物较多,种类有宗教(景教、摩尼教和佛教)壁画和塑像残件,绢和麻布幡画,供具;各种丝织品和金属饰件,各种建筑构件,各种日用杂物;汉文、梵文和回鹘文等文种的宗教经典、文书、刻本、碑刻、印章、花押、钱币、瓷器和铜铁器等。这些遗物绝大部分已流失域外或散失,仅部分遗物见于著录。

2.2.2 "可汗堡"及其附近

　　"可汗堡"南部的建筑群似居住遗址,东部在夯土台基上有佛寺遗址。东北角高台基上立土坯塔,残高十余米,塔外用大土坯砌围墙。塔西有一凹入地下的正方形遗址,西、北、南三面有向下的土阶(地下室主要用于避暑),似为殿址。在这附近还有数间券顶房间,有壁画残迹。此外,"可汗堡"内的许多地点都发现壁画和回鹘文题记残件。

　　"可汗堡"内遗物,时代较早的有铜菩萨像。[1] 铜像头具花冠、项光、面部宽短。眉、目、鼻、口只铸出大形,衣纹较疏呈阶梯式。整体制

---

　　[1]Albert Von Lecoq,"Chotscho",Berlin 1913,Tafel 58—i。

作较粗糙,其风格与北魏前后的铸像相近。石幢,柱状,顶残缺。[1] 幢上部雕出圆柱和人字拱,其下垂宽肥的莲瓣,莲瓣间有火焰龛眉,龛内雕坐佛像。龛下束腰,阴刻汉文十二因缘经。底座较高,六面体,每面阴刻供养菩萨像,线条简练流畅,面部较瘦,时代约在6—7世纪。时代较晚的遗物均属回鹘时期,有代表性的是回鹘宫廷飨宴、奏乐等壁画残件,[2] 从其画风和人物衣饰来看似属回鹘早期。

在"可汗堡"外佛寺遗迹较密集(图2.2),如东墙外偏南有M寺遗址,寺北沿"可汗堡"东墙有一些南北向排列的建筑遗迹。"可汗堡"之西从北向南有θ、H、λ、L、Ś、δ、η、Q、R、S等寺院遗址。"可汗堡"之北有A、B、C、D、ε等寺院遗址。"可汗堡"南墙外有W寺院遗址。上述诸寺中,M寺发现承平三年(445年)安周造像记刻石。[3] W寺中间塔柱高约6米,外有10×6米的围墙,塔柱基四面各出一台座,塔柱北侧开三层洞龛(每层一个洞龛),塑像毁。其余三面各开一个洞龛(高1.40米,宽1.80米),塑像毁。洞龛之上开三层小龛(每层5个龛),[4] 在该寺发现的泥塑佛坐像具有唐代风格。[5] 其余诸寺除回鹘摩尼教和佛教遗物外,时代上限大多可上溯至唐代。据此并结合前述情况判断,"可汗堡"始建的时间大概不会晚于承平三年,下限则一直到高昌回鹘时期。

2.2.3 K寺院遗址(图2.1、2.2)

K寺院遗址位于内城"可汗堡"南偏东约270米的一小土岗上,是内城中除"可汗堡"外最重要的建筑遗迹。该遗址现已无存,据勒柯克[6]和斯坦因发表的资料,其残存部分总平面略呈凸字形。北面突出

〔1〕孟凡人:《新疆古代雕塑辑佚》图327、328,新疆人民出版社,1995年。

〔2〕Albert Grünwedel,"Altbuddhistische Kultstatten in Chinesisch Turkistan",Berlin,1912,Fig 664、665、666。

〔3〕冯承钧:《西域南海史地考证论著汇辑》,记承平三年刻石为"凉王大且渠安周造象记",中华书局,1957年,第61页。

〔4〕Aibert Grünwedel,"Bericht uber archaologische Arbeiten in ldikutschariund Umgebung in Winter 1902—1903",M nchen 1905,Seite 46~47,Fig 40,41a,41b。

〔5〕孟凡人:《新疆古代雕塑辑佚》图317,新疆人民出版社,1995年。

〔6〕Albert Von Lecoq,"Chotscho",Berlin 1913,Seite 7。

部分一组建筑中间有过道,过道西侧南边小室地面上有约百具佛教僧侣尸体,尸体有刀痕,衣服染血迹,伴出佛教遗物(这个现象或与黑的儿火者攻高昌之役有关)。南部主体建筑平面呈长方形,东西残长约75米,南北残宽约55米,中间有庭院。庭院东侧一大房间内用白色雕像砖铺地,上面堆放着许多摩尼教经典,所以勒柯克将其称为"经图堂"。

K寺院遗址遗物丰富,是高昌故城内出土摩尼教遗物最多的地点。这些摩尼教壁画、绢和麻布画,以及摩尼教经典插图等,多有回鹘文或用摩尼文书写中波斯语的题记。摩尼教遗物如摩尼及僧众壁画,[1]摩尼教经典插图回鹘文题记有回鹘王的头衔,[2]摩尼教女选民麻布幡画回鹘文题记中记为王妃之像[3]等。回鹘改信佛教后K寺又成为佛教寺院,因此佛教遗物也较多。如天王像(麻布和绢画),[4]佛与婆罗门绢画,[5]千手观音纸画[6]等。此外,还发现有回鹘文、汉文、粟特文等残文书,小铜佛像,莲花砖和连珠纹砖,木饰件,开元通宝,以及一些日用杂物等。K寺院遗址与"可汗堡"相对,规模较大,地位很高,所出摩尼教和佛教遗物均属回鹘时期,所以它应是回鹘时期新建的王家寺院。另外在K寺西南有X寺院遗址,K寺之西有τ、s、e、π等寺院遗址。其时代上限大多可追溯到唐,下限到回鹘时期。

2.2.4 α寺院遗址(图2.2)

α寺遗址在内城西南,被嵌在内城西城墙中,规模较大。[7]该遗址下层土坯尺寸较小,上层用大土坯,上下层应有时代差别。据α寺G室发现的回鹘文木柱刻文记载,大约在10世纪末(一说983年)回鹘曾对该寺进行过大规模的改建工程,另外文中还记有向回鹘王族们祝福

〔1〕孟凡人:《高昌壁画辑佚》,新疆人民出版社,1995年,第25页图3。
〔2〕孟凡人:《高昌壁画辑佚》,新疆人民出版社,1995年,第40页图9。
〔3〕孟凡人:《高昌壁画辑佚》,新疆人民出版社,1995年,第34页图2。
〔4〕孟凡人:《高昌壁画辑佚》,新疆人民出版社,1995年,第59页图42,第60页图43。
〔5〕孟凡人:《高昌壁画辑佚》,新疆人民出版社,1995年,第61页图44。
〔6〕孟凡人:《高昌壁画辑佚》,新疆人民出版社,1995年,第62页图46。
〔7〕Albert Von Lecoq,"Chotscho",Berlin 1913,Seite 57,Fig 56。现在仍有部分残迹。

的词句。[1]

　　α 寺所出遗物可粗分三期。第一期为唐代佛教遗物,如金刚像壁画残饰,[2]龙与奔鹿和花鸟壁画残件,[3]菩萨与比丘壁画残件,[4]供养塑像和花纹砖[5]等。第二期为回鹘摩尼教遗物,如摩尼教男选民壁画残件。[6] 摩尼教女选民绢画残件,[7]原画中间绘回鹘王像(已缺),画背面有波斯文题记,意为保护摩尼教的回鹘王和王室祈祷。摩尼教书卷插图发现较多,[8]画面中的题记大都用摩尼文书写中波斯语。第三期为回鹘佛教遗物,如婆罗门和比丘壁画残件,[9]供养壁画(誓愿画)残件,[10]佛教故事绢画残件,[11]千手观音绢画残件,[12]麻布经变画残件,[13]以及回鹘王麻布幡画[14]等。根据上述情况判断,α 寺院遗址应是在唐寺基础上改建的回鹘王家寺院。

　　除上所述,在内城西城墙中部之东还有 N、μ 等寺院遗址及其他遗址。在内城南城墙西部城墙中有 V′寺院遗址,内城东城墙南部有 ψ 等寺院遗址(似嵌在城墙中)。其中 μ 寺所出木雕交脚菩萨像,[15]υ′寺发现的泥塑菩萨半身像,[16]ψ 寺人物壁画残件等,[17]均有唐代风格。此外,μ 寺还发现摩尼教人物画残件。这些寺院遗址的时代下限,均在回

〔1〕〔日〕森安孝夫:《论回鹘佛教史料木柱文书》,《史学杂志》第 83 编第 4 号,第 38～54 页。
〔2〕孟凡人:《高昌壁画辑佚》,新疆人民出版社,1995 年,第 64 页图 50。
〔3〕孟凡人:《高昌壁画辑佚》,新疆人民出版社,1995 年,第 70 页图 58、59。
〔4〕孟凡人:《高昌壁画辑佚》,新疆人民出版社,1995 年,第 72 页图 62,第 73 页图 63。
〔5〕Albert Von Lecoq,"Chotscho",Berlin 1913,Tafel 58—q,61—g。
〔6〕孟凡人:《高昌壁画辑佚》,新疆人民出版社,1995 年,第 41 页图 10。
〔7〕孟凡人:《高昌壁画辑佚》,新疆人民出版社,1995 年,第 42 页图 12。
〔8〕孟凡人:《高昌壁画辑佚》,新疆人民出版社,1995 年,第 43 页图 13、14,第 44 页图 15,第 45 页图 16。
〔9〕孟凡人:《高昌壁画辑佚》,新疆人民出版社,1995 年,第 63 页图 49。
〔10〕孟凡人:《高昌壁画辑佚》,新疆人民出版社,1995 年,第 66～67 页图 53、54。
〔11〕孟凡人:《高昌壁画辑佚》,新疆人民出版社,1995 年,第 64 页图 51。
〔12〕孟凡人:《高昌壁画辑佚》,新疆人民出版社,1995 年,第 65 页图 52。
〔13〕孟凡人:《高昌壁画辑佚》,新疆人民出版社,1995 年,第 68 页图 55。
〔14〕孟凡人:《高昌壁画辑佚》,新疆人民出版社,1995 年,第 69 页图 56。
〔15〕孟凡人:《新疆古代雕塑辑佚》图 326,新疆人民出版社,1995 年。
〔16〕孟凡人:《新疆古代雕塑辑佚》图 316,新疆人民出版社,1995 年。
〔17〕孟凡人:《高昌壁画辑佚》,新疆人民出版社,1995 年,第 88 页图 88。

鹘时期。

2.3 外城的遗迹、遗物和时代

2.3.1 外城东部（图 2.2）

外城东部系指内、外城东城墙之间部位,这里的遗迹仍以寺院为主,间有少量居住遗址。在外城东南角有 Z 寺院遗址,该寺建于 14 米 ×20 米的台基上,前殿后塔。[1] 殿在南,宽 9.10 米,进深 5.30 米,券顶。殿后壁有五个台座,塑像毁。殿内残存有佛、菩萨、飞天和回鹘供养人等壁画。[2]。塔在殿北与殿相连,塔基平面呈"亚"字形,塔身残高3 米余,棱柱状且有小佛龛。Z 寺遗址时代属回鹘时期。此外,在 Z 寺之西和西北还有一些建筑遗迹。

东部中间是以 Y、λ 寺为中心的寺院遗址群。Y 寺在外城东城墙折拐处之西近百米处,主要遗迹是一座佛塔。塔基长方形,边长约 25米、宽约 20 米。塔身方形残存三级,每级四面均置大佛龛,龛内佛塑像贴金彩绘。塔残高约 7 米,塔北侧有宽约 2.70 米的阶梯,该塔似始建于唐。[3] Y 塔之西紧临内城东城墙有 λ 寺遗址,[4]南北向排列多层殿基。寺内所出遗物仅见回鹘时期的佛教绘画,如麻布佛像,[5]麻布菩萨像,[6]麻布回鹘女供养人像[7]等。此外,在 λ 寺之南和东边还有些圆顶小型居住遗址,所出木钉上书写回鹘文。Y 塔之西于外城东城墙

〔1〕Aibert Grünwedel,"Bericht ubcr archaologische Arbeiten in ldikutschariund Umgebung in Winter 1902—1903", M nchen 1905,Seite 52～55,Fig49,51,52,53 现存残迹。

〔2〕Aibert Grünwedel,"Bericht ubcr archaologische Arbeiten in ldikutschariund Umgebung in Winter 1902—1903", M nchen 1905,Seite 53,Fig50。

〔3〕Aibert Grünwedel,"Bericht ubcr archaologische Arbeiten in ldikutschariund Umgebung in Winter 1902—1903", M nchen 1905,Seite 49～51,Fig43,44。与 Y 塔形制相近的鲁克沁使力克普塔的汉文题记为贞元七年,即 791 年。

〔4〕Aibert Grünwedel,"Bericht ubcr archaologische Arbeiten in ldikutschariund Umgebung in Winter 1902—1903", M nchen 1905,Seite 97～99,Fig89。

〔5〕孟凡人:《高昌壁画辑佚》,新疆人民出版社,1995 年,第 93 页图 96。

〔6〕孟凡人:《高昌壁画辑佚》,新疆人民出版社,1995 年,第 83 页图 80。

〔7〕孟凡人:《高昌壁画辑佚》,新疆人民出版社,1995 年,第 84 页图 82,第 85 页图 83。

折拐处有 ω 寺院遗址,其时代可上溯至唐代。

北边是以 U、T、T′、I、I′、V 诸寺为主的寺院遗址群,其间杂有部分居住遗址。U 寺在 Y 寺之北偏西,东大致与外城东门相对,残存殿址及部分附属建筑。大殿平面长方形,中间有方形塔柱。T 寺在 U 寺北偏东,寺在台基上建长方形围墙(连台基 52 米 × 30 米),围墙中间偏后立 12.35 米见方的塔柱。塔柱前塑像残毁,残像两膝间距 11.60 米。[1] U 寺在 T′寺之北,[2]规模较大,发现回鹘时期壁画较多,如阿弥陀净土变,[3]菩萨像和回鹘供养人像等。[4] T 寺之东靠近外城东城门有一唐代景教寺院遗址,发现景教壁画,[5]后被回鹘改为佛寺。I 和 I′寺在 T′寺之西(图 2.1),两寺所见壁画时代较早。如佛说法图、[6]菩萨与婆罗门像、[7]菩萨像等,[8]其画风与克孜尔石窟寺 6—7 世纪的壁画较相近。V′在 T′寺东北,在外城东城墙折拐处,仅见汉文资料。以上诸寺上限大都可追溯至唐代,下限在回鹘时期。

2.3.2 外城西部和南部(图 2.1、2.2、2.3)

外城西部系指内、外城两城墙之间,该部位主要有三组佛寺遗址。在外城西南角是 β 寺院遗址群,其西南一寺院平面长方形(长约 170 米),寺门向东。寺内中间为庭院(长约 100 米,宽约 56 米),庭院后部正中为大殿(长 14 米,宽 10.60 米),殿内中间立塔柱,塔柱上残存千佛像。庭院四周密布长条形或方形小室,其中方形者或为配殿。[9] 该寺东南又另有一寺(遗迹残毁无存),其北有僧房遗迹。β 寺隔小路与 α

---

[1]Aibert Grünwedel,"Bericht ubcr archaologische Arbeiten in ldikutschariund Umgebung in Winter 1902—1903",M nchen 1905,Seite 36 ~ 37。

[2]Aibert Grünwedel,"Bericht ubcr archaologische Arbeiten in ldikutschariund Umgebung in Winter 1902—1903",M nchen 1905,Seite 37 ~ 41。

[3]孟凡人:《高昌壁画辑佚》,新疆人民出版社,1995 年,第 75 页图 65,第 76 页图 66。

[4]孟凡人:《高昌壁画辑佚》,新疆人民出版社,1995 年,第 74 页图 64,第 77 页图 69。

[5]孟凡人:《高昌壁画辑佚》,新疆人民出版社,1995 年,第 57 页图 39。

[6]孟凡人:《高昌壁画辑佚》,新疆人民出版社,1995 年,第 81 页图 76。

[7]孟凡人:《高昌壁画辑佚》,新疆人民出版社,1995 年,第 82 页图 78。

[8]孟凡人:《高昌壁画辑佚》,新疆人民出版社,1995 年,第 84 页图 81。

[9]Aibert Grünwedel,"Bericht ubcr archaologische Arbeiten in ldikutschariund Umgebung in Winter 1902—1903",M nchen 1905,Seite 73 ~ 95,Fig 59。现存残迹。

寺相望,相距很近。β 寺院遗址所出泥塑菩萨头像,[1]有唐代风格。而须大拿壁画残件,回鹘女供养人像壁画等,[2]以及大殿的布局形式则属回鹘时期。该寺似在唐寺基础上改筑扩建而成。外城西部中间东临内城西城墙有 γ 寺遗址,寺平面长方形,北为庭院,南面佛殿中间立佛塔,塔身方形五级。[3] 寺内所出菩萨残绢画,[4]有唐代风格,此外还有摩尼教遗物。该寺时代可上溯至唐代,下限到回鹘时期。北部即西北角子城南墙之南有 P 寺塔群,塔群建在长 64 米,宽 58 米,高 2 米的台基上。台基正中塔基正方形,边长 16 米,高 4.60 米,其上立五个小塔。台基四角各有一组塔群,[5]吐鲁番出土文书所记唐以前的五塔寺或与此有关。[6] 在 P 寺塔群西北近外城西城墙和西北角子城南墙处有 o 寺遗址,属殿塔结合形式,[7]未见遗物。

南部即内、外城南城墙之间,主要是一些居住遗址残迹(图 2.1、2.2)。

2.3.3 北子城与西北角子城

北子城建筑残迹较多。闫文儒先生认为:"宫城长方形,在全城最北部","从现存较高的,一般由 3.5 米到 4 米的残基址中,可以看出与堡垒内高耸的建筑物相对的中轴线上,大约有四层殿的基址。殿基以东较好的遗址有七处,殿基以西四处。这些基址的夯土层,多厚 35~48 厘米,与元大都、库车旧城最晚的城垣的夯土层大致相同。因此,可以推测,这个宫城的殿基,可能是回鹘高昌中、晚期所建造的"。[8] 但

---

〔1〕孟凡人:《新疆古代雕塑辑佚》图 307、308,新疆人民出版社,1995 年。

〔2〕孟凡人:《高昌壁画辑佚》,新疆人民出版社,1995 年,第 76 页图 67,第 78 页图 70。

〔3〕Aibert Grünwedel, "Bericht ubcr archaologische Arbeiten in ldikutschariund Umgebung in Winter 1902—1903", M nchen 1905,Seite 96~97,Fig87、88。

〔4〕孟凡人:《高昌壁画辑佚》,新疆人民出版社,1995 年,第 90 页图 91。

〔5〕Aibert Grünwedel, "Bericht ubcr archaologische Arbeiten in ldikutschariund Umgebung in Winter 1902—1903", M nchen 1905,Seite 31~33,Fig24、25。

〔6〕国家文物局古文献研究室等编:《吐鲁番出土文书》第二册 369 页"高昌五塔等寺计亩入斛斗簿",文物出版社,1981 年。

〔7〕Aibert Grünwedel, "Bericht ubcr archaologische Arbeiten in ldikutschariund Umgebung in Winter 1902—1903", M nchen 1905,Seite 28~31,Fig23。

〔8〕阎文儒:《吐鲁番的高昌故城》,《文物》,1962 年第 7、8 期,第 28~32 页。

是,应当指出本篇所采用的三幅高昌城图均看不出阎先生所称的中轴线。以图中所显示的遗迹结合笔者的实地调查,可以说这些建筑遗迹很难分出层次和辨明规律,单体建筑遗迹的规模和规格也无法与宫城中正式的宫殿相比。有的建筑残迹明显是寺院遗址。目前尚无足够证据说明北子城是宫城遗址,这些建于回鹘时期的遗迹之性质下文有说。至于西北角子城,建筑遗迹极少,比较空旷,兹不赘述。

综上所述,高昌故城内的建筑遗迹和发现的遗物,绝大部分都属于高昌回鹘时期。因此,现存的高昌故城应是回鹘高昌城的遗迹。

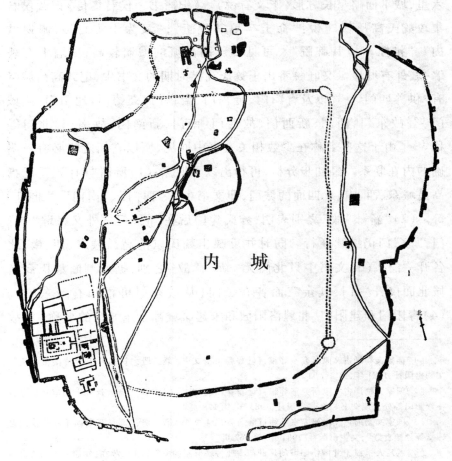

图 2.3 阎文儒:《吐鲁番的高昌故城》插图

·欧·亚·历·史·文·化·文·库·

2.4 麴氏和唐代高昌城的形制

如前所述,高昌故城现存遗迹和所出遗物绝大部分都属于高昌回鹘时期。那么,麴氏和唐代高昌城的形制如何呢?下面就来探讨这个问题。

2.4.1 麴氏高昌城的形制

《隋书·高昌传》记载:麴氏高昌城"周回一千八百四十步",约合六里,城平面略呈长方形(下文有说)。《旧唐书·侯君集传》记载侯君集攻麴氏高昌城时说:"命士卒填其隍堑","又为十丈高楼,俯视城内","推撞车撞其睥睨"。可见麴氏高昌城的城墙较高,城墙上有矮墙,城外有城壕。又吐鲁番出土麴氏高昌时期的文书中,记载高昌城时有"供养四门",[1]以及青阳门,金福门、金章门、玄德门、建阳门、武城门、[2]故东门、西门、新西门、故西门、南门、新南门、故南门、北门等称。[3] 由于这些名称在少数相关文书中同见,所以它们之间必有较明确的内在联系。经初步分析,可指出以下四点:(1)所谓"四门"系泛指高昌城东、西、南、北四面的城门,即文书中的"西门"、"南门"、"北门"等。(2)"新"、"故"之别表明,麴氏建国后在"故"门之外又另辟"新"门,"故"门仍继续通行。同时并反映出麴氏以前高昌城东、西、南、北各开一门。(3)文书中只北门无"新"、"故"之别,据此判断麴氏高昌城北面仅开一门,其余三面各有二门(从故东门可推知有新东门)。(4)青阳门和建阳门,北魏洛阳城和宋建康城都是东城门的名称,[4]故

---

〔1〕国家文物局古文献研究室等编:《吐鲁番出土文书》第二册,"高昌众保等传供粮食状",文物出版社,1981年,第287页。

〔2〕国家文物局古文献研究室等编:《吐鲁番出土文书》第四册,"高昌延寿十四年兵部差人往青阳门等处上现文书",文物出版社,1983年,第128页。

〔3〕国家文物局古文献研究室等编:《吐鲁番出土文书》第二册,"高昌延昌四十年供诸门及碑堂等处粮食账",文物出版社,1981年,第362页。

〔4〕孟凡人:《试论北魏洛阳城的形制与中亚古城形制的关系》图1,收在《汉唐与边疆考古研究》第1辑,科学出版社,1994年,第98页。董鉴泓:《中国城市建设史》图1–5～4,中国建筑工业出版社,1981年,第25页。

该二门应是麴氏高昌城的东门,并分别与"新"和"故"东门相对应。以此类推,似可认为玄德门为北城门,武城门为西城门(武城在高昌城西),金福门和金章门为南城门,仅西城门缺一个具体城门名称。按照惯例,各城门均应有通向城内的大道。

麴氏高昌城内的形制布局,目前尚无法复原,只能依据有限的资料略作推测。(1)宫城:《大慈恩寺三藏法师传》记载麴氏高昌城有"宫"、"黄门"和"阉人";吐鲁番出土麴氏高昌时期文书记有"东宫"、"世子"和"公主";[1]高昌章和十八年光妃文书还记有"高昌大城内"一语。[2]"大城"乃相对小城而言,上述资料互证,可知麴氏高昌城内应有"宫城"(小城)。另据《大慈恩寺三藏法师传》记载:高昌王"宫侧别有道场,王自引法师居之"。这个道场或与"可汗堡"东墙外发现沮渠安周造象刻石(安周为沮渠氏时的高昌王)的 M 寺有关,以此结合前面对"可汗堡"的时代分析来看,麴氏高昌国的宫城当在今"可汗堡"的位置。(2)衙署:麴氏高昌时期有较庞大的中央官僚机构,在绾曹郎中之下设兵部、吏部、库部、民部、仓部、祠部、礼部,以及主客长史、都官长史等。此外,还设有令尹府。文书中常见的"府门",当与上述诸官府有关。由于麴氏高昌时期主要交通线在南,北部是防御重地,[3]所以主要衙署似设在宫城(可汗堡)之南。(3)里坊和作坊:吐鲁番出土麴氏高昌时期的文书中,记载高昌城有东南坊、西南坊、东北坊和西北坊,[4]这些处于城内四隅的坊应是城里的主要居民区。此外,文书中还记有"作坊"和铠作、画师、纸师、主胶、缝摩镶等工匠,工匠多与"作

---

〔1〕国家文物局古文献研究室等编:《吐鲁番出土文书》第三册,"高昌重光四年二月辅国将军领卫事麴某"中有"东宫"字样。"高昌重光三年条列虎牙汜某等传供食账二"中有"世子"、"公主"之称,文物出版社,1981 年,第 197 页。

〔2〕国家文物局古文献研究室等编:《吐鲁番出土文书》第二册,"高昌章和十八年光妃随葬衣物疏",文物出版社,1981 年,第 62 页。

〔3〕麴氏高昌时期,天山以北是西域最为强大的西突厥之地。当时两者关系虽然较密切,但是麴氏高昌为防不测,高昌城北部地区遂成为防御重地。从唐玄奘从伊州(哈密)西行经蒲昌、柳中(鲁克沁)至高昌城来看,麴氏时期与外界的交通线主要在南线。

〔4〕国家文物局古文献研究室等编:《吐鲁番出土文书》第三册,"高昌东南、西南等坊除车牛额文书";"高昌西南坊作人名籍";"高昌残文书",文物出版社,1981 年,第 133、135、164 页;第五册,"高昌延寿四年参军汜显祜遗言文书",文物出版社,1983 年,第 70 页。

·欧·亚·历·史·文·化·文·库·

人"同记,而"作人"主要集中于西南坊[1]。也就是说,西南坊是以"作人"和工匠为主的居住区。据此看来,当时高昌城内四坊居民可能有一定的等级划分,并且是按类而居。(4)军事驻地和散住居民区:文书记载麹氏高昌城内有北厅、鹿门、小门、箱(上)、巷中、碑堂、曲尺等地名,[2]同时又记有巷中将、曲尺将、鹿门子弟将、箱上将等军职,[3]以及"北听(厅)轩竺伯子,曲尺窦恶奴……鹿门赵善熹……;碑堂赵师得;厢上张□□,兵人宋保得……纸师隗头六奴;北许寺丰得"等[4]。此处文书所记这些地名多是为之供粮问题。上述情况综合判断,北厅似为衙署之一,碑堂和小门或有某些机构,巷中、曲尺、鹿门、箱上等应为军队驻防办事机构所在地。这些地点附近可能同时也有一些散住居民,其地望很可能大都在高昌城的北部,即西北坊和东北坊之间地区。(5)寺院和贵族居住区:高昌国人笃信佛教,故城内佛寺较多[5]。除宫内和宫城附近的王家寺院外,王公贵族和阚、张、马、麹、索、氾等望族大姓还有许多私寺。由于高昌城内四隅为四坊,北为防御重地,南为主要衙署区,所以贵族大姓的居住区和他们的寺院除部分在坊区内之外,很可能也有相当部分在宫城的东西两侧和东北与东南及西北与西南坊之间的地方。此外,据文书记载在坊区内还有道教和祆教的一些

〔1〕国家文物局古文献研究室等编:《吐鲁番出土文书》第二册,文物出版社,1981年,第333页,"高昌人作人画师主胶人等名籍";第三册,文物出版社,1981年,第173页,"高昌重光三年条列康鸦问等传供食及作坊用物账";第四册,文物出版社,1983年,第188页,"高昌通人史延明等名籍"。朱雷《论麹氏高昌时期的作人》,武汉大学历史系《敦煌吐鲁番文书初探》,武汉大学出版社,1983年,第32~65页。

〔2〕国家文物局古文献研究室等编:《吐鲁番出土文书》第二册,文物出版社,1981年,第183页,"高昌高乾秀等按亩入供";第330页,"高昌计人配马文书";第362页,"高昌延昌四十年供诸门及碑堂等处粮食账"。第四册,文物出版社,1983年,补遗35页,"高昌某年传供食账"。

〔3〕黄文弼:《高昌》第一分本,西北科学考察团丛刊之二。

〔4〕国家文物局古文献研究室等编:《吐鲁番出土文书》第四册,"高昌通人史延明等名籍",文物出版社,1983年,第188页。

〔5〕国家文物局古文献研究室等编:《吐鲁番出土文书》第二册,文物出版社,1981年,第330页,"高昌计人配马文书"记张寺、康寺、许寺等十五、六个寺名;第141页,"高昌樊寺等寺僧民名籍"与桓王善英、公主县容同记的有麹寺等寺名。第三册,第328页,"高昌崇保等传寺院使人供奉客使文书"与供公主客同记的有马寺、政明寺、尚乐寺等近十个寺名。第五册,第181页,文物出版社,1983年,"高昌某岁诸寺官绢捐本"与永安公主寺、太后寺等同记的有都郎中寺、阚寺、氾都寺、妙德寺、索郎中寺、追远寺、中主寺等三十余个寺名。上述诸寺大都在高昌城内。

小寺。(6)客馆：文书记载麴氏高昌时期的客馆资料较多，其居住者大都是来访的达官显贵，兵部并不时差人看望。[1] 按常理这些客馆不会设在宫城和一般居民区，很可能也在宫城东西两侧的贵族居住区内。

综上所述，麴氏高昌城的形制布局大致可归纳如下：城平面呈长方形，周约六里，城墙较高，城墙上有睥睨，城外有隍堑。城四面开门，北面一门，余者各开二门，各门有通向城内的大道。宫城在城内今"可汗堡"的位置，大致位于城内的中间偏北。城内四隅设四坊，主要衙署在宫城之南及南面两坊之间。北面两坊之间为防御重地，有北厅等衙署和部分与之有关的散住居民。宫城东西两侧及坊间地区似为贵族宅院、贵族寺院和客馆等所在地。

2.4.2 唐代高昌城的形制

唐代高昌城外半里有水渠，城外一里则被水渠环绕。[2] 麴氏高昌城外附近的水渠资料匮乏，但仍可见到与唐高昌城东一里石宥渠，城西一里孔进渠、左官渠同名的水渠。[3] 这种情况表明，唐灭麴氏高昌国后，高昌城的城圈并无大的变化。但是，由于唐代文书资料中记载有"筑城夫"和"城作人"，[4] 反映出唐代对原麴氏高昌城可能有局部的改建或增筑。从唐代文书资料来看，唐代高昌城大致有以下几点变化：(1)将原宫城改称子城。《西州图经》残卷记载，唐高昌城内有子城，子城东北角有圣人塔。高昌城内可称为子城者，只有麴氏时期的宫城，圣人塔当即"可汗堡"东北角的土坯塔。唐代西州的州治和主要衙署当设在子城。(2)工匠和作坊增多。唐代文书资料记载西州有缝匠、苇

---

〔1〕国家文物局古文献研究室等编：《吐鲁番出土文书》第四册，"高昌延寿十四年兵部差人看客馆客使文书"，文物出版社，1983年，第132页。

〔2〕据《吐鲁番出土文书》第四、五册和日本大谷文书记载，唐高昌城东一里有东渠、匡渠、石岩渠等。城西半里有坚石渠、城西一里有左官渠、孔进渠、杜渠、北部渠。城南一里有索渠、杜渠。城北半里有大地渠，城北一里有满水渠、杜渠、潢渠。以上诸渠参见唐长孺主编：《敦煌吐鲁番文书初探》，武汉大学出版社，1983年，第543页插图。

〔3〕国家文物局古文献研究室等编：《吐鲁番出土文书》，第二册，第326页，第三册，第71、195页；1983年，第五册，第70页。另见《文物》，1972年第1期，第16页。

〔4〕日本大谷文书2829，4059。

匠、皮匠、木匠、画匠、油匠、杀猪匠、景匠、铁匠、铜匠、连甲匠、泥匠、弓师、城作等,[1]还有造纸作坊、酒坊和匠店等。[2] 这些工匠和作坊,大都集中于高昌城内。(3)市的规模较大。麹氏高昌时期为资料所限,市的情况尚不明确。到了唐代文书则明记高昌城内设市司、下置令、丞和史。[3] 在"西州市"[4]按经营的商品种类组成行,如果子行、菜子行、米面行、帛练行、彩帛行、锉釜行、衣行和杂货行等。[5] 市内设店肆,[6]经营商品在千种以上。[7] (4)其他方面。唐代文书记载高昌城只有"中门"和"北门",有"安西坊",坊内设坊门,有"官小宅"等。[8]此外,文书还记有许多寺院,宋王延德说高昌回鹘时期尚有唐寺五十余区。[9]

据上所述,目前仅知唐代高昌城较麹氏高昌城有局部的变化和地名的部分变化。其最突出的变化不是城的形制,而是市的规模扩大,工匠和作坊增多,唐高昌城的经济职能明显加强。

2.5 回鹘改筑扩建高昌城及其形制

根据前面的论述,麹氏和唐代高昌城的规模和形制与现存的高昌故城完全不同。因此,现存的高昌故城应是回鹘时期在前代高昌城的

〔1〕国家文物局古文献研究室等编:《吐鲁番出土文书》第四册,第15页,"唐何好忍等匠人名籍";第五册第263页,"高昌城作子名籍",文物出版社,1983年。

〔2〕新疆吐鲁番文书整理小组:《吐鲁番晋—唐墓葬出土文书概述》,《文物》,1977年第3期,第21～29页。《1973年吐鲁番阿斯塔那古墓群发掘简报》,《文物》,1975年第7期,第8～26页。

〔3〕王仲荦:《试释吐鲁番出土的几件有关过所的唐代文书》,《文物》,1975年第7期,第35～42页。

〔4〕日本《西域文化研究》第二册,法藏馆,1959年,第203～214页。

〔5〕孔祥星:《唐代丝绸之路上的纺织品贸易中心西州—吐鲁番文书研究》,《文物》,1982年第4期,第18～23页。

〔6〕《文物》1975年7期简报中收录的"康失芬行车伤人案卷"文书。

〔7〕孔祥星:《唐代丝绸之路上的纺织品贸易中心西州—吐鲁番文书研究》,第18～23页。

〔8〕国家文物局古文献研究室等编:《吐鲁番出土文书》第四册,第4页,"唐贞观十四年氾欢口赁舍契";第五册,第39页,"唐妇女郭阿胜辞为请官宅事";第五册,第290页,"唐课线账历"。李征:《新疆阿斯塔那三座唐墓出土珍贵绢画及文件等文物》,《文物》,1975年第10期,第89～90页。

〔9〕《宋史·高昌传》载王延德《使高昌记》。

基础上改筑扩建而成的。

2.5.1 回鹘改筑扩建内城

麹氏高昌城周长 1800 余步,合隋 6 里、唐 5 大里(《隋书·地理志》用大里,唐 1 大里 = 531 米),两者均合 2655 米左右。[1] 高昌故城内城南北长约 1000 米,东西宽约 800 米,周长 3600 米,合 6.8 唐里,较前代多出 1.8 唐里。从遗迹上看,内城墙遗迹残存较多的西和南城墙弯曲不直,弯曲处多有前代寺院等建筑遗迹。如西城墙南部将 α 寺嵌在城墙中,中部城墙从 γ 与 N 寺院遗址间通过,北部城墙顺墙内侧建筑遗址略内收(α、γ、N 寺上限均可至唐代)。南城墙西部将 V′ 寺院嵌在城墙中,东城墙南部又似将 ψ 寺嵌在城墙之内(V′、ψ 寺院遗址上限可至唐代)。北城墙西北部呈弧线抹角与西北角子城相接。此外,残存的西、南城墙为夹墙,"可汗堡"位于内城北部中间,其距北、南城墙的距离相差较大。上述诸种情况已远非前代高昌城的旧貌,它清楚地表明回鹘时期的内城,已将麹氏和唐代的高昌城进行了改筑和扩建。

现在高昌故城的内城呈南北长方形,内城北部中间的"可汗堡"南北长约 300 米,东西宽约 150 米(不计西部突出部分)。根据内城、"可汗堡"的平面形状及其尺寸间的比例关系,并结合前代高昌城的情况推断,麹氏和唐代高昌城的平面似为东西宽约 1 唐里,南北长约 1.5 唐里(796 米)的长方形。其次,从高昌故城内城墙及其附近的遗迹和"可汗堡"与北城墙的距离来看,内城北城墙只是改筑,位置与前代高昌城北城墙并无大的变化,向外扩建的主要是其他三面城墙。比如,南面由于在"可汗堡"南 270 米左右新建规模较大的 K 寺,所以内城南城墙较前代高昌城南城墙向外扩出 200 余米(1000 米 – 796 米 = 204 米)。东西共外扩近 270 米(800 米 – 531 米 = 269 米)左右,即内城东、西城墙各较前代高昌城东、西城墙平均外扩近 135 米。内城北城墙只是相应延长而已。

---

〔1〕隋或用北周里,北周 1 里合 442.41 米,6 里为 2654.46 米。唐大里 1 里等于 531 米,5 里为 2655 米。

·欧·亚·历·史·文·化·文·库·

2.5.2 回鹘新筑外城

如前所述,现在高昌故城的外城,在麹氏和唐代并不存在,而是回鹘时期新建的。高昌故城外城周长约 5 公里,合 9.4 唐里。高昌故城内、外城的西城墙相距约 300 米,内、外城南城墙相距约 200 米。这样扩建后的外城,西城墙距前代高昌城西城墙约 430 余米(300 米 + 135 米 = 435 米),南城墙距前代高昌城南城墙 400 余米(200 米 + 204 米 = 404 米)。由此可见,回鹘时期扩建高昌城的外城,是限定在环绕唐高昌城外 1 里的水渠范围之内。

其次,高昌故城外城的东、西城墙弯曲处多有前代寺院建筑。如东城墙北部小折拐处有 V 寺,南部大折拐处有 ω 寺(V、ω、寺上限均可至唐代)。西城墙南部折拐处有 β 寺(上限至唐代)遗址等。这种现象结合内城墙的同类情况判断,回鹘在扩建内城墙和新建外城墙时,都考虑到了如何包括和分割前代原有重要寺院建筑的问题。这可能是回鹘高昌城内,外城墙多处折拐或弯曲的主要原因之一。

除上所述,还应指出在回鹘之前今吐鲁番地区长期受汉族统治,因而此地区有大量的汉族居民,然而在高昌故城内却未见到真正属于汉族的建筑式样,故城的形制布局也与麹氏和唐代高昌城完全不同。此外,在建筑的构筑方法上,高昌故城建筑的夯层较厚,土坯尺寸较大,城墙马面较密集,建筑的券顶不用拱券而是用土坯直接起券(这是回鹘建筑的特点,这种方法吐鲁番维吾尔族至今仍在使用),如此等等都具有明显的时代和民族特点。总之,上述诸种情况再次证明,高昌故城乃是回鹘时期在前代高昌城的基础上,经过较彻底的改造而新建的一座都城。

2.5.3 回鹘高昌城的形制和性质

前面已经明确高昌故城就是高昌回鹘王国的都城,并将其城内区划为五个部分。其中"可汗堡"位于内城北部中间,建筑高大雄伟,殿基较多,发现有回鹘宫廷飨宴壁画残件,所以"可汗堡"应是高昌回鹘王国的宫城。高昌古城的内城比较封闭,城内除"可汗堡"外,现存遗址绝大部分都是寺院遗迹,其中的 K 寺和 α 寺遗迹明显是回鹘王家寺院,未发现真正属于民居的建筑遗迹。此外,从故城的形制布局分析,高昌回鹘王国的主要衙署也应设在内城,故内城具有皇城的性质。

北子城的特点有四:(1)位置重要。回鹘西迁后的大本营在别失八里(北庭古城),回鹘在高昌建国后别失八里遂变为陪都。因此,北子城就成为两个都城联系的门户。(2)北子城不通外城,通内城和西北角子城,在子城外的东北附近(通吐峪沟大道的南北两侧)有回鹘王家墓地。[1] 这种态势表明,北子城应是回鹘王家建筑的重要组成部分之一。(3)北子城东西呈长条形,地位褊狭,无宫城气势。(4)北子城内建筑台基较多,规模较大。但是,这些建筑遗迹间缺乏明确的组合关系,很难分清主次,看不出宫城应有的形制和布局。所以北子城不是宫城,它修建较晚,其性质或是别宫或是回鹘王家的某种禁区。西北角子城与北子城和内城相通,靠近"可汗堡"有门通城外并与外城西部相通。子城内较空旷,遗迹很少。上述态势表明,西北子城可能是拱卫"可汗堡"、内城、北子城,以及与山北别失八里前后呼应的屯兵重地。

外城的西、南和东面三部分相连通,遗迹以回鹘时期新建和改建的寺院为主,同时也发现了一些居住遗址。按照上述三部分的位置分析它应是回鹘高昌城内的主要居民区,然而其遗迹的密度却远不如内城。这个情况可能与一般居民建筑规模少,建筑用材较差,不易保存有关。

总之,就目前已知的遗迹和遗物来看,回鹘高昌城作为一座都城乃是以政治和宗教为中心,经济职能很差,故一般居民也不会太多。

2.6　高昌城形制演变序列和渊源

2.6.1　高昌城形制演变序列

据文献记载,高昌城的萌芽阶段可上溯至汉初元元年(公元前 48

---

[1]Aibert Grünwedel, "Bericht ubcr archaologische Arbeiten in ldikutschariund Umgebung in Winter 1902—1903", M nchen 1905, Seite 113 ~ 116. Sir Aurel Stein, "Innermost Asia" vol, Ⅲ, Oxford at The Clarenddon Press,1928,Fig25。

年)到晋咸和二年(327年)的高昌壁(又称高昌垒)时期。这个阶段高昌壁是戊己校尉治所,仅有数百名士兵和少量居民,[1]规模很小。是一座具有浓厚军事色彩的堡垒,尚不具备城的主要功能。

晋咸和二年至魏太平真君三年(442年)为高昌郡时期,高昌壁升格为高昌郡城。城内有郡县两级行政机构,[2]有寺院,[3]居民中还有流落的博士和秀才。[4]城郊设乡里,[5]农业较前期发达。[6]这个时期高昌郡城已冲破了高昌壁单纯军事堡垒性质的模式,规模当有所扩大,并具备了城的基本功能。

沮渠氏承平元年(443年)至麹氏延寿十七年(640年)属高昌国时期,高昌城升格为国都。公元442年沮渠无讳携带大量部众,兵进高昌,屠高昌城。[7]所以当443年他建高昌国时,面对遭到战争破坏的高昌城和突然膨胀的外来人口,重建高昌城并将其规模(容纳较多的居民)和规格(形制布局)提高到国都的地位,乃是势在必行。高昌故城M寺遗址发现的承平三年"凉王大且渠安周造象记"刻石表明,M寺和其旁的"可汗堡"之始建时间当不晚于这个时期,其他城建工作虽然不明,但是此后到马氏(499年)的40余年中,吐鲁番出土文书则明确反映出高昌城内有高昌国中央和高昌县两级行政机构,寺院增多,有了商业活动,出现作坊,手工业初具规模,城郊农业也进一步发展起来。[8]这个阶段的高昌城无论在城的规模、形制,还是城市功能等方

---

〔1〕《后汉书·西域传》记载,永元三年班超定西域后"复置戊己校尉领兵五百人,居车师前部高昌壁"。

〔2〕唐长孺:《从吐鲁番出土文书中所见的高昌郡县行政制度》,《文物》,1978年第6期,第15~21页。

〔3〕《法显行传》,《出三藏记集》卷2、8、15。

〔4〕《吐鲁番哈拉和卓古墓群发掘简报》,《文物》,1978年第6期,第1~14页。

〔5〕唐长孺:《从吐鲁番出土文书中所见的高昌郡县行政制度》,《文物》,1978年第6期,第15~21页。

〔6〕国家文物局古文献研究室等编:《吐鲁番出土文书》第一册中的有关文书,文物出版社,1981年。

〔7〕《魏书·沮渠传》,《魏书·唐和传》。

〔8〕国家文物局古文献研究室等编:《吐鲁番出土文书》第一、二册中的有关文书,文物出版社,1981年。

面均较高昌郡时期有较大的发展和变化,从而为麹氏高昌城的进一步发展奠定了基础。

公元 499 年至 640 年麹氏建国于高昌地区,仍都高昌城。这个时期未见其大规模改建高昌城的资料,出土文书仅反映出有"城作",[1]对城墙屡有修建,城门有"故"、"新"之分,《旧唐书·高昌传》则记载高昌国末年文泰"增城深堑"。看来麹氏高昌城在前代基础上最大的变化是在城内规划出坊区,并有了初步的功能区划,形制更似内地的都城。唐灭麹氏后,高昌城的形制无大变化。因此,麹氏高昌城是高昌国时期至唐代城市形制定型化的重要发展阶段。唐以后回鹘入主高昌地区,改筑新建高昌城,形制又发生了根本性的转变,步入了高昌城最后的发展阶段。

2.6.2 高昌城形制渊源

高昌故城是新疆古城遗址中前后连绵不断,延续时间最长、规模最大、形制最复杂、影响最深远,并在世界上享有盛誉的一座名城。它从汉至回鹘时期,代代相因,位置未变,前后可分为高昌壁、高昌郡城、高昌国都和唐西州州治,高昌回鹘王国都城等重要发展阶段。其中只有最后两个阶段,高昌城的形制略较清楚,故下面只能以此为准探讨其形制渊源问题。

(1)麹氏和唐代高昌城的形制渊源

新疆的古城遗址,平面有竖长方形、横长方形、圆形、椭圆形、不规则形,以及两重或三重城等数种。城墙有夯筑、泥块垒砌,夯筑或泥块与红柳枝间筑,土坯砌筑等构筑方法;到晚期城墙有的筑出马面、角楼,出现瓮城。城内一般见不到较完整的布局区划,在王城中宫城的位置也不固定。麹氏高昌城与之相比,除城的平面形状、筑法、城墙结构有相似之处外,在城内布局上则差异较大。因此,麹氏高昌城的形制显然并不完全是脱胎于新疆诸古城的形制之中。众所周知,高昌自前凉设

---

[1]国家文物局古文献研究室等编:《吐鲁番出土文书》第五册,"高昌城作子名籍",文物出版社,1983 年,第 263 页。

郡,先后受前秦、后凉、西凉、北凉的统治,而沮渠氏立国至麴氏高昌国,又均受北魏册封。这种隶属关系使它们之间交往频繁。此外,这些高昌国的统治集团和大部分居民又多是来自祖国内地的汉族(或汉化程度很高的少数民族),他们固有的文化传统与内地血肉相连,所以很容易接受内地的影响。在这种情况下,其筑城的形制也必然与中原地区有较密切的关系。

在中原地区,北魏洛阳城建于公元 493 年至 501 年。北魏洛阳城分内城、宫城和外郭城三部分。内城因魏晋"九六城"之旧,平面呈南北长方形,南与北,东与西城门相对。宫城将原南宫和北宫合一置于内城北中部,宫城之南中轴线铜驼街于两侧置衙署、庙、社和佛寺。宫城之北为金墉城、阅武场等防御重地。内城除少量达官显贵邸宅外,少有居民。内城之外筑"东西二十里,南北十五里"的外郭城,整齐规划出居民里坊,东西各设一市,寺庙较多[1]。麴氏高昌国建于 499 年,其高昌城与北魏洛阳城相比,在形制布局上有许多相似之处。如高昌城平面呈南北长方形,城门对称,宫城置于城内中部偏北。宫城之北为防御重地,衙署主要置于宫城之南,宫城南 W 寺的位置与北魏洛阳宫城和永宁寺的位置相近。城内规划出里坊区,广建寺院。此外青阳门与北魏洛阳城东面南数第一门名称相同,建阳门则与其北数第一门建春门的名称近似。两者最大的差异是高昌城无外郭城,故高昌城将里坊区规划在城内四隅。其次,麴氏高昌城还与同时的南朝建康城形制相近(麴氏与南朝也有交往)。南朝建康城无外郭城,城平面南呈北长方形,宫城在城内北中部,衙署主要置于宫城之南,东城建阳门一称也与高昌城相同[2]。这个时期以北魏洛阳城为代表,中国都城的形制布局进入了一个新的发展阶段,在中国都城发展史中占有重要地位。当时麴氏高昌国虽然地处边陲,但是由于与内地有着千丝万缕的内在联系

〔1〕中国社会科学院考古研究所编:《新中国的考古发现和研究》,文物出版社,1984 年,第516~521 页。孟凡人:《北魏洛阳外郭城形制初探》,《中国历史博物馆馆刊》,1982 年第 4 期,第41~48 页。

〔2〕孟凡人:《试论北魏洛阳城的形制与中亚古城形制的关系》,见中国社会科学院考古研究所编:《汉唐与边疆考古研究》,科学出版社,1994 年。

和密切交往,所以上述相似之处不能视为是偶然的巧合。可以说麹氏高昌城的规划思想与北魏洛阳城和南朝建康城基本是一脉相承的,高昌城的形制布局是在北魏洛阳城和南朝建康城的强烈影响下形成的。

唐代高昌城的形制基本延续了麹氏高昌城,此时高昌城已降为州治,所以将宫城改称子城,并与唐代地方大城市扬州一样将衙署和州治设于子城。[1] 此外,唐代高昌城扩大了市,增加了作坊和里坊区,这也是与唐代大城市的发展趋势相吻合的。

（2）回鹘高昌城形制的渊源

回鹘早在漠北游牧时期就与唐朝有着长期的、广泛的、密切的政治、经济和文化交往,其王公贵族和商人多到过唐朝两京,有些回鹘人(前期称回纥)甚至在长安长期居住。回鹘西迁定居于吐鲁番盆地后,又植根于以汉族文明为主的沃土之中。公元 960 年宋朝建立后,965年高昌回鹘便遣僧通使,从此交往日渐频繁。可以说回鹘对中原地区和汉族文明是比较熟悉的。因此,当过着游牧生活且缺乏建城经验[2]的回鹘人西迁定居吐鲁番并兴建都城时,中原的都城应是其最主要的模本之一,而居住在当地未走的汉族和汉族城建工匠则又可起到一定的推动作用。在这种情况下,回鹘改筑扩建的高昌城虽然在构筑方法、建筑用材和装修等方面有自身的或当地的或中亚的一些特点,但是城的形制布局却不可避免地被打上中原都城形制的烙印。

高昌回鹘大规模的改筑扩建高昌城,可能在 10 世纪中叶左右。[3]从现存的高昌故城形制来看,与北宋东京城有较密切的关系。[4] 如高昌城增筑外城形成宫城、内城、外城三重结构,内城位于外城中间,宫城

---

[1]蒋忠义:《隋唐宋明扬州城的复原与研究》,见中国社会科学院考古研究所编:《中国考古学论丛》,科学出版社,1993 年,第 445～462 页。

[2]回鹘在漠北时期也建过一些小城,如富贵城(《突厥文回纥英武威远毗伽可汗碑》)、古回鹘城(《辽史》卷 2)、卜古罕城(《辽史》卷 30)、回鹘可敦城(《辽史》卷 37)、公主城、眉间城(《新唐书》卷 43)等。这些城规模很小,形制不明。总的来看,当时回鹘过着游牧生活,是缺乏建城经验的。

[3][日]森安孝夫:《论回鹘佛教史料木柱文书》,《史学杂志》第 83 编第 4 号,第 38～54 页。

[4]北宋东京城的形制,参见杨宽《中国古代都城制度史研究》,上海古籍出版社,1993 年,第287～302 页。

·欧·亚·历·史·文·化·文·库·

"可汗堡"在内城北中部,宫城南偏东与 K 寺相对(北宋东京城的宫城东南与相国寺相对),别宫或禁区(北子城)在内城之北(内城相当于皇城,故这种配置与东京城在宫城北方拱宸门外建延福宫的形式较相似),屯兵重地在宫城的西北部(东京城内城西北部是军营所在地),凡此都与北宋东京城相同或相似。但是应当指出回鹘高昌城的内城仅见宫城、衙署和寺院,并未发现一般居民区。在中原地区北魏洛阳城的内城除宫城、衙署、寺庙等外,只有少数居民,主要里坊区设在外城。到唐代的长安城将北魏洛阳城的内城演变为皇城,回鹘高昌城内外城的形式及对居民区的处理与北魏洛阳城相近,但内城的性质已与唐长安城的皇城相当。另外,回鹘高昌城内城墙的夹墙形式,或许与唐长安大明宫的夹城形式有一定的关系。[1]

总之,回鹘高昌城平面形制的处理方法与北宋东京城较接近,而在某些局部的处理上又可看到北魏洛阳城和唐长安城的一定影响。

除上所述,回鹘高昌城将城内区划成五部分,在此之前改建北庭城(吉木沙尔北庭古城)时也将城分为五部分,[2]名为"别失(五)八里(城)"。回鹘将其两都(别失八里为陪都)均区划成五部分,恐怕是有一定含义的。

据文献记载,回鹘人祖辈相传不可汗五兄弟在苍天护佑下诞生于一门五室之中。[3]不可汗被尊为开国之主,历代回鹘王则自认为是不可汗的嫡传。[4]

回鹘两个都城均区划成五部分或与此传说有关,即五部分表示不可汗五兄弟的诞生五室,高昌王的宫城居中则突出地表明他是不可汗的化身。当然这还只是一种推测,其真实含义尚有待于今后进一步探讨研究。

总之,回鹘高昌城的形制是在中原都城的影响下,并与新疆地区

〔1〕《中国大百科全书·考古卷》,《大明宫遗址》,中国大百科全书出版社,1986 年,第 77 页。

〔2〕孟凡人:《论别失八里》,收入孟凡人《北庭史地研究》,新疆人民出版社,1985 年,第 186 ~202 页。

〔3〕冯家昇等:《维吾尔族史料简编》上册,民族出版社,1981 年,第 17 ~18、37 页。

〔4〕冯家昇等:《维吾尔族史料简编》上册,民族出版社,1981 年,第 17 ~18、37 页。

城建传统,回鹘在高昌立国的政治背景,高昌的文化传统和回鹘的传统思想密切结合起来的综合性产物。但是,无论如何高昌故城都代表了高昌回鹘的城建水平,并有独到的自身特点,因而在新疆古代的城建史中占有崇高的地位。

(本篇初刊于《中亚学刊》,2000年第5辑)

3　可汗浮图城略考

　　可汗浮图城,是隋末唐初南隔博格达山与高昌相望的一座名城。由于该城与许多重要历史事件密切相关,并在庭州城的建置史中占有承前启后的重要地位,故历来为史学家所重视。长期以来,学者们对该城曾作过许多研究,但为史料所限,至今仍为悬案。有鉴于此,本篇拟对可汗浮图城的一些基本问题,再略述己见。

3.1　可汗浮图城的位置

　　研究可汗浮图城的位置,主要依据以下一些史料:

　　(1)《新唐书·地理志四》:"北庭大都护府本庭州,贞观十四年(640年)平高昌,以西突厥泥伏沙钵罗叶护阿史那贺鲁部落置;并置蒲昌(类)县,寻废。"

　　(2)《新唐书·西域传·高昌传》:"初,文泰以金厚饷西突厥欲谷设,约有急为表里;使叶护屯可汗浮图城。及君集至,惧不敢发,遂来降,以其地为庭州。"《旧唐书·高昌传》、《通典》卷174州郡四、卷191"高昌条"等与此所记基本相同。

　　(3)《资治通鉴》卷195"太宗贞观十四年"条:"先是,文泰与西突厥可汗相结,约有急相助;可汗遣其叶护屯可汗浮图城,为文泰声援。及君集至,可汗惧而西走千余里,叶护以城降。""九月,以其地(高昌)为西州、以可汗浮图城为庭州,各置属县。"

　　上述史料表明,屯可汗浮图城的西突厥叶护为阿史那贺鲁,[1]"及

---

〔1〕岑仲勉:《西突厥史料编年补阙》(收在《西突厥史料补阙及考证》一书中,中华书局,2004年)"贞观二十二年二月"条注。

君集至","叶护以城降",遂"以可汗浮图城为庭州",或言以"叶护阿史那贺鲁部落置"庭州,或言"以其地为庭州"。总之,这些不同的提法都是"以可汗浮图城为庭州"的意思。因此,庭州城的位置当然就是可汗浮图城的所在地。[1] 关于庭州城的方位,自清代学者徐松的《西域水道记》记载,在吉木萨尔县城北十余公里的护堡子古城内发现唐金满县残碑和唐造像碣以来,许多学者又相继进行了大量史地方面的考证和实地调查,[2]已基本肯定了护堡子古城就是唐庭州城的所在地。因此,可汗浮图城无疑原应位于护堡子古城之内。

3.2 可汗浮图城的名称和性质

可汗浮图城的名称系为复合名词,可分解为"可汗"与"浮图"两个部分。[3] 其中"可汗"之称,显然与城的性质密切相关,因此,有必要首先谈谈可汗浮图城的性质问题。

众所周知,隋至唐初在博格达山以北一带活动的主要是西突厥。从唐初西突厥"可汗遣其叶护屯可汗浮图城"来看,该城不但是西突厥辖境内的一个重镇,而且种种迹象表明它还与西突厥的牙庭有密切关系。据《旧唐书·西突厥传》记载:"西突厥本与北突厥同祖,初木杆与沙钵略可汗有隙,因分为二。其国即乌孙故地,东至突厥国,西至雷翥海,南至疏勒,北至瀚海,在长安北七千里。自焉耆国西北七日行,至其南庭。又正北八日行,至其北庭。铁勒、龟兹及西域诸胡国皆归附

---

〔1〕徐松:《西域水道记》(道光三年刊本)卷3:"济木萨,西突厥之可汗浮图城,唐为庭州金满县,又改后庭县,北庭都护治也。元于别失八里立北庭都元帅府,亦治于斯。故城在今保惠城北二十余里,地曰护堡子破城,有唐金满县残碑。"沙畹《西突厥史料》等多数著作,均与徐松意见相同。但是,关于可汗浮图城的方位也有很多不同的说法,嶋崎昌在《可汗浮图城考》(《东洋学报》,第46卷第2、3号)一文中,对此进行了综述,该文认为可汗浮图城位于古城。

〔2〕参见前揭冯承钧:《西域南海史地考证论著汇辑》;岑仲勉:《西突厥史料补阙及考证》及本书第4篇"论别失八里"。实地调查参见徐松:《西域水道记》;〔英〕A. 斯坦因 Stein,Innermost Asia 11p,556;日本《新西域记》;李遇春:《新疆吐鲁番、吉木萨尔勘查记》(文物参考资料,1958年,第11期)等。

〔3〕《旧唐书》卷40《地理志》"北庭都护府"条说:"贞观十四年,侯君集讨高昌,西突厥屯兵于浮图城,与高昌相响应。"由此可见,可汗浮图城可分解为"可汗"与"浮图"两部分。

·欧·亚·历·史·文·化·文·库·

之。"文中所说以焉耆为准的南北庭与贞观十三年时以伊犁河为界的南北庭迥然不同。[1] 但是应当指出,在唐贞观十三年以前,西突厥的牙庭虽然几经变化,却大体不出今特克斯河流域一带,[2] 在其他史籍中并无南北庭的记载。鉴于此种情况,有必要对隋至唐初西突厥的活动地域及其所处的政治形势略作分析。

首先,关于隋至唐初西突厥活动的主要地域,史书均言在"乌孙故地","据旧乌孙之地"。[3] 唐代的史料则认为庭州即为"前汉乌孙之旧壤"。[4] 因此,庭州一带当为隋末唐初西突厥活动的重点地区之一。其次,从政治情势上看,东西突厥彻底决裂应在射匮可汗继位之时(611—612 年)。《旧唐书·西突厥传》记载,射匮可汗"既立后,始开土宇,东至金山,西至海。自玉门已西诸国皆役属之,遂与北突厥为敌。乃建庭于龟兹北三弥山"。由此可见,射匮可汗继位后,东(即北突厥)西突厥开始变为仇敌。据唐光启元年沙州、伊州地志残卷纳职县条记载:[5]"右唐初有土人鄯伏陁,属东突厥。以征税繁重,率城人入碛,奔鄯善。……"此后直至贞观四年颉利败灭伊吾内属时止,[6] 这一带显然是东突厥的势力范围。因此当时东西突厥对峙,应主要在天山东部地区。在这种情况下,射匮可汗远在龟兹北三弥山的牙庭(在特克斯河流域),就很难应付上述局面,西突厥的北庭或许因此应运而生。如前所述,"自焉耆国西北七日行,至其南庭",此南庭即是在"龟兹北三弥山";而所谓北庭,则是自焉耆国"正北八日行"到达之地。大家知道,从焉耆往北只有一条主要山道,即从今焉耆北到和静经巴仑台至乌鲁木齐之路。沿此路按八日行程和当时东西突厥对峙的主要地区判断,所谓"北庭"当指该地的唯一重镇可汗浮图城而言。关于这一

[1]《唐会要》卷 94:[贞观]"十三年,十二月,西突厥咥利失可汗死,子乙毗沙钵罗叶护立,号南庭,咄陆号北庭。"《旧唐山·西突厥传》明记两者以"伊列河为界"。

[2][法]沙畹著,冯承钧译:《西突厥史料》第四编《西突厥史略》,上海商务印书馆,1934 年。

[3]《旧唐书·西突厥传》。

[4]《通典》卷 174,州郡四,"庭州"条。

[5][日]羽田亨:《唐光启元年写本沙州伊州地志残卷考》(收在《羽田博士史学论文集》上册),京都:同朋舍,1975 年。

[6]《唐会要》卷 74、《旧唐书·高昌传》、《册府元龟》卷 999。

点,若参考下节对可汗浮图城作用的论述,可更加证明此说不致大误。这样,在搞清可汗浮图城是射匮可汗时期建立的"北庭"之后,可汗浮图城的"可汗"二字便不言自明了。

下面再谈谈"浮图"一称的来源问题。关于此称之源,历来众说纷纭,诸如,"浮图"为"务涂"音转说、[1]因佛教佛图得名说、[2]因博格达(bogdo)山得名说,[3]等等,不一而足。按西突厥在统叶护时期(615—619年),虽然与佛教有过接触,但并未皈依佛教;[4]此外,至今在可汗浮图城一带也未发现相当于这个时期的佛教建筑,[5]因此,因佛图得名说是不能成立的。至于因博格达山得名说,由于博格达与浮图在发音上相差太远,亦是不能成立的。故上述诸说中,只有浮图是务涂音转说比较可信了。据两《汉书》记载,车师后王居务涂谷,此务涂谷徐松在《汉书·西域传补注》和《西域水道记》卷3中指出,即今吉木萨尔县南山附近的山谷。西突厥可汗浮图城(即唐之北庭城)与务涂谷相距不过三四十里,在同一个地区之内,故因务涂而转称浮图是完全可能的。此外,务涂和浮图与突厥语 böd(büd? 王座之意)音相近,所以可汗浮图城也可能是 qaran böd 的音译。[6] 总之,"浮图"一称,显然与"务涂"和"böd"的转音或音译都有密切的关系。

3.3 可汗浮图城存在的时间与作用

可汗浮图城之名,最早见于汉文史籍是在唐贞观二年。如《旧唐书·阿史那社尔传》说:"武德九年,延陀、回纥等诸部皆叛,攻破欲谷设,社尔击之,复为延陀所败。贞观二年,遂率其余众,保于西偏,依可汗浮图。"此外《大慈恩寺三藏法师传》卷1《高昌传》亦记载玄奘至伊

〔1〕〔日〕嶋崎昌:《可汗浮图城考》,《东洋学报》第46卷第2、3号。
〔2〕〔日〕嶋崎昌:《可汗浮图城考》,《东洋学报》第46卷第2、3号。
〔3〕〔日〕嶋崎昌:《可汗浮图城考》,《东洋学报》第46卷第2、3号。
〔4〕〔日〕嶋崎昌:《可汗浮图城考》,《东洋学报》第46卷第2、3号。
〔5〕参见孟凡人:《北庭史地研究》一书关于车师、庭州的文章,新疆人民出版社,1985年。
〔6〕〔日〕嶋崎昌:《可汗浮图城考》,《东洋学报》第46卷第2、3号。

吾后,"法师意欲取可汗浮图过,即为高昌所请,辞不获免。于是遂行涉南碛,经六日至高昌界白力城。"玄奘发足于贞观元年八月,大约贞观二年春抵高昌,[1]是可汗浮图城之名,亦见于贞观二年。上述事例表明,可汗浮图城在贞观二年以前,便早已存在了。依前述可汗浮图城约设于射匮可汗继位(611—612年)之时或其后不久;在贞观十四年(640年)因其地置庭州,故可汗浮图城之名,应存在于公元611—612年之后不久,至公元640年之间。

关于可汗浮图城的作用,这个问题是与可汗浮图城的地理位置和当时的政治形势密切相关的。从地理位置上看,可汗浮图城与外界的交通四通八达。比如,向西有"碎叶路"通伊犁河流域,中间经唐轮台县,有"白水涧道",可转至高昌和天山以南地区;北和西北通阿尔泰山地区;东通伊吾与内地相连;东北通漠北地区;向南越博格达山有"他地道"与高昌连接。[2]因此可汗浮图城显然是东部天山北麓地区的重要门户,是兵家必争之地。这样一个地理位置,与当时的政治形势结合起来观察,可汗浮图城就更显得重要了。如前所述,射匮可汗继位后,东西突厥彻底决裂,互为仇敌,因此东部天山以北地区便成为东西突厥对抗的重点地区之一。此后,贞观四年东突厥颉利可汗败亡,唐朝又相继锐意西进,于是可汗浮图城又变成与唐朝对抗的前哨基地。具体言之,可汗浮图城的主要作用大致可分为以下三个阶段:

(1)统叶护时期:射匮可汗约立于公元611—612年,该可汗去世后,其弟统叶护继立[3](约在615—619年之间)。据《旧唐书·西突厥传》记载:"统叶护可汗,勇而有谋,善攻战。遂北并铁勒,西拒波斯,南接罽宾,悉归之。控弦数十万,霸有西域。据旧乌孙之地,又移庭于石国北之千泉。其西域诸国王悉授颉利发,并遣吐屯一人监统之,督其征赋,西戎之盛未之有也。"此时西突厥正值盛世,统叶护将牙庭从传统

〔1〕冯承钧:《西域南海史地考证论著汇辑》,中华书局,1957年。
〔2〕孟凡人:《唐北庭城与外界的交通》,收入孟凡人:《北庭史地研究》,新疆人民出版社,1985年。
〔3〕《旧唐书·西突厥传》。

的特克斯河流域"移于石国北之千泉",说明当时西突厥的主力已经西移。在这种情况下,处于东陲的北庭即可汗浮图城之地位就更显得重要了。由于二庭相距甚远,为了确保西突厥东部地区的安全,统叶护特别注意笼络控制南面的高昌,以使之与可汗浮图城互相声援构成东部天山地区的坚固防线。为此,统叶护除授高昌王希利发,令尹吐屯发官号外,还与高昌王室结成姻戚,即以统叶护之长子咀度设娶高昌王麹文泰之妹为妻[1]。从玄奘离高昌时,高昌王写给统叶护的信自称"奴"来看,[2]高昌实际上已沦为西突厥的附庸。总之,在统叶护时期,由于西突厥力量强大,同时又在天山东部采取了笼络控制高昌等措施,所以可汗浮图城一带基本上平安无事。

(2)阿史那社尔时期:《旧唐书·阿史那社尔传》记载:"阿史那社尔,突厥处罗可汗子也。……建牙于碛北,与欲谷设分统铁勒、纥骨、同罗等诸部。……武德九年,延陀、回纥等诸部皆叛,攻破欲谷设,社尔击之,复为延陀所败。贞观二年(628年),遂率其余众,保于西偏,依可汗浮图。后遇颉利灭而西蕃叶护又死(指统叶护,其死在贞观元年或二年),奚利邲咄陆可汗兄弟争国,社尔扬言降之,引兵西上,因袭破西蕃,半有其国,得众十余万,自称都布可汗。谓其诸部曰:'首为背叛破我国者,延陀之罪也,今我据有西方,大得兵马,不平延陀而取安乐,是忘先可汗,为不孝也。若天令不捷,死亦无恨。'其酋长咸谏曰:'今新得西方,须留镇压。若即弃去,远击延陀,只恐叶护子孙,必来复国。'社尔不从,亲率五万余骑,讨延陀于碛北,连兵百余日。遇我行人刘善因立同俄设为咥利始可汗,社尔部兵又苦久役,多委之逃。延陀因纵击败之,复保高昌国。其旧兵在者才万余人,又与西蕃结隙。九年,率众内属……"。据《旧唐书·阿史那社尔传》注释一文考证,[3]社尔于贞观二年西保可汗浮图城;贞观六或七年,北击延陀,战败复保可汗浮图城;贞观九年内属抵塞,前后控制可汗浮图城达八年之久。通过这个事

---

[1]《大慈恩寺三藏法师传》卷2。
[2]《大慈恩寺三藏法师传》卷1。
[3]孟凡人:《北庭史地研究》,新疆人民出版社,1985年。

69

·欧·亚·历·史·文·化·文·库·

件,可看出当西突厥处于内部危机,可汗浮图城防御薄弱时,便被东突厥占据,并因此而"半有其国"。同时东突厥的阿史那社尔占据可汗浮图城后,又以此为基地进攻漠北的薛延陀。由此更加证明了可汗浮图城无论是对防御东突厥,还是对保卫西突厥的东部地区,都是十分重要的。同时,也进一步说明了西突厥在可汗浮图城置北庭是完全必要的。

(3)欲谷设时期:《唐会要》卷94记载:"贞观八年,十月,西突厥咄陆可汗死,其弟沙钵罗咄("咄"字衍)咥利失立。"大约在贞观九年至十一年之间,唐册立咥利失为可汗。[1] 是时西突厥内部不和,到贞观十二年时,"西部竟立欲谷设为乙毗咄陆可汗",于是咥利失与咄陆之争日趋激烈。[2] 咥利失"素善焉耆",遂"与焉耆为援",对抗咄陆。[3] 此时,唐朝已控制伊吾,并支持咥利失;[4]在这种情况下,咄陆为了阻止唐朝西进,阻止唐与咥利失之联系,便以可汗浮图城为基地,与和唐朝及焉耆反目陷于孤立状态的高昌相结合,[5]对抗唐朝和咥利失及焉耆。欲谷设何时占据可汗浮图城史无明载,但从咥利失立时便与统吐屯等为敌,而欲谷设又为统吐屯一派所立来看,[6]大致在社尔降唐后不久,可汗浮图城即为欲谷设一派所占据。自欲谷设上台后,一方面苦心经营可汗浮图城,一方面派突厥人阿史那矩任高昌冠军将军控制高昌。[7] 于是,欲谷设与高昌一起将击伊吾、[8]拥绝西域诸国朝唐贡

---

〔1〕岑仲勉:《西突厥史料编年补阙及考证》,中华书局,2004年。

〔2〕《旧唐书·西突厥传》,《新唐书·西突厥传》。

〔3〕《旧唐书·焉耆传》。

〔4〕《册府元龟》卷999:"[贞观]四年,九月,伊吾城主来朝。"此后不久,唐于贞观四年,又于该地建伊州。唐与咥利失关系密切,见《旧唐书·焉耆传》及《旧唐书·韦机传》,《册府元龟》卷970。

〔5〕《旧唐书·高昌传》,《旧唐书·焉耆传》,《旧唐书·西突厥传》,《通典·高昌》。

〔6〕《旧唐书·西突厥传》。

〔7〕《旧唐书·高昌传》。

〔8〕《旧唐书·高昌传》。

路〔1〕袭焉耆〔2〕逼死咥利失〔3〕等等。在唐贞观十四年唐讨高昌前夕，欲谷设除派叶护屯驻可汗浮图城与高昌相应外，还亲自坐镇可汗浮图城〔4〕。但是，由于唐先攻下高昌，可汗浮图城失去依托，所以"可汗惧而西走千余里，叶护以城降"。于是，唐在可汗浮图城置庭州，此后，便长驱直入，控制了西域。

综上所述，由于可汗浮图城地处交通要冲，是东部天山北麓的主要门户，且与东突厥和唐为邻，所以西突厥才在此地设置北庭。这个"北庭"既是西突厥与东突厥和唐朝对抗的基地，又是一个指挥中心。因此从隋末到唐贞观十四年，天山东部地区的重大历史事件，大都是以可汗浮图城为中心而展开的。故可汗浮图城在西突厥控制之下，无论是对防御东突厥，还是对阻止唐朝西进，无疑都是起了极其重要的作用。

总观全文，可将要点归纳如下：

（1）可汗浮图城位于今吉木萨尔北护堡子古城内。

（2）可汗浮图城的性质，是射匮可汗和统叶护时期设的"北庭"，统叶护移牙庭于石国北千泉后，则成为西突厥在天山东部地区的重镇。统叶护死后，贞观二年至九年末，为社尔占据；社尔降唐后，又为欲谷设占据，直至唐贞观十四年唐置庭州时止。

（3）可汗浮图城的名称是个复合名词。"可汗"一称源于西突厥可汗在此设"北庭"，"浮图"一称可能是"务涂"的音转。

（4）可汗浮图城存在的时间，大约在公元611—612年以后不久，直至公元640年。

（5）可汗浮图城的作用，是西突厥对抗东突厥和唐朝的基地和指挥中心。

---

〔1〕《通典》卷191《高昌》。
〔2〕《旧唐书·焉耆传》，《旧唐书·高昌传》。
〔3〕《旧唐山·西突厥传》。
〔4〕《资治通鉴》卷195："及君集至，可汗惧而西走千余里，叶护以城降。"据此句判断，欲谷设当时似在可汗浮图城。

71

最后还应指出,可汗浮图城在庭州地区的城建史中占有很重要的地位。就本篇涉及的问题来说,唐代的庭州城(北庭城),不但在位置上因可汗浮图城而设,而且在名称上也有一定的渊源关系。过去都认为庭州或北庭之称源于车师后王庭,[1]但因两者时间相差太远,可能性不大。因此庭州或北庭之称似直接源于西突厥的"北庭"(可汗浮图城)。此后,该称一直沿用至回鹘和蒙元时期。由此可见,在可汗浮图城存在的短暂时期内,不但它在当时所起的作用永垂青史,而且它在庭州的城建史中的巨大影响,也是不可磨灭的。

(本篇初刊于《北庭史地研究》,新疆人民出版社,1985年)

---

〔1〕孟凡人:《唐北庭都护府建置沿革》,收入孟凡人《北庭史地研究》,新疆人民出版社,1985年。

4 论别失八里

——兼析北庭故城的形制

"别失八里"是古代东部天山北麓地区的一座名城,在历史上曾起过较大的作用,特别是在回鹘史中更占有极其重要的地位。因此长期以来,"别失八里"是国内外学术界所瞩目的研究课题之一。虽然如此,但是由于直接与别失八里有关的史料较少,文献记载又多简略、含混,所以至今仍然有许多问题没有解决。在这种情况下,本篇拟对其中尚不甚清楚及存在争论的一些问题再作探讨。

4.1 "别失八里"名称探源

"别失八里"(bishbalik)为突厥语,"别失"(bish)是"五","八里"(balik)是"城",[1]故汉语译为"五城"。此称系确指北庭城而言。表面上看"别失八里"与汉译"五城"似乎是等同的,其实也不尽然。据史籍记载,在公元 840 年回鹘西迁北庭以前,一般仅将北庭别称为"五城"。[2] 比如《旧唐书·地理志三》"金满"条说:金满为"后汉车师后王庭。胡故庭有五城,俗号'五城之地'。贞观十四年(640 年)平高昌后,置庭州……"《突厥文毗伽可汗碑》说:"及朕三十岁(开元元年,即713 年),余往击五城"[3]等等。由此可见,在这个阶段内,将北庭称为别失八里者是完全没有的。但是到公元 840 年回鹘西迁北庭以后,则

---

〔1〕〔日〕安部健夫:《西回鹘国史的研究》,新疆人民出版社,1985 年,第 326 页。

〔2〕有些史料也将公元 840 年前的北庭称为别失八里,但这些资料多出现较晚,为后人之追述,不可靠。

〔3〕岑仲勉:《突厥集史》下册,载《突厥文毗伽可汗碑》东 28 行,中华书局,1958 年。

· 欧 · 亚 · 历 · 史 · 文 · 化 · 文 · 库 ·

多将北庭称为"别失八里"。比如,《世界侵略者传》说,回鹘西迁"后至一平原中,……乃于其地建筑五城,而名之曰别失八里。别失八里者,犹言五城也。"[1]《高昌王世勋碑》说,回鹘"乃迁诸交州东别失八里居焉";[2]《高昌契氏家传》说,回鹘"后徙北庭。北庭者,今之别失八里城也"[3]等等。上述情况表明,在回鹘西迁北庭以前,"五城"与"别失八里"二称之间似乎没有必然的联系;只是当回鹘西迁北庭之后,两者才等同起来。从探讨"别失八里"一称起源的角度来看,这个现象是很值得注意的。

首先,在回鹘西迁前,北庭城一般仅别称为"五城"。此称起源的时间,《旧唐书·地理志》将其上推到汉代车师后王庭至公元 640 年唐置庭州之间。但是,在这个历史时期内,庭州城及其附近一带,却根本不存在五个城镇(参见拙著《北庭史地研究》所收《车师后部史研究》、《唐北庭都护府建置沿革》),庭州城本身也不是由五个部分(五城)组成的(见"形制"一节)。因此所谓"五城"显然不是指五个城镇或庭州城的结构而言的。据史籍记载,庭州城(长安二年改称北庭)的前身可上溯到东汉时期的金满城即后部侯城。[4] 该城从东汉至唐初,由于年代久远或许又俗称为"古城"。[5] 而"侯"、"古"与"五"在汉语发音上急读时很相近,故所谓"五城"有可能是"侯城"或"古城"长期传称时发生音的讹转所致。[6] 除此之外,目前尚没有更为圆满的解释。

其次,在回鹘西迁北庭以后,上述史料中最引人注意的是"乃于其地建筑五城,而名之曰别失八里","北庭者,今之别失八里城也"两句

〔1〕〔瑞典〕多桑著,冯承钧译:《多桑蒙古史》第一卷附录五,"畏吾儿",上海书店出版社,2004 年;张星烺:《中西交通史料汇编》第四册《古代中国与伊兰之交通》,中华书局,2003 年。

〔2〕黄文弼:《亦都护高昌王世勋碑复原并校记》,收在氏著《西北史地论丛》,新疆人民出版社,1983 年。

〔3〕欧阳玄:《圭斋文集》卷 11。

〔4〕孟凡人:《车师后部史研究》,收入孟凡人《北庭史地研究》,新疆人民出版社,1985 年。

〔5〕现在新疆居民仍有将年代久远之城址通称为古城的习惯。

〔6〕〔日〕安部健夫:《西回鹘国史的研究》第五章第二节,新疆人民出版社,1985 年。

话。[1] 这两句话清楚地表明,"别失八里"一称在时间上,是与回鹘西迁北庭事件密切相关的;在字义上,"别失八里"与"建筑五城"也是统一的、名实相符的。这种情况,若与"形制"一节所论证的北庭城由五个部分(五城)组成始于回鹘时期结合起来看,可初步推断"别失八里"一称实际上应起源于公元840年回鹘西迁北庭之时,或其后不久。而在此之前,所谓的"五城"与"别失八里"则仅仅是在字义上相同,是一种偶然的巧合而已。

4.2 "别失八里"城的位置

如前所述,"别失八里"城即指唐北庭城而言,因此北庭城的方位就是"别失八里"城的所在地。关于北庭城的方位,学者们依据文献资料,曾进行过大量的考证,其意见归纳起来不外是,在乌鲁木齐说、在焉耆说、在阜康说、在奇台说、在吉木萨尔说等数种。[2] 目前绝大部分学者都认为在吉木萨尔县城北十余公里的护堡子古城即是唐北庭城遗址。[3] 但是应当指出,由于至今仍有部分学者坚持奇台说,[4] 所以仍有必要在此补充一个调查资料,来进一步证实吉木萨尔说的可靠性。

1979年,我们在护堡子古城及其附近地区进行调查时,发现了许多回鹘式建筑及一些回鹘时期的佛教寺庙遗址。与本节所述密切相关的是,在北庭故城旁一座高昌回鹘佛教寺庙遗址内发现了许多回鹘供养人像。[5] 这些供养人像的形象和绘制技法以及用色等方面,与吐鲁番地区高昌回鹘时期最有代表性的柏孜克里克窟寺的回鹘供养人像基本相同。其中有三个供养人像上的回鹘文题记比较重要,经耿世

〔1〕〔日〕安部健夫:《西回鹘国史的研究》第五章第一节特别论证了回鹘传说的别失八里问题的可靠性,新疆人民出版社,1985年。

〔2〕〔日〕安部健夫:《西回鹘国史的研究》第七章第二节,新疆人民出版社,1985年。

〔3〕徐松在《西域水道记》(道光三年刊本)中,力主吉木萨尔说,现在多数学者如岑仲勉、冯承钧、日本的松田寿男等等均持此说。护堡子古城目前已列为新疆维吾尔自治区重点文物保护单位,称"北庭故城遗址"。

〔4〕奇台说,可以安部健夫为代表。

〔5〕中国社会科学院考古研究所:《北庭高昌回鹘佛寺遗址》,辽宁美术出版社,1991年。

民同志转写翻译,现抄录于下:

(1)kün　ay　tngl－　ilal－　tag－　il　Ltlhtmis ö… arslan
　　日　月　神　像　国家　持有　　　狮子

bilgä……　(tngri)　däm　ïdhg　kötki　bu　ärür
睿智　　神圣的　　　亦都护　之像　这　是

译成汉文是:此为像日月神一样的……持有国家的……阿斯兰(狮子)毗伽(睿智的)神圣亦都护之像。

(2)bu　älp///　　cāngši　barčug　togrïl　körki　bu　ärür
这合(英雄)×××　长史　巴尔楚克　托呼邻　之像　这　是

译成汉文是:这是合(英雄)×××长史巴尔楚克·托呼邻之像。

(3)bu　itingič　gïz　tngrim　körki　ol
　　这　依婷赤　公　主　　之像　是

译成汉文是:这是依婷赤公主之像。

亦都护是高昌回鹘国王的称号,[1]在护堡子古城的佛教寺庙遗址内发现高昌回鹘国王的画像和公主及其丈夫巴尔楚克·托呼邻(与公主像并排画在一起)的画像,说明该古城应是高昌回鹘国王及王族们经常驻跸之所。这个情况与前述绝大多数学者认为护堡子古城是唐代的北庭城、回鹘时期的别失八里城(亦称北庭城)是完全一致的,因此这个结论是不容怀疑的。

4.3　别失八里城的形制

4.3.1　别失八里城的形制研究情况概述(见图4.1)

根据文献资料探讨"别失八里"城的形制,大都抓住"别失八里"即"五城"这个名称来进行分析。归纳以往的研究情况,大致主要有以下三种意见:[2]第一种意见认为在北庭城一带有五个城,通称为"别失八

---

〔1〕《元史·巴而术阿而忒的斤传》:"亦都护者,高昌国主号也。"见前揭安部健夫:《西回鹘国史的研究》第一章第一节,说亦都护即"神圣的君主"、"幸福的君主"之意。

〔2〕〔日〕安部健夫:《西回鹘国史的研究》第七章第一节,新疆人民出版社,1985年。

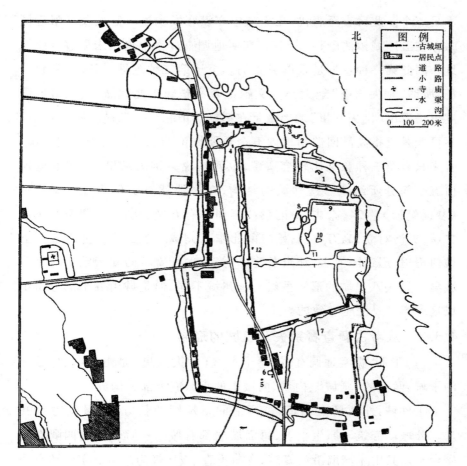

图 4.1 北庭故城平面图(图中 1～6、8、10、12 为建筑遗迹;7、9、11 为残墙基)

里";第二种意见认为在高昌回鹘辖境内有五个重要城镇,合称为"别失八里";第三种意见认为"别失八里"是指北庭城的结构而言,即北庭城由五个部分(五城)组成。关于第一种意见,据两《汉书》记载,车师后王居务涂谷,未言有城;至于其他城镇《后汉书》仅提出金满城、后部侯城、且固城、疏勒城。[1] 其中金满城、后部侯城、且固城经考证实际上是同一座城。[2] 在这种情况下,即使再加上车师后城长国,其数也

〔1〕《后汉书·耿恭传》、《后汉书·西域传序》、《后汉书·车师后部传》。
〔2〕孟凡人:《车师后部史研究》,收入孟凡人《北庭史地研究》,新疆人民出版社,1985 年。

不足五个。此后直至唐代,在文献中亦没有发现过北庭城及其附近同时存在五座城镇的资料,[1]我们在实地调查过程中也从未见过五座城址。因此第一种意见是难以成立的。至于第二种意见,据现有资料分析,所谓"别失八里"绝大部分文献记载都是确指北庭城而言,最低限度也可看出"别失八里"的地域是在博格达山北麓一带,故"别失八里"不可能是泛指高昌回鹘辖境内五个重要城镇的意思。鉴于上述情况,看来只有第三种意见比较合适了,也就是说,"别失八里"是指北庭城由五个部分所组成。这种城的结构,在内地就有实例为证。据沈括《梦溪笔谈》卷24《杂志》1记载:"延州今有五城。说者以谓旧有东西二城,夹河对立,高万典郡,始展南北东三关城。予因读杜甫诗云:'五城何迢迢,迢迢隔河水,延州秦北户,关防犹可倚。'乃知天宝中已有五城矣。"别失八里城的形制虽然与延州城不同,但是城由五个部分所组成这一点却是完全一致的。[2]

4.3.2 从考古调查看别失八里城的形制

(1)形制:据实地调查,护堡子古城(别失八里)是由外城、外城北的子城、西面的"延城"、内城、内城中的小城五个部分构成。

①外城:外城呈南北长、东西窄的不规则的长方形,周长约4430米。外城墙夯筑于原生土上,每面城墙都有城门、马面,城墙四隅有角楼台基。其中东城墙沿河修筑,弯曲不直,破坏极为严重。东城墙直线距离长约1625米,城门大致与西城门相对,已残毁。西城墙长约1470米,墙基残宽五至八米,墙残高4~6米。西城墙自北端向南约780米处,城墙向西折拐出115米(折拐部分毁),其末端(即西端)为西城门(已毁),然后西城墙自城门处继续南行。南城墙略向东南斜,全长850米,墙基残宽5~8米,墙残高5~7米,城墙断断续续保存的不好。自

〔1〕〔日〕松田寿男著,陈俊谋译:《古代天山历史地理学之研究》第三部,第三考《论唐庭州的领县》,中央民族大学出版社,1987年。

〔2〕〔日〕安部健夫:《西回鹘国史的研究》第七章,第一节中还介绍了唐代于阗的"六城"、宋代的"五国城"、元代的"连五城"等,均可作为探讨别失八里城的形制之参考,新疆人民出版社,1985年。

南城墙西端向东行360米处有城门残迹（已毁）。北城墙全长485米，墙基残宽7～8米，墙残高约5～6米。自北城墙西端东行180米为瓮城门，形制呈 ⌐／￣ 状。瓮城门里口宽约7.4米，里口西侧为瓮城西墙，长5米，残宽6米，残高约6.5米。瓮城北墙长约30米，残宽约4～6米，残高约6.5米。瓮城北和西墙衔接处略呈弧形，瓮城门外口开在东侧，宽约6米。

②外城北面的子城：在外城北城墙瓮城外，套有子城（或称关城）。子城西墙距外城北城墙西端140米，长约100米，墙基残宽约3米，墙残高约2米，西墙中部残断。子城北城墙基本与外城北城墙平行，长约170米（中间有残断处），墙基残宽约3米，墙残高约1米。子城城门开在东端，已残毁无存。

③西延城：前述外城西城墙自城门处向外（西）突出部分，南北长约690米，东西宽约310米（自西城门到内城西城墙）。据现场观察，该向外突出部分所在地段较平坦，并无河水等自然障碍，故系有意建造。在突出部分的城内结构现已无痕迹可寻，但根据日本大谷探险队测绘的草图，仍可看出突出部分与内城墙相接处有隔断墙的痕迹。另外，从突出部分的规模来判断，也应当作为城内的一个独立单元来看待。[1]据《新唐书》卷40《地理志》"庭州至碎叶道"里记载："自庭州西延城西六十里，有沙钵城守捉。……"庭州至碎叶道里自西延城起算，说明"西延城"应是庭州城的有机组成部分之一。我们进行调查时，在护堡子古城西城门与西边二十余公里的双岔河子之间发现一条断断续续的古道。此道在清代至乌鲁木齐驿路之北，沿双岔河子古城北门向西延伸，当地群众称之为"唐朝路"。双岔河子古城位于双岔河村东北约二三百米，附近有溪水，土地肥沃。古城范围很小，城仅余夯土墙基，约七八十米见方。在城内外散布许多具有唐代特点的陶片，初步估计该城遗址可能与沙钵城有关。如是，上述之古道当为"碎叶路"的一

---

〔1〕在新疆地区，每边长100米左右，或不足百米的小城不乏其例（可参见黄文弼：《塔里木盆地考古记》，科学出版社，1958年）。因此护堡子古城西城墙向外延展部分（南北长690米，东西宽310米）作为一个独立单元是有充分理由的。

79

部分。

　　总之,西城墙向外突出部分系由原城向外延展,不是城外的附加部分,故可称为"延城"。此外,结合"碎叶路"和调查中发现的古道及古城资料判断,西城墙向外突出的"延城"可能即是《新唐书·地理志》所记之"西延城"。

　　除上所述,在外城的东面和北面(包括子城)绝大部分临河;此外,在外城西、南及北城墙西端紧贴城墙现均有宽约 20~50 米,深约 2~3 米的干沟。这些干沟互通,并与东、北面的小河相连,估计是护城河之遗迹。

　　④内城:内城位于外城内中部略偏北。内城东城墙与外城东城墙合一,绝大部分已残毁。其余三面墙外均有马面,除东北角外其余三隅都有角楼台基,有城门残迹。具体言之,西城墙全长约 1000 米,墙基残宽约 5~7 米,墙残高约 2 米,大部分已残毁。西城墙北端距外城西城墙约 180 米,南端距外城西城墙约 310 米。内城西城墙北端南行约 600 米有城门残迹,残宽约 18 米,基本上与外城西城门相对。南城墙自西向东略斜收,长约 610 米,墙基残宽约 5~6 米,残高约 5 米。南城墙西端距外城南城墙约 355 米,东端距外城南城墙约 570 米,未见城门遗迹。北城墙自西向一东略内收,长 860 米,墙基残宽约 5~7 米,墙残高约 2.5 米。北城墙西端距外城北城墙约 140 米,北城墙西端向东行 310 米,城墙向南折拐 170 米(已毁),然后东行 70 米,有城门残迹,残宽约 6 米;自城门北城墙继续东行接东墙,呈 ⌐—状。内城东城墙外临河,其余三墙外均有宽约 10~30 米,深约 1~3 米的残干沟。干沟互通,并与东西的小河相连,应为护城河遗迹。

　　⑤内城中的小城:在内城东部偏北,即在内城北城墙东部,向南约 80 米处,有一东西长约 230 米,南北宽约 190 米的小城。城墙夯筑,现仅北城墙残存长约 200 米左右,墙基残宽约 3 米,墙残高约 1 米。南墙仅西部残存长约 30 米,墙基残宽约 5 米,残高约 1 米。南、北墙均未见马面,东、西墙已残毁无存。在小城外有护城河残迹,残宽约 18 米,深约 2~3 米。在西墙外护城河残迹的南段形成几个大深坑,类似小

湖泊。

（2）构筑方法：据现场观察，别失八里城的构筑方法，外城与内城有着明显的差别。具体言之，外城（包括子城）城墙夯层薄，一般厚约 7 ~ 9 厘米左右；夯层上有较密集的夯窝，夯筑时加桩木。内城及小城城墙夯层厚，一般在 12 ~ 14 厘米左右；夯面较平整，几乎不见夯窝。外城城墙有多次修补痕迹，修补部分有的与外城墙结构相同（如，西城墙北段，第五个马面以北）；有的与内城墙结构相同（如，西城墙北段，第十个马面以南，和西北角楼台基的上部）；有的地方用大土坯（50 × 20 × 11 立方厘米）修补或增筑马面（修补处见于西城墙北段，第十个马面，西北角楼，北城墙第二个马面；增筑的马面见于西城墙北段，第十一个马面，和北城墙第一个马面），此种土坯与内城建筑基址所用的土坯相同。内城和小城城墙未见修补痕迹。城内建筑基址，夯筑者均为厚夯层，无夯窝，特点与内城墙相同。建筑基址用土坯筑者，除上述大土坯外，还有一种略小，为（40 ~ 44）×（18 ~ 22）×（10 ~ 12）立方厘米。总之，从构筑方法上看，外城、子城与"西延城"属于一个系统；内城、小城及城内建筑基址属于一个系统。外城墙的修补或增筑部分，除少数与外城墙属于一个系统外，余者均与内城墙或城内建筑基址相同。根据我们在新疆东部地区进行考古调查时的观察对比，护堡子古城的外城、子城和"西延城"的薄夯层，有较密的夯窝并加桩木的夯筑方法是新疆东部地区相当于唐代的建筑特点之一。而内城墙、小城和建筑基址则与吐鲁番地区高昌回鹘时期建筑的构筑方法和用材是一样的。

（3）城内遗物：在城内布满大小不等的深坑，在坑内及坑附近常常发现具有唐代特点的陶片、莲花纹砖、瓦当及"开元通宝"钱等等。在城内地面上则散布着许多具有宋元特点的陶片以及瓷片。特别是在内城东北部的一座佛教寺庙遗址中，发现了一些佛像残块和壁画残块，其风格与吐鲁番地区高昌回鹘时期最有代表性的柏孜克里克窟寺的同类遗物或遗迹相近，与护堡子古城附近发现高昌回鹘亦都护画像（见前述）的佛教寺庙遗址之遗迹和遗物亦较近似。上述情况，结合以

81

前在护堡子古城内发现的唐"金满县残碑"、[1]唐"蒲类州之印"、[2]唐"造像碣"、元"造像碣"[3]等等,可以清楚地看出护堡子古城的遗物基本上分为两大群,即唐代的遗物和高昌回鹘时期的遗物(包括元代)。这个情况与前述护堡子古城在构筑方法上分为两个时期是完全吻合的。

(4)别失八里城的形制与城建史的关系:

①唐代北庭城的形制:唐代庭州城在长安二年改称北庭(即今护堡子古城),该城是在东汉金满城、[4]魏晋时期的于赖城、[5]隋末唐初的可汗浮图城[6]之基础上设置的。金满城是东汉的屯戍城,于赖城和可汗浮图城是游牧民族的城寨,因此规模都不会很大。至唐贞观十四年因可汗浮图城置庭州,由于草创时期不会大兴土木(史籍中没有城建方面的记载),故城的形制也不可能发生什么变化。但是,在永徽二年(651年)阿史那贺鲁叛唐寇陷庭州,使庭州城遭到严重破坏,荒废达八年之久。所以《元和郡县志》卷4记载,庭州为阿史那贺鲁所"攻掠,萧条荒废。显庆中重修置,以来济为刺史,理完葺焉"。而庭州于永徽二年底收复,[7]显庆三年(658年)复置;[8]来济于显庆五年(660年)

---

〔1〕徐松:《西域水道记》(道光三年刊本)卷3。

〔2〕王炳华:《从出土文物看唐代以前新疆的政治、经济》,新疆人民出版社,1978年。

〔3〕徐松:《西域水道记》(道光三年刊本)卷3。

〔4〕孟凡人:《北庭史地研究》(新疆人民出版社,1985年)所收《唐北庭都护府建置沿革》、《车师后部史研究》;以及本书第3篇"可汗浮图城略考";另见前揭松田寿男著,陈俊谋译:《论唐领州的领县》,中央民族学院出版社,1987年。

〔5〕孟凡人:《北庭史地研究》(新疆人民出版社,1985年)所收《唐北庭都护府建置沿革》、《车师后部史研究》;以及本书第3篇"可汗浮图城略考";另见前揭松田寿男:《古代天山历史地理学研究》第三部、第三章《论唐领州的领县》。

〔6〕见孟凡人:《北庭史地研究》(新疆人民出版社,1985年)所收《唐北庭都护府建置沿革》、《车师后部史研究》;以及本书第3篇"可汗浮图城略考";另见前揭松田寿男:《古代天山历史地理学研究》第三部、第三章《论唐领州的领县》。

〔7〕见孟凡人:《北庭史地研究》(新疆人民出版社,1985年)所收《论唐朝讨阿史那贺鲁之役》一文。

〔8〕见孟凡人:《北庭史地研究》(新疆人民出版社,1985年)所收《唐北庭都护府建置沿革》一文。

至龙朔二年(662年)末任庭州刺史。[1] 因此"显庆中重修置"应指显庆三年(显庆一共五年),来济"理完葺焉",则应指来济龙朔二年底战死之前。[2] 这样,庭州城的重新修建,前后经历三四年之久。在如此长的时间内,对庭州城进行重新修建,说明原城破坏得十分严重,因此该城可能进行了大规模的扩建和改建工程。这个推断与现今护堡子古城外城的宏伟规模及城墙在构筑方法上所具有的唐代特点是完全吻合的。此后,北庭城又屡遭战火,如龙朔二年突厥入寇,来济战死;开元元年至三年,突厥寇北庭;[3] 开元八年,突厥寇北庭;[4] 开元二十三年,突骑施寇北庭[5]等等。在每次的战火中,北庭城都有可能遭到程度不等的破坏,《元和郡县志》卷40记载,北庭城"开元中盖嘉运重加修筑"(《新唐书·地理志四》记载"开元中盖嘉运增筑"),以及北庭故城外城墙多处具有唐代特点的修补和增筑的痕迹,正是上述情况的真实反映。由于北庭城经常受到来自西边或北边的西突厥及其属部的威胁,所以北庭城的形制必然与战争防御密切相关。就前述北庭故城属于唐代建筑的部分来看,该城东临河,有天然屏障;北面有瓮城并加筑子城;西面展筑延城并直通南面;此外在城墙外有较密集的马面,四隅设高大的角楼;城墙外围有护城河。这些设施显然都是与屯兵固守紧密地联系在一起的,特别是城北与城西的子城和延城更是与防御西突厥的侵犯分不开的。至于城内,现存的内城和内城中的小城均属回鹘时期,这个设计是都城的形制,估计唐代北庭城内是不会有这类建筑设施的。总之,现存北庭故城外城的形制,基本上应该是唐代北庭城的形制。

②别失八里城的形制:据拙著《北庭史地研究》中《唐代回鹘控制

〔1〕孟凡人:《北庭史地研究》(新疆人民出版社,1985年)所收《唐庭州北庭历任刺史都护节度使编年》一文。

〔2〕孟凡人:《北庭史地研究》(新疆人民出版社,1985年)所收《唐庭州北庭历任刺史都护节度使编年》一文。

〔3〕孟凡人:《北庭史地研究》所收《唐北庭城大事记》,新疆人民出版社,1985年。

〔4〕孟凡人:《北庭史地研究》所收《唐北庭城大事记》,新疆人民出版社,1985年。

〔5〕孟凡人:《北庭史地研究》所收《唐北庭城大事记》,新疆人民出版社,1985年。

北庭的过程》及本篇第四节的叙述,自安史之乱后,北庭逐渐沦为回鹘的附庸,被回鹘所控制。公元 790 年,回鹘与吐蕃争夺北庭之战,回鹘战败,北庭为吐蕃占据。公元 800 年左右,回鹘怀信可汗击败吐蕃,收复北庭,此后北庭一直在回鹘手中。公元 840 年,回鹘国破,其主力从漠北迁至北庭。公元 851 年,回鹘又以北庭为基地攻占西州,建立了高昌回鹘王国,此后不久,北庭便从都城变成了陪都。上述史实与别失八里城的形制有着密切关系。在公元 800 年前后,怀信可汗收复北庭至公元 840 年回鹘西迁北庭的近四十年的时间里,北庭一直为回鹘占据。由于从公元 790 年至 800 年左右,回鹘与吐蕃一直在北庭进行争夺战,所以当回鹘最终长期占有北庭后,对被战火破坏的北庭城进行一些修缮是完全可能的。而从公元 840 年回鹘西迁北庭,到公元 851 年进据西州的十余年间,北庭的地位发生了变化,一跃成为回鹘的政治中心之一,或者可以说,北庭实际上已变为北庭回鹘的都城。在这种情况下,原北庭城的形制便不能适应已经发生变化的新情况。所以当回鹘主力西迁北庭后,"乃于其地建筑五城,而名之曰别失八里"。据此判断,护堡子古城中完全是回鹘风格的内城和内城中的小城,以及外城墙中与内城风格相同的修补增筑痕迹,大约主要开始于这个时期。如前所述,公元 851 年以前,别失八里实际上就是北庭回鹘的都城;公元851 年建立高昌回鹘王国后,别失八里可能在一个时期内仍是都城,后来才变为陪都,因此回鹘对别失八里城的营建规格,当与其是都城或陪都的性质相一致。据调查,在内城的东北部,特别是小城附近,高台式建筑基址比较集中,各种筒瓦、板瓦、瓦当和黄色铺地方砖较多,说明这一带建筑规格比较高。此外,由于内城城墙有角楼、马面、护城河,内城中的小城亦有护城河,所以内城与内城中的小城应各自为一个独立的单元。以宋代王延德至北庭进见高昌回鹘亦都护,游历佛寺(内城东北部有较大的佛寺遗址),"泛舟于池中"(小城西墙外有几个与护城河相通的深坑,类似小湖泊),[1]并结合唐代长安城的形制,以及内

〔1〕《宋史·高昌传》。

城和小城的形制来判断,似乎可以认为内城约相当于皇城,内城中的小城大约相当于宫城。

综上所述,关于别失八里城的形制,可归纳如下:根据考古调查,别失八里城是由外城、外城北面的子城、西面的"延城"、内城、内城中的小城五个部分组成。此外,根据日本大谷探险队测绘的草图来看,在"西延城"内与内城之间似有隔断墙。如是,所谓"五城"则是由内城(皇城)、内城中的小城(宫城)、"西延城","西延城"与内城西城墙间隔断墙以北部分的外城;"西延城"与内城南城墙间隔断墙以东部分的外城所组成,不包括外城墙北部的子城。但是不管上述哪种情况,都可以确信所谓"五城"是指别失八里城的本身形制而言。由此可见,别失八里一称正是因为回鹘时期营建了皇城和宫城以后,才与"五城"名副其实起来;而在此以前的唐代,所谓"五城"则是"候城"或"古城"传称之讹,它与"别失八里"一称,虽然文义相同,但只是一种偶然的巧合,或为后人附会之说而已。

4.4 "别失八里"城在回鹘史中的地位

回鹘自其先世时起,到公元840年西迁北庭时止,在今新疆地区的活动一直是以别失八里一带为中心。此后,建立高昌回鹘王国,"别失八里"又成为高昌回鹘两个政治中心之一。由此可见,"别失八里"与回鹘族有不解之缘,在回鹘史中占有极其重要的地位。下面分为三个时期来简述"别失八里"与回鹘关系的演变情况。

4.4.1 回纥先世时期

过去有些学者"谓汉时此种族即已出现。Klaprotn谓今之哈密,即汉之伊吾卢;伊吾卢乃维吾尔之对音。氏复谓汉车师前后两国亦此族人。"[1]此外《突厥大词典》的作者玛哈谟德更认为早在亚历山大大帝(公元前356—前323年)时代,即相当于我国的战国时期,回纥之先世

---

〔1〕〔日〕羽田亨:《论回鹘文佛典》,收在氏著《羽田博士史学论文集》下卷,京都:同朋舍,1975年。

就以天山为中心建立了王国。其国家是由别失八里等五个城镇所组成[1] 上述资料仅仅是些推测和传说,显然不能作为论证的依据,但是,它却反映出回纥之先世与别失八里一带的关系可能发生较早。据汉文史籍记载,回纥之先世出自丁零、铁勒。[2] 大约在公元5世纪末叶,铁勒(又称高车)的一支副伏罗部,即迁到东部天山地区,其中的一部分就在博格达山以北一带(包括别失八里地区)活动。[3] 副伏罗又称覆罗,后并入回纥。[4] 此后,至隋唐之际,在"伊吾以西,焉耆以北,旁白山,则有契弊(蕊)、乌护、纥骨子。其契弊即契苾也,乌护则乌纥也,后为回鹘。"[5]《西州图经残卷》记载,乌骨道出高昌县界北向庭州,此处所谓"乌骨"可能是乌护的音变,[6] 当时他们的活动地域似包括别失八里地区,乌护后来亦并入回纥。[7] 总之,在唐代以前回纥之先世,即后来成为回纥组成部分的一些部落,就曾长期在博格达山以北一带(包括别失八里地区)活动过。这些部落或其中的一部分,日后便成为回纥控制北庭地区的基础,成为高昌回鹘的先驱。[8]

4.4.2　回纥时期

据汉文史籍记载,7世纪初始称回纥,公元788年或809年改称回鹘。[9] 在这个历史时期内,回纥从漠北不断地向北庭地区进行渗透、蚕食,最后终于达到控制北庭的目的。大体上这个过程可分为婆闰助

〔1〕刘义棠:《维吾尔研究》之一,《UIGUR 名称及其汉译演变考》,台北:正中书局,1975 年。

〔2〕刘义棠:《维吾尔研究》之二,《回纥先世考》,台北:正中书局,1975 年。

〔3〕冯承钧:《高车之西徙与车师鄯善国人之分散》,收在《西域南海史地考证论著汇辑》一书中,中华书局,1957 年;另见前揭安部健夫《西回鹘国史的研究》之序章。

〔4〕冯承钧:《高车之西徙与车师鄯善国人之分散》,收在《西域南海史地考证论著汇辑》一书中,中华书局,1957 年;另见前揭安部健夫《西回鹘国史的研究》之序章。

〔5〕《唐会要·结骨国》。

〔6〕见前揭冯承钧:《高车之西徙与车师鄯善国人之分散》,安部健夫:《西回鹘国史的研究》及嶋崎昌:《可汗浮图城考》,载《东洋学报》第 46 卷 2,3 号。

〔7〕见前揭冯承钧:《高车之西徙与车师鄯善国人之分散》,安部健夫:《西回鹘国史的研究》及嶋崎昌:《可汗浮图城考》,载《东洋学报》第 46 卷 2,3 号。

〔8〕冯家升:《维吾尔族史料简编》第一章提要,民族出版社,1958 年。

〔9〕《旧唐书·回纥传》记为大业元年(605 年)称回纥,《新唐书·回鹘传》记大业中称回纥。《旧唐书·回纥传》记元和四年(809 年)改称回鹘,《资治通鉴》卷 233《考异》认为称回鹘应在贞元四年(788 年)。本篇大体上以回纥与吐蕃北庭争夺战为界,以前称回纥,以后则称回鹘。

唐收复庭州、凭借"回纥路"蚕食北庭、回纥与吐蕃争夺北庭、回鹘西迁北庭四个阶段。关于这四个阶段，拙文《唐代回鹘控制北庭的过程》一文已经阐明，故不再赘述。在此仅指出，正因为在回纥时期控制了北庭，所以当公元840年回鹘国破时，其主力才有去处；可以说，回纥控制北庭，对挽救回鹘的危亡及尔后回鹘的复兴方面，都起了极为重要的作用。

4.4.3 高昌回鹘时期

（1）别失八里是高昌回鹘的发祥地。关于高昌回鹘兴起的史料主要有以下一些：

《旧唐书·懿宗本纪》载：咸通七年（866年）"十月，沙州张义潮奏，差回鹘首领仆固俊，与吐蕃大将尚恐热交战，大败蕃寇，斩尚恐热，传首京师。"

《新唐书·吐蕃传》载：咸通"七年，北廷回鹘仆固俊击取西州，收诸部。鄯州城使张季颙与尚恐热战，破之，收器铠以献。吐蕃余众犯邠宁，节度使薛弘宗却之。会仆固俊与吐蕃大战，斩恐热首，传京师。"

《新唐书·回鹘传》："懿宗时，大酋仆固俊自北庭击吐蕃，斩论尚热，尽取西州、轮台等城。使达干米怀玉朝且献俘，因请命。诏可。"

《资治通鉴》卷250"咸通七年"条："七年春二月，归义节度使张义潮奏，北庭回鹘固俊克西州、北庭、轮台、清镇等城。"

上述史料的共同点是说咸通七年（866年）北庭回鹘仆固俊攻占西州，但有些史料却与此不同。如杜牧的《樊川文集》卷20《西州回鹘授骁卫大将军制》说："西州放（牧）首颉干伽思俱宇合逾越密施莫贺都督，宰相安宁等，忠勇奇志，魁健雄姿，怀西戎之腹心，作中夏之保障，相其君长颇有智谋。今者交臂来朝，稽颡请命，丈组寸印，高位重爵，举以授尔，用震殊邻，无忘敬恭，宜念终始。可云麾将军守左骁卫大将军，外置同正员，余如故。"此制作于唐大中五年（851年），[1]也就是说，至迟

---

〔1〕〔日〕藤枝晃：《沙州归义军节度使始末（二）》，载京都《东方学报》，第十二册第四分册，注99之考证。

·欧·亚·历·史·文·化·文·库·

87

在公元851年时,西州已为回鹘占据。这个年代似比咸通七年说更合情理。因为第一,自"回纥路"开通以来,回鹘在北庭一带有长期经营的基础,所以西迁后恢复期不会太长。第二,回鹘主力西迁于北庭,当其实力恢复后,绝不会长期偏安于北庭一隅,必然力图向今新疆内地发展。第三,在东部天山一带,西州是最适于回鹘发展的地区,这里自安史之乱后"颇有回鹘",[1]同时吐蕃当时已开始衰落,[2]回鹘攻占西州是不困难的。第四,吐蕃当时与唐对抗,北庭回鹘则称臣于唐(见前引《樊川文集》)。大中五年(851年)张义潮将西州纳入"陇西道图经户籍"献给朝廷,[3]此事当与张义潮差回鹘首领仆固俊攻占西州有关。由于唐封西州回鹘亦在大中五年,所以前述史料谓仆固俊在咸通七年攻占西州似有误。第五,杜牧是当时之人,记载当时之事,比较可靠。鉴于以上诸点,大致可以认为至迟在大中五年(851年),西州已为北庭回鹘攻占说比较合适。但是应当指出,不管北庭回鹘攻占西州的具体时间如何,高昌回鹘来自别失八里这一点是无可置疑的。据《高昌契氏家传》说:"后徙居北庭,北庭者今之别失八里也。会高昌国微,乃并取高昌而有之。"此外,安部健夫据《元史》、《新元史》和元人文集将元代近百名回鹘知名人士的祖籍作了统计,其中绝大部分人的祖籍在别失八里。[4] 这个现象与前述分析相结合,有充分理由认为别失八里是高昌回鹘的发祥地。

(2)别失八里城的性质。如前所述,在公元840年至851年间,别失八里城为北庭回鹘的政治中心。公元851年,北庭回鹘攻占西州建立高昌回鹘王国后,按常理推断,一般不会马上将国都迁到新占领

---

〔1〕《宋史·高昌传》。

〔2〕吐蕃自会昌二年(842年)达摩赞普死后,连年内乱和灾异,致使吐蕃逐渐衰落下去。见《新唐书·吐蕃传下》、《资治通鉴》卷246。

〔3〕《新唐书》卷8:大中五年"十月,沙州人张义潮,以瓜、沙、肃、鄯、甘、河、西、兰、岷、廓十一州,归于有司"。《唐会要》卷7:"大中五年七月,刺史张义潮遣兄义潭,将天宝陇西道图经户籍来献,举州归顺。"

〔4〕〔日〕安部健夫:《西回鹘国史的研究》第五章中的《元代(明初)的回鹘人本籍表》、《元统二二年进士录》表,新疆人民出版社,1985年。

区。[1] 由于西州原属唐朝,回鹘攻占西州有可能是受张义潮之"差",回鹘在形式上又与唐朝保持臣属关系,因此也不便很快地迁都高昌。从元代的一些资料来看,如《佛祖历代通载》卷22说,大都妙善寺尼舍兰兰是高昌人,其地隶属北庭;《忻都公神道碑》说:"畏兀有国,久在北庭。"众所周知,元代高昌回鹘的都城在哈拉和卓,因此上述资料显然不是指宋元时期,而是指高昌回鹘初期的情况。也就是说,在高昌回鹘初期,别失八里城曾一度作过国都。

下面再谈谈高昌回鹘迁都问题。据法国学者莱努(M·Reinaud)《阿博尔费达》(Abuefeda)一书序言说,公元9、10世纪时,阿拉伯地理学家称回鹘的都城为库树(kushu)。所谓库树,现在多数学者认为是高昌城,[2] 即今高昌故城亦称哈拉和卓古城。哈拉和卓是维吾尔语,为"神都高昌"之意。[3] 此外,王·牧·西尔瓦在《维吾尔古代文物断残》(载《语言文学与历史问题》)一文中指出,9世纪时,回鹘的都城在火州,即哈拉和卓。《辽史·太祖纪》则记载,梁末帝乾化三年(913年),和州回鹘(即高昌回鹘)向辽贡奉,此时其都城应已迁到西州。根据以上资料,大致可以说至迟在9世纪末,其都城就已经迁到哈拉和卓城了。此后,别失八里城虽然不是都城,但高昌回鹘的亦都护和王族仍经常居住在这里。宋太平兴国六年(981年)王延德使高昌时,亦都护即在北庭避暑,[4] 元代回鹘亦都护也经常住在北庭。[5] 我们进行考古调查时,在别失八里城还发现了亦都护和公主的画像(见前述)等等。凡此种种,都说明了别失八里虽然不是都城,但仍称为北庭,高昌回鹘的亦都护仍然经常在此居住,所以别失八里城在国都迁至高昌后,实际上是以陪都的形式继续在发挥着重要的作用。

(本篇初刊于《北庭史地研究》,收录本书时新增北庭故城平面图)

〔1〕〔日〕安部健夫著作:《西回鹘国史的研究》第四、五章,新疆人民出版社,1985年。

〔2〕冯家升:《维吾尔族史料简编》,第三章,第四节,民族出版社,1985年;另见张星烺:《中西交通史料汇编》第四册,《古代中国与伊兰之交通》,中华书局,2003年。

〔3〕刘义棠:《维吾尔研究》之四,《回鹘百迁居地考》,台北:正中书局,1975年。

〔4〕《宋史·高昌传》。

〔5〕〔日〕安部健夫:《西回鹘国史的研究》第一、二章,新疆人民出版社,1985年。

·欧·亚·历·史·文·化·文·库·

5　唐轮台方位考

　　汉唐轮台不在一地,在史学界虽然已是常识性的问题,但是要认真地谈到唐轮台的方位,却众说纷纭,至今尚无定论。鉴于唐轮台县在庭州辖境内占有重要地位,并与今乌鲁木齐城市发展史有着极为密切的关系,所以很有必要在前人研究的基础上,对唐轮台县的方位再做进一步的探讨。

5.1　轮台县在庭州辖境内的地位

5.1.1　轮台县的设置

　　《旧唐书·地理志》说,唐轮台县"取汉轮台为名"。其设立的时间在史籍中有两种说法:第一,多数文献记载唐轮台县设于贞观十四年(640年),与庭州同置;[1]第二,《元和郡县志》卷40记载轮台县设于长安二年(702年),与北庭都护府同置。此外,在近代学者中,有人根据这个时期的有关史实考证,认为唐轮台县应设于永徽二年至显庆三年(651—658年)讨阿史那贺鲁之役。[2]上述三种意见孰是孰非,尚难断定。但是无论如何,唐于贞观十四年平高昌后,立即在庭州设置轮台县是缺乏事实依据的,在时间上也过于仓促,因此是不可能的。据《新唐书·地理志序》记载,贞观十四年"平高昌,又增州二,县六"。所谓"州二",是指设西州和庭州;"县六"是指西州的高昌、交河、天山、柳中、蒲昌五县,另外再加上庭州一个县。与此相对应,《旧唐书·地理

---

[1]《旧唐书·地理志》、《通典》卷174等。
[2][日]松田寿男著,陈俊谋译:《论唐庭州的领县》,收入氏著《古代天山历史地理学之研究》,中央民族大学出版社,1987年。

志》"北庭都护府"条亦说:"旧领县一","天宝领县三"。上述两条史料虽然互相吻合,但也存在问题。如《唐北庭都护府建置沿革》一文所述,[1]唐于贞观十四年在庭州境内已设金满县和蒲类县,永徽二年,阿史那贺鲁叛寇庭州时,攻陷上述二县,但未涉及轮台县。说明前述"旧领县一"漏记了一个县,同时亦反映出永徽二年以前,似没有轮台县的建置。此后,在永徽四年,因阿史那贺鲁叛而废瑶池都督府,同年三月或五月又以处月部落置金满州隶于轮台。[2] 由此可见,轮台县设于永徽三年的可能性较大。

5.1.2 轮台城的地理环境及其在庭州辖境内的地位

(1)轮台城的地理环境。唐朝大诗人岑参,自天宝十三载夏秋间,在北庭、轮台一带,生活了三年左右;其间写了很多与轮台有关的诗篇,为我们了解轮台城的地理环境,提供了许多宝贵资料。比如:

①《北庭贻宗学士道别》描写轮台的环境时说:

"孤城倚大碛,海气迎边空。四月犹自寒,天山雪濛濛。"大碛指戈壁滩,海气则指海市蜃楼。

②《走马川行奉送出师西征》中说:

"君不见走马川行雪海边,平沙莽莽黄入天! 轮台九月风夜吼,一川碎石大如斗,随风满地石乱走。""川"应指平川,"雪海边"为夸张之词,[3]"平沙莽莽黄入天"指狂风将戈壁上的尘土卷到空中。

③《轮台即事》中说:

"轮台风物异,地是古单于。三月无青草,千家尽白榆。"

④《首秋轮台》中说:

"异域阴山外,孤城雪海边。秋来唯有雁,夏尽不闻蝉。雨拂毡墙湿,风摇毳幕膻。轮台万里地,无事历三年。"

---

〔1〕孟凡人:《北庭史地研究》,新疆人民出版社,1985年。

〔2〕《新唐书·沙陀传》:"又明年(永徽四年),废瑶池都督府;即处月地置金满、沙陀二州,皆领都督。"同书卷215下与此同。《资治通鉴》卷199系金满州之置于闰五月二日丙子下,不举沙陀。《唐会要》卷73记载,永徽"金满州都督府,永徽五年以处月部落置为州,隶轮台;龙朔二年为府。"其所记时间与前说相异。

〔3〕陈铁民等:《岑参集校注》,上海古籍出版社,1981年。

⑤《白雪歌送武判官归京》中说:

"北风卷地白草折,胡天八月即飞雪。忽如一夜春风来,千树万树梨花开。""纷纷暮雪下辕门,风掣红旗冻不翻。轮台东门送君去,去时雪满天山路。"

上述岑参的诗篇,生动地描绘出轮台孤城独处戈壁,位于风口地带;四月犹寒,八月飞雪,九月大风;秋唯有雁,夏不闻蝉,地多白榆的画面。除上所述,《新唐书·吐蕃传》(下)还记载:"轮台、伊吾屯田,禾菽弥望。"说明轮台附近应有较大片的可耕地。众所周知,在新疆屯田必须有水灌溉,因此轮台附近必然有河或其他水利条件。

(2)轮台城在庭州辖境内的地位。轮台县设置后,在庭州辖境内占有很重要的地位,其主要表现如下:

①《新唐书·地理志》记载:"金满州都督府,永徽五年,以处月部落置为州,隶轮台,龙朔二年为府。"同书又记载,有"轮台州都督府"。由此可见,轮台应是庭州辖境内的行政中心之一。

②《新唐书·地理志》记载庭州至碎叶道里,中间经过轮台,当碎叶路。此外,在岑参的诗中也有不少反映轮台交通情况的诗句。比如,《发临洮将赴北庭留别》诗中说,轮台"白草通疏勒,青山过武威",表明轮台与天山南麓和内地有路相通。《使交河郡郡在火山脚其地苦热无雨雪献封大夫》诗说:"平明发轮台,暮投交河城",表明轮台与交河城之间有路相通。上述情况据拙文《唐北庭城与外界的交通》的论述,[1]可看出轮台北连碎叶路,东北通庭州,西北通碎叶,西连"白水涧道"通交河城,南越山通裕勒都斯和焉耆。因此轮台显然位于十字路口,地处交通要冲,是庭州境内的一个重要交通枢纽。

③《新唐书·西域传》"焉耆"条记载:"开元七年,龙嬾突死,……安西节度使汤嘉惠表以焉耆备四镇。诏焉耆、龟兹、疏勒、于阗征西域贾,各食其征,由北道者轮台征之。"上述五个征税地点,前四个地点为四镇,分别控制天山南麓的南、北道。上文中所谓的"北道",系指天山

---

〔1〕孟凡人:《北庭史地研究》,新疆人民出版社,1985年。

北麓而言,北道的征税地点设在轮台,是与前述轮台所处的交通枢纽地位密切相关的。由此可见,轮台也是庭州辖境内的贸易中心之一。

④《新唐书·地理志》"轮台"条说:"有静塞军,大历六年置。"按唐北庭都护府在开元中管三军,即瀚海军(在庭州城内)、天山军(在西州城内)、伊吾军(在伊州西北五百里甘露川)。[1] 到大历时,又在轮台置静塞军,表明轮台与上述三军所在地一样,应是一个军事重镇。此外,在轮台还发生过一系列较重要的战役,如《新唐书·张守珪传》记载:"张守珪,陕川河北人,善骑射。以平乐别将从郭虔瓘守北庭,突厥侵轮台,遣守珪往援,中途逢贼,苦战,斩首千余级,禽颉斤一人。开元初,虏复攻北庭,守珪儳道奏事京师,因上书言利害,请引兵出蒲昌、轮台夹击贼。"岑参诗中也有不少反映轮台战事的诗句,如"轮台城头夜吹角,轮台城北旄头落"、"戍楼西望烟尘黑,汉兵屯在轮台北。上将拥旄西出征,平明吹笛大军行。四边伐鼓雪海涌,三军大呼阴山动。虏塞兵气连云屯,战场白骨缠草根。"(《轮台歌奉送封大夫出师西征》)。"将军金甲夜不脱,半夜军行戈相拨"(《走马川行奉送出师西征》)等等。可见,轮台应是庭州辖境内一个十分重要的战略要地。

⑤《太平寰宇记》卷 156 "庭州"条说,后庭县(即金满县)有"二乡",轮台县有"四乡"。乡虽有大小之别,但轮台县较后庭县多两个乡,至少说明轮台县的辖境与后庭县的辖境相差不会太大。

总之,上述五点表明,轮台是一座具有相当规模的城镇,是庭州辖境内的行政中心之一,是重要的交通枢纽和贸易中心,同时也是一个十分重要的战略要地和军事重镇。以此结合前述轮台所处的地理环境,大体已将轮台的面貌勾画出一个轮廓,为探索轮台的方位提供了一些形象化的依据。

---

〔1〕《元和郡县志》卷 40 "庭州"条和《太平寰宇记》卷 156 "庭州"条以及两《唐书·地理志》等。

5.2 庭州至轮台的里程与轮台的方位

5.2.1 有关庭州至轮台里程的几种记载

（1）《新唐书·地理志》："自庭州西延城西六十里，有沙钵城守捉。又有冯洛守捉。又八十里有耶勒城守捉。又八十里有俱六城守捉。又百里至轮台县。"共 320 里。

（2）《太平寰宇记》卷 1156 记载，轮台县在庭州"西四百二十里"。

（3）《元和郡县志》卷 40 记载，轮台县"东至州四十二里"。此 42 里，经前人考证，应为 420 里之误。[1]

（4）《长春真人西游记》卷（上）记载："西即鳖思马大城（即别失八里、庭州城），……其西三百余里有县曰轮台。"

（5）耶律楚材《西游录》记载："有回鹘城，名曰别石把（即别失八里、庭州城），……城之西二百余里有轮台县。"

上述五种资料，历来是推断轮台方位的主要依据。

5.2.2 庭州至轮台实际里程的推断

如上所述，文献记载庭州至轮台的里程不一，因此有些研究者便采取调和态度，认为"轮台县在北庭都护府西，或曰四百里，或曰三百里，或曰二百里，或以县治言，或以县境言，要之不甚相远"。[2] 其实大为不然。须知史书中所记两城之距离，按惯例是指县治而言，虽然记载的里程不甚精确，但总是事出有据，不至于乱说。游记则不然（学术性游记除外），其所记里程多凭道听途说，很不可靠，这恐怕就是游记与史书记载里程差异较大的主要原因。有鉴于此，本篇不采用游记的里程资料，仅以史书的不同记载为依据，来论证庭州至轮台比较接近实际的里程数。而要做到这一点，就必须将前述《新唐书·地理志》、《太平寰宇记》、《元和郡县志》三者记载的里程数进行比较。

---

〔1〕岑仲勉：《庭州至碎叶道里考》，收入氏著《西突厥史料补阙及考证》，中华书局，2004 年；另见松田寿男：《论唐庭州的领县》一文，中央民族大学出版社，1987 年。
〔2〕《新疆图志·建置志一》。

据前所述,《新唐书·地理志》记载,庭州至轮台320里,与《太平寰宇记》、《元和郡县志》的420里相差100里。这个差数是怎么产生的呢?据分析是因为《新唐书·地理志》略去里数所致。如《元和郡县志》记载"俱六镇在州西二百四十里,当碎叶路",既言当碎叶路,则必与《新唐书·地理志》之俱六城同为一地,然《新唐书·地理志》所记此段里程却只有220里,较《元和郡县志》记载的里程短20里。这种情况恐怕庭州至碎叶道里全程都存在,因此以有据可查的某段总的里程数来进行校正,是有一定参考价值的。如以庭州至清海军的距离为例,《新唐书·地理志》记载:北庭瀚海军"西七百里有清海镇,天宝中为军"。《元和郡县志》记载:"清海军在州西七百里。旧名镇城镇,天宝中改为清海军。"两者所记里程相同。关于轮台至清海军的距离,《新唐书·地理志》记为290里(见前庭州至碎叶道里)。这样,若以庭州至清海军全程700里减去此数,那么,所余之410里,便应是庭州至轮台的距离。由于这个里程数与《太平寰宇记》和《元和郡县志》所记420里基本一致,故比较可信。从另一个方面来看,《新唐书·地理志》"碎叶道"里记载:庭州至轮台320里,轮台至清海军290里,二者共610里,较前述庭州至清海军全程700里差90里。这个差数与《新唐书·地理志》庭州至轮台的里程较《太平寰宇记》、《元和郡县志》所差100里亦很接近。故王国维说:"《元和郡县志》轮台县在庭州西四十二里,《太平寰宇记》轮台县东至庭州四百二十里,以《元和志》、《唐志》庭州至清海军之道里差之,《寰宇记》是也。此云三百余里,盖约略言之。"[1]岑仲勉先生在《庭州至碎叶道里考》一文中,又从另外一个角度论证,也认为"四百二十里为可信"。本篇下面在讨论轮台县具体方位时,将更进一步证明420里是比较接近于实际里程数的。

5.2.3　根据文献所记里程推断轮台的方位

(1)清代以及清末的一些学者,根据前述庭州至轮台里程的几种不同的记载,对唐轮台县治的方位进行了很多考证。他们的意见有些

<hr>

〔1〕王国维:《长春真人西游记注》,收入氏著《蒙古史料校注四种》。

至今仍沿袭相称,左右着许多人对唐轮台县治的看法。因此,现在若要论证唐轮台县治的方位,对这些问题是不能回避的。所以本篇拟将其中一些有代表性的意见评介如下:

①徐松:《西域水道记》卷3认为"唐轮台县治当在今迪化州稍东"。

②陶保廉:《辛卯侍行记》卷6认为轮台县治在乌鲁木齐北古牧地。此外,萧雄在《新疆杂述诗注》中说,唐轮台县在今阜康县西南之黑沟阳地,而黑沟阳地在古牧地北20里,因此两者意见相近。

③李光廷:《汉西域图考》卷3认为唐轮台县治在今乌鲁木齐东70里。

④《新疆图志·建置志一》认为,唐轮台在"洛克伦河之东,其东北近古尔班通古特沙碛之地"或"轮台县在今迪化昌吉之间"。

⑤丁谦:《元经世大典图地理考证》认为唐轮台县治在今阜康附近。

上述五种意见中,徐松所称轮台在乌鲁木齐稍东说与现在多数学者们的意见接近;《新疆图志》在"迪化昌吉之间"说,若按唐碎叶路的路线以及前述推断庭州至轮台的里程来分析,是有一定道理的。关于这两个问题,在下面具体推断轮台方位时,可看得很清楚,故不赘述。其他几种意见,如《新疆图志》在"洛克伦河之东,其东北近古尔班通古特沙碛"说,因与唐或元代史料记载庭州至轮台的里程和方位相差较远,所以学术界一般不予采用。除此之外,如丁谦等在阜康附近说,陶保廉等在乌鲁木齐以北古牧地或黑沟阳地说,李光廷在乌鲁木齐东70里说等等,虽然对以后研究唐轮台的方位有较大的影响,但现在看来也是站不住脚的。其理由如下:

①《长春真人西游记》说:九月二日从北庭端府西行,"四日宿轮台东",在宿地"南望阴山,三峰突兀倚天"。九月二日至四日共行三天,行程不过300里,以此推之所谓"南望阴山,三峰突兀倚天"应指博格达山,故宿地应在阜康附近。阜康北庭间的距离,参考《荷戈纪程》约有260里左右(见下文)。这个里程与《西游记》说轮台在庭西300余

里不合,与前述推断庭州至轮台的里程相差更远。从另一方面来看,所谓"宿轮台东"清楚地表明宿地还不到轮台,因此轮台不可能在阜康附近。

②阜康县或乌鲁木齐以北一带即古牧地及黑沟附近,是古今从庭州(吉木萨尔县)至伊犁河流域的必经之地,而长春真人和耶律楚材在书中却未记载途经轮台县,这就说明,轮台县不在上述两地。此外,由于《新唐书·地理志》明确记载,轮台当碎叶路,但长春真人等未经轮台而至伊犁河流域,说明他们过阜康及乌鲁木齐以北一带后,没有按唐代碎叶路经轮台之路行进,也就是说这段路程在元初与唐代的路线可能有所变化。因此推断唐轮台县治的方位,绝不能仅仅依据长春真人等所记里程和经行的路线。

③若轮台在阜康或乌鲁木齐以北一带,那么轮台所控制的交通线则主要是碎叶路。虽然由此可经今乌鲁木齐走唐代的"白水涧道"至高昌,并转至天山南麓地区;但北庭城亦可走"他地道"至高昌通天山南麓地区,同时还有多条交通线与内地、漠北等地相通(参见拙文《唐北庭城与外界的交通》),其交通状况,显然要比上述比定的轮台强得多。既然如此,为什么不将征税地点设在比四镇地位还高的北庭城,却偏偏设在轮台呢?这个现象只能表明轮台不在上述两地,而是应在一个具有交通枢纽作用、能同时控制几路客商、在征税这个职能上比北庭城更为优越的地方。

④关于李光廷的轮台在乌鲁木齐东 70 里说,也是不能成立的。据《新疆图志·道路志一》记载,迪化(今乌鲁木齐)"城东四十里石人子沟,二十里甘沟,七十里海台入阜康界","又出新南门东行逾马王庙,六十里至牛粪沟(过此乃悬崖绝壁,人迹罕到)",是出迪化东门或南门东行不远即渐渐入山,地方褊狭,不适于设轮台这样重要的大城。同时,由于轮台当碎叶路向西行,而这一带在城东又非交通要冲,与唐轮台县应处的位置不合。但是《新疆图志·道路志一》又记载:"城东十里水磨沟,折东北十里七道湾……二十里古牧地……二十里黑沟驿……"。以此看来,李光廷所谓乌鲁木齐东七十里说或许也是指古牧

地、黑沟一带。如是,即与前述陶保廉等人的意见相同,故也是不能成立的。

总之,上述几种意见均不足取,所以现代研究唐轮台方位的学者在尚未能确指轮台方位之前,一般只笼统地说,唐轮台在今乌鲁木齐附近。[1] 这种意见是比较正确的,下面进一步论证之。

(2)众所周知,唐庭州故城在今吉木萨尔县城北20里护堡子村西北。因此根据里程论断轮台的方位,就要看从庭州城向西沿碎叶路走420里到什么地方。据实地踏查,北庭故城向西至双岔河子的唐朝古路尚略留痕迹,该路在清代驿路之北,过双岔河子后则渐渐与清代驿路相合。因此,清代记载的这段里程有着很大的参考价值。如《伊犁日记》说:吉木萨城百一十里四十里井,一百里大泉,四十里阜康,七十里黑沟,六十里乌鲁木齐,共三百八十里。《荷戈纪程》说:吉木萨三十里双岔河,二十里腰站子,二十里三台汛,四十里四十里井,四十里滋泥泉,五十里大泉,四十里阜康,四十里甘泉堡,五十里古牧地,二十里七道湾,十里红山嘴,十里巩宁城,共三百七十里。此外,《新疆要略》说:"恺安城(吉木萨)至巩宁城东三百七十里。"《新疆图志·建置志一》说:吉木萨至巩宁城四百里。《新疆识略》卷2说:吉木萨至巩宁城的营塘里程为430里。上述各书记载,因取道有迂直之差,故不尽相同。以今公路标准里程来看,吉木萨尔县城至乌鲁木齐市共171公里,合342华里。但清代吉木萨尔至阜康的驿道在今公路之北,走滋泥泉一线较现在公路绕远。以此观之,清代所记370或380是吉木萨尔至乌鲁木齐比较接近实际的里程数。这两个里程数,若加上北庭城距今吉木萨尔县城的20里,则分别为390里或400里。因此笼统地说唐轮台县在今乌鲁木齐市附近是完全可以的。但是,因为这两个里程数仍不足420里,所以可进一步推断唐轮台县治应在今乌鲁木齐市区之南郊一带。

---

〔1〕〔法〕保罗·伯希和:《塞语中之若干西域地名》,收入冯承钧译《西域南海史地考证续编》,中华书局,1958年;〔日〕松田寿男:《论唐庭州的领县》,中央民族大学出版社,1987年;岑仲勉:《庭州至碎叶道里考》,中华书局,2004年。

（3）《太平寰宇记》卷 156 记载，西州"西北至北庭轮台县五百四十四里"。《通典》卷 174 记载，交河郡（即西州）"西北至北庭轮台县五百四十里"。西州州治在高昌故城，从此至轮台应沿唐《西州图经》所载的"白水涧道"行进，即"右道出交河县界，西北向处月以西诸蕃，足水草，通车马。"此路即从交河西北至乌鲁木齐之路[1]。这条路以清代驿路里程计之，所谓 540 里亦应在乌鲁木齐市南郊一带。

（4）《新唐书》卷 43（下）说："金满州都督府，永徽五年，以处月部落置为州，隶轮台，龙朔二年为府。"岑仲勉在《处月处密所在部地考》一文中，已辨明金满州与金满城不是一地，《资治通鉴》卷 199 明确地说金满州"其地近古轮台"。但是，对于处月部落驻牧地在何处，学术界意见不一。根据前述"白水涧道"记载，此时处月部落应在今乌鲁木齐以北一带[2]。这样与处月部落驻牧地靠近的乌鲁木齐一带就应为唐轮台县所在地。

总之，上述分析表明，唐轮台县治应在今乌鲁木齐市附近，其中第二、第三项分析还可看出，唐轮台县治似乎在今乌鲁木齐市南郊一带。但是，唐轮台县治的确切位置在何处呢？带着这个问题，我们在乌鲁木齐市附近做了实地踏查，最后将重点放在了乌拉泊古城。下面就来具体谈谈这个问题。

5.3 乌拉泊古城当为唐轮台遗址

5.3.1 古城的位置和地理环境

乌拉泊古城在乌鲁木齐市南 30 里左右，位于乌鲁木齐河与乌拉泊水库西侧（东经 87°35′20″，北纬 43°38′40″），地处达坂城走廊北端，控扼着吐鲁番至乌鲁木齐通道的咽喉。现在古城之北和东为一片农田，西和南面不远即是戈壁滩。这一带地势较平坦开阔，南望天山，北有缓

〔1〕冯承钧：《高昌城镇与唐代蒲昌》，中华书局，1957 年。
〔2〕〔法〕沙畹：《西突厥史料》第二篇第二节，商务印书馆，1962 年；《西域图志》卷 21；另见前揭《旧唐书·地理志》、《通典》卷 174。

缓的山冈,南北对山口。由于古城处于达坂城谷地风口的边缘地带,所以春冬两季经常刮大风。据实地观察并结合地图验证,古城北有公路和小路与乌鲁木齐市相通;南顺乌鲁木齐河越天山胜利达坂至巴仑台,然后往南接焉耆,往西通伊犁河流域,往东通托克逊;东与乌鲁木齐至吐鲁番的公路相邻。由此可见,古城地处交通要冲,位置十分重要。

5.3.2 古城的形制

古城城墙夯筑,略呈方形,方向10度。古城有内外城,外城东西长约500米,南北长约450米;城墙基宽5~6米,残高4~10米左右。外城四面均有半圆形瓮城门残迹,东城门在东城墙中部偏南,残宽约8~9米左右。西城门在西城墙中部偏南,大致与东城门相对,残宽约10米。南城门约在南城墙中部,残宽近20米。北城门有两个,一在西边,略开在西子城北墙中部;一在东边,略开在东子城北墙中部。因外城北城墙与东西两个子城北墙合一,故上述两个城门实际上是东西两个子城的城门。在外城墙外面均有马面,东和北城墙马面保存情况不好,形制不清。西城墙在城门北有八个马面,马面宽约7~8米,马面间距30~40米左右;城门南面马面残毁,形制不清。南城墙马面在城门西有三个马面,马面宽约10米,马面间距50或70米左右不等;城门东有四个马面,马面宽约14米,马面间距30或50米左右。此外,在古城四角还残留有角楼台基,台基略呈方形,每边长约10米,残高与城墙相同。据现场观察,外城墙外面附近有一圈地势较低洼,或许为护城河的遗迹。

外城内北半部有两个相邻接的子城。西子城呈长方形,南北长约350米,东西宽约250米。西子城北墙即外城北城墙西半段,西墙即外城西城墙城门以北一段。南墙偏东有城门,略与北门相对,门西残留一个马面。东墙无门,北半部残留两个马面。在东和南墙相交处有角楼台基残迹。东子城略呈正方形,每边长约200米。东子城北墙即外城北城墙东段,西墙即西子城东墙北段,东墙即外城东城墙北段。在南墙中部有一瓮城门残迹略与北门相对,残宽约7~8米左右。

城内地面上遗迹不多,仅在外城东城门向西约百米处有一圆形夯土台基,残基直径约 20 米,残高约 1 米。在东西两个子城相接处偏南有一小水塘,直径约 20 米,深不足 1 米。此外在东子城北墙下尚有几处房子的遗迹,从构筑形式上看似为近代建筑。(以上所记尺寸系步测,仅供参考。)

5.3.3 古城的时代

首先,从遗物方面来看,在古城内发现有相当数量的水波纹和指纹陶片,以及一些莲叶宽肥的莲花纹方砖。这些遗物的特征与新疆其他地方唐代同类遗物的风格基本一致。[1] 此外,在古城地面还散布有大量的夹砂红陶、灰陶和黑陶片,可辨认出瓮、罐、壶、碗、双耳或三耳瓶等器形。这些器物的形制,虽然有一部分很类似唐代同类器物的风格,但是大部分器物的形制与北疆一带发现的西辽和元代同类器物的风格相近。[2]

其次,从古城形制结构方面来看,古城分内外城,外城城墙马面较密集,有半圆形瓮城,有角楼台基,城外似有护城河。这些特点应是宋以后西辽和元代的风格。从城墙结构来看,城墙中部以上和以下夯层厚薄不一,栽木的密度和排列不同,土质也有区别。以西城墙为例,下部夯层厚约 6 厘米,上部夯层厚则 10~12 厘米左右。下群栽木较密,排列整齐,上部栽木较疏,排列不太整齐。下部土质较纯,上部土质较杂。以我们在新疆地区调查古城的经验判断,下部的情况是唐代城墙构筑的特点;上部的情况则是宋以后西辽和元代时城墙构筑的特点。因此可以说,现存古城遗址是在唐城的基础上修筑的,属于西辽、元代的遗存。

除上所述,还有以下几个现象很值得注意,即与外城相对应的各城墙马面数量不同,排列的密度不同,形制也略有区别,有的马面尚可看出与城墙有明显的间隙。此外,城内西子城东墙外有两个马面,由于此墙同时也是东子城的西墙,所以马面实际上在东子城内。……凡此

〔1〕黄文弼:《塔里木盆地考古记》,科学出版社,1958 年。此外,《新疆日报》1957 年 1 月 4 日公布的自治区区级文物保护单位,亦将该遗址定为唐—元代。
〔2〕凡戈:《昌吉古城调查记》,《文物资料丛刊》,文物出版社,1981 年,总第 4 期。

种种,都说明了各城墙的马面可能不是同时一次筑成的,大概也不是与现存外城城墙同时筑成,而东子城可能是在西子城以后建筑的。所以该古城遗址应是在唐城的基础上经多次增筑修补而成,其延续使用的时间很长。

总之,从遗物和古城形制结构来看,两者所表现的时代特征是吻合的。也就是说,该古城遗址时代的上限是唐,下限一直到西辽或元。

5.3.4 乌拉泊古城当为唐轮台所在地

根据前述几节的分析,乌拉泊古城与文献记载的唐轮台之情况基本一致。比如:

(1)该古城遗址最早的时代是唐,与唐轮台的时代相合。

(2)前述唐庭州(吉木萨尔)至今乌鲁木齐市为390里或400里。而乌拉泊古城又北距乌鲁木齐市30里,是乌拉泊古城距庭州城为420里或430里,与前面推断庭州至轮台的里程基本一致。

(3)乌拉泊古城与今乌鲁木齐至吐鲁番公路即大致相当于唐代的"白水涧道"相邻,而从交河城至乌拉泊古城的距离又与交河城至轮台的里程相吻合。

(4)与岑参诗所述轮台的地理环境相合,比如:古城坐落在戈壁滩旁,与"孤城倚大碛"相符合。在气候方面,乌鲁木齐市5月份(即阴历4月)平均气温约在14°左右,下雪是不乏见的;特别是乌拉泊古城海拔1100公尺,较乌鲁木齐市区高出200余公尺,且南邻天山,因此"四月犹自寒,天山雪濛濛"是不足为奇的。至于8月(即阳历9月)飘雪亦是常见的,所以"胡天八月即飞雪"也是符合实际情况的。其次,由于乌拉泊古城位于达坂城北端的风口地带,故该地是乌鲁木齐风力最大的地区之一。1975年初冬,我们在此经过时正遇大风,飞沙走石,汽车难行。此外,在乌拉泊古城墙上满布戈壁滩上的小碎石,显然是大风所刮来的。岑参的诗句"轮台九月风夜吼,一川碎石大如斗,随风满地石乱走","平沙莽莽黄入天",不正是乌拉泊地区大风狂扫情景的真实写照吗!

(5)古城地处交通要冲,南越天山接焉耆通天山南麓地区,北当唐代碎叶路,东与唐代的"白水涧道"相邻,西通伊犁河流域。显然,乌拉泊古城是个十字路口,也是交通枢纽。此外,由于古城所在地地势较高、开阔,南控扼乌鲁木齐南山山口,掌握交通枢纽,是比较理想的屯兵戍守之地。再者,古城附近又有乌鲁木齐河和大片可耕地,这一带"水泉饶沃,居民栉比",[1]至今仍为乌鲁木齐市的主要农业区之一。总之,该地是屯兵戍守、贸易征税、屯田垦殖三个条件兼而有之,与文献记载轮台所应肩负的职能及前述岑参诗所反映的情况是完全一致的。

综上所述,根据我们的调查,在今乌鲁木齐市近郊仅有此一座较大的古城遗址,而这座古城遗址时代的上限、位置和地理环境,城的规模、交通状况,与唐庭州和交河城相距的里程等等,恰恰和文献记载及岑参诗所反映的轮台之情况相吻合。因此,可初步断定该古城遗址,当是唐轮台县治所在地。

5.4 唐轮台与乌鲁木齐的关系

据《新疆图志·建置志一》记载:"乌鲁木齐向无城,乾隆二十八年创筑于红山之侧";此外,现在还有人提出乌鲁木齐作为一个居民点,也仅仅是在 500 年前才开始出现的,[2]所以历来认为乌鲁木齐的城建史很短。其实,上述看法是很值得商榷的。

从自然环境来看,乌鲁木齐"居天山之阴,地当孔道","山环水绕","形势隩阻,而封比坚腴,宜种殖畜牧,经涂四达,利尽西北",因此清代于其地"屯重兵",[3]建筑城池。自然条件如此优越的地方,如果在 500 年前才开始出现居民点,晚到清初才开始建城是令人费解的。

大家知道,现存城市并不都是在古代城镇的基址上发展起来的。在大多数情况下,往往是以古代城址为基点,在一定的范围内城址几经变化,最后才逐渐固定下来。比如,西安市与汉长安城和唐长安城的

---

〔1〕(清)宋伯鲁:《新疆建置志》卷 1。
〔2〕周立三等著:《新疆维吾尔自治区经济地理》,科学出版社,1963 年。
〔3〕《新疆图志·建置志一》、《西域图志》卷 10。

关系;洛阳市与汉魏故城和唐城的关系;北京市与金中都和元大都的关系等等,就是明证。乌鲁木齐市亦应属于此类。

如前所述,乌鲁木齐市区之南 30 里的乌拉泊古城即为唐轮台县治所在地。这座古城由于在元代以后荒废无闻,所以《新疆图志》才说乌鲁木齐"向无城"。既然"向无城",那么,现在于乌鲁木齐市附近发现的唯一大古城遗址——乌拉泊古城就应是清初创筑的巩宁城的前身了。此外,从学术界的研究成果来看,近现代的学者一般认为唐轮台县治在乌鲁木齐城附近,有些学者还进一步论证了乌鲁木齐这个名称,应为"轮台"二字语音的讹转。[1] 由于乌拉泊古城与乌鲁木齐城同样都位于乌鲁木齐河旁,该河很可能最初因"轮台"城以为名,后讹转为乌鲁木齐河,到清初建巩宁城时又因河以为城名。因此,我们完全有理由将乌鲁木齐附近的唯一大古城遗址——唐轮台县治所在地乌拉泊古城称为古乌鲁木齐城。这样,不但将乌鲁木齐城建史提早近千年,而且还可以大致勾画出乌鲁木齐从唐至元代的城市发展史的初步轮廓。所以,唐轮台县治方位的确定,不仅在考古学上解决了乌拉泊古城的名称和性质问题,解决了唐史研究中的若干问题,而且对于乌鲁木齐城市发展史的研究也有很重要的意义。

(本篇初刊于《北庭史地研究》,新疆人民出版社,1985 年)

---

〔1〕〔法〕保罗·伯希和在《塞语中之若干西域地名》中说:"Yirümcimni 就是唐之轮台,今之乌鲁木齐";按,乌鲁木齐一称,过去多认为是维吾尔语"团结"之意,或蒙古语"优美的牧场"之意。但是现在新疆很多甚至精通维吾尔语和蒙古语的同志也不解其意。大家知道,回鹘(维吾尔语祖先)是在唐末才迁至新疆的,而蒙古则是在公元 13 世纪初才开始大量进入今新疆地区的,所以他们对新疆地名的称呼应因袭前代之称。在回鹘语里称轮台为"窝轮木台",加上"窝"、"木"两个音,显然是汉语"轮台"译音的音变,而后来"窝轮木台"又讹转为乌鲁木齐。因此,认为乌鲁木齐是轮台语音的讹转是很有道理的。

6　罗布淖尔土垠遗址试析

土垠是罗布泊北部地区仅次于楼兰故城的重要遗址。1930 年黄文弼教授发现该遗址后,于 1934 年再次进行了调查,1948 年将调查资料和研究成果刊布在《罗布淖尔考古记》一书中,因而在国内外学术界引起了很大的反响。但是,后来由于学者们的注意力主要集中在楼兰故城,土垠遗址则乏人问津。所以关于土垠遗址的研究长期裹足不前,致使现在凡涉及此者,只好以黄氏意见为准。众所周知,任何研究都带有时代的烙印。黄文弼教授限于当时的条件,对土垠遗址研究的重要贡献之中,亦不可避免地留有许多值得商榷之处。其中特别是与楼兰地区考古和历史学研究关系至深的土垠遗址之性质,以及与此相关的诸问题,似更亟待予以重新分析和探讨。在这种情况下,笔者不得已而冒犯前辈成说,斗胆申明拙见,不当之处望先学和读者赐教。

6.1　土垠遗址的年代

关于土垠遗址的年代,黄文弼教授说:土垠汉简"最早者为黄龙元年,……距设都护之岁已十一年;故此地之设烽燧亭,当为西域设都护以后事"。土垠汉简纪年最晚者是元延五年,不久"及至哀平,中西交通隔绝,此路遂被放弃"。[1] 按在土垠遗址共发现 71 枚汉简,有明确纪年者仅 4 枚。即简五六"黄龙元年(公元前 49 年)十日……";简二"永光五年(公元前 39 年)七月癸卯朔壬子……";简十五"河平四年(公元前 25 年)十一月庚戌朔辛酉……";简十七"元延五年(公元前 8

---

[1] 黄文弼:《罗布淖尔考古记》,中国西北科学考察团丛刊之一,1948 年,第 24、63 页。土垠遗址位置,见本书第 7 篇"伊循屯田与伊循城的方位"图 7.1、第 5 篇"楼兰故城的性质"图 8.1。

年)二月甲辰朔已未……"。我们认为,71 枚汉简只是当年"土垠"全部简牍中残存的极小部分,而 4 枚纪年简牍又是这些残存部分的残存纪年,所以黄龙元年和元延五年不能代表土垠汉简和土垠遗址年代的上、下限。事实上,在 71 枚土垠汉简中,经分析有些缺纪年简牍的年代似已突破上述年代界限。试举三例。

(1)简二六正面记:"已未立春伏地再拜八月十三日请卿辱使幸幸大岁在酉在初伏问初伏门⊠";背面记:"三月辛丑朔小三月辛丑朔小三月已未立夏夏已未立夏八月十九日九月十九。"黄文弼考证:"'三月辛丑朔小'重出,但以长历推之,应在河平元年(公元前 28 年)"。"又是简正面,亦为随意书写,语无伦次。已未立春,为正月节,大岁在酉,疑为阳朔元年(公元前 24 年)。"[1] 陈直则认为"此简为戍卒随手漫书,语多重复,然写简时,必在其年九月十九日以后"。"余按:西汉中期以后,有三月辛丑朔者,一为昭帝始元二年,是年太岁在丙申,三月(年)在丁酉。二为宣帝神爵三年,是年太岁在壬戌。三为成帝河平元年,是年太岁在癸巳"。"本简时代之可能性,以昭帝始元二年为最大。因本简有太岁在酉四字,始元三年,即为丁酉。若依黄氏之说,河平元年在癸巳,上下皆无酉年。戍卒虽在随意书写之时,亦有比类相从之意义"。[2] 我们认为,由于简二六正面和背面书法和行文特点一致,乃一人同时漫书,故正、背面简文应是一个整体,两者不可能相隔四年之久。所以黄、陈二氏意见相较,以陈氏之考证可取。这样,土垠汉简年代的上限即可上溯至始元二年(公元前 85 年)。

(2)简三记:"右部后曲候丞陈殷十月壬辰为乌孙寇所杀。"该简未记朔日,故不能依历法推断相对年代。按简文称乌孙为寇,表明是时乌孙已经叛汉。汉与乌孙的关系,武帝至宣帝时属和亲阶段,两者关系比较密切。成帝建始、河平间段会宗任西域都护时期汉与乌孙的关系时好时坏,日趋紧张。虽然如此,在王莽秉政以前乌孙从未叛汉。王莽秉

〔1〕黄文弼:《罗布淖尔考古记》,中国西北科学考察团丛刊之一,1948 年,第 199~200 页。
〔2〕陈直:《居延汉简研究》,天津古籍出版社,1986 年,第 566~567 页。

政建立新室后,与西域的关系则发生了重要的变化。据《汉书·王莽传》和《汉书·西域传》记载,始建国元年(公元9年),授西域各国新室印绶,收故汉印绶,尽改其王为侯,"西域后卒以此皆叛"。始建国二年,"西域诸国颇背叛,匈奴欲大侵","戊己校尉史陈良、终带共贼杀校尉刁护",叛逃匈奴,西域的局势急转直下。始建国五年(13年),"乌孙大小昆弥遣使贡献。大昆弥者,中国外孙也。其胡妇子为小昆弥,而乌孙归附之。莽见匈奴诸边并侵,意欲得乌孙心,乃遣使者引小昆弥使置大昆弥使上。保成师友祭酒满昌劾奏使者曰:'夷狄以中国有礼谊,故诎而服从。大昆弥,君也,今序臣使于君使之上,非所以有夷狄也。奉使大不敬!'莽怒,免昌官。""西域诸国以莽积失恩信,焉耆先畔,杀都护但钦。"此后王莽在"天凤三年(16年),乃遣五威将王骏、西域都护李崇将戊己校尉出西域,……焉耆诈降而聚兵自备。骏等将莎车、龟兹兵七千余人,分为数部入焉耆,焉耆伏兵要遮骏,……皆杀之。唯戊己校尉郭钦别将兵,……引兵还……。李崇收余士,还保龟兹,数年莽死,崇遂没,西域因绝"。从上述背景来看,乌孙在始建国五年尚遣使贡献,所以它很可能在天凤三年以后亦因积怨新室,在"西域皆叛"逆流的影响下而叛汉。李崇还保龟兹,龟兹北与乌孙相接。陈殷被乌孙寇所杀,似在天凤三年至李崇败没之前这个时期。

(3)简四〇记:"恽私从者大马□六月乙丑尽七月积一月十二日食粟四石二斗。"[1]该简的年代可作两种推断,若七月大六月小,六月乙丑其月朔日应为戊申。武帝以后六月戊申朔者有元凤五年(公元前76年)和天凤五年(18年)。若七月小六月大,六月乙丑其月朔日应为丁未。武帝以后六月丁未朔者只有鸿嘉二年(公元前19年)。上述情况表明,该简的年代很可能突破黄龙元年或元延五年这个界限。

其次,从历史背景来看,《史记·大宛列传》记载,元封四年(公元前107年)赵破奴、王恢虏楼兰王,破姑师,举兵威以动乌孙、大宛之属

---

〔1〕黄文弼在《罗布淖尔考古记》中将"恽私"释为"恽和",中国西北科学考察团丛刊之一,1948年。

后,"于是酒泉列亭障至玉门矣"。太初元年(公元前 104 年)李广利经楼兰地区西征破大宛后,天汉元年(公元前 100 年)玉门"西至盐水,往往有亭。而仑头有田卒数百人,因置使者护田积粟,以给使外国者"。《汉书·西域传序》则记为:"于是自敦煌西至盐泽往往起亭。"从此西汉正式设防控制了经过盐泽通西域的交通线。以后在元凤四年(公元前 77 年)又派傅介子刺杀楼兰王更名其国为鄯善,排除了楼兰国(鄯善国)的干扰,彻底控制了这条交通线。据考古调查,在土垠东南方不远处有烽火台遗址,在营盘有堡垒遗迹,营盘至库尔勒途中则有很多烽火台遗址。[1] 凡此均可与盐水或盐泽"往往起亭"互相印证。黄文弼和斯坦因的调查,都证明了西汉的交通线正是沿着这条烽燧线前进的。[2] 黄文弼在《罗布淖尔考古记》中充分阐述了土垠是经盐泽交通线上的休整基地。本篇下面还将论证土垠就是居卢仓故址,它在黄龙元年以前早已存在,并成为这条交通线上的大本营。因此,土垠遗址始建的时间,似在西汉于盐泽一带开始列亭的时间之内。结合前述对土垠汉简的分析,或可认为土垠的出现应在天汉元年至始元二年间的某个时期。此外,由于经过土垠走盐泽之路乃是西汉通西域的唯一交通干线(下文有说),故在汉绝西域之前土垠这个控扼交通孔道的大本营是不能撤走的。所以,前述土垠汉简年代的下限可能延至王莽后期亦在情理之中。

总之,根据上述分析,基本上可以认为土垠遗址年代的上、下限,大致与西汉在盐泽一带开始列亭至西汉绝西域之时相当。

---

〔1〕〔英〕A. 斯坦因著,向达译:《斯坦因西域考古记》,中华书局,1946 年,第 195 页;〔英〕A. 斯坦因:《亚洲腹地》卷 4 地图第 17、21、25,广西师范大学出版社,2004 年;另见黄文弼:《罗布淖尔考古记》附图 6,中国西北考察团丛刊之一,1948 年。

〔2〕〔英〕A. 斯坦因著,向达译:《斯坦因西域考古记》第九章,中华书局,1946 年;〔英〕A. 斯坦因:《西域》第十一章第十节,广西师范大学出版社,1999 年;黄文弼:《罗布淖尔考古记》,中国西北考察团丛刊之一,1948 年,第 105、110 页。

6.2 土垠遗址的职官和戍卒

6.2.1 职官

在西域都护府设置后,土垠遗址的职官被纳入西域都护府的职官系统。如土垠汉简一记:"都护军候张□所假官驿牡马一匹齿八岁高五尺八寸。"简中的"都护"显然是指西域都护府而言,此云"都护军候"当为西域都护属官之"候"。在土垠汉简中,凡记来往官吏如"郡吏"、"使者"等均写"来"或"去",唯军候写"到"。所以这位养官马的军候应是驻在土垠的长官。又土垠汉简六六记:"军□丞□再拜","军"下应为"候"字,说明军候之下设有丞。

土垠汉简二记:"永光五年七月癸卯朔壬子左部左曲候"。简三记:"右部后曲候丞陈殷……。"简四记:"二月庚辰朔丙午后曲候□。"简五记:"者马君左部后曲候尊丞商令史利。"简六记:"部右曲候□□令史□□□。"据王国维分析,所谓军候、曲候和候三称是等同的,[1]其下设丞和令史。按汉代在西域设有西域都护和戊己校尉两个主要长官。西域都护是中央政府派驻西域的最高地方官吏,他直接统领所辖军队,其机构称西域都护府,治所设在乌垒,东与土垠直通。戊己校尉是中央政府在西域驻军(不包括都护所属军队)的长官,主要任务是平时屯田,战时打仗,其机构称戊己校尉府,治所设在车师前部高昌壁,它与土垠仅有山间小道相连。戊己校尉的军队,只有在中央政府批准的情况下,才可临时调往他处戍守或作战(特殊情况除外)。戊己校尉下分戊部和己部,不称左右部,"右曲候"等前面也不加"某部"字样[2]上述诸种情况表明,前面各简所记职官应属西域都护府职官系统,其中有的曲候之驻地当在土垠遗址。

---

〔1〕王国维:《流沙坠简》簿书类简四十二,第9页;烽燧类简六,第14页;1914年日本京都东山学社印本,1934年校正重印本。

〔2〕《汉书·西域传下》记载:"时戊己校尉刁护病,……右曲候任尚领诸垒……",右曲候之上不加某部字样。

109

土垠汉简八记:"左右部司马",简七记:"□□部军守司马"(即左或右部军守司马,守乃试守之意)。依左或右部曲候之例,左右部司马同样应属于西域都护府职官系统。土垠汉简九记:"……宗问从事人姓字……"从事"职参谋议",此乃是西域都护府的部从事。[1]

据上所述,可知《汉书·百官公卿表》所记西域都护府的两名司马即为左右部司马;候非二人而是四人,即左部司马下设左部左曲候和后曲候,右部司马下设右部右曲候和后曲候。曲候之下设丞和令史。西域都护府的司马和曲候既然分左右部,必分部管理不同的地段。从土垠汉简三记右部后曲候丞为乌孙所杀来看,右部似在西域都护府治所乌垒之西,左部则似在其东。因此,土垠遗址当年可能是左部左曲候或后曲候之驻地。在曲候之下,土垠还有"仓校"(简一八)、"仓吏"(简一九)等属员,以及"三老"等。至于交河曲仓守丞(简一六)、车师戍校(简一五);伊循都尉(简一○)、伊循卒史(简一一);都吏(简一六),使者(简一九)等等,因与本篇无关,兹不赘笔。

6.2.2　戍卒及其家属和私从

土垠汉简有相当一部分涉及戍卒及其家属和私从。如土垠汉简二七记:"里公乘史隆家属畜产衣器物籍。"简二九记:"士霸陵西新里田由□□。"简三○记:"应募士长陵仁里大夫孙尚。"简三二记:"士小卷里王护。"简三四记:"士南阳郡涅阳石里宋利亲……"[2]这5件残名籍分别记有戍卒的身份、爵位和籍贯。关于名籍,从居延和敦煌汉简来看,骑士名籍的书写格式是:县名(不书郡名)、骑士、里名、姓名(不书爵名)。戍卒名籍的书写格式是:戍(田)卒、郡国(或不书郡名)、县、里名、爵位(或不书)、姓名、年龄(或不书)。据此可判定简二七、二九、三○、三四属戍卒名籍。简三二在里名之上残存"士"字,姓名、里名间不书爵位,而居延汉简弛刑士在姓名之上又不书郡、县和里名,所以简三二之"士"应指骑士。简二七、二九、三四与简三。应募士名籍书写格

---

〔1〕王国维:《流沙坠简》簿书类简二十五,1914年初印本,1934年校正重印本,第6页。

〔2〕黄文弼在《罗布淖尔考古记》中将"宋利亲"释为"宋钧亲",中国西北科学考察团丛刊之一,1948年。

式相同。简二九、三四残留"士"字,应为应募士;简二七"里"字上残缺,是"应募士"还是被征调者不明。名籍所记"公乘"、"大夫"是爵位。在居延汉简中,民爵公士至大夫为戍(田)卒,公乘一般皆为候长、燧长;官爵五大夫则相当于候。以此证之,简二七公乘史隆当属候长、燧长一级官吏;简三○大夫孙尚应为戍卒。

土垠汉简涉及戍卒家属和私从的简牍,有简二七:"里公乘史隆家属畜产衣器物籍"。简三四:"士南阳郡涅阳石里宋利亲/妻玑年卅/私从者同县籍同里交上□□□。"简四一:"□□□□□家属六人官驼二匹食率匹二斗。"[1]简三八:"男□□孔六□"。简三九:"没临中女子二七□为□男子十□□□□。"简四○:"恽私从者大马□六月乙丑尽七月积一月十二日食粟四石二斗"。简四六:"十月丁丑从者给取"。简三五:"妻子";简三六:"妻","伯子";简四五"大女"[2]等。戍卒携带家属,是西汉政府推行的重要边防政策,借以达到戍卒安心和徙民实边的目的。在居延汉简中,此类简牍很多;土垠汉简表明,这种做法也推广到了西域。私从者又记为从者,居延汉简亦记为私吏从者。这些人是吏卒之亲友,相随至戍所,不是正员,但到戍地后有时也要服"兵役",并成为政府统计的武装人数之一。由于戍卒携带家属和私从者,故需要有管理人员。土垠汉简二○所记"三老",可能即是管理家属和私从者的乡官。

关于家属和私从者的禀给,土垠汉简也有所反映。《汉书·晁错传》说,徙民实边须"先为筑室……置器物焉,民至有所居,作有所用,此民所以轻去故乡而劝之新(邑)也。"这样才能"使先至者安乐而不思故乡,则贫民相募而劝往矣。"这虽是文人之言,有理想化的成分,但是西汉政府也的确作了一些相应的准备。土垠汉简二七"里公乘史隆家属畜产衣器物籍",可能即是这种准备的反映。此外,家属和私从者还

---

〔1〕黄文弼在《罗布淖尔考古记》中将"二斗力释为"二升",中国西北考察团丛刊之一,1948年。

〔2〕黄文弼在《罗布淖尔考古记》中将"大女"释为"大□",中国西北考察团丛刊之一,1948年。

要按月发口粮。在居延发现许多戍卒家属廪名籍,详细记载了对家属中的不同性别和不同年龄的成员配给谷物的数量。土垠此类简牍多残缺漫漶,详况不明。以较完整的简四〇为例,简文记"恽私从者大马□六月乙丑尽七月积一月十二日食粟四石二斗",合日食一斗,月食三石(据居延汉简证之,应为小石)。家属所养官驼,同样也配给谷物(简四一)。

综上所述,可简略指出以下几点:(1)土垠遗址的职官属西域都护府系统。最高长官称军候或曲候,其下设丞和令史;与居延候官之下设丞、掾、令史、尉史的情况基本相近。此外,土垠遗址还有管理仓的仓吏、仓校及乡官三老等。(2)土垠残简未见戍卒字样,但有些简可推断其身份为戍卒。(3)土垠汉简丝毫没有反映出与屯田和烽燧有关的任何情况。(4)从军候养官马,家属养官驼(简四一)来看,土垠的生产似以畜牧业为主,而粮食则靠外部供应。土垠汉简所记伊循、渠犁和车师均为西汉在西域的重要屯田地点。其中伊循屯田距土垠最近,或为土垠粮食的主要供应者。

6.3 土垠遗址的交通枢纽地位和作用

土垠汉简涉及交通的简牍,有简一二"龟兹王使者二";简一八"乙巳晨时都吏葛卿从西方来出谒已归舍旦葛卿去出送已坐仓校□食时归舍日下餔时军候到出谒已归舍";简一九:"使者王□旦东去督使者从西方来立发东去已坐仓吏耀黄昏时归仓";[1]简二〇"庚戌旦出坐西传日出时三老来坐食时归舍。"简二一记:"行马已坐西传中已出之横门已视车已行城户已复行车已坐横门外须臾归舍。"根据上述诸简,并结合有关简牍,下面主要谈四个问题。

6.3.1 传、舍和仓

土垠汉简二〇、二一记"西传";简一八、二〇、二一记"归舍";简一

---

[1]陈梦家:《汉简缀述》释"□昳时归舍",中华书局,1980年,第213页。

九记"归仓"。所谓"传",古籍中大都释为"驿"。如《汉书·高帝纪》五年条记载:"横惧,乘传诣雒阳",颜师古注:"传者,若今之驿。""总的来说,传就是传递,是以交通线上适当设置的车站来替换马的意思。同时又把这种替换车马的地点叫做传。又因为替换车马需要停下一次,所以这个地点也叫做置。……再者,这个地点已做好替换拉车之马的准备,因而也叫做驿。"[1]从居延汉简来看,万余枚汉简中明确记载驿名者只有"驳南驿"。但是,居延汉简记载的驿马则较多,说明当时该地区的县、都尉、候官和一些燧大都有驿的设置,只是不以驿名出现罢了。土垠汉简不记"驿",而记为"传",可能亦属此种情况。

"舍"是居住之所。"传"设有供往来官吏或行人居住的宿舍,这种宿舍居延汉简称为"传舍"。土垠汉简所记"归舍"之舍,应是"传舍"的简称。

"仓",在居延汉简中是指供应吏卒食粮的兵站仓库。土垠汉简所记的"仓",即是简文"居卢訾仓"的简称。从土垠汉简记"仓校"、"仓吏"肩负送往迎来的任务来看,居卢訾仓的职能不单单是屯粮积谷,而是兼有"传"的性质。

6.3.2 行马和行车

土垠汉简二一记载的"行马"和"行车"都与"传"相关联,好像是"传马"与"传车",其实不然。按"传马"系由"传"供给的驾车之马,这种车又称"传车"。但是,简二一记"行马"和"行车"而不称"传马"与"传车",说明两者是有区别的。《汉书·高帝纪(下)》"五年"记:"横惧,乘传诣雒阳",颜师古注:"传者,若今之驿,古者以车,谓之传车,其后又单置骑,谓之驿骑。"《史记·孝文本纪》索隐引如淳注:"律,四马高足为传置,四马中足为驰置,下足为乘置,一马二马为轺置,如置急者乘一马曰乘也。"可见在西汉时期时期供驾车之马和供骑乘之马是同时存在的,所以"行马"当为供骑乘之马。关于"传车",《汉书·平帝

〔1〕〔日〕森鹿三:《论居延简所见的马》,见《东洋学研究·居延汉简篇》,京都:同朋舍,1975年。

纪》"元始五年"记:"征天下通知逸经、古记、天文……尔雅教授者,在所为驾一封轺传,遣诣京师。"如淳注:"律,诸当乘传及发驾置传者,皆持尺五寸木传信,封以御史大夫印章。其乘传参封之。参,三也。有期会累封两端,端各两封,凡四封也。乘置驰传五封也,两端各二,中央一也。轺传两马再封之,一马一封也。"可见西汉时期供给"传马"和"传车"的规定是很严格的。前述平帝时诸使用一封轺传者,乃是一种特殊的待遇,当时能使用"传马"和"传车"者是很少的。土垠地在西域,路程遥远,交通艰险,在土垠与敦煌间没有驿站,故传马和传车制度恐怕很难实行。因此,土垠汉简二一所记"行马"、"行车"显然与"传马"和"传车"是不同的。

据吐鲁番文书资料,在高昌时期有"远行马"制度,唐代西州则有"长行坊",下养"长行马";又有"长行车坊",下设"长行车"。当时"长行马"与"长行车坊"是和馆驿并存的交通组织,两者的区别是驿传须按驿换乘马匹,"长行马"与"长行车"执行长途运输任务,从起点到终点不换乘马匹。[1] 土垠汉简二一记载的"行马"、"行车"或属此种情况。如是,即表明高昌国"远行马",唐代西州"长行马"、"长行车"制度不是突然产生的。它乃是根据古代新疆的具体情况,由汉代的"行马"、"行车"逐渐演变而来的。

顺便指出,土垠汉简二二和二三记"用二私马至敦煌",在内地至西域的交通线上有私人运输业的存在,这是一个很值得重视的现象。

6.3.3 邮行

土垠汉简一三记"居卢訾仓以邮行"。《说文》"邑部"云:"邮,境上行书舍也。"《汉书·薛宣传》注:"邮,行书之舍,亦如今之驿及行道馆舍也。"概言之,"邮"乃是传递文书的专门机构。从居延汉简来看,边远地区的"邮"是与亭、传、置、驿同为大道上有关交通的设置,并且往往重叠于一处互相通用。[2] 土垠遗址"传"、"邮"重叠于一处的现

---

[1]孔祥星:《唐代新疆地区的交通组织长行坊》,《中国历史博物馆刊》总3期,1981年。
[2]〔日〕森鹿三:《论居延简所见的马》,京都:同朋舍,1975年。

象是与居延相同的。关于"以邮行",系指传递文书的方式。云梦秦简《田律》曰:"近县令轻足行其书,远县令邮行之。"[1]在居延汉简中,"以邮行"用驿马、传马递送。[2] 土垠地区道路难行,各点之间相距较远,与内地相距更远,故亦采用"以邮行"方式传递文书。传递工具,《汉书·西城传》说:"因骑置以闻",即用马传递。土垠汉简记有官马(简一)和官驼(简四一),魏晋时期楼兰汉文简牍记行书民使用官驼",[3]据此可认为土垠当时是马、驼并用。这种情况与内地郡县"马递曰置,步递曰邮"[4]的说法有别。

6.3.4 土垠遗址的交通枢纽地位

土垠汉简二二记"用二私马至敦煌辄收入敦煌去渠梨二千八百里更沙版绝水草不能致即得用"。简一二记"龟兹王使者二"。简三记"右部后曲候丞陈殷十月壬辰为乌孙寇所杀"。简一五记"河平四年十一月庚戌朔辛酉刽守居卢訾仓车师戍校"。简一六记"交河曲仓守丞衡移居卢訾仓";简一〇记"伊循都尉左";简一一记"伊循卒史黄广宗"等。这些简牍资料,为我们清楚地勾画出一幅土垠与外界四通八达的交通网的蓝图。它东通敦煌,西通渠梨、龟兹和乌孙(南与龟兹相接)与西域北道相连;南通伊循接西域南道;北通车师可与天山北麓互相交往。敦煌是西汉通西域的前哨基地,渠梨是西汉重要的屯田地点,西域都护府治所乌垒即距其不远;伊循是伊循都尉府和伊循屯田之地,车师是戊己校尉府和车师屯田所在地。由此可见,土垠正处在敦煌、西域都护府、戊己校尉府和伊循都尉府互相连接的关节点上;同时它又成为西城境内西域北道和南道的分途点,[5]是西域境内最重要的交通

---

〔1〕睡虎地秦墓竹简整理小组:《睡虎地秦墓竹简》,文物出版社,1978年。

〔2〕甘肃省文物工作队、甘肃省博物馆:《汉简研究文集》,甘肃人民出版社,1984年,第317页。

〔3〕〔法〕马伯乐:《斯坦因第三次中亚考察所获汉文文书》NO.215:"出大麦五斗给行书民桃将饮官/驼……"伦敦,1953年。

〔4〕甘肃省文物工作队、甘肃省博物馆:《汉简研究文集》,甘肃人民出版社,1984年,第318页。

〔5〕参见王国维《观堂集林》第三册,卷17《敦煌汉简跋》十四,中华书局,1984年。

枢纽。在西汉时期,天山北麓东段被匈奴占据,历史上著名的"伊吾路"是时不通,所以经过土垠和盐泽之路就成为西汉通西域的大动脉和生命线,而土垠遗址则正控扼着这条唯一交通孔道的咽喉。前述土垠在交通职能方面的突出作用,便是土垠遗址这种重要战略地位的必然反映。

6.4 土垠不是烽燧亭遗址

《罗布淖尔考古记》说:土垠遗址"南有长方形土台,高八英尺许,长十九英尺,宽五英尺五寸。上竖木杆五,南北直列,高十二英尺弱。每杆相距约十二英尺许。木杆上端凿一方孔,疑为穿桔槔之用。尚有若干废弃木料横陈其旁,木上均有釜凿痕迹,或中凿一圆孔,或方木中凿一槽,均长不及丈,疑皆为支持烽杆之用,类今之取水架也"。据此该书认为其构造显然是古时烽火台遗迹。该书进而又将土垠定为古烽燧亭遗址。现在学术界大都沿用这个结论,但是我们认为《罗布淖尔考古记》所提供的资料却恰恰可以证明土垠不是烽燧亭遗址(图6.1),理由如下。

6.4.1 土垠位置很低,烽号传不出去

《罗布淖尔考古记》说:"汉烽燧亭遗址,即在土垠平滩上。"土垠"傍于海岸之三角洲,三面环水,惟北路通陆","四周土阜骈峙","行人由西至东,或由东至西,至此城时,必须沿湖环行,越过土阜数重,方达到此地,盖已至湖泊之中洲矣"。近年来科学工作者亦曾到土垠一带进行过调查。他们说土垠"遗址位于一个巨大的近于南北向的长条形凹地中的一个小土丘上……它的周围是高达十多米乃至二十米的高大的近于南北向延伸的桌状地形,遗址所在的小土丘要比周围的高大的桌状地形低得多"[1] 可见土垠遗址比较隐蔽,位置很低。土垠遗址处于上述宏观地形之中,所谓的"烽杆"高仅 12 英尺,即使加上土台

---

〔1〕王守春:《通过考古学和地理学的比较研究对楼兰地区某些历史地理问题的探讨》,《西域史论丛》第二辑,新疆人民出版社,1985 年。

的高度8英尺也远远低于周围高大的土阜,因此烽号很难传出去。这样的位置和地形,显然是与选择烽燧址的原则背道而驰的。

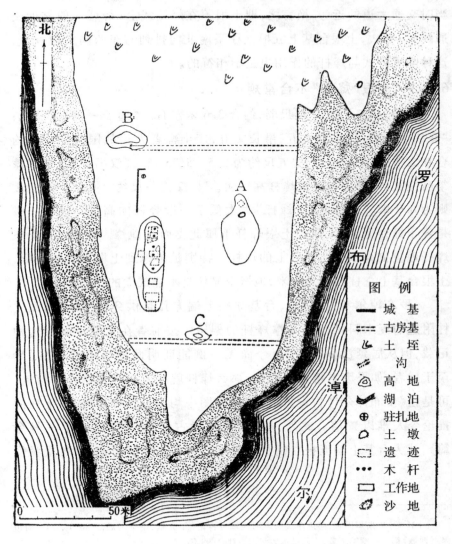

图6.1 土垠遗址平面图(据黄文弼:《罗布淖尔考古记》附图17绘制)

图 例

― 城 基
⇇ 古房基
⇇ 土 垤
⇝ 沟
⌒ 高 地
◣ 湖 泊
⊕ 驻扎地
○ 土 墩
⊡ 遗 迹
⋯ 木 杆
□ 工作地
◊ 沙 地

0   50米

6.4.2 土垠不在交通线近旁的烽燧线上

前已说明土垠位于高大土阜之中,欲至土垠必沿湖环行,越过土阜数重。此外,《罗布淖尔考古记》还明记大道遗迹在土垠之北5里

117

许。1914 年斯坦因沿此路调查,在古三角洲终点附近发现古代道路遗迹,他们顺此路东进并未经过土垠遗址。[1] 明显可见土垠遗址并不在当时交通大道的近旁,换言之,即土垠不在烽燧线上(烽燧一般靠近交通线)。其次,土垠台基上五根立柱呈南北向排列与东西向大道垂直,这种配置方式与烽杆的作用也是不相符的。

6.4.3　土垠"烽杆"不合常规

土垠"烽杆"高 12 英尺弱,约合 3.6 米左右。《墨子·旗帜篇》说:"亭尉各为帜,杆长二丈五,帛长丈五,广半幅者大。"战国时期一尺约合 0.227~0.231 米,二丈五尺约为 5.5~5.75 米。《汉书音义》记载蓬竿高三丈,汉简资料亦说烽杆高三丈[2]。汉代一尺约合 0.23 米,三丈则为 6.9 米。可见土垠"烽杆"大大低于一般烽杆的高度。烽杆一般是置于烽台上,有人认为土垠烽杆不属此类而是地烽。[3] 如是,土垠烽杆理应更高于立在烽台上的烽杆。特别是考虑到土垠周围的地形,土垠台基上立柱高仅 3.6 米,地烽说显然是不能成立的。

《罗布淖尔考古记》说,台基立柱上端方孔是供穿桔槔用的,而立柱附近的废木料则是供支撑烽杆的架子。按前者在文献中确有这种记载,但从居延汉简来看,至今尚无一例能证明此种结构的存在。[4]至于后者,如果废木料是烽杆架,那么烽杆就应有与之相结合的痕迹。可是在《罗布淖尔考古记》的文字和附图中均不见这种痕迹,故上面的推论令人难以置信。此外,《罗布淖尔考古记》还根据《墨子·号令篇》,认为台基上的五根立柱是五烽杆。但据居延汉简记载,每次举烽

〔1〕〔英〕A. 斯坦因著,向达译:《斯坦因西域考古记》第九章,中华书局,1946 年;〔英〕斯坦因:《西域》第十一章第十节,广西师范大学出版社,1999 年。

〔2〕〔法〕沙畹:《斯坦因在新疆沙漠发现的汉文文书》简六九四:□下蓬灭火蓬干长三丈□……。牛津,1913 年。

〔3〕甘肃省文物工作队、甘肃省博物馆:《汉简研究文集》,甘肃人民出版社,1984 年,第 255 页。

〔4〕甘肃省文物工作队、甘肃省博物馆:《汉简研究文集》,甘肃人民出版社,1984 年,第 166 页。

最多三枝，[1]用不着置五烽杆。

6.4.4　土垠台基与烽燧亭的结构不符

在典籍与汉简中，"烽燧连举者有两义：一指烽火，一指亭燧"。[2]烽火台，台与台上的楼之整体结构称为亭，两者又可分别称为亭。[3]汉代的烽火台横剖面呈四方形，敦煌的烽火台残高多在 4～7.7 米，高者可达 9 米，基宽则在 4.5～8 米，上窄下宽。[4]根据笔者在新疆的调查，汉代烽火台保存较好者情况与此相近。另外，敦煌在烽火台之上建方屋，台旁跳出橹，即所谓候楼，候楼中立烽杆（亭上烽）。相比之下，土垠台基呈南北向长方形，高约 2.4 米（8 英尺）、长约 57 米（黄文弼记为 19 英尺，据图面尺寸计算，应为 190 英尺）、宽约 16.5 米（黄文弼记为 5.5 英尺，但据图面尺寸计算，应为 50.5 英尺），与汉代烽火台通制完全不符。土垠台基上的房屋残毁，平面呈长方形，其形制与候楼亦不相同。根据当时的实测图可看出，土垠台基北边四根木柱立于房屋建筑之内（图 6.2）。《汉书·尹赏传》注引如淳曰："归亭，传于四角面百步筑土四方，上有屋，屋上有柱高出丈余，有大板贯柱四出，名曰桓表。"所谓高出丈余，即相当于 3 米左右，其另一半 3 米则隐于屋内。[5]若勉强以此类比，土垠台基有四根立柱，柱总高才 3.6 米，这个高度恐怕连屋顶都难以露出。

根据上述四点，我们认为土垠不可能是烽燧亭遗址。

6.5　土垠是居卢仓故址

6.5.1　土垠台基是仓储遗迹

黄文弼先生在《罗布淖尔考古记》中说："在杆之四周，尚有许多四

[1]甘肃省文物工作队、甘肃省博物馆：《汉简研究文集》，甘肃人民出版社，1984 年，第 364 页。

[2]陈梦家：《汉简缀述》，中华书局，1980 年，第 170、155 页。

[3]陈梦家：《汉简缀述》，中华书局，1980 年，第 170、155 页。

[4]陈梦家：《汉简缀述》，中华书局，1980 年，第 170、155 页。

[5]甘肃省文物工作队、甘肃省博物馆：《汉简研究文集》，甘肃人民出版社，1984 年，第 365 页。

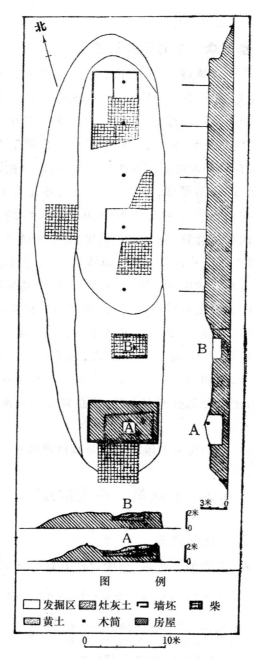

图 6.2 土垠遗址中部台基平面及剖面图
（据黄文弼:《罗布淖尔考古记》附图 18 绘制）

方井穴,用柳条渗以木屑,编织为褥,覆于井口,约四尺见方,彼此相通为甬道。""余在杆之两旁,曾掘二井,内满储沙子,无一他物","疑杆旁之井穴,皆兵卒避藏之地,如敌人来侵,避匿其中,免受敌人之攻击也"。原书又说,第二次前往时,"复掘其旁之其他井穴,有类似高粱之谷粒,或井中兼储食粮,亦未可知也"。我们认为,上述井穴的结构与防御工事毫无共同之处。由于其内有粮食遗存,显然是与储存粮食有关,这种地窖式的粮仓在内地也是存在的。至于台基上房屋与井穴的关系,原书没有交代,推测有立柱的房屋当与粮仓的整体结构有关。从土垠台基上五根立柱排列形式、高度及与建筑遗迹的关系来看,这些立柱和附近的木料实际上乃是房屋建筑的木构件。在敦煌和居延地区,烽火台上之残屋有的高达 12 英尺。[1] 借此相比,由于粮仓需要有良好的通风条件,故其建筑一般都较高大,所以将土台基上高 12 英尺的木杆当作仓房的立柱是完全可以说得通的。而土台基南部无立柱并发现木简的房屋,则可能是守仓者的办公之处。

从形制和地形上来看,土垠与敦煌大方盘城仓储遗址有相似之处。[2] 大方盘城一带地势低洼,仓建在土台上,仓平面长方形,东西长 132 米、南北宽 15 米,三间大厅相连,墙上有通风孔,在仓之南有烽燧 T18 为之耳目。[3] 土垠台基与之相比,台宽相近(长度则短);两者均建在与大道有一定距离的低洼之处(便于隐蔽);仓均建在长条形土台上,仓不远处均有烽燧为之耳目等等,都基本一致。据此亦可证明土垠台基应为仓储遗迹。

6.5.2 土垠是居卢仓故址

(1)居卢訾仓是土垠遗址的本称

土垠汉简一三记"居卢訾仓以邮行"。简一五记"河平四年十一月庚戌朔辛酉刭守居卢訾仓车师戊校";简一六记"交河曲仓守丞衡移居卢訾仓";简一七记"元延五年二月甲辰朔己未□□□土□尉临居卢訾

〔1〕陈梦家:《汉简缀述》,中华书局,1980 年,第 156 页。
〔2〕〔英〕斯坦因:《西域》Ⅲ图 41,广西师范大学出版社,1999 年。
〔3〕〔英〕A. 斯坦因著,向达译:《斯坦因西域考古记》,中华书局,1946 年,第 134~135 页。

仓以□……即日到守□"。简一三记发文之地,简一五、一六记收文之地,简一七所临之地均在居卢訾仓。此外,简一八、一九记送往迎来者为仓校和仓吏,简一九记仓吏归仓,以前述简一三、一五、一六、一七证之,仓校和仓吏所服务的仓显然是指居卢訾仓而言。由于上述诸简牍均出于土垠遗址,土垠台基又为仓储遗迹,故可确认土垠遗址就是居卢訾仓,居卢訾仓乃是土垠遗址的本称。

(2)居卢仓是居卢訾仓的简称

《汉书·西域传》乌孙条记载:"汉遣破羌将军辛武贤,将兵万五千人,至敦煌。遣使者案行,表穿卑鞮侯井以西(孟康曰:大井六通渠也。下泉流泳出在白龙堆东土山下)。欲通渠转谷积居卢仓以讨之。"据此可知,居卢仓在辛武贤以前早已存在。《三国志·魏志》卷30引《魏略·西戎传》说:"从玉门关西出,发都护井,回三陇沙北头,经居卢仓,从沙西井转西北,过龙堆,到故楼兰(衍一故字),转西诣龟兹,至葱岭,为中道。"这条交通线的起点玉门关,俗称小方盘城,约在敦煌西北80公里。三陇沙,《汉书·地理志》称"白龙堆沙"即今之三陇沙。都护井或与辛武贤表穿的卑鞮侯井同指一处,如是即应位于白龙堆沙东土山下(三陇沙东雅丹群附近)。居卢仓,《罗布淖尔考古记》及另外一些学者主张在出三陇沙不远的废墟中。[1] 我们认为该地距玉门关较近,且在沙漠边缘,极为荒凉,在这种情况下居卢仓与其设在此处还不如设在玉门关。从辛武贤欲积谷居卢仓以讨乌孙来看,表明居卢仓应是征讨乌孙的前哨和补给基地,距乌孙不会十分遥远,所以居卢仓不可能设在三陇沙附近。黄文弼说,居卢訾仓"班固作《汉书》取其典雅,故略去訾字尾音,鱼豢亦从之"。[2] 土垠汉简三记陈殷为乌孙寇所杀,说明居卢訾仓是与乌孙事务有一定关系的,与辛武贤欲积谷居卢仓以讨乌孙的态势相符,足见黄文弼的论断是有道理的。龙堆,主要是指现在的白龙堆。《水经注》卷2《河水》篇说,蒲昌海"水积鄯善之东,龙城之西

[1]黄文弼:《罗布淖尔考古记》,中国西北科学考察团丛刊之一,1948年,第41、193~194页。陈宗器:《罗布淖尔与罗布荒原》,《地理学报》第3卷第1期,1936年。

[2]黄文弼:《罗布淖尔考古记》,中国西北科学考察团丛刊之一,1948年,第193页。

南","龙城,故姜赖之虚,胡之大国也"。龙城"城基尚存而至大,晨发西门,暮达东门","浍其崖岸,余溜风吹,稍成龙形,西面向海,因名龙城"。现代学者们大都认为所谓龙城即指今罗布泊北岸一带的雅丹地貌。根据斯坦因的调查记录,[1]龙城"晨发西门,暮达东门"大体与罗布泊北岸的雅丹群的范围相当,土垠遗址即位于其东端。但从《水经注》的文义来看,广义的龙城也将白龙堆包括在内,并将其称为姜赖之虚。据王国维考证:"惟汉魏时,由玉门关出蒲昌海,以达楼兰龟兹,中间有居卢仓一地。姜居赖卢,皆一声之转,准以地望,亦无不合。"[2]以此结合前述分析,居卢仓一称很可能就是因姜赖之名而转译出来的。也就是说,居卢仓即位于土垠遗址,居卢仓乃是居卢訾仓的简称。沙西井,由于居卢仓和龙堆位置已定,居卢仓以西水源充足不需打井,故沙西井应在居卢仓和龙堆之东,三陇沙之西。沙西井或即因在三陇沙之西而得名,其位置似在羊塔克库都克(又名甜水井)附近。这里水足草茂,现代地图仍标有从此转西北去楼兰地区的路线。根据上述分析,《魏略》所记从玉门关至楼兰路线的后半段显然有误。似应改为:从玉门关西出,发都护井,回三陇沙北头,从沙西井转西北,过龙堆,经居卢仓,到楼兰。这样一改,与现代考古学所发现的遗址及实地调查这段路线的情况就基本吻合了。它从另外一个角度再次证明了土垠、居卢訾仓即是居卢仓故址。

6.6 土垠遗址之复原及其性质

6.6.1 土垠遗址的复原

前已说明土垠台基是仓储遗迹,下面再简述四个问题。(1)土垠遗址无城墙遗迹。《罗布淖尔考古记》说,土台基之北"有城墙遗址一段,高二尺许,余三面均被冲刷"。这段所谓城墙,据图6.1的比例来

---

〔1〕〔英〕A.斯坦因著,向达译:《斯坦因西域考古记》第九章,中华书局,1946年;〔英〕斯坦因:《西域》第十一章第十节。

〔2〕王国维:《流沙坠简》序,1914年日本京都东山学社印本,1934年校正重印本。

看,南北残长约25米,东西残长约5米。南北向墙基若向南延长正好压在台基西侧边缘上;而东西向残墙又在土垠北部遗迹范围之南,起不到城墙的作用。上述情况表明,这段墙址不可能是城墙。由于它临靠台基和遗址北部边缘,所以可能是戍卒居住遗迹,或是土垠汉简中"舍"的遗迹。(2)土垠东部遗迹应是衙署区。《罗布淖尔考古记》说:"在烽火台之东约百余步","略与烽火台北端东西对直,有围墙遗址。叠碱块为墙,旁集莐草",发掘其下"出汉木简数十枚",其中有"黄龙元年间","左部后曲候"、"右部后曲候"等简,还出有漆器等物。根据土垠遗迹平面图(图6.3-1)标明的比例,该房址面积约为3×2.5米。此房址之南,有一宽广平滩,略作椭圆形,周里许,滩南枯木横陈,东边有墙壁遗迹,类似古时建筑遗构。《罗布淖尔考古记》认为,北边房址是"左部曲候"所在地。但是,这座房址规模很小,估计它与南部的平滩同为衙署区,而小房址则为衙署的组成部分之一。(3)南北凿削遗迹不是士兵屯驻之所。在土垠遗址南部边缘中间偏西,有一东西长11、南北宽约8米,高不足2米的小土堆。沿该土堆南缘,有一横贯东西,宽约2米的凿削遗迹,底部平齐,深不足1米(见图6.1;图6.3-3)。在土垠遗址北部边缘近西端处,有一东西约20、南北约10米,高不足3米的小土堆。从该土堆北缘中部向东达遗址东缘,有一宽约2、深不足1米,底部平齐的凿削遗迹(见图6.1;图6.3-2)。《罗布淖尔考古记》认为,南北凿削遗迹乃是当时士兵的屯驻之所。但是,南北两条凿削遗迹宽仅2米,深不足1米,且东西贯通,底平齐无炕(按敦煌和居延汉代戍所居住址均有矮炕),上部又无升高之辅助设施,无顶,士兵怎么能在如此狭小简陋之处长期屯驻呢?况且南部凿削遗迹已临近罗布泊湖水,士兵在此屯驻毫无防卫意义。事实上,土垠遗址比较隐蔽、安全,它本身主要肩负仓储和交通两项主要职能,无明显的军事色彩,所以士兵没有必要长期住在壕沟之内一直处于临战状态。因此,我们认为南北凿削遗迹不可能是士兵屯驻之所。(4)城与横门。土垠汉简二一记有"城"和"横门"。前已说明土垠遗址发现城墙的论断是不确切的,从已刊布的资料来看,可以断言土垠遗址非为建有城墙之城。

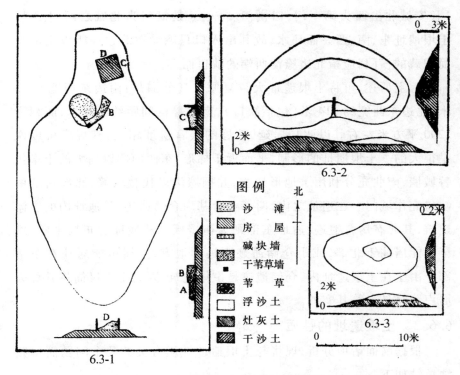

图 6.3　土垠遗址遗迹图(据黄文弼:《罗布淖尔考古记》附图 19 绘制)
(6.3-1　土垠东部遗迹平面及剖面图　6.3-2　土垠北部土阜平面及剖面图
6.3-3　土垠南部土阜平面及剖面图)

故土垠汉简所记之城,似不能按一般对城的传统观念去理解。前述南
北凿削遗迹从形制和位置上看类似近现代的交通壕,土垠全部遗迹均
在南北壕沟范围之内。南边的壕沟东西长约 83 米;北边的壕沟东西长
约 93 米,在北部土堆西缘距遗址西缘间留有约 10 米的缺口。南、北壕
沟间距约 110 米,壕沟东西两侧接高大的土阜,壕沟与土阜共同围成了
封闭式的土垠遗址。若以上述范围计算土垠遗址的面积,其规模则与
居延和敦煌较大的候官遗址相近。因此,有理由认为具有防御功能的
南北壕沟,以及东西两侧高大的土阜即是起城墙作用的设施。关于横
门,黄文弼说:"按《西域传》云:汉立尉屠耆为王,更名其国为鄯善,丞
相将军率百官送至横门外。……徐松《西域传补注》引《三辅黄图》曰:

欧·亚·历·史·文·化·文·库·

'长安城北出西头第一门,曰横门。……'是横门为北城之两门。"〔1〕土垠遗址东、南、西三面环水,故其出入口只能设在北边。所以土垠汉简记载的横门,应指北边壕沟西端的缺口而言。

综上所述,可将土垠遗址大致复原。其范围是:南边东西宽约 83 米,北边东西宽约 114 米(包括缺口),南北壕沟间距约 110 米,面积为 1200 平方米左右。以此与居延、敦煌的候官遗址相比,其规模可以说是很大的。土垠遗址的形制,平面近于梯形,东西两侧以高大的土阜代替城墙,南北充分利用了地形地物,并掘壕沟以代替城墙,北部西端留缺口充作城门。在遗址之内,西部土台基为仓储遗迹,是遗址内的主体建筑,其北有房舍遗迹;遗址东部则为衙署区。从遗址的布局来看,戍卒可能居住于北部,或距仓储遗迹不远的地方;家属可能居住在东南部。由于在土垠遗址内,仓储遗迹是主体建筑,因此土垠汉简将其称为居卢訾仓是名符其实的。

6.6.2 土垠遗址的性质

根据前面诸项分析,现将与土垠遗址性质有关的几个问题简单归纳总结如下。

(1)土垠遗址是西域都护府左部左曲候或后曲候的治所。官吏以曲候(军候)为长,下设丞、令史;此外还有仓校和仓吏,以及管理家属的乡官三老。土垠遗址东部房址是其衙署区。

(2)仓储和交通是土垠遗址的两个主要职能。遗址西部土台基是仓储遗迹,它是遗址内规模最大的主体建筑。土垠汉简将其称为居卢訾仓,文献则简称为居卢仓,有仓校和仓吏进行管理。土垠遗址设有"传"、"邮"等与交通有关的机构,它与外界有四通八达的交通网。土垠地处要冲,是西域境内主要交通干线的分途点和交通枢纽;它位于淡水与咸水的分界处,是长途跋涉往来行人较理想的休整之地。所以土垠的交通比较繁忙,甚至连仓校和仓吏也要参加送往迎来的工作。由此可见,迎送往来使者、官吏,提供食宿和车马乃是其除仓储之外的

---

〔1〕黄文弼:《罗布淖尔考古记》,中国西北科学考察团丛刊之一,1948 年,第 190～191 页。

最主要的日常工作。

（3）土垠不是烽燧也不是屯田之地。土垠台基上的立柱不是烽杆，土台基也不是烽燧亭遗迹。土垠遗址偏离交通大道，选在交通线附近的海湾顶部，建于雅丹群中较低的土丘上，恐怕主要是考虑到隐蔽、安全、水源充足和少受风沙之苦等因素。选择这样的地点，绝不是出于直接的军事目的，而应是与前述仓储和交通两大职能密切相关的。所以土垠本身并无烽燧职能，它的耳目和警戒任务是靠在土垠遗址附近的其他烽燧来完成的。

土垠汉简记载的士卒中，骑士、应募士较多，大都有爵位，并携带家属有私从者，身份较高。家属有养官驼者，官吏有养官马者；有为官吏酿酒者（简四九），唯未见有关田作的记载。按土垠遗址附近虽有丰富的水源，但由于它位于雅丹群之中，不适于屯垦。所以土垠不是屯田之地，士卒的性质也不是田卒[1]而是戍卒。其粮食来源，似主要靠伊循屯田，此外与渠犁屯田和车师屯田也可能有一定关系。

（4）土垠是附近沿线诸烽燧的管理机构和补给基地。西汉在经过土垠这条通西域的唯一的交通线上派兵镇守，沿线设烽燧，警戒较严。从土垠遗址的位置、规模、主要遗迹的性质和职官设置及职能等方面来看，它是这条交通线上诸烽燧遗迹所无法比拟的。因此，土垠遗址显然是这条交通线上诸烽燧的粮仓和管理机构，战时则成为西域汉军的后方补给基地（如辛武贤欲积谷居卢仓以讨乌孙）和大本营。

（5）土垠的性质大体相当于居延地区的候官。根据居延汉简资料，候官是管理几个烽燧的哨所基地，长官称"候"，驻于障城之内，衙署称"候官"。在"候官"的诸职能中，有发放通行证（符），管理邮书和驿的职能。在军事地区，"候官"既是重要的兵站基地，又是公私经济生活的中心。土垠遗址内主要遗迹的性质、职能和职官设置与之基本接近。所以土垠遗址的性质，似大体相当于居延地区的"候官"。土垠

---

〔1〕现代一些研究者在论述西汉在西域屯田时，往往将土垠遗址也作为屯田的例证，并认为土垠士卒是田卒。

汉简将该遗址又称为城,恐怕亦与此有关。

　　土垠遗址既然与居延地区"候官"相近,那么土垠汉简为什么不将其称为"候官"而称为居卢訾仓呢?推测可能有三个原因:一是地区差异,迄今在新疆地区尚未见到与"候官"一称有关的资料。二是土垠遗址规模较居延地区一般"候官"遗址大,其职能与居延地区"候官"职能也不尽相同。三是土垠遗址是伴随着西汉通西域而逐渐兴起的,最初它可能只起到储存粮食等给养和兵站的作用,故称为仓。以后虽然规模扩大,地位提高,职能增多,但仍沿用当时早已为人熟知的原名,这种做法即使现代也不乏其例。所以我们认为在西汉全面统治西域后,"居卢仓"之称只不过是沿用旧名而已。因此,绝不能仅据此称来断定土垠遗址的性质和作用。

(本篇初刊于《考古学报》,1990 年第 2 期)

7　伊循屯田与伊循城的方位

　　西汉伊循屯田与伊循城的方位,在汉代西域史中占有重要地位,因而成为 20 世纪中叶以前西域史领域中研究的热点之一。经中外硕学们的长期研究,米兰古城伊循故址说似乎已成定论。但是,时至今日当我们再次研究这个问题时,则发现米兰古城伊循故址说是很值得商榷的,故在此拟就此略述拙见。

7.1　西汉伊循屯田、东汉"楼兰之屯"与索励屯田

7.1.1　西汉伊循屯田的年代

　　《汉书·鄯善传》记载:"元凤四年,大将军霍光白遣平乐监傅介子往刺其王。……介子遂斩王尝归首……乃立尉屠耆为王,更名其国为鄯善……王自请天子曰:'身在汉久,今归,单弱,而前王有子在,恐为所杀。国中有伊循城,其地肥美,原汉遣将屯田积谷,令臣得依其威重。'于是汉遣司马一人,屯士四十人,田伊循以填抚之。其后更置都尉。伊循官置始此矣。"根据这段资料,可知西汉伊循屯田分为司马屯田和都尉屯田两个阶段。设司马屯田,《鄯善传》已明示约始于元凤四年(公元前 77 年)后不久。那么,司马屯田年代的下限和伊循都尉府设于何时呢? 下面着重谈谈这个问题。

　　在土垠汉简中,记有"伊循都尉左","伊循卒史黄广宗",可证西汉确曾设置过伊循都尉府。其设置的时间,史无明载。《汉书·冯奉世传》说:"前将军增举奉世以卫侯使持节送大宛诸国客。至伊脩(伊循)城,都尉宋将言莎车与旁国共攻杀汉所置莎车王万年,北杀汉使者奚充国。……都护郑吉、校尉司马意皆在北道诸国间。"文中的都尉即指

129

伊循都尉而言。奉世送大宛诸国客,《汉书·莎车传》将其系于元康元年(公元前65年)。也就是说伊循都尉府应设于元康元年以前。关于郑吉,始任西域都护在神爵二年(公元前60年)。《汉书·车师国传》记载:"地节二年(公元前68年),汉遣侍郎郑吉、校尉司马憙将免刑罪人田渠犁,积谷,欲以攻车师。"以此证之,奉世到伊循时郑吉还未任都护。说明伊循都尉府的设置也应早于神爵二年。考虑到西汉政府在地节二年遣郑吉田渠犁,进一步加强西域屯田这个背景,似可推断伊循都尉府约设于地节二年或其后不久。

关于伊循都尉府年代的下限,据前述对土垠遗址的分析,居卢仓的粮食储备主要靠伊循屯田供应。下文还将进一步说明居卢仓与伊循都尉府不但在粮食供应方面,而且在政治、军事和交通上也是互相依存的。在这种情况下,伊循都尉府与居卢仓年代的下限应是相近的。换言之,即伊循都尉府年代的下限应大致延续到西汉撤离西域之前。

7.1.2　东汉楼兰之屯与索励屯田

《后汉书·杨终传》记载,建初元年(76年)杨终上疏中曾提到"又远屯伊吾、楼兰,车师戊己","今伊吾之役,楼兰之屯、久而未还,非天意也。"在永平十六年(73年)至建初元年间,东汉远屯伊吾、车师戊己,《后汉书》其他有关资料中都有明确反映。唯楼兰之屯仅此一例,未见旁证。从史实来看,永平十六年(73年),窦固大军击败匈奴呼衍王,取伊吾卢地,置宜禾都尉就地屯田;同年班超杀匈奴使降服鄯善。永平十七年,东汉平定车师前后部,设西域都护,并在车师前部柳中城和车师后部金满城分别设己校尉、戊校尉屯田。永平十八年,匈奴与车师又分头攻柳中和金满城。可以说在永平十六年至建初元年间,伊吾卢、车师和鄯善境内的楼兰乃是东汉经营西域的三个立足点(当时西域其他地方仍为匈奴所左右)。在三个立足点中,鄯善是相对稳定的。既然东汉在伊吾、车师屯田,那么杨终提到的楼兰之屯,此时也应该是存在的。《后汉书·班勇传》说班勇在朝堂议事时曾建议遣西域长史将五百人屯楼兰,亦可证明在此之前确实有过楼兰之屯。不过从《杨终传》来看,这次楼兰之屯的时间是短暂的。

关于索劢屯田,《水经注》卷 2 记载:"敦煌索劢,字彦义,有才略。刺史毛奕表行贰师将军,将酒泉、敦煌兵千人至楼兰屯田,起白屋。召鄯善、焉耆、龟兹三国兵各千,横断注滨河。河断之日,水奋势激,波陵冒堤。劢厉声曰:王尊建节,河堤不溢;王霸精城,呼沱不流,水德神名,古今一也。劢躬祷祀,水犹未减。乃列阵被仗,鼓噪吹叫,且刺且射,大战三日,水乃回减。灌溉沃衍,胡人称神,大田三年,积粟百万,咸服外国。"《水经注》约成书于公元 6 世纪初左右,但是书中所记索劢屯田事则远在此之前。现在多数人认为在魏晋时期,我们认为这种意见是很值得商榷的。因为自曹魏开始在楼兰城设西域长史以后,楼兰屯田完全在西域长史机构领导之下,不需另外委派官吏领导屯田。同时在魏晋时期,正规官吏中也不见贰师将军之称。从时间上看,魏晋楼兰屯田时间是连续的,屯田时间较长,不是只有三年。魏晋时期在西域的力量有限,召鄯善、焉耆、龟兹兵各千人的可能性很小。在楼兰故城发现汉文简牍很多,其中绝大部分与屯田有关。但是,简牍所记众多的敦煌人氏中,却难得见到敦煌大姓的索姓,更不见索劢其人。在西域长史机构的职官名称中也未见到刺史、贰师将军这类职称。可以说楼兰汉文简牍对如此大规模的索劢屯田几乎毫无反映。因此,认为索劢屯田在魏晋时期是缺乏根据的。

那么,索劢屯田究竟在何时呢? 我们认为要解决这个问题还得从《水经注》中寻找答案。在《水经注》中最值得注意的是,文中引用了"王尊建节,河堤不溢","王霸精城,呼沱不流"两个典故。前一个典故出自《汉书·王尊传》,后者出自《后汉书·王霸传》。王霸是东汉光武时人,索劢既然引用这个典故,文中又没有比它再晚的事例,说明索劢屯田应在东汉时期,其屯田具体时间尚难以确指。就东汉史而言,杨终在建初元年已提到楼兰之屯。但是,在永元年间窦宪战胜匈奴之前,西域诸国大都在汉与匈奴间首鼠两端,是时不可能大规模调动龟兹等国的兵力,索劢屯田与杨终提到的楼兰之屯显然不是一回事。此后,永元三年(91 年)窦宪等大破匈奴,班超任西域都护,复置戊己校尉。永元六年(94 年)班超又率龟兹、鄯善等国兵攻入焉耆,立元孟为焉耆王,

"于是西域五十余国悉纳贡内属"。到永初元年（107年）西域叛汉,东汉撤回了西域都护以及伊吾和柳中的屯田士卒。延光二年（123年）至永建二年（127年）,通过班勇的活动,又重新统有西域。但是,班勇建议在楼兰屯田事的结果不明。根据上述情况,似可认为索劢屯田应在永元三年战胜匈奴、特别是永元六年班超统一西域之后至永初元年之前的时期内。

关于西汉伊循屯田,东汉的"楼兰之屯"和索劢屯田的地点,笔者认为三者同在一处,这个问题后文有说。

7.1.3 伊循屯田的目的和意义

西汉伊循屯田的目的是保障"楼兰道",控制鄯善,总管南道。而西汉要想控制"楼兰道",必须彻底排除楼兰国（鄯善）的干扰,保证给养供应。西汉虏楼兰王,刺杀楼兰王更名其国为鄯善,都是这种努力的重要步骤。当楼兰王被杀后,新王请求汉在伊循屯田。伊循恰好位于楼兰地区与鄯善中心区之间,在此屯田一方面彻底割断了鄯善与"楼兰道"的直接联系,[1] 从根本上解除了鄯善对"楼兰道"的干扰,同时又可解决为"楼兰道"提供给养的问题。汉朝梦寐以求的伊循屯田,就这样顺利地解决了。

西汉通西域的目的是统治西域,而若要达此目的,必须要控制住西域南、北道。控制西域南道的关键,是解决位于南道东端的鄯善问题。所以西汉在伊循屯田后,很快又将其升格为伊循都尉府。都尉是武职,秩比二千石。由于伊循是屯田之地,所以伊循都尉的性质当与居延的"将屯"（即将兵屯田）相同。这种变更,提高了伊循的地位,加强了军事力量,扩大了屯田规模,使之在交通、政治和军事方面可发挥更大的作用。具体言之,在交通方面它可以确保"楼兰道"的安全和给养,又可以从此直下西域南道各国。在政治和军事方面,伊循则成为西汉设在西域南道最东端的桥头堡和基地。既可使鄯善放心"依其威

---

〔1〕鄯善都在今若羌县城附近,今罗布泊一带则是其东北边境地区。参见本书第8篇"楼兰故城的性质"中的有关论述。

重"，不敢怀有二心，又可将鄯善置于实力控制之下。同时对鄯善以西各国也是一种重要的威慑力量，有利于西汉实现控制西域南道的计划。

据《汉书·冯奉世传》记载，奉世到伊循城后，"都尉宋将言莎车与旁国共攻杀汉所置莎车王万年，并杀汉使者奚充国。时匈奴又发兵攻车师城，不能下而去。莎车遣使扬言北道诸国已属匈奴矣，于是攻劫南道，与歙盟叛汉，从鄯善以西皆绝不通。"奉世遂发兵击败莎车，"诸国悉平，威震西域"。这段记载表明，伊循都尉有监视西域南道诸国动静的任务。在莎车等叛汉逆流中，鄯善未与之合流显然是伊循都尉的威慑力量起了重要作用，而奉世能迅速讨平莎车又是与伊循占据的重要战略位置密不可分的。此后西汉虽然设置了西域都护，名义上总领西域，但实际上车师前后部是由戊己校尉管辖，鄯善则受伊循都尉控制。车师戊己校尉府和伊循都尉府犹如二虎把门，牢牢地控扼着西域北道和南道的起点，是汉在西域的两个重要基地。这两个基地东与敦煌，西与都护治所乌垒分别形成了两个鼎足之势，中间则有居卢仓将其串联起来（见图7.1）。这样戊己校尉府和伊循都尉府既是西汉在西域的前进基地，又是西域都护的强大后方，使西汉得以进退自如。所以我们认为，戊己校尉府和伊循都尉府的设置，乃是西汉经营西域的重要战略部署的一部分。假如鄯善不请求西汉在伊循屯田，西汉政府同样会有一天采取类似的步骤。因此，伊循都尉府对西汉经营西域来说，其意义已远远超出了单纯屯田的范围。

东汉的"楼兰之屯"和索劢屯田，实际上是西汉伊循屯田的延续，其目的和意义与西汉相近。而这种目的和意义，又与探讨伊循城的方位是密切相关的。

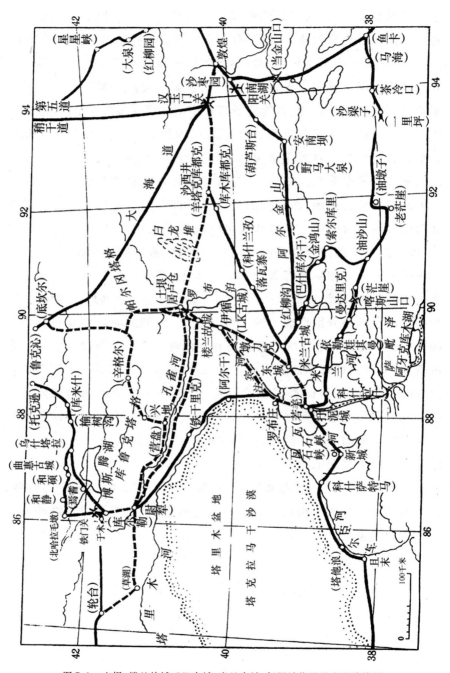

图 7.1　土垠、楼兰故城、LK 古城、米兰古城、扞泥城位置及交通路线图

7.2　米兰古城、佛寺群及其附近灌溉遗迹的时代

7.2.1　米兰古城和佛寺群的时代

　　米兰位于若羌县城之东 70 余公里处,在米兰乡东约 7 公里有一座古城址(东经 88°58′26″,北纬 39°13′35″),以及十四处以佛塔为中心的佛寺遗址(参见斯坦因《西域》Ⅲ图 29)。佛塔均土坯垒砌,从佛塔的形制、壁画、塑像和共存的佉卢文资料来看,大家几乎公认其时代约在公元 3、4 世纪(废弃的时间则略晚)。古城址在青新公路附近,南临古米兰河道。古城南北宽约 56 米,东西长约 70 米,平面略呈不规则方形。城墙残高 4~9 米左右,下层夯筑加红柳枝;上层结构不一,或砌土坯,或土坯、草泥、红柳枝混用。城四隅有角楼台基,东、北、西三面城墙各有一个马面。南城墙向外突出部分较大,有防御设施似为敌楼。西城墙有缺口,似为城门。此外,在南城墙也有缺口。城内中间低凹,北部为一阶梯形大土坡,依土坡建半地穴式、平顶土坯小房。东部一大型房屋深入地下 5 米,地上建筑规整,似为衙署所在地(见图 7.2)。

　　米兰古城从结构上看,明显可分为两个阶段。第一阶段是下部夯筑,厚夯层城址。从考古学上来说,这个地区夯筑一般早于土坯建筑,即早于附近的佛寺遗迹。但是,这种厚夯层又不同于附近地区西汉时期的薄夯层建筑,所以夯筑城址应建于西汉以后。由于附近佛寺至少在 3 世纪时已经出现,因此古城可能始建于东汉时期。3 世纪以后佛寺与夯筑城址是共存的,两者废弃的时间大体相近。据史籍记载,太平真君二年(441 年),沮渠无讳遣弟安周击鄯善,安周战不利退保"东城"。太平真君三年,鄯善王比龙惧安周,率国人之半奔且末。太平真君六年,万度归执其王真达。太平真君九年,以交趾公韩拔镇鄯善,赋役其民,比之郡县。在公元 491—493 年间,鄯善为丁零(指高车)所破,人民散尽,493 年地属吐谷浑。安周退保之"东城",《水经注》称为"东故城",即今米兰古城。《水经注》约成书于 5 世纪末 6 世纪初,以此结合前述历史背景,似可认为夯筑城址废弃于 5 世纪中叶至 5 世纪

·欧·亚·历·史·文·化·文·库·

末之间。

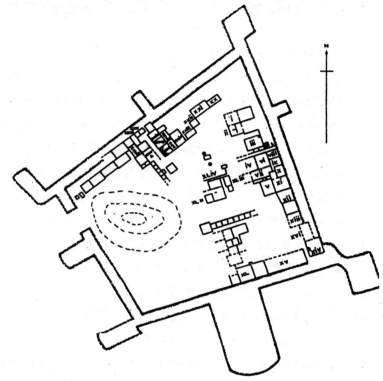

图7.2　米兰古城平面图(据斯坦因:《西域》卷Ⅲ图30)

　　第二阶段是上部经增筑补筑城址。夯筑城墙之上是用一层草泥或土坯夹一层红柳枝间筑,并有许多增筑和补筑痕迹,外观不规整。城墙与城内房屋所用土坯形制相同。城内房屋完全是吐蕃式建筑,并发现大量的吐蕃文简牍和吐蕃人的用品。因此,增筑补筑城址乃是经吐蕃人之手完成的,故现在一般将其称为吐蕃城。米兰一带是吐蕃进入西域的重要孔道之一。据《新唐书·吐谷浑传》记载,吐蕃经显庆五年(660年)、龙朔三年(663年)两次战争破吐谷浑后,"遂有其地",开始进入今米兰、若羌和且末地区。此后该地区便成为吐蕃与唐朝争夺西域的重要基地。天宝十四载(755年)安史之乱爆发后,吐蕃趁机在西域大肆扩张,米兰、且末等地则成为吐蕃西域控制区的中心。到公元9世纪中叶,吐蕃内部矛盾加剧,政局不稳,咸通七年(866年)又被回鹘战败,吐蕃势力才被迫退出西域。由此可见,吐蕃占据米兰一带前后将近二百年左右。但是,吐蕃人退走后,米兰城并未马上废弃。现在很多学者都认为,至少在 10—11 世纪间,有个叫"仲云"的部落曾在这一带活动,首府称大屯城,即米兰古城。不过应当指出,米兰古城内的遗物目前所知最晚者均是吐蕃人的。其中是否混有"仲云"人的遗物,或两者遗物相近而不易分辨,尚不得而知。所以,米兰古城废弃的时间现在还难以确定。但是,最迟不会晚于 11 世纪以后。

7.2.2 米兰灌溉遗迹属吐蕃占领时期

1965 年在米兰发现了一个较完整的灌溉系统遗迹,对此,1970 年以后学者们陆续发表了一些文章进行介绍和研究。这个灌溉系统是由一条总干渠、7 条支渠和许多斗渠、毛渠组成。呈扇形由南向北展开,灌溉范围东西约 6 公里,南北约 5 公里。总干渠高大笔直,长约 8 公里,宽约 10 ~ 20 米(包括堤宽),高约 10 米。上端开口于古米兰河东支故道,渠首毁。7 条支渠各宽约 3 ~ 5 米,高约 2 ~ 4 米,长自西向东分别为 3、4、4.5、4.5、5、5 和 4.5 公里。除西面第一支渠外,余者均在总干渠末端集中分水。支渠上有斗渠,斗渠上有毛渠。[1] 在灌溉渠范围内,发现有犁沟痕迹、麦草和麦穗。灌溉渠包围米兰古城,并伸展到一些佛寺近旁。灌溉系统的时代,有的研究者断定在汉代,有的认为该地区古代遗迹存在的年代就是灌溉系统的年代。他们以在灌溉系统范围内采集到五铢钱、汉唐陶片,佛寺遗址属 3、4 世纪,米兰古城发现唐代吐蕃文书和吐蕃遗物为证,断定时代为汉唐时期。即上限始于西汉伊循屯田,下限止于吐蕃人撤走的 9 世纪中期前后。并由此证明,米兰古城伊循说已成定论。对于这些论述,我们难以苟同,故下面拟略述拙见。

我们认为利用考古手段断定灌溉渠系统的时代,必须以灌溉渠本身的遗迹和遗物,或以与灌溉渠有明确地层关系的遗迹和遗物为依据。若没有条件发掘或试掘,求其次在调查时也要尽量对遗迹的内涵

---

〔1〕参见《考古与文物》,1984 年 6 期,第 92 页图 2、3。

·欧·亚·历·史·文·化·文·库·

有一定的了解,并采用与灌溉渠关系较清楚的遗迹和遗物来推断它的大致时代。在一般情况下,遗迹所涉及的范围内,地表散布的遗物时代跨度是较长的。假若我们对灌溉渠的文化内涵一无所知,是不能确定地表遗物的时代跨度与灌溉渠的时代是相同的,更不能确定地表某一部分遗物的时代与灌溉渠时代的关系。其次,新疆地区迄今尚未建立起不同地区不同时代的陶器发展序列。所以新疆各个地区各个时代的陶器之间的沿袭演变关系,共性和个性还不清楚。特别是新疆的陶器,质料、器型和纹饰相近者延续时间很长,故仅利用陶片来断代是没有什么把握的。至于在地表采集的个别五铢钱,情况更为复杂。铜钱这类遗物,往往成为人们的收藏品。它可能是在此居住的汉代人的遗留,也可能是汉代过境者或后人的遗留。所以地表采集的个别五铢钱若没有同时代的遗物共存,最多只能充作旁证,是不能作为断代主要依据的。因此,在对灌溉渠文化内涵一无所知的情况下,便以地表采集的遗物为媒介,将灌溉系统与古城和佛寺遗址的时代等同起来显然是不合适的。此外,从自然条件来看,米兰地区干燥,风沙很大,河流容易改道。因此,灌溉系统必须经常维修,否则就会遭到大自然的破坏。而米兰古城,前已说明它约出现于东汉时期,在公元 5 世纪中叶以后又曾长期废弃。所以无论说米兰灌溉渠是西汉伊循屯田者修建的,还是从汉沿用到唐的,都是难以成立的。

如上所述,根据已刊布的资料,目前尚不具备利用考古手段来断定灌溉系统时代的条件。在这种情况下,若采用其他方法大致推断灌溉系统的时代或是可行的。比如,我们认为下面两个现象是很值得注意的:(1)灌溉系统中的一些灌溉渠伸展到佛寺近旁,这种有碍宗教活动的分布态势表明,灌溉系统显然不是佛教盛期时兴建的。也就是说,它应兴建于 5 世纪中叶佛寺衰落或废弃之后。而米兰城再度复兴的主宰者是吐蕃人。他们当时主要信仰苯教,而佛教尚未兴盛。(2)灌溉系统包围着米兰古城,说明它是与古城内外居民密切相关的。从米兰古城发现的大量吐蕃文简牍来看,与农业有关的资料甚多。比如,吐蕃文简牍中明确记载当地政府设有农田官(屯田官),将耕作活动称为屯田,把土地分为好田、良田、中等田、平坝田、零星农田,新垦荒田、青稞田、菜园子、俸禄田、军官俸田、永业田等等。农作物有青稞、麦子、大麦、白谷子、种子等。耕作采用土地轮休制,耕作者称为耕田人、农户、上等农户、农田佣奴等。种田者要交纳冬季田租、田赋。小罗布(米兰)长官管理这个地区的房屋、田地,过问年成好坏,有时还要将小罗布城住户迁到大罗布(若羌)去种王田。吐蕃人占据米兰城将近二百年,是时米兰城虽然有浓厚的军事色彩,但是其经济生活却是以农业生产为主(在古城内吐蕃人的遗物中还发现有麦穗、糜子、葫芦籽)。所以吐蕃文简牍又将今米兰古城称为"七屯城",可谓名实相符。当时的"七屯城"农业生产不但规模较大,而且时间也延续较长。大家知道,在干旱地区从事大规模的农业生产,必须要有配套的灌溉系统。特别是吐蕃简牍中有多处记载菜园子,如果没有灌溉在米兰发展蔬菜生产是不可想像的。因此,吐蕃简牍中明确记载的"主渠"或是前述灌溉系统的干渠。总之,上述两点反映出米兰灌溉系统,很可能是唐代吐蕃人兴建的重要水利工程。

7.3 吐蕃文简牍中的"七屯城"确指
米兰古城而非伊循城

7.3.1 吐蕃文简牍中的"七屯城"确指米兰古城

在吐蕃文简牍中,记有大罗布(Nob -Ched. Po),小罗布(Nob -Chung)和七屯城(Rtse Vton, Rtse mton, Rtse -thon、Rtse -hthon、Rtse -hton……),学者们考证大罗布即今若羌,小罗布和七屯城则指今米兰古城。大、小罗布之称与伊循无关。但是,却有很多学者认为"七屯城"是由伊循演变来的。如一些学者认为托勒密《地理书》中的 Issedon,便是伊循的对音。在此基础上哈密顿认为:"当汉朝在伊循建立军屯的时候,'屯城'中的'屯'字很可能受 Issedon 城这一地方不完整的拼音之影响。为了将此名补充完整才在'屯'字之前加了一个'七'字,而这

欧·亚·历·史·文·化·文·库·

种选择是为了加强意义而决定的,很可能是象征性的。"岑仲勉说:"据余诊之,汉译'伊循',原与希腊文 Issedon 相近,后来方音转变,乃呼作'七屯',末音凑巧的类于屯田之'屯',然与屯田无关。"我们认为托勒密记载的希腊文名称,若读作 Issèon 或与伊循接近;Issedon 只能说有点类似。按唐代以前的汉文史籍,未见将伊循称为屯城或七屯城之例。东汉时期,伊循城已处于衰亡之中,其名已不见于载籍。因此,那种认为活动于公元 2 世纪的托勒密,所纪之 Issedon 是伊循的对音,乃是猜测之说(学术界对 Issedon 所指地望分歧较大),它与史实和伊循城存在的时间均不相符。其次,东西方相距遥远,当时交通十分不便,互相难以沟通。很多地名都是辗转翻译的,难免错讹。所以依靠西方著作中的名称寻找西域地名汉译对音,猜测的成分很大,张冠李戴者屡见不鲜,是很靠不住的。在这种情况下,哈密顿和岑仲勉先生的臆测也是很值得商榷的。

我们认为吐蕃人在米兰古城一带屯兵、屯田,将米兰古城称为屯城顺理成章。至于前面的"七"字,含义虽然不明,但与屯城的性质无关,似不必深究。按常理推度,吐蕃人不是当地土著民族,他们到达米兰上距西汉已八九百年,距鄯善亡国也二三百年。在这种情况下,吐蕃人不可能为米兰屯城之称而费心追溯汉史和鄯善史。因此,据前述分析所谓"七屯城",乃是吐蕃人根据他们在米兰屯兵、屯田这个重要事实,而为米兰取的名称之一。关于这个问题,下文的论述亦可作为佐证。

7.3.2 屯城伊循说误传于唐代

在汉文史籍中,屯城和屯城伊循说最早均见于唐代。如《新唐书·地理志》"贾耽入四夷道"里记:"又一路自沙州寿昌县西十里至阳关故城,又西至蒲昌海南岸千里,自蒲昌海南岸西经七屯城,汉伊脩(循)城也。又西八十里(注:180 里之误),至石城镇,汉楼兰国也……"斯坦因本《沙州都督府图经》记载:"鄯善之东一百八十里有屯城,即汉之伊循。"伯希和本《沙州都督府图经》记载:"屯城西去石城镇一百八十里。鄯善质子尉屠耆归单弱,请天子,国中有伊脩城,城肥美,愿遣一将屯田积谷,得依其威重。汉遣司马及吏士屯田依徇以镇之,即此城是也。胡以西有鄯善大城,遂为小鄯善,今屯城也。""古屯城在屯城西北"。上述史料均将七屯城、屯城与伊循等同起来,这可能就是近现代一些学者不断在 Issedon、七屯和伊循三个名称的关系上大做文章的主要依据。按在汉文史籍中,唐代以前均无将屯田之城正式称为屯城者。具体到伊循,《汉书·鄯善传》称"田伊循",土垠汉简则直称伊循。就米兰古城而论,它约出现于东汉时期,时代晚于伊循城,两者的地望也不相同。因此,不能以伊循是西汉屯田之地,便硬将屯城之称套在它的头上。上述分析表明,将伊循称为屯城,在唐代以前的史料中是找不到根据的。

大家知道,唐代并未在米兰附近屯田,也未在此长期屯兵或活动过。当时在这一带长期活动的乃是吐蕃人,吐蕃人将米兰城称为七屯城。而《沙州都督府图经》成于 676—695 或 866 年(886 年说较合适),即在吐蕃统治或退出米兰城之后;《新唐书》修于宋代,所以唐代史料"屯城"一称应源于吐蕃人对米兰城的称呼。具体言之,唐代史料"七屯城"与吐蕃文简牍"七屯城"一致,大鄯善(若羌)、小鄯善(米兰古城)与吐蕃文简牍大小罗布相对。唐代史料将七屯城又称屯城,并指明是"今屯城"(即唐代时的屯城),凡此都说明了唐代上述称呼与吐蕃是有密切关系的。那么,唐代史料又为什么将屯城与伊循拉在一起呢?我们认为是与唐代已搞不清伊循的确切方位有关。早在《水经注》时期就错将伊循城的位置放在西边,扜泥城的位置放在东边。冯承钧先生曾提出这是因为错简,方位倒置所致。其实《水经注》在伊循下面与《汉书》伊循屯田事相接,扜泥城又与《汉书》扜泥城四至里程相接,在这点上郦道元并无差错。以此证之,《水经注》所记扜泥与伊循东西倒置,乃是郦道元当时真实认识的反映,它说明郦道元时已不清楚两者的确切方位了。正如岑仲勉先生所说:"道安未履西陲,道元抄自旧籍,于关外地传闻有误,是意中之事。"在这种情况下,到了唐朝当然就不知道伊循城位于何处了。估计很有可能是由于屯城文义与伊循屯田的事实相近,所以唐代文献才将屯城与伊循拉在一起。

此外,还应指出唐代文献提出的屯城伊循说,本身就是自相矛盾的。比如伯希和本《沙州图经》一方面说屯城是伊循、小鄯善,另一方面又说屯城是"今屯城也","古屯城在屯城西北"。它告诉我们,"屯城"是"今屯城",是唐代的屯城,是当时的称呼,而唐代以前的古屯城与唐代的屯城并不在一地。虽然如此,唐代史料却仍搞不清楚伊循与"今屯城"和"古屯城"的关系,还硬将"今屯城"与伊循拉在一起,说明当时的认识是相当混乱的。根据上述分析,我们认为唐代文献将屯城与伊循等同起来,乃是一种附会之说,这种误传对后世影响极大。除前面已提到者外,还有一个东故城问题。《水经注》记载"扜泥城,其俗谓之东故城"。现在学术界已经明确扜泥城与东故城是两个城,东故城即是安周退保之东城,位置在今米兰古城,这个意见是可取的。但是,有些学者又将其引申,认为东城 = 东故城 = 米兰古城 = 伊循,则又是重蹈唐代屯城伊循说的覆辙,可见其影响之深。

综上所述,完全有理由认为屯城伊循说,乃是唐代文献记载错误所造成的一种历史的误会。因此,导源这种附会之说的米兰古城伊循说,也是不能成立的。米兰古城约出现于伊循城衰落之后,米兰古城是唐代吐蕃人的屯城,它不是汉代伊循故址,这就是本篇的结论。

7.4　伊循城的位置应靠近"楼兰道"

汉代史料表明,在汉始通西域之时,楼兰国在"楼兰道"附近是有重要据点的。如《史记·大宛列传》记载:"楼兰、姑师、小国耳,当空道,攻劫汉使王恢等尤甚。"《汉书·鄯善传》记载:"然楼兰国最在东陲,近汉,当白龙堆,乏水草,常主发导,负水担粮,送迎汉使;又数为吏卒所寇,懲艾不便与汉通。后复为匈奴反间,数遮杀汉使。"《汉书·傅介子传》记载:"楼兰王安归常为匈奴间,候遮汉使者,发兵杀略卫司马安乐,光禄大夫忠,期门郎遂成等三辈,及安息、大宛使,盗取节印献物,甚逆天理。"从上述史料中可以看出,汉始通西域之时在"楼兰道"上与楼兰国的关系是比较紧张的,斗争有时也是很激烈的。特别是楼兰国还发兵遮杀汉使及西域诸国使汉者,盗取节印献物,汉军在"盐水中数败"。在这种情况下,是时"楼兰道"已变为楼兰国边防重地,故距"楼兰道"较近的地区必有屯兵应变的据点。

汉代史料表明,汉始通西域之时,楼兰国在"楼兰道"之南有城邑。《汉书·鄯善传》说"汉使多言其国有城邑"。这里所说的汉使是指来往于"楼兰道"上的使者,因此他们耳闻目睹的城邑必距"楼兰道"较近。同传又记载"破奴与轻骑七百人先至,虏楼兰王"。楼兰国都在今若羌,破奴只率七百轻骑,若从"楼兰道"长驱四五百里深入楼兰国腹地,到国都虏楼兰王是很冒险的。这样做既无成功把握,难以迅速解决战斗,又与破奴急于破姑师"因暴兵威以动乌孙、大宛之属"的使命不相容。所以,虏楼兰王之地必距"楼兰道"较近。据前引史料当时楼兰王可能因指挥与汉朝的斗争正在楼兰地区活动。而楼兰王所居之地就应是楼兰国在该地区的主要据点,汉使报告的城邑或即指这个据点来说的。由于西汉之世楼兰城尚未出现,"楼兰道"附近亦无其他城邑,因此楼兰王所居的据点,则应是在"楼兰道"之南不太远的一座城邑。

汉代史料表明,伊循城的位置靠近"楼兰道"。《汉书·鄯善传》记载:傅介子刺杀楼兰王后立尉屠耆为王,"王自请天子曰:身在汉久,今归单弱,而前王有子在,恐为所杀。国中有伊循城,其地肥美,愿汉遣一将屯田积谷,令臣得依其威重。于是汉遣司马一人,吏士四十人,田伊循以填抚之。其后更置都尉,伊循官置始此矣。"据此可知伊循城附近土地肥美,故必靠近河道,水源充足。楼兰王欲依伊循屯田威重,王都必距伊循城不太遥远。而汉同意在伊循屯田,也说明伊循距汉"楼兰道"上大本营居卢仓不会很远。此外,伊循还必与居卢仓能直通,中间没有鄯善势力阻隔。只有这样,汉军才不致冒孤军深入之险,伊循屯田将士才能有巩固的后方而无后顾之忧,伊循屯田才能起到保障"楼兰道"畅通,供应居卢仓粮食的重要作用。其次,《汉书·冯奉世传》记载:"前将军增举奉世以卫侯使持节送大宛诸国客。至伊脩(循)城……"《汉书·西域传》说西域"北道西踰葱岭则出大宛……",可见伊

·欧·亚·历·史·文·化·文·库·

循城必距"楼兰道"较近,只有这样才能与西域北道相通西出大宛。若伊循在米兰,则与西域南道相接,因此奉世所至之伊循不可能在今米兰。

　　总之,根据西汉史料,伊循城应在楼兰国的东北边境地区,并距"楼兰道"上西汉大本营居卢仓不太远的地方。前述楼兰道附近的据点,汉使报告的城邑和虏楼兰王之地大概指的都是伊循城。由于两汉时期楼兰城和米兰城尚未出现,楼兰道附近亦无其他城镇,所以伊循城显然应处于后来的楼兰城之南,米兰城之北这个围范之内,而在此范围内则只有 LK 古城较符合伊循城应具备的条件。

7.5　LK 古城的形制和时代

7.5.1　LK 古城的形制、遗迹和遗物

　　LK 古城在楼兰故城南偏西约 50 公里,位于东经 89°40′52″,北纬40°05′15″(见图 7.1),城的平面呈竖长方形,城墙略斜(见图 7.3)。据斯坦因记述,城墙长边取东北—西南方向,长约 188.976 米(620 英尺,1 英尺 = 0.3048 米);短边长约 100.584 米(330 英尺),城墙残高约6.40 米(21 英尺)。城墙构筑方法较复杂,基底垫白杨木,厚约 60 厘米(约 2 英尺),宽约 9.75 米(32 英尺)。其上黏土层厚约 1.52 米(约5 英尺,系用大黏土块堆垒),然后垫红柳,铺一层厚约 46 厘米(1.5 英尺),宽约 6.7 米(22 英尺)的白杨木,上面又堆厚约 1.37 米(约 4.5 英尺)的黏土层;再上白杨木层厚约 60 厘米(约 2 英尺),宽约 4.57 米(约 15 英尺),黏土层约 1.20 米(约 4 英尺);该层之上白杨木层厚约60 厘米(约 2 英尺),宽约 3 米(约 10 英尺),黏土层风蚀无存。城墙内有木骨,竖立的木骨间距约 4.5 米(约 15 英尺),从城墙基底可直达第三层白杨木层,立木之上似有横木连接,共同组成框架。城墙的白杨木层宽度向上递减(约 2∶3),厚度增大,黏土层的厚度则递减。这种构筑方式,显然有利于加固城墙。城门一座,在东城墙南端之北约 30.48 米(约 100 英尺)处。门道宽高各约 3 米(约10 英尺),门道两侧壁底部有

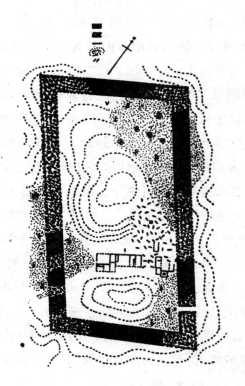

图 7.3　LK 古城及房址 I 平面图

（据斯坦因：《亚洲腹地》卷Ⅲ图 10）

木础,其上各有 9 根立柱,在门内一侧有二横木与木础连接形成门槛。城门原有两扇板门,一扇板门倒在地上,厚约 15 厘米（约 5 英寸）。1988 年 3 月,新疆文化厅楼兰文物普查队调查了 LK 古城。他们说 LK 古城东城墙长 163 米,南城墙长 82 米,西城墙长 160 米,北城墙长 87.5 米,城周 492.5 米（调查者认为,斯坦因记述长边和短边的长度,是指 LK 古城两个对角线的长度）。城墙顶部残宽 1.5～6.5 米,墙基宽度在 7 米以上。城墙残高 3～5.4 米。城墙为夯土夹红柳、胡杨枝层筑成。红柳、胡杨层厚 20～60 厘米,夯土层厚 50～150 厘米。在城墙顶部还竖植了许多排列有序的胡杨加固棍。在东墙北段局部还用土坯垒砌,土坯间有 3 厘米厚的草泥。土坯长 44、宽 25、厚 10 厘米。在东城墙中部与城垣相连有一长 16 米、宽约 8 米、残高 2 米的土台。上层为 20～

50 厘米厚的红柳层,下层为 130~150 厘米的夯土层。土台与城垣相连,很可能是瓮城遗迹。城门在距东南角 8 米的东城墙南端(与斯坦因的记述不同),门宽 3.2 米,门框是用 27×20 厘米的方木榫卯相连构成。[1] 按斯坦因调查 LK 古城较楼兰文物普查队早 70 余年,当时 LK 古城的保存情况远比现在要好。斯坦因在调查过程中仔细地研究了城墙的结构,他在《亚洲腹地》一书中还附有城墙结构图。[2] 通过比较,我们认为 LK 古城城墙的结构,应以斯坦因的记述较接近原来的实际情况。至于楼兰文物普查队所说夯土层和局部用土坯,大概就是斯坦因记述的用黏土块堆垒的黏土层。经过了 70 余年后,由于风化的作用,除个别部位仍可看出土块外,城墙大部分的黏土层外观可能与夯土层已经很相似了。用比较整齐的黏土块作建筑材料,在新疆的古遗址中不乏其例。这种黏土块不一定是模制的,它与真正的土坯是有区别的。此外,瓮城应与城门相连,与城墙相连的土台不是瓮城。

城内遗迹主要有两处,遗迹 I(斯坦因编号,下同)在城门之北约十七八米,东临东城墙,西达城内中部以西,是一组房屋建筑遗迹。房址墙壁残高约 0.9~1.20 米(约 3~4 英尺),厚约 27 厘米(约 8~9 英寸)。墙内立白杨木,其间编织红柳,外抹芦苇泥为墙面。房址内区分一些小房间,在主要房间内沿一侧墙壁均有矮炕和泥质灶。最西边的房址 I,面积约 8.2 米×6 米(约 27×20 英尺),残存板门。发现的遗物有双云纹雀替形木构件、麻绳、石杵、玻璃珠,以及小件青铜器等。东南部的Ⅲ室,残存板门,门道高仅 1.30 米(约 4 英尺 3 寸),宽约 76 厘米(约 2 英尺 5 寸),墙壁立柱高约 2.80 米(约 9.5 英尺)。室内中间有一方形平台,边长约 1 米(约 3.5 英尺),高约 30 厘米(约 1 英尺),台边镶柳木,顶部有火红痕迹。室外附近发现白杨木挖成的木槽,斯坦因认为是冷却槽,此房间为铁匠工作室。遗物仅在室内发现一件大陶罐。Ⅳ室在Ⅲ室之北,墙壁立柱高约 91 厘米(约 3 英尺)处有雀替形木构

〔1〕《罗布泊地区文物普查简报》,《新疆文物》,1988 年第 3 期。

〔2〕〔英〕A. 斯坦因:《亚洲腹地》Ⅲ,图 10,广西师范大学出版社,2004 年。

件,长约1米(约3.3英尺),宽高各约27厘米(约9英寸)。在室外发现一件铁柄木器。在遗迹Ⅰ之北是大木料堆,散布范围约40米×30.5米(约130×100英尺),其南尚有两小堆木料和涂泥残墙遗迹。堆积中的木料最长者可达9.10米(约30英尺),堆积处地面被风蚀成深坑,无法判定建筑结构。斯坦因从堆积范围来看,认为似官署或休憩之所。遗迹Ⅴ在城北临北城墙中部,是座小垃圾堆,仅见马粪及小毡块等。

古城之外也残存部分遗迹、遗物。如古城西南约300米处有一长约20、宽约8~10米、高约2米的台地上,散布许多木建筑构件,以及陶片、铜镞、铁器、冶炼渣和玻璃片等。在城门外30余米处有大片冶炼渣。据记载调查者在LK古城内外发现石器、陶片、残铜器,残铁器、玻璃片、残丝毛织物等先后共达200件以上。

7.5.2 LK古城的时代

首先,谈谈LK古城时代的下限问题。与这个问题相关,有几个现象很值得注意。(1)在LK古城内外均未发现任何佛教遗迹和遗物。佛教约在2世纪中叶左右传入鄯善,到公元3、4世纪时佛寺和佛教壁画、塑像等就成为鄯善城镇最富特征的重要标志。据此可认为LK古城或废弃于公元2世纪中叶佛教传入以前。退一步说,LK古城的废弃也应在公元3世纪鄯善佛教进入盛期以前。(2)LK古城所出遗物大都是生活用具,其中宜与其他遗址相比者,仅有雀替形木构件。这种木构件两端刻简单云纹,较楼兰古城、LB遗址、米兰遗址和尼雅遗址的同类木构件显得纹饰简单,雕刻技法古朴,属该地区木雕的早期形式。此外,LK古城仅见个别的五铢钱,而未见任何可确定为魏晋时期的遗物。(3)LK古城未见3、4世纪鄯善境内通行的佉卢文简牍,未见楼兰地区广为流行的魏晋汉文简牍,迄今尚未发现任何文字资料。但是,在LK古城附近的LL和LM遗址却发现有汉代和魏晋时期的遗物,发现佉卢文简牍和魏晋汉文简牍。这个现象清楚地表明,LK古城的年代下限应止于曹魏之前。(4)从古城形制来看,楼兰故城对称开城门,出现瓮城,城的形制之发展较LK古城前进了一步。此外,城内的配置和建筑及室内具体结构也都较LK古城复杂。所以LK古城不但出现的时间

欧·亚·历·史·文·化·文·库

早于楼兰故城的形成期,而且它的废弃也应早于楼兰古城的发展期。根据上述分析,我们认为 LK 古城的年代下限似在曹魏之前。

关于 LK 古城年代的上限则难以估断。从自然条件来看,楼兰城的出现是与河流改道至其附近密切相关的。LK 古城则不然,这里是 LK 河与注滨河交汇之处,交通方便,水源充足,土地肥沃,植被茂密。在 LK 古城一带广为散布着各种石器和粗陶片,说明此地自古以来就是人类生活的重要聚居区。优越的自然环境,加上这里正处于从楼兰国都扜泥城至蒲昌海的要道,所以是具备产生城镇条件的。也就是说,在汉始通西域之前,LK 古城的存在是完全可能的。

7.6 LK 古城似为伊循故址

根据上述分析,我们认为 LK 古城基本符合伊循城应具备的条件。首先,从 LK 古城的位置和时代来看。LK 古城在楼兰古城南偏西约 50 公里,是楼兰地区规模仅次于楼兰古城的城镇。LK 古城的时代早于楼兰古城,在西汉时期它是蒲昌海地区存在的唯一的一座城镇,同时也是楼兰国及更名后的鄯善国距"楼兰道"最近的一座城镇。这个情况与前述楼兰国时期靠近"楼兰道"有城邑,并以此作为对抗汉朝的据点是吻合的。LK 古城附近水源充足,土地肥沃,适于屯田。加之它与居卢仓间无楼兰国或鄯善国势力阻隔,同时又距楼兰国或鄯善国都不太远,所以汉军屯田、鄯善王欲倚其威重的伊循城似非 LK 古城莫属。从交通方面来看,LK 古城与居卢仓及后来的楼兰城直通,西北还可沿 LK 河直达古墓沟,与"楼兰道"连接(见图 7.1)。至于 LK 古城到鄯善国都扜泥城(若羌)之路,现在多认为南下米兰再西至扜泥城。其实这个意见是很值得重新考虑的。据斯坦因等人的调查,米兰至 LK 古城间道路十分难行。在这个地段内,虽然后来由于喀拉库顺湖潴留,地面遭到冲刷,但是在如此广大的地区之内,几乎不见新石器时代和晚期的遗迹、遗物是很值得注意的。斯坦因等人的调查表明,在楼兰地区凡是沿交通线及其附近都有新石器及汉代遗物。根据上述现象,我们认为

148

当时 LK 古城与米兰古城间不是主要交通线经过的地区。其次,若从 LK 古城至米兰古城,中间要渡注滨河,这是违背西域交通线波河而行原则的。同时前已说明西汉时米兰古城尚未出现,因此从 LK 古城至米兰古城,再到扜泥城绕路而行也是毫无意义的。估计从 LK 古城至扜泥城,应是波注滨河而行。总之,从交通上将 LK 古城比作伊循,也是比较合适的。

LK 古城与伊循的关系,另一个重要证据是在 LK 古城附近发现了 LL、LM、LR 等屯田遗址(见本书第 8 篇"楼兰故城的性质"图 8.1)。据斯坦因记述,LL 是座小城址,在 LK 古城之西约 4.8 公里(3 英里),城南有古河床,两岸残存死杨树林。古城方向东东北—西西南,平面长方形,长边约 66.4 米(218 英尺),短边约 42 米(138 英尺),城门开在东面。城墙残高约 7.9 米(约 26 英尺),黏土与红柳枝间筑。黏土层残存 7 层,每层厚约 40 厘米(16 英寸),红柳层厚约 15 厘米(约 6 英寸)。城内东南角与东、南城墙相接有一组建筑,南北长约 20.7 米(约 68 英尺),东西宽约 13.3 米(约 42 英尺),院墙残高约 2.4~3 米(约 8~10 英尺),黏土与红柳间筑。院内堆有大量芦苇和牲畜粪等垃圾,清理出许多羊毛织物、毡块和汉代丝织品。较重要者有印花绢,斯坦因认为与 LC 墓地发现的绢织物相同,属于汉代丝绢的早期样品。此外还发现一件早期粟特文纸文书,据此斯坦因认为 LL 古城的时代与 LA 古城相同。1988 年楼兰文物普查队到 LL 古城调查,他们说 LL 古城在 LK 古城西北约 3 公里。古城东城墙长 71.5 米,南城墙长 61 米,西城墙长 76 米,北城墙长 49 米,城门可能开在东城墙。城墙残高 3~4 米,顶宽 1.2~5 米,底宽 8 米以上。城墙系一层红柳枝夹胡杨棍,一层夯土间筑而成。东城墙红柳 4 层,厚 20~50 厘米,夯土 4 层,厚 20~70 厘米。城墙顶部有两排竖植胡杨棍,行距 2.7 米,胡杨棍间距 10~100 厘米不等。南、西和北城墙结构与东城墙相近。LL 古城与 LK 古城相比较,LL 古城夯土紧密,红柳枝均很细小,夹在红柳层中的胡杨棍也较小,没有发现土坯垒砌痕迹。在 LL 古城内东南角,与东、南墙相接,有一组南北 21 米,东西 10.5 米的建筑。城外发现两处建筑遗迹,分别位于东城墙外 25 米,北城墙外约 50 米处的台地上,地表散布着木建筑构件。在 LL 古城采集的遗物有陶片、小件铜饰和珠饰等,在 LL 古城外还发现一些炼铁渣。LM 遗址在 LL 古城西偏北约 4.8 公里(3 英里),距 LK 古城约 8 公里,遗址位于水网地带。[1] 斯坦因清理过 5 个地点,其中 3 个地点发现简牍。LM.1 房址位于河床北岸,出 8 件汉文简牍,2 件婆罗迷文简牍,一件佉卢文简牍。LM.11 房址东南距 LM.1 约 603 米,位于两条古河道之间,周围有死杨树林,出有汉文、佉卢文、婆罗迷文和粟特文简牍。LM.111 房址在 LM.11 西北约 639.8 米,位于古河道北岸台地上,出一件汉文简牍,背面书写佉卢文。斯坦因在这一带发现有农耕土、木制农具,漆匣和丝织品等(LR 保存不好,从略)。

据上所述,可指出以下三点:(1)LK 古城的形制和城内遗迹、遗物,表现出来的完全是当地土著的特点。在 LL 和 LM 等遗址发现的遗物则主要是汉族的,反映出 LK 古城与 LL 和 LM 等遗址是分属于当地土著和汉族两个不同的生活区。(2)LM 遗址群发现的遗物和简牍(后文有说)表明它应是汉人的屯田区,LL 古城和 LM 遗址的时代约从西汉直到魏晋时期。(3)在 LK 古城一带,LL 是除 LK 之外的唯一的城址。两城相比,城墙结构虽然相近,但是 LL 古城城墙结构已较 LK 古城简化。这个现象表明,LL 古城的出现似晚于 LK 古城的初建期,而又与 LK 古城有一段时间是并存的。在如此近的距离内(约 3～4 公里),两城同时共存,文化内涵又截然不同,说明两城的性质和职能是有区别的。以此三点结合前面诸点分析,似可认为 LK 古城应是鄯善的伊循城,LL 古城则可能是伊循屯田官署即伊循都尉府所在地,分布在 LL 古城附近的 LM 等遗址应为伊循屯田区之一。前述西汉伊循屯田、东汉“楼兰之屯”和索劢屯田大致就在这一带,此后直到魏晋时期这里仍有屯田活动。关于东汉时期楼兰屯田需要指出的是,时楼兰城出现不久,楼兰城附近没有屯田基础。两汉相接,东汉在西汉伊循屯田

---

〔1〕见本书第 8 篇“楼兰故城的性质”图 8.1,参见斯坦因《亚洲腹地》Ⅲ图 11,广西师范大学出版社,2004 年。

基础上进行屯田事半功倍。在史籍中东汉时期已不见伊循一称，说明该城当时可能已逐渐处于衰亡之中。由于伊循距楼兰城较近，故东汉以"楼兰之屯"称之亦无不可。

总之，从 LK 古城的位置，遗迹、遗物和时代，城址的规模和交通、历史背景、LK 古城与 LL 和 LM 等遗址的关系、LL 和 LM 等遗址的时代和性质，以及米兰古城伊循说之否定等几方面综合起来判断，似可认为 LK 古城应为伊循故址。此外还应指出，米兰古城的兴起大体可与 LK 古城年代的下限相接，以后米兰古城又成为重要的佛教中心之一。这个现象反映出，两个城址的兴废之间或有某种关系，这是今后需要进一步探讨的重要课题之一。

（本篇据《楼兰新史》，第三章之三至五重新编排整合而成，
并新增图 7.1，光明日报出版社，1990 年）

8　楼兰故城的性质

　　在楼兰史和鄯善史中,国都的方位一直是学者们潜心求证,热烈探讨,长期争论的重要课题。其探讨和争论的焦点,主要是集中在楼兰故城的性质问题上。而对楼兰故城性质的不同看法,又直接导致了人们对楼兰史和鄯善史产生了完全不同的认识。所以,楼兰故城的性质乃是楼兰史和鄯善史中的核心问题之一。近百年来,各种国都说对楼兰故城的性质给予了不同的解释。过时陈说姑且不论,现在最流行的大致有两说:一种意见认为,楼兰故城即是扜泥城,是楼兰国也是鄯善国的都城。对楼兰故城是否为魏晋前凉时期西域长史治所,有的未明确,有的则说西域长史治所和鄯善国都同在楼兰城。按照此说,必然得出楼兰城在汉通西域前就已经存在,楼兰地区是楼兰国和鄯善国的中心区,楼兰史是楼兰国和鄯善国史之主体的结论。另一种意见认为,楼兰故城是楼兰国都,元凤四年更名鄯善后国都便迁到了今若羌附近的扜泥城。魏晋前凉时期,楼兰城是西域长史治所。此说与前说的主要区别,是以元凤四年为界分割了楼兰故城与楼兰国和鄯善国的关系。但是,他们并未说明元凤四年之后至东汉时期,以及魏晋前凉设西域长史时期楼兰城和楼兰地区与鄯善国的关系。我们的看法与上述意见截然不同,认为楼兰故城出现于两汉之际,魏晋前凉时期楼兰城是西域长史治所,楼兰城从未作过楼兰国或鄯善国的都城。楼兰城和楼兰地区虽然在鄯善领土之内,但是自元凤四年到前凉末却一直在内地各王朝统治之下,并成为汉魏晋前凉时期经营西域的中心和大本营,在行政隶属关系上与鄯善无涉,其历史基本上是独立于鄯善而自行发展、自成体系的。下面拟就此对楼兰故城的性质问题,展开多层面的剖析和论述。

8.1 楼兰故城的形制

自 1900 年斯文赫定发现楼兰故城之日起,楼兰故城就以自身的历史魅力和内在的地理学奥秘著称于世。因此,长期以来楼兰故城一直吸引着国内外的学者们进行种种热烈的讨论。但是,在这种讨论中,却很少有人注意楼兰故城的形制问题。其实楼兰故城的形制与楼兰故城史、楼兰故城的性质以及地理学方面的一些问题是有一定内在联系的。所以我们在探讨楼兰故城的性质时,不可不注意楼兰故城的形制。

楼兰故城,位于今罗布泊西北附近(见图 8.1),东距罗布泊岸约 28 公里,北距孔雀河干河床约 16 公里,地理坐标是东经 89°55′22″,北纬 40°29′55″(见图 8.1)。现在故城及其周围大都是雅丹地貌,其间隐伏着四条主要干河道,古城遗址即坐落在南数第三、四条干河道的中部。这两条干河道在故城西约 6 公里处分流,在故城之东约 16 公里处合流注入罗布泊(见图 8.2)。此外,还有一条与上述两条干河道相接的大水渠,略呈西北东南走向斜穿故城遗址。[1]

楼兰古城平面略呈方形(见图 8.3),城墙按复原线计算,东城墙长约 333.5 米,南城墙长约 329 米,西和北城墙长约 327 米,面积约为 108240 平方米。南、北城墙顺东北风势,保存较多。南城墙近西南角处,残长约 4.50 米,残宽约 6 米,残高约 2.3 米。中部西边一段,残长约 9.5 米,残宽约 5 米,残高约 3 米。东边一段长约 60.5 米,残宽约 8 米,残高约 3.5~4 米。东西两段相距约 13 米,中间缺口似为城门遗迹。北城墙中部西边一段,残长约 11 米,残宽约 5.5 米,残高约 3.5~4 米。东边一段残长约 35 米,残宽约 8.5 米,残高约 3.2 米。两段之间缺口宽约 22 米,并与南城墙中间缺口相对,或为城门遗迹。东、西城墙因受东北风和西南风的强烈风蚀,保存很差。东城墙中部偏南一段,残

---

〔1〕关于斜穿楼兰故城的大水渠,笔者在该文写成之后曾到楼兰故城进行考古调查,并曾将该水渠作为重点考查项目之一。其结论是该水渠是一条冲沟,不是与楼兰城共存的水渠。对此,拟另文论述,本篇为保持原文结构,故未更正。

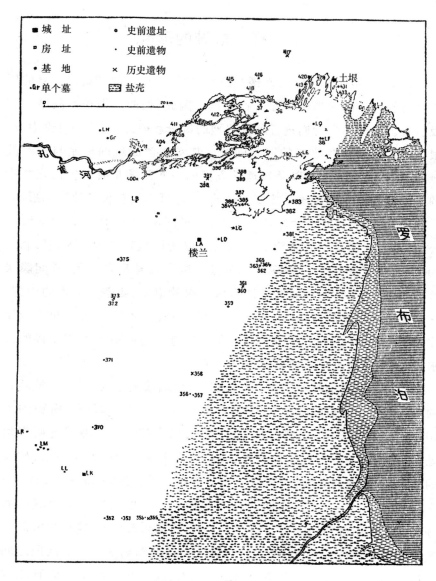

图 8.1　楼兰地区遗迹分布图

（摹自贝格曼:《新疆考古记》第 167 页插图）

长约 20 米,残宽约 5 米,残高约 3.30 米。近城东南角一段,残长约
1.50 米,残宽约 2.50 米,残高约 3 米。西城墙中部偏南一段,残长约
13 米,残宽约 5 米,残高约 1 米。中部之北在城墙复原线西约 16.5 米

处,有一残土墩,南、北残长约 7.50 米,残宽约 5.50 米,残高约 6 米。在该土墩之东北约 4 米,另一残土墩南北残长约 6 米,残宽约 5 米,残高约 2.40 米。这两个残土墩,可能是瓮城遗迹。[1] 故城城墙系用黏土与红柳枝或芦苇间筑,红柳枝层厚约 20～30 厘米,黏土层则厚薄不一。南城墙黏土层厚约 45～70 厘米,北城墙黏土层厚约 80～120 厘米。东城墙黏土层厚约 70～95 厘米,内掺有陶片和垃圾物。西城墙黏土层厚约 15～70 厘米,墙外西面土墩黏土层厚约 60～100 厘米,东面土墩黏土层厚约 12～40 厘米。

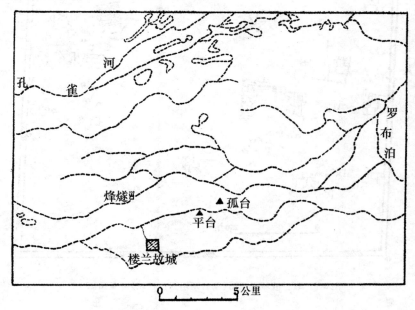

图 8.2　楼兰故城位置及附近干河道图(摹自侯灿:《论楼兰城的发展及衰废》图 2)

　　故城内的建筑遗迹,以斜穿城内的水渠为界,可大致分成东西两部分。东部从北向南,主要残存四座建筑遗迹。(1)佛塔 X(图 8.3 之 X),位于故城东部中间偏北,立于一风蚀小台地上。塔残高约 10.40 米,塔基方形,三层、夯筑,内掺有陶片,外缘似用土坯包边。塔身八角形,高约 2.10 米。塔顶圆形,径约 6.30 米,残高约 2.10 米。塔身和塔

〔1〕参见《文物》,1988 年 7 期,第 2 页图二。

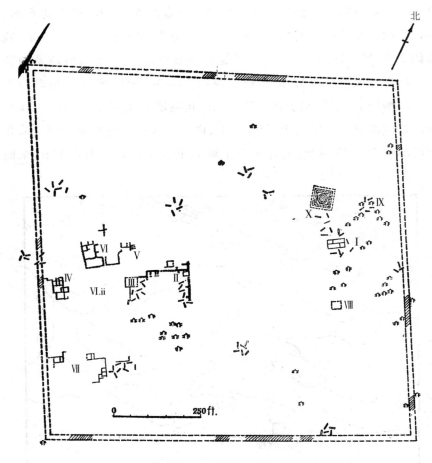

图 8.3　楼兰故城平面图(摹自斯坦因:《西域》卷Ⅲ图 23)

顶土坯砌筑,每层土坯之间加 10～20 厘米厚的红柳枝。塔身有桩木,个别部位外缘残留有雕刻木饰。在塔南侧、塔基与塔身之间,有供攀登用的土坯阶梯,宽约 0.30 米。塔破坏严重,西南部保存略好。塔外皮红色、塔顶有废弃后生篝火的痕迹,似毁于火灾。佛塔附近发现有木雕坐佛像,饰有莲花的铜长柄香炉等。(2)大房址Ⅰ(图 8.3 之Ⅰ),位于佛塔南偏东约 60 米的台地上。台地顶部堆积较高,四周陡直,附近地面风蚀严重,南部最低处深达 5.40 米。在台地上散布许多木框架构件,以东和南部最集中。木框是野白杨木,木柱方形,边长约 0.30 米,有的木柱还立于柱槽中。在木柱之间,残存与柱连接的,水平捆扎的芦苇墙,外面涂泥。墙的方向东东北与风向相同。在表层堆积之下,残存三室。室 i 最大,位于南部西边,长约 9.30 米,宽约 3.90 米。南墙中部开门,门外东侧有一南北长方形的平台。室 iii 在室 i 之东,两室相通,方形,南壁中间开门。室 ii 在室 i、iii 之北,室内西部有隔断,形成相通的两个小室。该组建筑遗迹,除西部外其余三面均见残断痕迹,原建筑规模似较大。发现的遗物,主要有汉文和少量佉卢文简牍,五铢钱、丝织品、羊毛毡、漆器和木制品,以及筷子等日常用具。(3)房址 IX(图 8.3 之 IX),位于佛塔之东约 30 余米的台地上。地表散布木框架构件,以及用红柳枝等编织涂泥的残墙。墙壁保存较好,可看出在立柱之间,对角线编红柳,水平捆芦苇,竖直立红柳,三种方法并用,外面涂泥,厚约 15~20 厘米。表层堆积之下,残存四个小室,发现一枚佉卢文简牍,并有大、小麦等粮食堆积。(4)房址 VIII(图 8.3 之 VIII),位于大房址 I 之南约 70 余米,残毁严重,不辨形制。在该房址附近,发现有印章、铜铁箭镞和珠饰等。房址之北发现五铢钱、小型金属器、石器和残玻璃器等。

城内渠道之西,建筑遗迹比东部密集。其中以大致在古城中部略偏西南,东临渠道的遗迹 II 和 III 规模最大(图 8.3 之 II、III)。遗迹地表风蚀严重,有的地方深达 3 米以上。这两个遗迹同在一个较大的院内,院落残存部分的总平面略呈不规则的长方形,坐北朝南,东西宽约 57 米,南北残宽约 30 余米。院落内沿东墙有一排房址,残毁。遗迹 II 沿北墙,是院内的主体建筑,残存六个房间。沿院落北墙西边的 ii、iii、iv 号三间土坯房址保存较好,ii 宽约 1.2 米,iii 宽约 2.8 米,iv 宽约 1.2 米。院落北墙之北,在北墙与东墙相交处是房址 V,面积约 9×3.6 米。房内靠北墙有一小平台,高 0.60 米,墙内有一个小凹坑。房址 V 之西是房址 vii,墙壁红柳编织涂泥,有火烧痕迹。房址西墙有窗,宽约 1.8 米。窗下有平台,高约 0.60 米,宽约 1.5 米,南端有三级阶梯。遗迹 III 在院内之西,以编号 iii 房址最大,面积 10.50×11.40 米,两侧红柳枝涂泥残墙犹存。立柱下有木雕圆形柱础,有的立柱尚与梁相接,高约

3.90 米。遗迹 Ⅱ、Ⅲ 的遗物,主要是大量的汉文简牍、少量佉卢文简牍,以及残笔、漆制品、陶器、金属制品和一些日常用具等。遗迹 Ⅳ 在遗迹 Ⅲ 之西,西临西城墙。遗迹残存部分,南北长约 20 余米,东西宽约 15 米,是由许多房间组成的一组建筑(见图 8.3 之 Ⅳ)。编号 iv 是中间大厅,面积 8.50×6.30 米,西墙北端开门,沿西和南墙有低土台。厅中间有立柱,东北有门与西门相对。编号 ii 在中厅东南,南北长方形与厅相通,木门框犹存。编号 i 在 ii 之东,平面略呈方形,面积 4×3.7 米。夯土墙,厚近 1 米,沿南、北和东墙有低土台。西墙南端有门通 ii 室,门北侧西墙南端处有火炉遗迹。此外,在中厅及 i 室之南还残存两个房间。西边一间略呈方形,面积 6.60×6.60 米,北似与中厅相通,南壁东端有门,东壁北有门通东边的房间。东边房间南北长方形,东墙残。在中厅北残存四个房间,平面东西长方形,中间通中厅,过道两侧各有两个房间。遗迹 Ⅳ 的建筑方法与大房址 Ⅰ 相同。主要遗物有汉文和佉卢文简牍,以及羊毛织物、棉织品和一些日用品等等。遗迹 Ⅴ 约在遗迹 Ⅲ 之北 18 米左右,残存红柳枝断壁和木构件,略见几个残室(见图 8.3 之 Ⅴ)。遗物有汉文和少量佉卢文简牍,木印和钻木取火器(?)等等。在该遗迹西南有矩形大围栏及几个小围栏,大围栏宽约 37 米,似养牲畜之所。遗迹 Ⅵ 在围栏之西,是由许多小室构成的一组建筑(见图 8.3 之 Ⅵ)。房址残毁严重,情况与遗迹 Ⅴ 相近,仅发现少量佉卢文简牍等。大垃圾堆 Ⅵ. ii(见图 8.3 之 Ⅵ. ii),在遗迹 Ⅴ 和 Ⅵ 之南,东西分别与遗迹 Ⅲ 和 Ⅳ 相邻。垃圾堆积面积约百平方米,堆积厚约 3.6~4.5 米,南高北低。上面堆草和牲畜粪便,其下清理出大量汉文简牍,少量佉卢文简牍,以及陶、青铜、木器和漆制品,丝毛织物,日常用具等等。遗迹 Ⅶ 在遗迹 Ⅳ 之南,是一座较大的宅院(见图 8.3 之 Ⅶ),建筑方法同大房址 Ⅰ。在 Ⅶ 之南,还有些小宅院。此外,佛塔 Ⅹ 之北和西南有土坯建筑残迹,遗迹 Ⅱ 和 Ⅲ 之南似有堡垒残迹,故城内其他部位还广为散布一些木建筑构件。可见古城废弃前,城内建筑较为密集。

8.2 楼兰故城的时代

8.2.1 楼兰城出现于两汉之际

楼兰城的知名度很高,在人们的印象中楼兰城与楼兰国是紧密相连的,好像楼兰城在汉通西域之前就已存在了。一些研究者正是按照这个想法来阐述有关问题的,其实这是一个很大的误会。楼兰城在西汉时期尚未出现,它的崛起是在两汉之际。

在汉通西域时,罗布泊一带乃是楼兰国的东北边境地区。此时孔雀河下游北岸的土著文化,大致还处在新石器时代末期,其社会发展阶段远落后于楼兰国都(今若羌)所在地区。具体到楼兰故城一带,这里发现的石器绝大部分都是细石器,磨制石器极少,未见与石器共存的泥器或陶器,未见同期墓葬,未见晚于古墓沟类型的石器时代文化遗存。但是,在楼兰故城一带却发现少量西汉五铢钱与石器共存。这是因为楼兰故城正处于西汉南下伊循的要道上,故在此发现西汉五铢钱是不足为奇的。上述现象表明,楼兰故城一带的石器时代遗存的发展阶段,大体与古墓沟类型相当。其延续时间很长,并与汉通西域之时相接。由此可见,在汉通西域前后,楼兰地区处于上述的社会发展阶段,其原始的居民聚落是不可能发展成为城镇的。也就是说,西汉通西域时,楼兰国的腹地虽然已有城郭,但是其东北边境地区则尚不具备产生城镇的条件。因此,《史记》和《汉书》只记楼兰国,不提楼兰城是很有道理的。

其次,从与汉族遗物的共存关系来看,孔雀河下游北岸一带西汉遗物较多,楼兰故城附近除少量五铢钱外则很难见到其他西汉遗物。进入东汉以后,情况发生了重要的变化。从土垠向西至古墓沟一带的孔雀河北岸地区,很少发现东汉及其以后的汉族遗物(仅东部墓 L_3 和34 号墓等个别的墓发现东汉以后遗物)。相反在楼兰故城一带,东汉及其以后的汉族遗物却逐渐增多。上述现象反映出,在两汉之际通西域的大道,可能已由孔雀河北岸移到楼兰故城一带。由于古代的西域

·欧·亚·历·史·文·化·文·库·

交通多波河而行,所以上述变化亦表明在两汉之间,这段孔雀河道似改道南移至楼兰故城附近。据近年考古调查,楼兰故城位于南北两条干河道的中间。这两条干河道在故城西约 6 公里处从孔雀河主河道分流,在故城之东约 16 公里处又合流注入罗布泊(见图 8.2)。据此似可认为,大约在两汉之际某个时期该地段的孔雀河已从北向南改道至楼兰城附近,此后交通线也随之南移到楼兰城一线。在这种情况下,土垠及原孔雀河北的交通线便逐渐衰落,通过楼兰城的交通线渐渐兴起,楼兰城因此逐渐取代了土垠的地位并迅速地发展起来。

此外,从楼兰故城来看,可指出三点:(1)楼兰故城城墙有的部位杂有陶片,说明楼兰城是在原居民聚落基础上发展起来的。城墙的构筑方法与敦煌一带汉长城基本相同,反映出楼兰城墙的出现或在两汉之际。但是,由于城墙各部位黏土层厚薄不一,差距较大,并有补筑情况,所以城墙不是同时一次筑成。特别是西城墙出现瓮城,其黏土层与西城墙的黏土层不同,瓮城似出现较晚,很可能最后完成于魏晋时期。(2)故城内各建筑遗迹的时代也不一致。斯坦因编号Ⅰ、Ⅳ、Ⅶ、Ⅷ、Ⅸ号房址(图 8.3),建筑风格与尼雅相近。其中Ⅳ号房址木构件,经碳十四测定树轮校正的年代为距今 1865 年 ±80 年(至 1950 年),约相当于西汉末至东汉前期。斯坦因编号Ⅱ、Ⅲ一组建筑(图 8.3)是土坯建筑与当地土著建筑的混合形式,具有明显的改建性质。以所出汉文和佉卢文简牍判断,其时代属魏晋时期。斯坦因编号佛塔Ⅹ(图 8.3),形制与尼雅佛塔大同小异;佛像又与米兰佛寺所见相近(城外佛塔还有与米兰相同的有翼天使壁画),时代亦属魏晋时期。(3)故城内的遗物,除少数西汉钱币等物品外,绝大多数具有时代特征的遗物都是东汉魏晋时期的,故城外附近地区的佛塔、烽火台和墓葬也是东汉魏晋时期的遗存。可以说楼兰故城现存的遗迹和遗物,基本上是属于东汉和魏晋(包括前凉)两个时期。以此结合孔雀河下游北岸与楼兰故城一带汉族遗物的时代差异、楼兰以城名出现在历史舞台始见于《后汉书》,到《魏略》时才明确记载西域中道过楼兰城来看,孔雀河改道至楼兰故城附近似发生在西汉末年,楼兰城的出现大致在两汉之际,其政治地位和交通枢纽地位则确立于东汉时期。

8.2.2 楼兰城发展于魏晋,废弃于前凉之末

前已指出,楼兰故城的形制应完成于魏晋时期,城内的主要遗迹和遗物亦与魏晋时期相对应。故城内所出大量的汉文简牍文书的残存纪年在曹魏嘉平四年(252 年)至前凉建兴十八年(330 年),通过分析研究,其年代上限可至曹魏黄初二、三年(221、222 年),下限可到永和年间以后的太元元年(367 年)。[1] 利用这些汉文简牍文书,可大体复原出魏晋楼兰西域长史机构较完整的职官系统、魏晋楼兰屯田概况和楼兰城的社会实态,从而再现了楼兰城魏晋时期发展的概貌。[2] 魏晋之后,前凉时期楼兰城盛极而衰,到前凉之末楼兰城则逐渐走向荒废。[3]

8.3 从楼兰佉卢文简牍看鄯善与楼兰城的关系

8.3.1 尼雅佉卢文简牍的年代[4]

尼雅佉卢文简牍的年代,诸家考证不一,但大体都在公元 3 世纪三、四十年代至 4 世纪二、三十年代之间。现将四种主要考证结果列于表 8.1。

除上所述,据笔者的考证研究,尼雅佉卢文简牍所记鄯善国五位国王在位的年代大致推断如下:(1)陀阇迦王,最大纪年数 3 年,在位于公元? 年—(242/3 年)—24/5 年。(2)贝比耶王,最大纪年数 8 年,在位于公元 245/6 年—252/3 年。(3)安归迦王,纪年数有 36、38、46年三说,以 38 年为是,在位于公元 253/4 年 ~ 288/9 或 290/91 年。(4)马希利王,纪年共 30 年,在位于公元 289/90 或 291/92 年—318/9

---

〔1〕 孟凡人:《楼兰鄯善简牍年代学研究》上篇第二章"楼兰故城所出汉文简牍的年代",新疆人民出版社,1995 年。

〔2〕 参见本书第 11 篇"楼兰简牍与西域长史机构职官系统的复原"以及本篇第四节。

〔3〕 参见本书第 12 篇"李柏文书与前凉楼兰史的探寻"。

〔4〕 孟凡人:《楼兰鄯善简牍年代学研究》下篇第二章"尼雅佉卢文简牍的年代与鄯善王统",新疆人民出版社,1995 年。

或 320/21 年。(5)伐色摩那王,最大纪年数 11 年,下限不详,在位于公元 319/20 或 321/22 年—329/30 或 331—32 年—? 本篇以此为准。

表 8.1　鄯善五位国王在位年代诸说表

在位年代　学者　王名	布腊夫	榎一雄	长泽和俊	马雍
贝比耶	236 – 243	256 – 263	203 – 210	? 247 – 下限不详
陀阇迦	244 – 246	264 – 266	211 – 213	? – 254/7
安归迦	247 – 282	267 – 302/4	241 – 249/51	255/8 – 292/5
马希利	283 – 310	303/5 – 330/2	250/2 – 277/9	293/6 – 320/3
伐色摩那	311 – 321	331/3 – 341/3	278/80 – 288/90	321/4 – 下限不详

8.3.2　楼兰佉卢文简牍的年代[1]

楼兰故城(LA)及其附近(LB、LM、LF 遗址)所出佉卢文简牍,拉普逊等人共刊布 48 年,其中近半数或严重残缺,或漫患,或内容过于简单而无法判定纪年界限,故以下只能略述部分简牍的纪年界限。

(1)676、677、706 号简牍

676 号简牍纪年为"三十八年 12 月 2 日"。按在楼兰故城和尼雅遗址的佉卢文简牍中,记载鄯善王在位达 36 年以上者只有安归迦王一人,故此件应为安归迦王 38 年。677 号简牍记安归迦王名,缺纪年。706 号简牍的御牧牟尔德耶见于 574 号简牍(安归迦王 34 年),都伯(州长)迦波格耶见于 437 号简牍(安归迦王 34 年),所以 706 号简牍应属安归迦王晚期。

(2)754、277 号简牍与楼兰"移民"问题

754 号简牍记:"兹于 4 月 3 日,纳缚地方之全体百姓,……"下面记有一系列的人名。从 366 号简牍记载国王勅谕都伯索没阇迦处理纳

---

[1]尼雅遗址和楼兰故城出土的佉卢文简牍,见〔法〕波叶尔、〔英〕拉普逊、塞纳和诺布尔:《斯坦因爵土在中国新疆发现的佉卢文书》,著者和书名西文见书后主要参考书目,本篇佉卢文简牍使用简牍编号。

缚县耕地事来看,纳缚县应属凯度多(精绝)管辖,而纳缚则可能是该县内的某个地区。但是,这件简牍却出于 LA. iii. 1,简中所记的一些人名又见于楼兰故城其他佉卢文简牍。比如,楚格施罗、甘罗那、摩施迪见于 701 号简牍,索都格见于 688 号简牍。277 号简牍出于尼雅遗址,简中有"楼兰"字样,所记人名有些亦见于楼兰故城的佉卢文简牍。比如,驮吉耶见于 676 号简牍,波格那见于 684、686、688、701 号简牍,苏阇陀见于 666、669 号简牍,鸠那见于 686 号简牍,黎贝耶见于 700、757 号简牍,鸠帕罗见于 754 号简牍。此外,类似者也不乏其例。当然,这些同名者不一定是同一个人。但是,上述情况却表明其中一部分同名者是有内在联系的,他们又很可能是同一个人。据此我们认为,在 754、277 号简牍时期,似存在着从鄯善腹地向楼兰地区移民问题。277 号简牍的"楼兰"字样,或与移民问题有关。所以这些同名者,在客观上又为我们推断楼兰故城佉卢文简牍的纪年界限提供了线索。

(3)一组人名互相关联的简牍

在 666、669、681、683、684、685、686、687、688、700、701、754、757 号简牍中,人名存在互见现象。比如,681、684、686 号简牍记乌那伽,681、684、701 号简牍记吉波苏陀,684、688、700、701 号简牍记布格尔伽,684、686、688、701 号简牍记波格那,684、701 号简牍记黎贝、帕尔苏格、摩尔布,701、754 号简牍记摩施迪、甘罗耶、鸠特列,700、757 号简牍记黎贝耶、安提耶,681、700 号简牍记驮提伽,666、700 号简牍记摩尔毗格耶,688、754 号简牍记索都格,685、701 号简牍记皮尔都,687、701 号简牍记吉波沙耶,566、669 号简牍记苏阇陀等等。不同简牍间人名互见,说明他们的年代必然比较相近。

为了推断上述简牍的纪年界限,有必要首先谈谈 277 号简牍的纪年界限问题。277 号简牍"伏尔周迦那之部"见于 304 号简牍,牟特罗耶见于 129、131、151、304 号简牍,苏阇陀见于 103 号简牍,驮吉耶见于 72、137、154(安归迦王 29 年),677(安归迦王 38 年)号简牍,波格那见于 72、132(安归迦王 30 年)号简牍,苏耆耶见于 154、304、762(马希利王 8 年)号简牍。上述 103、129、131 无纪年简牍,人名与 762 号简牍互见。72号简牍记都伯林苏,此人主要活动于安归迦王晚期至马希利王中期(参见26、100、132、147、154、169、180、215、420、425、477、576、762号简牍间的组合关系)。简中其他人物如督军阿般那见于103、115、131、132(安归迦王30年)、180(马希利王13年)号简牍。探长苏遮摩见于103号简牍,婆数罗见于115号简牍,安提耶见于650号简牍,埃卡罗(职官名称)苏耆陀见于80号简牍。其中的80、103、115、131、650号简牍所记人名亦与762号简牍互见。137号简牍也记有督军阿般那,此外沙迦贝耶见于103、108号简牍,贵人施耆耶见于72号简牍;108号简牍与762号简牍人名互见。151号简牍记督军阿般那,曹长阿波尼耶见于87(马希利王4年)、215(马希利王3、4、5年)号简牍。304号简牍阿波格耶见于313号简牍,牟特罗耶见于409号简牍,苏耆耶见于762号简牍,313、409号简牍与762号简牍人名互见。上述组合关系表明,277号简牍的纪年界限似在安归迦王晚期至马希利王初期。其中有些人物的活动时间可能早到安归迦王29年,下限则延至马希利王中期。前面提到的666、669、676、684、686、688、700、701、754、757号简牍人名与277号简牍互见,所以它们的纪年界限亦大体相当。其中701、754号简牍同见的摩施迪格,在436号简牍纪年为马希利王19年;684、688、700、701号简牍同见的布格尔伽,在588号简牍纪年为马希利王20年。根据上述情况,可知684号简牍记载的2年,701号简牍记载的20年应为马希利王2年和20年。同理,与前面诸件简牍人名互见的681、683、685、687号简牍,其纪年界限显然也在安归迦王晚期至马希利王中期之间,纪年之下限当去马希利王20年不远。

(4)678号简牍

678号简牍是一件土地买卖文书,卖者是居住在且末的楼兰人凯摩迦,买者是耶钵笈。查已刊布的佉卢文简牍,凯摩迦经常与都伯索没阇迦同见(297、333、338、364、368号简牍)。625号简牍还同记都伯柯莱那。耶钵笈组合关系较多,如与都伯索没阇迦同见(412、473、479号简牍),与都伯伏陀同见(407号简牍),与都伯夷陀伽同见(115、468、470号简牍),与卡拉(职宫名)卢特罗耶同见(169—马希利王26年,

112、467 号简牍)。上述都伯皆任职于凯度多。据此可知,凯摩迦和耶钵笈均与凯度多的都伯有较密切的关系。从一些与且末相关的简牍来看,246、296、305、362 号等简牍都记载了凯度多的都伯索没阇迦或舍摩犀那处理与且末有关的事务。582 号简牍还记载了凯度多的都伯索没阇迦与且末的都伯苏耶迷多罗、鸠罗吉耶、布基没那共同处理案件(582 号简牍前一部分纪年为安归迦王 20 年,后一部分纪年为马希利王 4 年)。凡此都说明当时且末与凯度多可能有某种较特殊的关系,故一些且末事务有时也归凯度多的都伯处理。凯摩迦和耶钵笈及都伯索没阇迦等人的关系,大概就是上述情况的反映。虽然在 678 号简牍中没有提到都伯索没阇迦等人,但是上述情况也可间接地反映出凯摩迦卖地事件不会发生在楼兰城。678 号简牍很可能是由凯摩迦或耶钵笈,或其他移民带到楼兰城去的。

都伯索没阇迦出现的纪年有安归迦王 20 年(582 号简牍),马希利王 4 年(582、584 号简牍)、7 年(415、573 号简牍)、11 年(568、578、637号简牍)、13 年(669 号简牍)、22 年(222 号简牍)。都伯柯莱那见于 625 号简牍,简文明记他任职早于都伯索没阇迦。都伯舍摩犀那出现的纪年有马希利王 6 年(378 号简牍)、17 年(593 号简牍)、19 年(436号简牍)、20 年(577 号简牍)、28 年(425 号简牍)。都伯夷陀伽出现的纪年有马希利王 21 年(236、322、576 号简牍),他与都伯伏陀主要活动于马希利王时期。卡拉卢特罗耶出现的纪年有马希利王 26 年(169 号简牍),他主要活动于马希利王时期。由于凯摩迦和耶钵笈主要与都伯索没阇迦组合,故 678 号简牍的纪年下限不会晚于马希利王 22 年。此外,考虑到耶钵笈见于马希利王 8 年(762 号简牍),在 382 号简牍与耶钵笈同见的 korara 卢特罗耶出现的纪年为马希利王 13 年(180 号简牍)。在 82 号简牍与耶钵笈同见的苏耆陀出现的纪年有马希利王 4 年(584 号简牍)、11 年(568、570、578 号简牍)、17 年(575、593 号简牍)、21 年(576 号简牍);马希利王 17 年以前与都伯索没阇迦组合,17 年以后则与其他都伯组合。以此结合前述情况判断,似可认为 678 号简牍当在马希利王初期,其下限大概不会晚至马希利王 17 年。

·欧·亚·历·史·文·化·文·库·

（5）其他简牍

690 号简牍仅觉护见于 210、601 号简牍,210 号简牍人名与 762 号简牍（马希利王 8 年）互见,601 号简牍人名见于 617 号简牍（伐色摩那王 5 年）。752 号简牍只苏耆陀见于其他简牍,出现的纪年有安归迦王 29 年（154 号简牍）,马希利王 8 年（762 号简牍）、26 年（169 号简牍）。此外,他还与都伯索没阇迦（18 号简牍）、夷陀伽（3、115 号简牍,主要活动于安归迦王末期至马希利王末期）,那摩罗兹摩（103 号简牍,大约与都伯夷陀伽同时）,克罗那耶（636 号简牍,活动于马希利王晚期至伐色摩那王时期）,檀阁伽（15、24 号简牍,主要活动于马希利王中晚期）,林苏（109 号简牍,主要活动于安归迦王末期至马希利王中期左右）,黎贝耶（100、164 号简牍,活动于马希利王中期至伐色摩那王时期）,毗摩耶（35 号简牍,活动于安归迦王末期至马希利王时期）同见。675 号简牍记苏毗难民事,在拉普逊等人刊布的佉卢文简牍中,有近 20 件与苏毗问题相关。出现的纪年有马希利王 4 年（324 号简牍）、11 年（578 号简牍）,此后一直延续至伐色摩那王时期（参见 86、88、119、126、133、212、272、419、515、541、675 号简牍等）。马希利王中晚期以后鄯善势力已经退出了楼兰地区（下文有说）,所以上述 690、752 和 675 号简牍的纪年界限似在马希利王初、中期。

699 号简牍是件纸文书,正面写汉文"……敦煌具书畔毗再拜……/……备悉自后日遂……"（汉文简牍编号为 cha·No918）。背面写佉卢文,文义难以判读,第一句大意是:没有关于奴隶的报告……。由于正面汉文与背面佉卢文的内容毫不相干,故它们之间必有时间先后的问题。正面汉文的书信程式和书法与楼兰晋代简牍相同,佉卢文书是写在晋代文书的废件上。楼兰汉文简牍在晋泰始六年至永嘉四年楼兰汉文简牍纪年中断了近四十年,而纸文书保存完好的时间又极为有限,所以这件佉卢文书似写于泰始六年以后的安归迦王时期。此外,667、671、689、696、697、698、702、703、704、752、753、756 号简牍所记人名别无它见。从楼兰佉卢文简牍群的共存关系来看,这些简牍应在上述诸件简牍的纪年界限之内。

综上所述,通过分析我们认为这批佉卢文简牍的纪年界限,似主要集中在安归迦王晚期(29、30 年以后)至马希利王中期左右,并以马希利王时期的居多。其纪年下限则在马希利王 20 年,或在其后不久。上述纪年按前述笔者推断的五位鄯善王在位年代界限,安归迦王 29 年约在公元 281/2 年,30 年约在 282/3 年。马希利王 20 年,约在公元 310/11 年。又前述 699 号汉佉双面纸文书的年代当在泰始六年以后不久,即上距公元 270 年不远。由此可见,楼兰故城的佉卢文简牍在公元 270 年以后已有少量发现,但主要集中在公元 281/2 年—310/11 年之间,其中尤以马希利王元年至 20 年(289/90—310/11 年)的简牍最多。

8.3.3 鄯善曾一度统治过楼兰城

(1)尼雅佉卢文简牍突变的启示

尼雅佉卢文简牍,在安归迦王十七年时突然发生了两个重要变化。第一个变化是国王头衔中出现"侍中"称号。在安归迦王十六年及其以前,鄯善王的标准头衔可以 579 号简牍为例。即 maharaya(大王)rayatirayasa(王中之王)mahaṃtasa(伟大的)jayaṃtasa(胜利的)dhrmiyasa(公正的)Sacadhamāsthidasa(奉正法的)mahanuava maharaya(大王陛下),aṃkvaga(安归迦)devaputrasa(天子)。但是,到安归迦王十七年时国王头衔中则加入一个新词"夷都伽"(jiṭugha,或 jiṭumga),其后诸王皆沿用此称。这个称号在印度语系、伊朗语系和焉耆—龟兹语中均寻找不到根据。后经多年研究,学术界大都认为这个称号与尼雅汉文"侍中"简(Nxg. 93a. b)关系密切,所谓"夷都伽"即是"侍中"一词的音译。第二个变化,是在尼雅 571、590、640 号佉卢文简牍封泥上盖有汉文"鄯善都尉"(有人释"鄯善郡尉")篆印。571、590 号简牍纪年为安归迦王十七年,640 号简牍缺纪年。但是,由于 640 号简牍与 571 号简牍均同记元老伐钵、卡拉迦罗蹉和税吏莱钵多伽,故亦应为安归迦王十七年。在安归迦王十七年后的重要变化,是出现了楼兰之称。在已刊布的佉卢文简牍中记有"楼兰"一称者约有 6 件,即楼

167

兰故城和尼雅遗址各 3 件。楼兰故城的三件前已说明 678 号简牍属马希利王初期,下限不会晚于马希利王十七年。706 号简牍属安归迦王晚期,696 号简牍在安归迦王晚期至马希利王 20 年之间。尼雅的 3 件 370 号简牍记有都伯索没阇迦,时代应在安归迦王 20 年至马希利王 22 年之间。383 号简牍卡拉注伽钵见于马希利王 27 年(420 号简牍)、28 年(425 号简牍),卡拉罗苏见于马希利王 27 年(420 号简牍),司土鸠那色那见于马希利王 21 年(322 号简牍),属马希利王晚期。277 号简牍前已说明其时代在安归迦王晚期至马希利王初期。此外,另一个重要变化,是在尼雅 NV, xv 号房址中有 52 件晋代简牍与二百余件安归迦王、马希利王时期的简牍共存。晋代简牍的时代,基本上与安归迦王十六、十七年简牍相对应。

上述四个重要变化,虽然略有先后,却几乎是同步发生的。因此,这些变化必然有着重要的背景。这就是我们下一步要探讨的课题。

(2)鄯善曾一度统治过楼兰城

结合前面的论述,有几个现象很值得注意。①楼兰汉文简牍纪年,在泰始六年(270 年)至永嘉四年(310 年)突然中断了近四十年。而楼兰故城佉卢文简牍的年代,则基本上弥补了这个缺环。②安归迦王十七年时被晋封为"侍中"、"大都尉",授"鄯善都尉"印,这些事件与楼兰汉文简牍开始中断的年代大体相当。③佉卢文简牍"楼兰"一称出现和流行的时间,与楼兰佉卢文简牍的年代基本一致。关于这些现象产生的背景和原因,我们认为只能从楼兰佉卢文简牍的内容中寻找答案。

据楼兰佉卢文简牍记载,安归迦王曾到楼兰地区进行视察(706 号简牍),一些高级官吏也到楼兰地区进行活动。楼兰佉卢文简牍反映出,在楼兰城和楼兰地区有鄯善王国的高级官吏元老(671、704 号简牍)、奥古(682 号简牍)、古斯拉(696、702 号简牍)、御牧(704 号简牍)。鄯善王国在楼兰地区有地方行政机构,设州置州长(671、682、683 号简牍),其下有 avana 一级行政建置(似为州之下二级行政单位,有的研究者将它译为县),再下还有百户、十户,并设百户长和十户长

（683、688、701 号简牍）。在政府机构中有书吏（677 号简牍）、税监（686b 号简牍）等职官，以及看守人（671、701 号简牍）和信差（695 号简牍）之类的一般工作人员。这套行政机构为资料所限，虽然尚不能较完整地复原出来，但是已经可以窥见它与凯度多等州的模式是一脉相承的。在社会构成方面，可见到鄯善王国最富特征的僧团、沙门和奴隶（677、703、666、696 号简牍）。作为统治权的象征，鄯善王国还在楼兰地区审理案件（676、677、680 号简牍）、收税（696、703 号简牍），建立鄯善王国的官方籍账（668、681、685、684、685、686、688、701 号简牍），赐给官吏们庄园（706 号简牍），并从鄯善王国的腹地向楼兰城和楼兰地区移民。凡此都说明了在这个阶段鄯善曾统治过楼兰城和楼兰地区，前述安归迦王十七年及其以后佉卢文简牍发生的重要变化，正是这种情况的反映。

8.4　楼兰城不是鄯善国都，鄯善国都在今若羌县城附近

前已指出，西汉始通西域时楼兰城尚未出现，所以西汉时根本不会发生楼兰城是楼兰国都和元凤四年楼兰更名鄯善后的迁都问题。同理，楼兰城最迟在公元 376 年前凉灭亡后已走向荒废，但鄯善国都扜泥城在公元 442 年鄯善王率国人之半奔且末之前仍然正常存在，[1] 故楼兰城荒废之前也不可能是鄯善国都。下面拟就此再作进一步的论述。

8.4.1　佉卢文简牍无楼兰城是国都的证据

在拉普逊等人刊布的佉卢文简牍中，尼雅遗址占 709 件，楼兰故城及其附近地区仅 48 件。汉文简牍现已刊布者楼兰地区已达 600 余件，尼雅晋代简牍仅 52 件（另有 11 件时代较早）。据此推断，佉卢文简牍占绝对优势的尼雅尚且不是都城，那么就更无理由认为汉文简牍文书

---

〔1〕《汉书·且末传》记载："真君三年（442 年），鄯善王比龙避安周之乱，率国人之半奔且末。"

占绝对优势的楼兰故城是鄯善都城了。显而易见,由于两者所出佉卢文和汉文简牍的比例相差如此悬殊,本身就说明了尼雅和楼兰城是分别由鄯善和西域长史进行统治的。就楼兰佉卢文简牍而言,其年代仅仅是佉卢文简牍纪年中的一个小阶段(也是楼兰故城汉文简牍文书纪年中的一个小阶段),简牍的数量和内涵根本无法与尼雅佉卢文简牍相比。因此,即使鄯善曾对楼兰城进行过短暂的统治,它也不可能成为都城。但是,现代有些学者却没有充分注意上述情况。他们根据对尼雅佉卢文简牍表示都城之词的分析,断言楼兰故城是鄯善国都。对此笔者难以苟同,故拟略申拙见。

在佉卢文简牍中,最常用"库瓦尼"(khvani)或"库哈尼"(kuhani)表示都城,其本意可译为"城"或"王城"(291、489、637、660、663号简牍等)。一些学者认为扜泥城就是kuhani的音译,此说是可取的。但是,他们据此引申,认为扜泥城(kuhani)确指楼兰城,因而楼兰城是鄯善国都则是值得商榷的。就khvani和kuhani来说,楼兰佉卢文简牍中未见。它们在尼雅佉卢文简牍中是作为地名单独使用的,其地位远在其他诸城之上(参见291、663号等简牍),绝不与楼兰城和别的城名混同。如637号简牍记王子(kala)基特耶从尼雅返都城时说"在彼启城前赴都城时……"在LB遗址发现的706号简牍明确记载"朕在楼兰……"。所以我们认为,khvani或kuhani与楼兰城之称是毫无关系的。

佉卢文简牍另一个表示都城的方法,是采用"大城之王廷(或译伟大城市之王廷)"(mahaṃtanagara rayadvaraṃmi)这个词组。mahaṃta意为"大",如mahaṃta cojhbo是大都伯,mahaṃta gusura是大古斯拉(官名)。nagara意为"城"(参见55、272、283、317、392号简牍),rayad-varaṃmi意为王廷,设有王廷的大城镇当然是都城了。但是,现在有些学者却直接将马哈姆塔·纳加拉(mahaṃtanagara)译为"大都"或"都城(京城)"。并认为678号简牍(LA. iV. ii. 3)所记:"兹于伟大国王[……]陛下在位之[……]年。有一楼兰人,名凯摩迦,定居在且末。该凯摩迦将(位于)伟大城市(mahaṃtanagara)南鄙(da c̄ c̆ lna sitiyaṃmi)能种3米里马(籽种)之Kurora土地一块卖给耶钵笈……"

中的马哈姆塔·纳加拉与楼兰同指一地,故楼兰城应为鄯善国都。查佉卢文简牍,凡提到楼兰城之处均使用"kroraimna"或"korayina",一词(见277、370、383、678、696、706号简牍),未见使用其他名称者。而马哈姆塔·纳加拉也只有与"王廷"连用了形成"伟大城市之王廷"词组时才表示都城(见5、155、296号简牍等)。678号简牍马哈姆塔·纳加拉单独使用,不与"王廷"连称,以这种方式表示都城尚未见先例。因此,马哈姆塔·纳加拉不能译作"大都"或"都城",只能如实地将其译为"大城镇"或"伟大城市"。这只是个泛称,而不是具体城市的名称。678号简牍出于楼兰故城,该城规模较大,在鄯善境内其政治地位仅次于王都,故将其称为"大城镇"或"伟大城市"是完全可以的。在这种情况下,若说马哈姆塔·纳加拉以楼兰城的同义词出现,也是不足为奇的。但是,若仔细分析这件简牍,凯摩迦是楼兰人而定居在且末,从简牍文义来看,"伟大城市"并无确指性,也不能确定他卖的土地在楼兰城。其次,前面已经指出凯摩迦卖地事件不是发生在楼兰城,这件简牍很可能是凯摩迦或耶钵笈或其他移民带到楼兰城去的。因此,以678号简牍为据来论证楼兰城是鄯善国都是没有实际意义的。总之,迄今为止,在佉卢文简牍中尚不能找出楼兰城是鄯善国都的证据。

《史记·匈奴列传》记载,匈奴冒顿单于在前元四年(公元前176年)给汉文帝的信中提到"定楼兰、乌孙及其旁二十六国,皆以为匈奴"。《汉书·西域传》车师条记载:"武帝天汉二年(公元前99年),以匈奴降者介和王为开陵侯,将楼兰国兵始击车师。"《汉书·张骞传》记载:"楼兰、姑师小国当孔道。"《汉书·鄯善传》记载:"鄯善国本名楼兰,王治扞泥城","元凤四年(公元前77年),大将军霍光白遣平乐监傅介子往刺其王。……乃立尉屠耆为王,更名其国为鄯善。"上述史料表明,汉始通西域时楼兰一称是国名而不是城名,当然就更谈不上楼兰是国都了。元凤四年楼兰国更名鄯善国,但《汉书》并未言变更王治。"鄯善国本名楼兰,王治扞泥城"之语,清楚地反映出其更改国名前后王治均设在扞泥城,在此期间显然没有发生过以"楼兰"为都和迁都问题。到东汉时期,楼兰开始以城名出现。《后汉书·班勇传》记

·欧·亚·历·史·文·化·文·库·

载:"……宜遣西域长史将五百人屯楼兰,西当焉耆龟兹径路,南疆鄯善于真心胆,北扞匈奴,东近敦煌,如此诚便。""勇至楼兰,以鄯善归附,特加三缓。"楼兰与鄯善相对,两者的地望和政治概念显然是完全不同的。以此结合《后汉纪》说鄯善国都是欢泥(扞泥)城,更加证明了东汉时期楼兰城也不是鄯善国都。

8.4.2 从佉卢文简牍看鄯善都城的方位

尼雅佉卢文简牍出现的城名除楼兰外,主要的还有凯度多(cadota)、舍凯(saca)、且末(calmadana)、尼壤(Nina)等。据考证凯度多即尼雅遗址,原是精绝国。舍凯似安的尔古城,原是小宛国。且末城在今且末县城附近,原是且末国。尼壤在今尼雅附近,原是戎卢国。《后汉书·西域传》记载:"小宛、精绝、戎卢、且末为鄯善所并,后其国复立。"《魏略·西戎传》说,上述诸国并属鄯善(漏记戎卢国)。可见且末以西诸城是鄯善后吞并的领土,因此鄯善的都城必在且末之东。按楼兰地区西汉始通西域后,相继成为西汉、东汉和魏晋的势力范围,故鄯善只能向西发展,这是东汉以后鄯善吞并且末等国的重要背景之一。鄯善吞并这些领土后,尼雅佉卢文简牍清楚地表明鄯善王主要活动于且末以西诸城。比如尼雅佉卢文简牍中多处记载王后和王子到尼雅活动(27、637 号简牍),尼雅还有王子领地(307 号简牍)、有王家畜群、骆驼队、牛群、王后的牛和骆驼(40、55、134、152、159、180、182、349、350、439 号简牍),以及王家(财产)土地文件(640 号简牍)等等。尼雅汉文简牍有"泰始五年十月戊午朔廿日丁丑敦煌太守都"(见王国维《流沙坠简》补释,第 6 页,简二十二;以下简称流·释或补释,下面注明文书号);"晋守侍中大都尉奉晋大侯亲晋鄯善焉耆龟兹疏勒/于阗王写下诏书到"(流·补释第 1 页,简三、四);"诏鄯善王"(N. XV. 345)等。此外,佉卢文简牍也反映出且末、舍凯(caca 即安的尔遗址)、凯度多(ccadota,即尼雅)、尼壤与都城之间各种公私往来很频繁(4、5、8、83、159、160、175、180、189、235、291、296、305、306、309、329、489、496、500、660、663 号简牍,等)。上述资料说明,在公元 3、4 世纪时鄯善王主要统治着都城以西的半壁江山,故在晋代鄯善王及其亲属有相当长的时间是经常在尼雅活动的,而尼雅、尼壤、舍凯、且末则是鄯善王重点控制的地区。因此,鄯善王都必距这一地区较近,其中特别是关于且末的资料很值得注意。如4号简牍记:"顷据舍米迦向朕报告,彼出使于阗。彼等由且末派卫兵一名送彼至舍凯,舍凯派卫兵一名,送彼至尼壤;自尼壤至于阗一段,应由凯度多派卫兵一名……"此简记鄯善王遣使于阗,沿途派兵护卫由且末起算,说明都城应在且末之东的前一站。其次,鄯善王从凯度多、舍凯等地征收的实物税,除部分留在当地外,大部分运到都城(khvani 或 kuhani;见159、291、431、432号简牍等),同时还有一部分运至且末。如4号简牍记:"命汝将骆驼十峰送至且末","务必立即将骆驼交莱比耶送至且末"。309号简牍记:"国王陛下等等……勒谕都伯索没阇迦:在汝以前治理汝地政府之那些人(索没阇迦为凯度多的都伯),那时向来带此150米里马……谷物。自汝管辖该州以来,谷物迄今还未带来。冬天此处曾发出命令一道,(命令)谷物必须带来。汝迄今未将谷物送至且末。当汝接此契形之命令文书,该……(谷物)……,必须购买与该谷物同等价值之物交莱钵那送此(指且末)。此事不得有所隐瞒。"329号简牍记:"当汝接到此命令书,五峰骆驼(所能驮载)之酒,应交卡罗吉耶送此(指且末)。……此酒务必于4月5日运至且末……"由此可见,且末与其他几个城相比,具有较特殊的地位。鄯善将征收的实物运至且末,表明且末可能是王家储存给养的基地之一,故且末必是距都城最近的一座重要城镇。

据汉文史籍记载,鄯善且末相接,两者相距720里。《魏书·且末传》说:"真君三年(442年),鄯善王比龙避沮渠安周之乱,率国人之半奔且末。"这件事恐怕即与鄯善王曾在且末长期经营,储存大量给养,且末距鄯善都城最近有关。因此,佉卢文简牍所记鄯善王遣使于阗,派兵护卫由且末起算,以及将征收的部分实物运至且末储存,都间接地反映出鄯善都城应在且末之东不远。

8.4.3 汉文史籍所记扜泥城的方位坐标在今若羌县城附近[1]

《新唐书·地理志》贾耽入四夷道里记载:"又一路自沙州寿昌县

---

[1]参见本书第7篇"伊循屯田与伊循城的方位"图7.1。

173

西十里至阳关故城,又西至蒲昌海南岸千里。自蒲昌海南岸西经七屯城,汉伊脩(循)城也。又西八十里,至石城镇,汉楼兰国也,亦名鄯善;在蒲昌海南三百里,康艳典为镇使以通西域者。又西二百里至新城,亦谓之弩支城,艳典所筑。又西经特勒井,渡且末河,五百里至播仙镇,故且末城也。"斯坦因发现的《沙州图经》写本说:"鄯善之东一百八十里有屯城,即汉之伊循","石城镇东去沙州一千五百八十里,去上都六千一百里,本汉楼兰国。《汉书·西域传》云:地沙卤,少田,出玉。傅介子既杀其王,汉立其地更名鄯善国,隋置鄯善镇,隋乱其城遂废。贞观中,康国大首领康艳典东来居此城,胡人随之,因成聚落,亦曰典合城;其城四面皆是沙漠,上元二年(675年)改为石城镇,隶沙州。"伯希和发现的《沙州图经》本说:"屯城西去石城镇一百八十里,鄯善质子尉屠耆归单弱,……汉遣司马及吏士屯田依脩(伊循)以镇之,即此城是也,胡以西有鄯善大城,遂为小鄯善,今屯城也。""鄯善城周回一千六百四十步,西去石城镇二十步,汉鄯善城,见今摧坏。""蒲昌海在石城镇东北三百二十里,其海周广四百里。"若将上述资料简化,可得出两个等式。即七屯城=屯城=伊循=小鄯善城;石城镇=楼兰国·鄯善国(指都城而言)=鄯善镇=典合城=鄯善大城(屯城伊循说不确,已见前述论证)。由此可见,楼兰国及更名鄯善国直到灭亡,鄯善都城的方位始终未变,一直设在石城镇附近。在文献中记载鄯善都城的方位,以上述史料最为清楚。故下面拟以汉里一里=417.53米,唐里一里=442.50米(小程),清里一里=500米对上述里程略作换算,看看扞泥城位于现在的何处。

《新唐书·地理志》(以下简称《新志》)记阳关至蒲昌海南岸千里,《元和郡县志》卷40记寿昌县东至敦煌105里,西至阳关6里,是敦煌到蒲昌海南岸共111里,约合491617.5米。《新志》记屯城至石城镇180里(80里,误),石城镇在蒲昌海南300里,所以屯城距蒲昌海南岸当为120里,约合53100米,这样敦煌至屯城的距离则为544717.5米。在蒲昌海南岸最大的居民点是今米兰,斯坦因实测米兰至敦煌为322英里。1英里约合1609米,是米兰到敦煌共534188米,较前述估算的敦煌至屯城的距离少10公里。但是,若考虑到测量和换算误差,及古今所测路线曲直之别,可认为两者是基本相同的。因此,现代学者们考证米兰古城即为唐代的屯城是可信的。屯城与石城镇的距离,《沙州图经》记180里,约合79750米。今米兰西距若羌县城约74公里(公路里程),米兰古城又在米兰乡东偏南约7公里左右。这样屯城与石城镇的距离大体相当于今米兰古城至若羌县城一带的距离。新城即今瓦什峡古城,《新志》记石城镇至新城200里,约合88500米;《沙州图经》记"新城东去石城镇240里",约合106200米。今若羌县城西距瓦什峡公路里程为80公里,古城又在其南约10公里,共合900000米。这个距离较《新志》所记仅多一公里半,比《沙州图经》则少16公里。若羌且末间距,近代以来路线与古代差异较大,缺乏比较资料。就汉唐资料而论,《汉书·鄯善传》记为720里,约合300621.6米;《新志》记为700里,约合309750米,两者仅差9公里,基本一致。通过上述换算,证明唐代上述资料记载的里程是较为可靠的。据此判断,所谓屯城和石城镇即应在今米兰和若羌县城附近。

除上所述,再将汉唐两代记载的有关里程略作对比,看看扞泥城的方位在什么地方。《汉书·鄯善传》记鄯善国都扞泥城与阳关间距1600里,约合667948米。《沙州图经》记石城镇(即鄯善国)东去沙州1580里,减去沙州阳关间距111里为1469里,约合650037.5米,比汉代里程少18公里,大体相近。《汉书·且末传》记载:"且末国王治且末城,去长安六千八百二十里。"这个里程实际是《汉书》记载的且末扞泥城间距720里,加扞泥城阳关间距1600里,加阳关长安间距4500里之和。由此可见,汉代阳关西至鄯善国治扞泥城1600里,与且末东去鄯善国治扞泥城720里会合点亦在今若羌县城附近。此外,再估算一下扞泥城与车师和都护治所乌垒的里程。据《辛卯侍行记》卷6记载,从吐鲁番经鲁克沁南穿库鲁克山,过生格尔和营盘达孔雀河边共870里;渡孔雀河西南经都纳里至若羌县为670里;加上吐鲁番与交河城间距20里,交河古城至若羌县城共1560里,约合780000米。《汉书·鄯善传》记鄯善王治扞泥城西北(应为东北)至车师1890里,约合

175

79330.7米,两者仅差一公里左右(车师王治在交河城)。《汉书·鄯善传》记扞泥城与乌垒间距为1785里,约合745291.05米。据《新疆图志·道路志三》记载,今若羌县北距都纳里590里,都纳里至库尔勒618里,共1208里,约合604000米。汉代乌垒方位无确考,《新疆图志》卷15说:"今自哈勒噶阿瑞至库陇勒(库尔勒)为尉犁国地,则自库陇勒西至策特尔三百里为乌垒之地无疑。"今姑且以此为准,是若羌至库尔勒604000米加上库尔勒至策特尔150000米,共为754000米。这个里程与《汉书》所记扞泥城乌垒间距仅差8公里左右。总之,汉唐史籍记载扞泥城的四至里程,若以今若羌县城为准换算验证,均大体相合。相反若以楼兰故城为准进行换算则情况大不一样。韩儒林先生曾作过这种尝试,其换算结果是楼兰故城去阳关1276.5里(按这个里程与《汉书》记玉门关至蒲昌海1300里相近),去扞泥城为323.5里,去都护治所乌垒为1461.5里;[1]与史籍所载扞泥城的四至里程均不相符。

综上所述,从汉至唐代史籍记载的具体情况及扞泥城的四至里程来看,均反映出楼兰城不是鄯善国都。无论楼兰国还是更名鄯善国后,其国都一直设在扞泥城。汉文史籍所记扞泥城的方位坐标皆指向今若羌县城附近。关于扞泥城故址,笔者已另文考证在今若羌县城南偏西约六公里处的且尔乞都克古城。[2]

8.5 从楼兰汉文简牍文书看楼兰城的社会实态

根据楼兰故城所出汉文简牍文书,可基本复原出魏晋时期楼兰西域长史机构的职官系统,[3]并可大致反映出魏晋时期楼兰城社会实态的概况,现略述如下。

8.5.1 楼兰城的居民构成

居民是城镇的主人,是社会的主体。因此,探讨楼兰城的社会状

---

[1]韩儒林:《穹庐集》,上海人民出版社,1982年。

[2]参见孟凡人:《楼兰新史》,光明日报出版社,1990年,第210~213页;孟凡人:《新疆考古与史地论集》所收《论鄯善国都的方位》,科学出版社,2000年。

[3]见本书第11篇"楼兰简牍与西域长史机构职官系统的复原"。

况,必须对它的居民构成有个大概的了解。魏晋时期住在楼兰城的居民,处于最上层者是西域长史机构的官吏及其各类下属人员。在这个机构中西域长史是楼兰城的最高军政长官,下设的职能部门则对楼兰城的政治、军事和经济进行具体管理。全部官吏都是汉族,但是下属的一般成员则不是清一色的汉族。如简牍 Ma·No198 正面记"买布四斗/劳文口二斗……/劳阳口二斗……"背面记"阿邵戈阿几取十六斗/梁功曹取一斗/复劳益取四斗/杨通二斗/复共张禄吴政方取二斗/价单子二斗/复劳仁子十四斗/劳子估四斗/曹仓曹廿斗"。[1] 简中与梁功曹、曹仓曹同记的劳文口、劳阳口,阿邵戈阿、劳益、价单子、劳仁子、劳子可能即是当地土著民族在长史机构中任职者。楼兰城位于民族地区,城内外土著居民占有相当的数量,因此在长史机构中吸收少量当地民族人士亦在情理之中。长史机构人员的数量,简牍资料没有直接反映出来。《晋书·职官志》记载了郡县职吏和散吏的法定人数,可是实际上当时的郡县往往超编。长史职官建置比郡,根据已复原的长史职官系统来看,长史机构官吏、属员及各类服务人员总数,恐怕不会少于七八十人。

　　军队是长史机构的柱石,楼兰城是长史治所又是军事首脑机构驻地,因此楼兰城内必驻守较多的军队。楼兰故城南部的堡垒遗迹,即应是军队的驻防地之一。军队的民族构成,简牍所反映的军官都是汉族,士兵则不尽然。如简牍 cha·No846 记:兵支胡薄成兵支胡重寅得;cha·No892 记:兵支胡管支等,即是当地土著民族。[2]。在楼兰城的普通居民中,当地土著民族可能为数较多。楼兰城内的建筑遗迹几乎都是民族形式,城外墓地埋葬的也是当地民族。这些土著居民除一小部分在长史机构和军队中服务外,余者大都从事手工业、商业和农牧业(见佉卢文简牍)。其中地位较高的是民族上层人物(见佉卢文简牍和墓

---

〔1〕〔法〕马伯乐:《斯坦因第三次中亚考察所获汉文文书》,书名西文见本书主要参考书目。本篇引用时简写成 Ma·No198 等(原书简牍编号)。

〔2〕〔法〕沙畹:《斯坦因在新疆沙漠发现的汉文文书》,书名西文见本书主要参考书目。本篇引用时简写成 cha·No846(原书简牍编号)。

葬资料)和佛教僧侣(城内有佛寺)。城内汉族普通居民,可能大部分是官吏们的家属(汉文简牍记有妇女和儿童)和杂役人员(如 cha·No770 记有婢),此外还有商人和手工业者(下文有说)等等。从简牍反映的情况来看,这部分居民所占比例有限。楼兰城地处要冲,是东西交通、经济和文化交流的枢纽,因此也有不少流动人口。如过往的旅客,商人、官吏、使节等等。为此楼兰城专设客曹,以接待官吏和使节。

总之,西域长史机构中各类人员、军人、当地土著居民、汉族普通居民是楼兰城居民构成的主体。此外,还有一定数量的各种流动人口。

8.5.2 楼兰城的宗教和文化

当时楼兰城内存在的宗教,主要是佛教。楼兰城内外均有佛寺,其西北还有 LB 佛寺遗址群。时代属魏晋时期,特点与米兰和尼雅同类佛寺相近,当地土著居民主要信仰佛教。在楼兰汉文简牍中,除个别地方提到"佛图"外(C·W·No28·2),[1]余者对佛教几乎毫无反映。同时也不见任何与其他宗教有关的记载,可见当时居住在楼兰城的汉族,宗教观念是很淡薄的(佛教当时在中国属初传时期)。

在文化方面,当地土著物质文化以建筑、家具、毛织物、各类木器、生产工具及日常用具为主。汉族的物质文化,在建筑方面仅衙署遗迹可见汉族的影响,其他主要表现在丝织品、漆器、铜镜、铜钱、兵器,笔纸、汉文简牍和一些汉族日常生活用品方面。土著和汉族的物质文化都有很强的个性,各具特色。很多土著居民也使用汉族用品,这点在楼兰城内的一些房址及城郊的墓葬中反映得很清楚。从发现的数量来看,汉族遗物似占优势。在楼兰城所出佉卢文简牍中,几乎不见与文化有关的内容,汉文简牍反映的文化内容则多一些。其主要表现大致有三个方面:

第一是文化教育。如楼兰城出有"九九"口诀残件(C·W·No22·15,22·16);《急就篇》(Ma·No169～173);《论语》(Ma·No192);

---

〔1〕〔德〕孔好古(August Conrady):《斯文·赫定在楼兰所获汉文写本及其他》,书名西文见本书主要参考书目。本篇引用时缩写成 C·P(纸文书),C·W(木简),后面注明原书编号。

《左传》(C·W·No1)等古籍残件,此外还有残诗(cha,No926)等等。"九九"口诀残件,字体歪斜幼稚,似儿童或初学者所写。《急就篇》是东汉以后流行的文化教材。残诗,王国维认为诗中大都是训诫之词,似属家教一类残文。楼兰地处绝域,屯戍者尚不忘对儿童和戍卒进行文化教育,不忘对家人进行训诫,这种精神实在难能可贵。

第二是医药方面。中医药学是中国传统文化的重要组成部分之一,是保障楼兰屯戍顺利进行的重要因素。在楼兰故城不但设有医曹、医院(C·P·No72),而且在各遗址发现的简牍中还记有不少的药方和医方。如简牍 cha·No782、783 记:承　前桔梗八两;cha·No784 记:承　前茱萸五升称得……;cha·No785 记:承 前注丸二百七十二丸;cha·No795 记:煮丸;cha·No790 记:发寒散五合;cha·No893 记:犁卢四两;cha·No933 记:□热……五十;腹中不调一岁饮一丸不下至三丸二岁三丸……;七丸不下稍曾至十丸。Ma·No210 记:……疾病苦寒气……;Ma·No174 提到刀伤和名医扁鹊等等。上述医方主要是治"寒"、"热"和"腹中不调"等病。楼兰地区多风,夏季酷热,冬季寒冷,早晚和四季温差很大,水质不好,因此寒、热和腹中不调应是这里的常见病、多发病。医方中所开药物,除汤药外还有丸、散制剂。药物绝大部分产于内地,储存量比较充足,可见当时对医疗保健是很重视的。

第三是风俗方面。广义而言,风俗也是一个民族文化的组成部分之一。在风俗方面,楼兰汉文简牍记有"贺大蜡"(C·W·34·1)、"蜡"(C·W·No34·2)、"蜡节"(Ma·No183)。所谓"蜡"、"蜡节"乃是古代年终的腊祭风俗。此外,C·P·No90 记"出粟七斛六斗五升给将/张金二十一人正祭里……"应是指"社祭"风俗。汉晋时期内地普遍流行社祭,居延屯田也有社祭活动。上述情况表明,这些远离家园身在西域的屯戍者,於艰苦的环境之中仍遵循着传统的风俗习惯,过腊节举社祭,显示出浓厚的生活情趣。

总之,魏晋前凉时期楼兰城不但在政治和军事上,而且在文化生活风俗习惯方面也具有浓厚的汉族色彩。使人感到这个时期的楼兰城,就好像是内地的小城镇一样。

·欧·亚·历·史·文·化·文·库·

8.5.3 楼兰城的商业和手工业

（1）商业。楼兰城地处东西交通要冲，是各地商人汇聚之所；同时当地的屯田者和居民们也要互相交换必需品，因此商业是楼兰城的重要经济部门。据楼兰汉文简牍记载，参加交换的双方各称售者（C·W·No40）和买者（C·W·No18·1）。商业活动的形式有售（C·PP·No6·2）、"转售"（C·W·No24）、"转运"（cha·No854）、贷（cha·No766·823）、"寄受"（cha·No851）、"寄藏"（cha·No812）。此外，简牍 cha·No914 记"张幼业于□/买敦煌钱二万/业约得"，似举债券之属。主要商品有谷（C·W·No102，C·P·No14·2；Ma·No188）、面（cha·No749）、糸少（cha·No766）、米（Ma·No237）、瓜菜（Ma·No228）、酱（C·P·No23·2）；丝（cha·No770）、"回文璋"（cha·No805），蛇床子、绫、絮（C·P·No13·2），彩（C·P·No14·2，C·W·No46·102、103，Ma·No228，Cha·No804），白绢、黄绢、练（cha·No903）、布（cha·No903、Ma·No196、198）、毡布（C·W·No103）、麻（cha·No820）、旃（cha·No804）、素巾（Ma·No197）、履（Ma·No198）、蒲（Ma·No227）；胡牛（C·P·No14·2）、马（C·P·No19·6）、驴〔西·图·史·图·版（8）〕[1]以及一些日用杂品。此外，还有人口买卖，如"卖之敦煌域外奴"（C·P·No27·2），"……赎胡女……/律令"等。其中以各种丝绸和布匹的贸易额最大，如"受回文璋廿七匹"（cha·No805）、"六十匹"（Ma·No196），"卖四匹/卖五匹/卖十匹/卖六匹/卖十五匹/卖十匹/卖六匹……"（Ma·No239）、"□人三百一十九匹今为住人买彩四千三百廿六匹"（C·W·No46），"……布八十四匹"〔西·图·史·图版（1）〕，"取合得二百六十三束　束絜二围五……"（cha·No820）。各种丝绸布匹贸易额如此巨大，绝不仅仅是为满足个人需要。"住人"可能是西域其他地方外来的商人，为"住人"买彩者可能是中间商人，这些丝织品显然是为外运西域各地的。

---

〔1〕西·图，系〔日〕香川默识编：《西域考古图谱》上、下册之简化，国华社，1915 年。史·图版，系《西域考古图谱》史部和图版号。

因此,楼兰城应是西域的丝绸贸易中心和转运中心。楼兰汉文简牍中的"转运"、"转售"大概即是这种情况的反映。

楼兰城的商品交换,以货易货为主,并多用粮食和丝绸作价。如用粮食买赤囊(cha·No832)、用粮食买布、买履(Ma·No198);用綵买旃(cha·No804),用綵买瓜菜(Ma·No228),用綵买谷食胡牛(C·P·No14·2),用綵籴谷(C·W·102)、用丝织品买衣物(C·P·No13·2)等。在这些互换的商品中,有的明显可看出比价。如简牍 cha·No804 记"兵胡腾宁市青旃一领广四尺六寸"(正面),"长丈一尺故黄旃褶一领买綵三匹"(反面);以綵三匹易旃二领。简牍 cha·No832 记"将周弄部兵买赤囊一枚受五斛五斗",Ma·No198 记"买履二斗"。此外,有时也用货币。如简牍 Ma·No237 记"米三斗三百一十五/米三斗三百册五/米三斗三百六十三,/⋯⋯""米一斛三斗千五百七十","麦五斗三百","买蒲二百三"等等。这件简牍所记,麦一斗合钱六十,米一斗自钱一百零五到一百四十三共分六个等级(简文未全引),看来当时的交换可能是随行就市,按质论价的。在诸商品中以衣物和日用品最贵,丝绸布匹次之,粮食相对便宜些。

楼兰城的商业,规模较大,种类较多。城内可能有"市","市买使"(cha·No913;C·P·No21)似为市的监督管理人员。商人可区分为谷物商人、丝绸布匹商人、服装衣物商人、日用杂货商人、牲畜商人、蔬菜商人、中间商人、高利贷(贷实物和钱币)商人。从地域上看,还有来自西域其他地区、敦煌等内地的商人。商品来源,丝绸来自内地,谷物、胡牛、毡布是当地产品,各种衣物(如青旃等)和日用杂货也大都是当地产品。商业活动中的顾客,以长史机构和军队中的官吏、工作人员和士兵为主。购买的数量有时很多,如"吏市面廿斛"(cha·No749),吏宋政用廿匹敦煌短"綵"籴谷(C·W·No102)。此外,一般居民也参与了商业活动。外地商人有的专程到楼兰采购货物,在这个意义上他们亦属顾客之列。从民族上看,商业活动以汉族为主,当地其他民族有的也被卷进商品交换活动之中。总的来说,楼兰城的商业几乎完全被汉族所控制。

·欧·亚·历·史·文·化·文·库·

（2）手工业。楼兰城距内地及西域其他绿洲都很远，因此它必须有自己的制造必需品的手工业。从楼兰汉文简牍来看，手工业工人称为工，如"模一具工邓"（cha·No829）、"给工王"（cha·No841），"工当簿枚"（Ma·No224），"（百）工光被四……"（C·W·No43）；又称为匠[1]。手工业的种类大致有以下几种：①农具和手工业工具制造业，如犁（cha·No755），盉（cha·No779、891）、锯（cha·No780，781；Ma·No200），大钻（Cha·No787）、斧（cha·No791）、模（cha·No829）等。这些器具甚重，不宜长途运输。其中除犁有的可能是从内地运来者外，余者应在当地制造。楼兰屯田规模较大，所以农具制造业是当地的重要手工业部门。②兵器制造业：兵器制造要求较高，技术难度大，如弩之类的兵器主要靠内地供给。但是，一些小件兵器及镞之类的消耗品，兵器的修理等当地工匠是可以胜任的。③冶铁业：《汉书·西域传》记载，婼羌有铁，自作兵；鄯善"能作兵"。楼兰汉文简牍记有胡盉三百九十五枚（cha·No779）、胡铁小锯钚十六枚（cha·No780）、胡铁小锯廿八枚（cha·No781）、胡铁大锯（Ma·No200）等。所谓胡铁即指当地民族冶炼的铁，在LK古城附近还发现有冶炼钢或铁的余渣。由此可见，说楼兰城有冶铁业，有农具和手工工具制造业和兵器制造业，是完全有根据的。④制革手工业：牧业是当地主要的经济部门之一，制革是土著民族的传统手艺。在楼兰汉文简牍中可以看到诸如"入 客曹犊皮二枚"（Ma·No200），"…… 承 前新入马皮合十二（枚）"（Ma·No225）、"出驼他蔺一具给工王柔治"（cha·No841）等记载；又可看到有关皮兜鍪、皮铠（C·W·No104），鼓（C·W·No106）等资料。简牍cha·No794记："韦四枚半连治铠二领兜鍪"，当即指制造皮铠、皮兜鍪而言。此外，楼兰故城附近的墓葬中，也出有皮革制品。⑤纺织业：楼兰地区畜牧业较发达，毛纺原料充足，是当地传统的手工业部门。如简牍 C·W·No103 记"毡布十三匹"，楼兰地区墓葬中也出土大量各类

---

[1]张凤：《汉晋西陲木简汇编》，上海有正书局，1931年，第58页。

毛织品。楼兰汉文简牍还记有"织府使卒",[1]可见纺织业是一个重要的手工业部门。⑥服装业:楼兰汉文简牍有不少地方记载买卖衣物,如"兵胡腾宁市旆一领","黄旆一领"(cha·No804)等。此外,还有谷物加工、日用杂品制造、建筑、木器制造业等等。

楼兰城手工业的性质,结合"织府使卒"判断似以官府手工业为主。但是,在毛织、服装、杂品制造等部门可能是以私人手工业为主。手工业工人的民族构成,应以汉族为主;同时在冶铁、制革、毛纺、服装、杂品业,甚至在兵器制造业中(如皮铠等),也有当地民族的工匠。但是总的来说,楼兰城重要的手工业部门,几乎都被长史机构所控制。

8.5.4　魏晋楼兰屯田概况

楼兰屯田,是魏晋前凉时期西域长史机构存在、稳定和繁荣的基础。楼兰汉文简牍文书的内容,大都与屯田有关,其中以晋泰始四至六年资料最为集中。据此可将当时屯田的概况大致略述如下。

(1)屯田的区域和屯田者

现在楼兰地区由于严重的风蚀,屯田遗迹已难以辨认。虽然如此,但仍留有少量痕迹。如在故城东北郊和西南郊,即发现许多植物的腐殖质和扰土,它表明这里可能是故城居民的农耕地带。从楼兰汉文简牍来看,C·W·No44记"□将城内田明日之后便当斫地下种□";Ma·No227记"……□□□卒……/……楼兰耕种";cha·No760"将尹宜部/溉北河田一顷……"。它表明在楼兰故城周围,北河(似指楼兰故城之北的干河床)附近是重要的屯田区,甚至连楼兰城内也有少量耕地。可以说在楼兰附近,只要有河流和能引水灌溉的地方均可屯垦。因此,残存的楼兰汉文简牍反映出来的屯田之地,只不过是其中的一小部分而已。除上所述,在楼兰地区还有许多其他遗址。如楼兰城东北的 LE、LF 遗址,楼兰城西北的 LB 遗址,楼兰城南的 LM 遗址等。这些遗址大都发现有汉文简牍,是重要的居民点。在这些地方活动的长史机构下属人员,粮食问题必须靠自己解决,因此亦应存在屯田问题。

---

〔1〕《文物》,1988 年第 7 期,第 47 页。

如 Ma·No246 记"泰始二年八月十日丙辰言/簿书一封仓曹史张事/营以行";Ma·No247 记"泰始三年二月廿八日辛未言/书一封水曹督田掾鲍湘张雕言事/使君营以邮行"。水曹、督田掾和仓曹都是与屯田直接有关的官员,由此可见楼兰地区屯田分布的范围是比较广的。

楼兰屯田的主要劳动力是"部兵"。如简牍 cha·No753 记:"将张金部见兵廿一人/大麦二顷已截廿亩/小麦卅七亩已截廿九亩/禾一顷八十五亩溉廿亩劸五十亩/下床九十亩溉七十亩"(正面),"将梁襄部见兵廿六人/大麦七十七亩已截五十亩/小麦六十三亩溉五十亩/禾一顷七十亩劸五十亩溉五十亩/下床八十亩溉七十亩"(背面)。cha·No760 记"将尹宜部/溉北河田一顷……";cha·No745 记"帐下将薛明言谨案文书前至楼兰□还守堤兵廉……";C·P·No5·2 记"言将朱游私使/羌驴以为□阿/要务又迫葬锄/还楼兰推/(马)厉白事"等。

(2)屯田概况

①屯田规模和管理。楼兰屯田部兵总数和屯田总亩数,限于资料无法知晓。简牍 cha·No761 记载,一次修堤动用士兵五百人。《后汉书·班勇传》记载:"宜遣西域长史将五百人屯楼兰。"《水经注》卷 2 记载,索劢"将酒泉敦煌兵千人",又"召鄯善、焉耆、龟兹三国兵各千"屯楼兰。据楼兰汉文简牍等资料推断魏晋盛期兵力达千人左右,其中除去戍守及从事各种杂务者,按前述情况估计千人之半,即五百人直接屯田当不为过。具体屯田亩数,简牍 cha·No753 记将张金部 21 人负责 5 顷 12 亩地,每人合 24 亩;将梁襄部 26 人负责 3 顷 90 亩地,人均 15 亩。汉赵充国奏云:"赋人二十亩",以此证之,上述人均屯田亩数应有一定的代表性。若屯田人数以五百人为基数,按人均 15 或 24 亩计算,那么当时屯田总亩数保守地说,至少也将在 7500 亩或 12000 亩以上。

楼兰屯田完全在西域长史机构的控制之下,功曹和主簿总领其事(cha·No728、745;Ma·No214),由督田掾(C·W·No81、82、83;cha·No882)和水曹(cha·No724、888;Ma·No247)直接管理,并对诸将所部下达具体任务,各部要将各个阶段完成任务的情况及时上报(cha·

No753、760）。农作物收获后,由监藏掾、史（cha·No737、796、800）,监仓掾、史（C·W·No49、50、71、77、79、94;Ma·No190、195、214、216;cha·No759、885）,监量掾（C·W·No86;Ma·No214;cha·No728、745）等进行管理和分配。出廪给官吏将卒的粮食文书,多由监仓掾、史,仓曹掾、史,监量掾签署或与功曹、主簿等共同签署（Ma·No214、215、216;C·W·No50;cha·No728、743、745）。由此可见,魏晋楼兰屯田无论是垦殖,还是粮食管理,都是有比较严格的规章制度的。

②生产概况。楼兰屯田以粮食生产为主。土地量度单位称顷、亩（cha·No753）;耕作方法称种（C·P·No17·1;C·W·No44）、耕种（Ma·No227）、锄（C·P·No5·2）,截、溉（cha·No753）等。大型农具是犁,畜力以牛为主,如"……□因主簿奉谨遣大候究犁与牛诣营下受试"（cha·No755）。小型农具主要是畬,如"前新入胡畬合三百九十五枚"（cha·No779）,"官驰一顷畬十五"（cha·No891）。上述情况表明,楼兰屯田已经使用了中原地区较先进的牛耕技术。但是,由于耕作程序和其他农具种类比较简单,因此农业生产仍然是粗放的,广种薄收恐怕是当时主要的生产形式。

楼兰屯田的农作物品种,见于简牍记载的有麦、大麦（种）、小麦（C·P·No6·2、13·2、17·1;C·W·No1b、49、91、92、93、112;Ma·No195、215、222;cha·No728、729、731、732、753、799、836、859、879、882、883、900等）。与麦相关的加工产品有麦面、面、乾（Ma·No205;cha·No749、766）,䴵（cha·No728）。粟、黑粟（C·W·No50、63、70、90）。禾（cha·No731、734、753、928）,床（Ma·No216;cha·No753,同禾）。谷、谷食、杂谷（C·P·No14·2;C·W·No1b;Ma·No180;Cha·No759、769、833、878、928）,五谷（C·P·No921·7）。叔机（C·W·No110）、芒（C·W·No99）、粮（C·W·No16）,粮食（cha·No769）,米（cha·No816）等。以出现多寡的情况来看,农作物似以麦为主,其次是粟和禾。粮食度量单位称斛、斗、升、合、撮、秒（C·P·No6·2;C·W·No49·50、51、57;Ma·No188、195、237;cha·No827、835、928）。此外,在楼兰还生产一定数量的蔬菜,如简牍中记有瓜菜、菜蔬（Ma·

185

No228;cha·No774）。从简牍 cha·No750 记"从掾位赵辩言谨案文书城南牧宿以去……"以及"右二人牧牛验"[1]来看，楼兰还有畜牧业。主要牲畜有牛（cha·No755、756、757）、胡牛（C·P·No14·2）、驴（C·P·No17·2;cha·No839、846）、羌驴（C·P·No5·2）、马（C·P·No19·6,35;Ma·No225）、驼（cha·No778、839、840、841）、羊（C·W·No110）等。

③粮食生产自给有余。楼兰屯田的生产率、粮食单产和总产量以及不同年分的差异等，因资料缺乏无法估计。《水经注》卷 2 记索劢楼兰屯田"大田三年，积粟百万"。这虽是夸张之词，但是从楼兰汉文简牍来看，魏晋楼兰屯田在正常情况下是自给有余的。如简牍 cha·No833 记"薄余谷二百卌七斛一斗一升"。此外，cha·No835 记："百一十三斛七斗六升六合三撮三秒床"，C·W·No93 记"……二百斗麦□仓曹掾李辛移"，C·W·No95 记"……□九十四斛二升"，C·W·No96 记"……麦百五十二斛……"等亦应是余谷。简牍 C·W·No1b 记有"官谷"，所谓官谷一般是由戍所保管的多余的存谷。C·W·No90 记"出粟七斛六斗五升给将/张金廿一人正祭里/右禀三百卅四斛三斗四升"，"祭里"应是社祭。如无余谷很难出粟供社祭活动，该简后面记的谷物数额很大，或为余谷。此外，楼兰城存在谷物市场（Ma·No237），有时谷物还作为交易的等价物（Ma·No188）。上述诸种情况表明，楼兰屯田在正常情况下至少可以说是做到了自给有余。

（3）兴修水利

水是楼兰地区发展农业的命脉。塔里木河和孔雀河由西北、车尔臣河由西南汇入罗布泊。这些河流沿途形成了一些小支流和小湖泊，水量还可得到阿尔金山和库鲁克塔格山洪水的补给，所以楼兰地区水源是比较充足的。对此楼兰汉文简牍也有很明确的反映。如"水大波深必泛"（C·W·No15），"史顺留矣□□为大湪池深大又来水少许计月末左右已达楼兰"（C·W·No2）；"白/刘□季□/塞水南下推之"

---

〔1〕《文物》,1988 年第 7 期,第 41 页。

（Ma·No180），"从掾位赵辩言谨案文书城南牧宿以去六月十八日得水适盛"（cha·No750），"帐下将薛明言谨案文书前至楼兰□还守堤兵廉□……"（cha·No754），"东空决六所并乘堤已至大决中作……/……五百一人作……/……增兵……"（cha·No761），"至镇军堤相迎营从左蔚"（C·W·No5），"将勒/□□兵张远马始今当上堤勒到具粮食伯物……"（cha·No768）等等。这些资料表明，魏晋时期楼兰地区不但水源充足，而且对水利也是非常重视的。当时观察水势十分仔细，为充分利用水源灌溉，还修了一些小型水库（如大涿池）、渠、堤；堤有专名，有守堤兵守护。其中有些堤规模较大，一次决口六处竟动用五百人进行修补，这种盛况在当时内地一些地方也是不多见的。

8.5.5　长史机构对楼兰城的统治情况

（1）实行户籍制

楼兰汉文简牍记有儿童习写的"九九"口诀，有为儿童开的药方（Ma·No210），有城旦妻（Ma·No235），有"民张兴"（C·P·No69），有"里闾"（cha·No768）。简牍 cha·No925 还记"得田盖少"，请实田，并令主国实其田；另一件记"佃田"。[1] 楼兰屯田是士兵集体耕作，不存在得田少请实田和佃田问题，而"主国"又是楼兰城管理地方的官吏（C·W·No19·7 记"楼兰主国均那羡"），因此请实田和佃田者当为百姓。可见楼兰城及其附近地区不但有土著居民，而且也有汉族居民。任何一个政权要想实行统治，都必须对居民进行有效的控制。中国自汉以来对居民进行控制的传统办法是实行户籍制，楼兰地区也概莫能外。如楼兰汉文简牍中可以见到"户民"（Ma·No191），"著名户"（Ma·No226）之类的记载。在 LM 遗址还出有户籍，如简牍 Ma·No260—LM.1.i 记载：

蒲隧　宝成年卅　　妻嫣申金年廿□
　　　　　　　　　　息男蒲笭年六死
蒲隧　隃林年卅　　妻司文年廿五

<hr>

[1]《文物》，1988 年第 7 期，第 50 页。

	息男皇可笼年五
蒲隊　濼支年廿五	妻温宜□年廿
蒲隊　□□曾年七十二	□死
	息男奴斯年卅五□死
	……年卅……
	……年……死
蒲隊　葛奴年五十	妻句文年卅
	息男公科年廿五
勾文□安生年卅	死
五十三除	十一
年卅	……

这件户籍从名字上看当为土著居民,LM 遗址在楼兰古城南约 50 公里,属边远地区。以此证之,可以认为当时在楼兰城和楼兰地区,只要住在长史机构管辖地域之内,不论什么民族,一律实行户籍制。实行户籍制不单纯是为控制居民,同时它也是政府课税的依据。楼兰汉文简牍所记“课”,“今营求索”(C · W · No17 · 1)等,可能即是向居民课税的反映。

(2)建立邮行网

在楼兰汉文简牍中,公私函件很多,其中有的明确记载传递方式。如简牍 Ma · No246 记:泰始二年八月十日丙辰言/薄书一封仓曹史张事/营以行;Ma · No247 记:泰始三年二月廿八日辛未言/书一封水曹督田掾鲍湘张雕言事/使君营以邮行;Ma · No248 记:泰始□年□月十日丙辰言/书一封□曹史梁□言事/营以邮行。所谓“营”系指西域长史营而言,“邮行”则指传递方式。简牍 Ma · No215 记:功曹张龟主簿梁鸾/出大麦五斗给行书民桃将饮官/驼他一匹日五升起十二月十二日尽廿二日。文中的“行书民”为传递邮书之人,驼是行书民使用的传递工具。在行书民之上,主管官员是“行书”,如简牍 C · W · No107 记:出长史白书一封诣敦煌府……泰始六年……马厉付行书……。前述 Ma · No246—248 号简牍出于楼兰古城东北的 LE 遗址,此外在 LB

和 LM 等遗址也出有信件（cha·No937；Ma·No261 等）。可见当时在楼兰地区以楼兰城为中心，与各屯田点和居民点间建有邮行网，并以此为纽带形成了一个紧密联系的整体。这个独立的邮行网的存在，使之有别于鄯善统治的地区，从而成为西域长史机构对楼兰地区进行实际统治的又一历史见证。

（3）司法刑狱

魏晋前凉时期，楼兰地区的社会是相对稳定的。但是，作为一个社会特别是楼兰地区，人员来自各方，成分复杂，加之民族杂处，生活艰苦，所以一些不法行为也时有发生。如楼兰汉文简牍中便记有某人"于道逃亡"（cha·No815），"泰始四年六月发讫部兵名至/高昌留屯逃亡……"（C·P·No114），"假督王珮部失亡"（Ma·No231），"铠曹谨条所领器杖及亡失簿"（cha·No758），"刘得秋失大戟一枚盾一枚皮丰兜鍪一枚"，"胡支得失皮铠一领皮兜鍪一枚角弓一张箭卅枚木桐一枚"（C·W·No104）；此外还有"贼"（cha·No768）、"盗贼"（C·P·No35）、"寇害"（Ma·No259），以及一些过失罪（cha·No763、764）等等。

有犯罪行为，就要绳之以法。因此，在西域长史机构中设有主管司法的辞曹。在简牍中亦可见到断狱之辞，如"十月卅日受兵胡秋儿辞将勒以□书重上持刀盾营坏不及取亡失审辞□"（cha·No763），"将张忠坐不与兵鲁平世相随令世堕水物故行问旨请行五十"（cha·No764）。在楼兰城还有"牢狱"、"刑狱"（C·P·No17·1），"大刑狱"（C·P·No18·3）；以及"囚钎"（cha·No776、777）等。掌握司法，设牢狱，是政权机构的重要职能之一，也是一个政权能否进行有效统治的标志之一。西域长史机构握有楼兰地区的司法权，正说明了它完完全全地统治着楼兰地区。

（4）军队维持社会治安

楼兰西域长史的军队，有屯田和戍守两大任务。其中戍守军队平时主要是负责地方治安，以确保楼兰地区安宁稳定。简牍 cha·No768 记："……言□□□□史□还告追贼于□间……/□获贼马悉还所掠记

189

到令所部咸使闻知敛……"。由此可见,一般案件由司法机构审理,但是对付一些匪徒则非动用军队不可。显然,军队是保障楼兰地区社会安定的柱石。

总之,西域长史机构对楼兰城和楼兰地区的居民实行户籍控制,设刑狱,军队维持社会治安,并在各地之间建立邮行网,以及部分土著居民在长史机构中任职,在长史军队中服役等等,都表明了长史机构的确对该地区进行着实实在在的有效统治。

8.6 楼兰故城的性质是西域长史治所

8.6.1 楼兰西域长史机构隶属于凉州和敦煌郡

楼兰故城位于新疆东部罗布泊附近,敦煌在河西走廊西端疏勒河流域。两者通过阿奇克谷地携手相连,同处东西交通要冲之地,故自汉通西域以来它们的关系一直比较密切。特别是魏晋前凉时期,由于在楼兰城设置西域长史机构,楼兰城与敦煌郡的关系又发展到一个新的阶段。对此史籍虽无明载,但是在楼兰汉文简牍中却有直接或间接的反映。关于楼兰城与敦煌郡的关系,过去未被重视,涉及者甚少。殊不知在学术界长期热烈争论的楼兰故城的性质和鄯善国都的方位,却与此密切相关。它与前述楼兰城和鄯善的关系一样,都是为最终确定楼兰故城的性质而必须首先明确的重要问题之一。

(1)简牍所记"郡"确指敦煌郡

近年来有的学者认为,楼兰汉文简牍中记载的"郡"是本郡而非外郡,并断定曹魏末年至晋泰始六年,或其后不久曾在楼兰设鄯善郡。其实若仔细分析一下楼兰汉文简牍,就会发现简牍中记载的"郡"与楼兰不是同指一个地方。如简牍 C·P·No13·1 记:"三月廿三日郡内具/大人坐前前者/后信希白问疏/西有人到虽不获吉/以用欢喜欢喜即日郡/"(正面);"白泰文/主簿马君/"(背面)。主簿马君即是马厉,有时又称"泰文",他主要活动于泰始五、六年,是西域长史机构中的重要官吏。简牍 C·P·No6·1 正面记:"在郡便钱市綵"等事,背面记"白/讳泰文／马评君／"。上述二件都是从郡发至楼兰城,寄给主簿马君的信件。简牍 cha·No928 是一位叫"枢"的官员写给郡的公函,背面是出床廪给士兵的文簿,每笔账后均写"行书入郡"。简中的"枢"和士兵梁秋在其他简中与梁鸾同记,梁鸾是西域长史机构中的重要官吏,主要活动于泰始四至六年。简牍 C·P·No17·1 是封书信草稿,正面记"表郡",背面又记有"今营求索亦落度飼口","营"与郡相对。简牍 cha·No755 记:"□因主簿奉谨遣大候究犁与牛诣营下受试";Ma·No246—248 一组书信分别记有"营以行","使君营以邮行","营以邮行"。王国维根据这些资料早已指出所谓"营"即指西域长史营而言。上述情况表明,简牍中所记之"郡",其地绝不在楼兰,故不能得出晋在楼兰设郡的结论来。

那么"郡"何所指呢?我们认为是确指敦煌郡。如简牍 C·P·No17·1 记"表郡",同组简牍 C·P·No17·2 则记为"白敦煌"。C·W·No107,将"郡"称为"府",如"敦煌府"、"酒泉府"等,故当时又将郡太守称为"府君",并引出"府掾";"府内"等称。如 C·P·No27·1b 记:"府君　归敦煌"。cha·No930、931、932、937 是一组王彦时书信,简中所记"郡"确指敦煌郡,王彦时是敦煌郡的督邮且长住楼兰城,徐府君是敦煌太守到楼兰和西域视察。C·P·No4 将发信地点写为"敦煌",同时又称"府内";Ma·No228 记"府掾"在楼兰食诸部瓜菜事。上述情况结合下文所述楼兰故城和敦煌郡的关系来看,可知楼兰城由于直接受敦煌郡统辖,所以在行文中往往将敦煌郡简称为"郡"。正如现在"某部"、"某省"直接下属机关,行文时往往仅简称"部"、"省"而不称"某部"、"某省"一样,此乃古今通例也。

(2)敦煌郡与西域长史机构的关系

在楼兰汉文简牍中,敦煌与楼兰间公私往来函件较多,其中有些可明确看出敦煌郡与楼兰间的统辖关系。如简续 C·P·No17·1 正面记:"……袁羌书……／……顺无他……种大小麦稀……／……访并有当顺兵孟……等以相证正……／还未可期游今无人身……麦……／如限为负既为牢狱天盛……／怵惕之虑刑狱重……／如前所白偿本……/须大课以为……/表郡";背面记:"虽不来……/甚劳愁……/万福如已……/怪愁无间常……/之弘也今营求索……/亦落度馎口恒有不足……/某患口腹使有愁……希告籴……/麦调口想相见将口……/诣左右面白……/……所顾虑诸事……不能复谐也……/……念慰……珍左口德口……/。"其大意是向敦煌郡陈述情况和困难,请求"告籴"。简牍 C·W·No1a·1b 记:"泰始五年七月廿六日从掾位张钧言敦煌太守","未欲讫官谷至重不可远离当须治大麦讫乃得";此简系直接向敦煌太守言事。简牍 C·W·No107 记:"出长史白书一封诣敦煌府蒲书十六封具/十二封诣敦煌府二诣酒泉府二诣王怀阖顾/泰始六年三月十五日口楼兰从掾位/马厉付行书口口孙得成/。"简牍 cha·No928 记:"口口诏书下州摄郡推官口口口所上不口量口口/写郡答书草并遣兵上尚书草呈当及贾胡还府君/敕与司马为伴辄住留司马及还其余清静后有异复/白枢死罪死罪/枢死罪口口口口下万福。"背面记:"出床廿八斛六……/出床三斛七斗廪……兵胡虎等……/出床五十斛四斗廪兵贾秋伍何钱虎等廿八人人日食六升/……/行书入郡/……"上面两件简牍表明,敦煌郡与楼兰城有上下级关系。特别是 cha·No928 将出床廪给士兵文簿上报敦煌郡,说明敦煌郡要掌握楼兰西域长史机构的账目和给养情况,可见敦煌郡管的比较具体。简牍 C·W·No102 记:"出敦煌短绫綵廿匹/给吏宋政籴谷/泰始五年十一月……";cha·No912 记:"永嘉六年二月十五日……/辞曹主者去四年奉……/发玉门关(州)内直……/……得……""奉"当即为"俸";"奉前郡来时各有私饷……"[1]这几件简牍反映出,西域长史机构的官吏俸给可能有一部分来自敦煌郡。西域长史机构向敦煌郡上报工作,部分俸给来自敦煌郡,敦煌太守到楼兰视察监督工作;敦煌郡督邮长住楼兰城(cha·No894、930 等),"府掾"(Ma·No228)和"敦煌兵"[西·图·史图版(1)]在楼兰城活动等等,都说明了楼兰西域长史机构是受敦煌郡管辖的。

---

〔1〕《文物》,1988 年第 7 期,第 45 页。

（3）敦煌郡与西域事务有传统关系

自西汉通西域以后，边陲重镇敦煌就与西域事务结下了不解之缘。到东汉时期，敦煌郡更在西域具体事务中发挥了重要作用。以《后汉书·班勇传》提到的事件为例：第一，"昔永平之末，始通西域，初遣中郎将居敦煌，后置副校（尉）于车师……"。据《后汉书·郑众传》记载，郑众在永平八年（65 年）使匈奴后，"乃复召众为军司马，使与虎贲中郎将马廖击车师。至敦煌拜为中郎将，使护西域。会匈奴胁车师围戊己校尉，众发兵救之。"匈奴胁车师围戊己校尉事发生在永平十八年（75 年），建初元年（76 年）戊己校尉耿恭还玉门，中郎将郑众为恭以下洗沐，易衣冠。第二，"元初六年（119 年），敦煌太守曹宗遣长史索班千余人屯伊吾"。第三，班勇说："旧敦煌郡有营兵三百人，今宜复之，复置护西域副校尉，居于敦煌，如永元故事。""于是从勇议，复敦煌郡营兵三百人，置西域副校尉居敦煌。"第四，永建二年（127 年），"勇上请攻（焉耆王）元孟，于是遣敦煌太守张朗将河西四郡兵三千人配勇。因发诸国兵四万余人，分骑为两道击之。勇从南道，朗从北道，约期俱至焉耆。"此外，《后汉书·西域传》记载，永兴元年（153 年）"敦煌太守宋亮上立（车师）后部王军就质子卑君为后部王"，永建"四年（129 年）春，北匈奴呼衍王率兵侵后部，……乃令敦煌太守发诸国兵及玉门关候、伊吾司马合六千三百骑救之。"《汉敦煌太守裴岑破北匈奴记功碑》说："惟汉永和二年（137 年）八月，敦煌太守云中裴岑将郡兵三千人，诛呼衍王等……"曹魏时期，魏黄初元年始置凉州刺史，以尹奉为敦煌太守。黄初三年，鄯善、龟兹、于阗各遣使贡献，西域遂通，置戊己校尉，以行敦煌长史张恭为之。《三国志·仓慈传》记载，敦煌太守仓慈死后，"西域诸胡闻慈死，悉共聚于戊己校尉及长吏（史）治下发哀；或有以刀画面，以明血诚；又为立祠遥共祠之。"

综上所述，东汉曹魏时期敦煌郡与西域的关系，可归纳成如下几条：第一，敦煌郡是控制西域的前哨基地、大本营，肩负着护西域之重任。第二，敦煌郡在特定的条件下，有权派其属吏到西域一些地方进行统治。第三，敦煌郡对西域握有一定的征伐之权。第四，在特定的条件下,敦煌郡有权废立西域一些小国的国王。第五,敦煌郡在一定程度上,控制着戊己校尉和西域长史机构。到了晋代除前已说明者外,从尼雅汉简来看敦煌太守有权发放往返西域的过所;敦煌太守的一些政令有时可达于西域诸国。上述诸点表明,东汉以后敦煌郡实际上管辖西域长史,并统领西域事务。这是敦煌郡所处的战略地位和当时历史情况造成的结果,同时也是敦煌郡与西域传统关系不断发展的必然结果。

(4)凉州与西域长史机构的关系

《晋书·地理志》"雍州"条记载:"及武帝置十三州,其地(指雍州)以西偏为凉州","后汉光武都洛阳,关中复置雍州。后罢,……献帝时又置雍州,自三辅距西域皆属焉。魏文帝即位,分河西为凉州,分陇右为秦州……"。同书凉州条记载:"汉改周之雍州为凉州,盖以地处西方,常寒凉也。地势西北邪出,在南山间,南隔西羌,西通西域,于时号为断匈奴右臂。献帝时,凉州数有乱,河西五郡去州隔远,于是乃别以为雍州。末又依古典定九州,乃合关右以为雍州。魏时复分以为凉州,刺史领戊己校尉,护西域,如汉故事,至晋不改。统郡八、县四十六、户三万七百。"据上所述,两汉时期东自关右西到河西五郡直达西域界,先设凉州后设雍州,并都肩负护西域之重任。如建宁三年(170年),凉州刺史派戊司马、西域长史率焉耆、龟兹、车师兵征讨疏勒即是一例。此外,《水经注》记载:"敦煌索劢,字彦义,有才略。刺史毛奕,表行贰师将军,将酒泉、敦煌兵千人至楼兰屯田……"。前已说明索劢屯田是东汉时期的事,他将酒泉敦煌兵,是毛奕应为凉州刺史。魏文帝即位后,在河西地区设凉州,明确规定刺史领戊己校尉,护西域;至晋不改。对此楼兰汉文简牍和尼雅汉文简牍也略有反映。如简牍 cha·No928 中提到"诏书下州摄郡",另一件记"州郡书当得文书"。[1] 尼雅汉文简牍有"州下郡推辟"(NV·Nxv145),"武威西平西郡张掖酒泉敦煌"(NV·Nxv·188),皆为晋初凉州郡名,属凉州刺史文书。楼兰出土的 Ma·No213 记:"都督/泰始三年以来□/曹节度所下杂文/书本

—————————
〔1〕《文物》,1988 年第 7 期,第 44 页。

事",纸背记"限本事"。这件简牍所记,与曹魏至前凉时期凉州刺史一般带"持节"和"都督"的称号,是完全吻合的。同时也表明了,凉州刺史亦应领西域长史。

如上所述,在行政关系上从东汉至魏晋时期,凉州护西域,领西域长史。但是,无论在文献中,还是在直接反映实际问题的简牍资料中,凉州与楼兰西域长史关系的资料都很少。相反,敦煌郡与楼兰西域长史关系的资料却较多。这个现象似乎表明,在东汉魏晋时期虽然西域长史在行政隶属关系上由凉州刺史节度,但是因凉州州治相对来说距楼兰较远,鞭长莫及。故距楼兰最近的敦煌郡,有可能被授权代凉州具体管理楼兰西域长史事务。换言之,即楼兰西域长史机构在名义上隶属凉州,而实际上则受敦煌郡直接管辖。正因为如此,到前凉时期情况才为之一变。《资治通鉴》卷97"永和元年"条(345年)记载:前凉"分敦煌等三郡及西域都护三营为沙州"。《魏书·张骏传》则说,以敦煌、晋昌、高昌、西域都护、戊己校尉、玉门大护军三郡三营为沙州。所谓西域都护,即设在楼兰城。据此可知,自汉以来凉州辖地逐渐缩小,并越来越靠西,与西域事务越来越密切。到前凉后期,索性将距西域最近的两个郡,与西域的两个派出机构合起来成立沙州。此时由于沙州与敦煌郡的治所同在敦煌,故楼兰西域长史(西域都护)的隶属关系,在名义上和实际上都与敦煌密不可分了。这是敦煌与楼兰西域长史机构,早已存在的密切关系不断发展的必然结果。前凉此举只不过是在当时的具体情况下,使其名正言顺而已。

楼兰西域长史机构由凉州节度,受敦煌郡具体管辖。到前凉后期,又将其划归沙州,成为内地行政组织的一部分。凡此都说明了楼兰城不可能是鄯善国都,同时也说明楼兰城和西域长史所管辖的楼兰地区乃是西域长史直接统治区,在行政隶属关系上与鄯善无涉。

8.6.2 西域长史机构对鄯善实行有效的控制

楼兰西域长史机构与鄯善的关系,在尼雅遗址 NV. Nxv 号房址发现的 52 件(包括 Nxv2、8、9、10 号汉文简牍)晋代简牍中有明确的反映。这些简牍大致可分为三类:第一类是晋廷及凉州属郡所下诏书和文书等共 13 件,即 C—Nxv326、345;N—Nxv34、59b、69、72、73;E—Nxv85、93a·b、116、117、139;W—Nxv188。其中 Nxv93a·b 与 73 号简牍连属,全文是"晋守侍中大都尉奉晋大侯亲晋鄯善焉耆龟兹疏勒于阗门下诏书到"。Nxv345 记"诏 鄯善王"。Nxv326 记:"泰始五年十月戊午朔廿日丁丑敦煌太守都";Nxv85 为长史简牍。诸简中所记郡名,均为晋初凉州刺史所部之郡。第二类是与在鄯善境内追捕罪人有关的简牍 13 件,即 C—Nxv314、315、328、348、362;N—Nxv37、75;E—Nxv101a、125、127、145;W—Nxv176、189。Nxv328 与 75 号简牍连属,全文是"西域长史营写鸿胪书到如书罗捕言会十一月一日如诏书律令。"第三类是一批通行于鄯善的"过所"简牍,共 22 件。即 C—Nxv324、337、339、349、351、353;N—Nxv53、61＋62、78;E—Nxv82、82a、100、109、123;W—Nxv152、169、175、191、192、203、207。此类简牍行文格式和用语雷同,Nxv203 号简牍有"敦煌太守"字样。凡此,都清楚地表明,鄯善乃是西晋的属国,晋廷通过凉州及其属郡和西域长史营对鄯善实行着有效的控制。[1]

8.6.3　鄯善进出楼兰地区的原因

楼兰汉文简牍纪年在泰始六年至永嘉四年间,突然中断近四十年,这究竟是怎么回事呢?我们认为这是当时特殊的历史背景所造成的。据史籍记载,泰始六年鲜卑进攻凉州,并一度占领凉州,到咸宁五年(279 年)才将其镇压下去。此外,泰始八年至咸宁二年间敦煌还发生了反叛事件。众所周知,楼兰城受凉州节度,与敦煌的关系十分密切。因此,当凉州连遭战乱,敦煌不保,失去了大后方的楼兰西域长史机构便成为塞外孤儿,很难坚守。加之咸宁元年以后,鲜卑不断进犯东部天山地区,晋廷在公元 290 年以后又发生了长达十六年之久的八王之乱,无暇西顾。在这种情况下,楼兰汉文简牍纪年中断的四十年,实际上是西域长史机构暂时撤离楼兰城的反映。在这个阶段,西域长史

---

〔1〕 参见本书第 14 篇"佉卢文简牍封泥无'鄯善郡尉'印文,西晋未设置鄯善城"中,关于尼雅简牍及其所反映的晋廷和西域长史营对鄯善实行有效控制的论述。

的行政机构不见了,却出现了鄯善王国的地方行政机构。昔日汉族频繁的各种活动偃旗息鼓,踪迹难寻;楼兰地区变成了鄯善王国君臣们活动的舞台。与此相应,鄯善还向楼兰地区移民,从 701 号简牍来看,移民们以百户为单位,并有看守人监护,所以这种移民似带有一定的强制性。由于 701 号简牍已到马希利王 20 年,说明移民活动可能不那么顺利,故进行的时间较长。楼兰城是魏晋时期西域长史的治所,楼兰地区是屯田重地,汉族居民(包括军队、官吏等各类人员)占的比例很大。大家知道,移民乃是一种填补居民空虚的重要措施。因此,鄯善的移民活动反映出当时楼兰地区一定是处于人口锐减的状态。以此结合前述诸点判断,在这个阶段西域长史机构及汉族人员撤离了楼兰城和楼兰地区,并发生了政权的交替的分析是可信的。但是,鄯善是如何进驻楼兰地区的呢? 关于这个问题限于资料很难回答。从现象来看,在安归迦王十七年时,晋廷封他为"侍中"、"大都尉",授"鄯善都尉"印。这个时间与楼兰汉文简牍开始中断前夕的泰始六年大体相当,选择这样的时间有可能就是为从楼兰地区撤离作准备的。换言之,即是为日后重返楼兰地区,对鄯善采取的一种怀柔政策(按晋同时封焉耆、龟兹、疏勒、于寘王,亦应是为日后重返西域作准备的)。而鄯善则正是利用了这个政策,在西域长史机构撤离了楼兰城后,便以晋"侍中"、"大都尉"的身份逐步进驻楼兰城。由于楼兰佉卢文简牍绝大部分都集中在安归迦王晚期至马希利王时期,在此之前的佉卢文简牍很少。所以鄯善最初进驻楼兰地区似未得到晋廷的允许,而是带有试探性质的。但是,到凉州平定后,太康四年(283 年)鄯善王遣子元英入侍,并被封为"骑都尉","佩假归义侯印"。这个现象表明,西晋对鄯善进驻楼兰城可能采取了默认的态度。所以楼兰佉卢文简牍大量发现于安归迦王 29 年或 30 年(即公元 283 年)以后,并在楼兰地区出现了鄯善王国的地方行政机构绝不是偶然的。

鄯善在楼兰地区的统治,到前凉时期情况又为之一变。据史籍记载,永宁元年(301 年)张轨任凉州刺史,一举讨平凉州之乱。公元 305年他再次粉碎鲜卑的大举进犯,"遂威着西州,化行河右",并得到晋廷

·欧·亚·历·史·文·化·文·库·

"自陇以西,征伐断割悉以相委"的许诺。前凉一向以拥戴晋室自居,但实际上骨子里却阴图霸业,锐意发展。当时前凉之东有多股强大的割据势力,阻碍了他们向内地发展之路。只有西边的与之地域相接的西域比较空虚,可以成为创建霸业的大后方,使褊狭的凉州政权获得可贵的回旋之地。所以当前凉得到晋廷的许诺,待凉州稳定强大之后便以晋廷代表的身份出现在"自陇以西"的舞台上,且向西域挺进了。[1] 因此,楼兰故城所出永嘉四年(310 年)等纪年简牍,以及与前凉西城长史有关的一系列简牍,即表明前凉强盛后再次在楼兰城设置了西域长史机构,重新确立了在楼兰地区的统治。而楼兰佉卢文简牍年代的下限,基本上与前凉简牍年代的上限交叉相接,又说明鄯善此时已经逐步退出了楼兰城和楼兰地区。在这以后,鄯善的官方机构和官方活动在楼兰的舞台上消失了。从咸康六年(335 年)前凉派杨宣伐鄯善的事件来看,鄯善退出楼兰城和楼兰地区可能是被迫的。故两者反目成仇,所以待前凉在楼兰地区和西域站稳脚跟后,才有征伐之举。

8.6.4 楼兰故城内主要建筑遗迹的性质

在楼兰故城内,遗迹Ⅱ是唯一的土坯建筑,具有内地建筑的特点。遗迹Ⅲ是当地土著建筑形式,两者同在一个院内,出土大量汉文简牍(佉卢文简牍仅有几件),一般将其称为长史衙署遗址。在其北不远的遗迹Ⅴ、Ⅵ.i,则是衙署遗址的附属建筑。遗迹Ⅳ在衙署遗迹之西,完全是当地土著建筑形式,规模较大。所出汉文简牍集中在晋泰始年间,内容绝大部分与仓曹有关(如 Ma·No186~199),故它应是长史衙署的组成部分之一。此外,遗迹Ⅳ又是故城内出土佉卢文简牍最集中、数量最多的地方。佉卢文简牍的年代集中在安归迦王后期,楼兰城内两件安归迦王简牍即出于此。佉卢文简牍的内容主要是审讯案件(676号简牍)、处理换地、买卖土地(677、678 号简牍)等。所以遗迹Ⅳ又可能是鄯善安归迦王十七年以后,统治楼兰城时的衙署所在地。遗迹Ⅵ·ii 是大垃圾堆,界于遗迹Ⅲ·i、v、Ⅵ·i 和Ⅳ之间,是城内出土汉文

─────────────

〔1〕 参见本书第 12 篇"李柏文书与前凉楼兰史的探寻"。

简牍最多的地方,同时还有少量佉卢文简牍。从简牍出土情况和内容判断,垃圾堆中的汉文简牍主要来自遗迹Ⅱ和Ⅲ,佉卢文简牍主要来自遗迹Ⅳ。遗迹Ⅶ是一处大住宅遗迹,附近还散布一些小住宅,都是当地土著建筑形式。遗物有的完全是当地土著居民的用品,但有些小住宅则出土了漆器、五铢钱、木梳等汉族用品。因此,这一带可能是当地土著与汉族的杂居区。由于地靠衙署,位置重要,所以大住宅可能是当地土著上层人物的宅邸,余者或与长史机构有一定关系。在遗迹Ⅱ、Ⅲ和Ⅶ之南的堡垒痕迹,似为军事驻地。

楼兰故城渠道之东,遗迹Ⅰ是一组房屋建筑,完全是当地土著建筑形式,规模宏伟。因此一些认为楼兰故城是鄯善国都的学者,将它称为鄯善王宫。这个遗址从遗物来看,既出有当地土著居民的小型用具和用品,也有相当多的各类丝织品,以及筷子、漆器、铜镜、五铢钱等汉族用品。所出简牍中,汉文简牍近20件,佉卢文简牍只有5件。其中汉文简牍内容都很重要,如"建兴十八年三月十七日禀"(cha·No886—LA.1.ⅲ.1),"大将军右长史关"(cha·No887—LA.1.ⅰ.1),"水曹请绳十"(cha·No888—LA.1.ⅱ)。在私人信件中,提到"奉使","慰知尊兄"(cha·No894—LA.1.ⅴ.1),"使君麾下"(cha·No895—LA.1.ⅴ.1)。王督邮一组书信中记有"徐府君","唐长史",焉耆和龟兹问题(Cha·No930~932,934~938—LA.1.1Ⅴ.2.3),"诸将为乱曹/露布到降诛"(cha·No935—LA.1.1ⅴ.2),以及中医药方(cha·No933—LA.1.1ⅴ.2)等等,这些简牍大都属前凉时期。大房址Ⅰ隔渠道与衙署遗址斜对,两者所出汉文简牍的时代和性质相关。但是,大房址Ⅰ发现的汉文简牍的规格普遍较高。因此,大房址Ⅰ可能是西域长史官邸,同时或充作高级客馆之用。佉卢文简牍5件(666~670号简牍),数量和内容的重要性,都远不如遗迹Ⅳ发现的佉卢文简牍。楼兰佉卢文简牍记有鄯善王名和地方官名称的简牍,也不发现于此。所以大房址Ⅰ在鄯善统治时期既不是衙署,更不是鄯善王宫(前已考证都城不在楼兰)。从发现于ⅱ室的666号佉卢文简牍来看,吉查依查迦莱向苏阇陀问候,并报告奴隶之事。吉查依查是鄯善中央政府高级官吏,故文中所提苏阇陀必身居高位。这件简牍表明,当时大房址Ⅰ居住之人,乃是鄯善中央政府的高官。所以似可认为,在鄯善统治楼兰城时期,大房址Ⅰ或作为接待鄯善中央政府要员的客馆之用。遗迹Ⅸ发现粮食堆积,所出佉卢文简牍中还残存有"看守"字样,故有人认为是粮仓。此外,由于它距佛塔较近,又有人认为是僧房。除上所述,在佛塔Ⅹ及遗迹Ⅰ、Ⅷ和Ⅸ之北、南和西面,还散布着木建筑构件。这一带可能是建筑比较简陋的土著居民区,故遗迹不易保存下来。

总之,楼兰故城内渠道之西遗迹Ⅱ、Ⅲ、ⅴ、Ⅵ.ⅰ和Ⅳ为衙署区。在此之南似为军事驻地,以及汉族与当地地位较高土著居民的杂居区。渠道之东,以佛塔Ⅹ和高级官吏宅邸、客馆Ⅰ等为中心,其他大片空地原似为一般土著居民区。上述情况表明,在魏晋前凉时期楼兰城内规格较高的建筑,几乎均被长史机构或汉族占据,当地土著所居相比之下则处于从属地位。以此结合前述汉文简牍所反映的楼兰城的社会生活状况,清楚可见楼兰城具有浓厚的汉族色彩,它完全在西域长史机构的统治之下。

8.6.5　楼兰故城的性质是西域长史治所

综上所述,本篇已从楼兰故城的时代和城内主要遗迹的性质,楼兰、尼雅佉卢文简牍的纪年界限及其所反映的鄯善与楼兰城的关系,佉卢文简牍、楼兰汉文简牍和汉文史籍均无楼兰城是楼兰国和鄯善国都的证据;佉卢文简牍证明鄯善国都扞泥城在且末之东不远,汉文史籍所记鄯善国都扞泥城的方位坐标在今若羌县城附近;楼兰汉文简牍的纪年界限、主要内涵及所反映的楼兰城的社会实态,楼兰城与凉州和敦煌郡的隶属关系;晋廷和西域长史机构对鄯善实行有效的控制等几个方面,对楼兰城进行了全方位的分析。据此可以清楚地看出,楼兰故城出现于两汉之际,它从未作过楼兰和鄯善国的都城,其中除公元271—310年间西域长史机构撤离期间,鄯善国曾对楼兰城进行过短暂的统治之外,楼兰城是不存在鄯善行政机构的。楼兰汉文简牍文书,明确地反映出魏晋前凉时期在楼兰城设西域长史机构及其完整的职官系统。这套行政机构的组织形式和职能是完备的,具有独占性和排他性,绝不允许有第二个权力机构与之同时并存。这套行政机构衙署,在楼兰城内占据中心地位,规模较大。其他重要建筑,也大都与长史机构有关。这套行政机构控制着楼兰城和楼兰地区的商业和手工业,进行大规模的屯田,几乎掌握了楼兰城所有的经济命脉。这套行政机构对楼兰城和楼兰地区的居民(包括当地土著民族)实行户籍控制,设司法刑狱、建立邮行网、社会生活具有明显的汉族色彩。这套行政机构拥有大量军队,而且是该地区唯一的驻军。军队除屯田外,还负责维持社会治安。这套行政机构的组织形式比郡,在行政关系上受凉州节度,由敦煌郡具体管辖。到公元 345 年时它又成为前凉州的三郡三营之一,地位类似内地的郡县,在行政隶属关系上与鄯善无涉。因此,那种认为楼兰故城是鄯善国都,或国都与长史机构在楼兰城并存都是不可能的。所以,楼兰故城的性质只能是西域长史治所。

(本篇据《楼兰新史》第四章之二至五重新编排整合而成,
光明日报出版社,1990 年)

9 新疆柏孜克里克窟寺
流失域外壁画述略

　　柏孜克里克，维语意为"美丽的装饰之所"。以此命名的窟寺，位于新疆吐鲁番县城东北约五十余公里，距木头沟村约 2.5 公里的木头沟河的西岸。窟寺开凿修筑在河水西岸的戈壁断崖处。这座窟寺，本是高昌回鹘时期最重要，保存最完整，最有代表性的佛教遗迹。但是，自 19 世纪末 20 世纪初以来，大量珍贵精美的壁画，以及塑像、文书等被列强窃取，流失域外。现在国内很难见到这些资料，给研究工作带来很大的困难。有鉴于此，本篇拟对这批流失域外的壁画及与其相关的一些问题略作论述。

9.1 列强窃取、研究壁画的概况

9.1.1 德国

　　柏孜克里克窟寺的壁画主要被德国人窃取，他们先后三次到吐鲁番地区。第一次在 1902 年 11 月至 1903 年 3 月，由克伦威德尔带队，成员有胡特和巴图斯，此次未窃取壁画。第二次在 1904 年 11 月至 1905 年 12 月，由勒柯克领队，成员有巴图斯。第三次在 1905 年 12 月至 1907 年 4 月。1905 年 12 月勒柯克与克伦威尔在喀什会合，然后到库车、焉耆、吐鲁番、哈密等地区进行调查。1906 年 4 月，勒柯克因病先行回国。他们先后在柏孜克里克窃取了大量的壁画运回德国，在柏林民俗博物馆展出。其展品在第二次世界大战时大部分毁于空袭，现残存壁画不及战前的二分之一。克伦威德尔和勒柯克根据在柏孜克里克窟寺的调查和窃取的壁画，主要发表了以下一些著作：

（1）克伦威德尔（Albert Grünwedel）：

《在高昌故城及其邻近地区考古发掘报告》，1906 年出版。（Bericht überarcháologische Arbeiten in ldiü kutschari und Umgebung，München，1906.）

《中国新疆的古代佛教遗迹》，1912 年出版。（Die Altbuddnistische kultstátten in Chinesisch – Turkistan，Berlin，1912.）

（2）勒柯克（Albert Von Le Coq）：

《火州》，1913 年出版。（Chotscho，Berlin、1913.）

《中亚古代后期的佛教》（全七卷），1922—1933 年出版。（Die Buddnistische Spütantike in Mittelasien，Berlin，Ⅰ—Ⅶ，1922—1933.）

9.1.2 英国

斯坦因（Sir Aurel. Stein）于 1914 年 11 月至 1915 年 1 月第三次到新疆调查，吐鲁番是其调查的重点地区之一，他在柏孜克里克窟寺窃取了不少壁画。关于这些资料，见于斯坦因著《亚洲腹地》第三卷（Innermost Asia. Vo1，111，oxford 1928.）（有窟寺平面图）。1948 年安德鲁斯（F. H. Andrews）在《中亚古代佛教壁画图录》（Wall Paintings from Ancient shrines in Central Asia，1948.）一书中，登载了斯坦因在柏孜克里克窟寺窃取的壁画。这批壁画主要收藏在德里中亚博物馆。

9.1.3 俄国

先期有克列门兹于 1897—1898 年、后期自 1909 年 10 月至 1910 年 2 月有奥登登堡先后到吐鲁番地区调查。他们都曾到过柏孜克里克窟寺，并窃取了一部分壁画。由于俄国发表的资料很少，详情不明。

9.1.4 日本

1908 年 11 月 27 日至 12 月 8 日，野村荣三郎在柏孜克里克窟寺窃取壁画、塑像及文书等珍贵文物。1912 年 4 月和 9 月，吉川小三郎两次到柏孜克里克窟寺窃取壁画及其他文物。上述窃取的壁画和文物大部分运回日本（少量放在中国旅顺和韩国），主要收藏在大谷、久原和木村三家，战后大都归龙谷大学。这些资料主要见于以下一些著作：

《西域考古图谱》(1915年),《新西域记》(1937年),《旅顺博物馆图录》(1943年)。此外,还见于战后出版的《西域文化史研究》第五卷(1962年),以及熊谷宣夫等人在《美术研究》杂志上发表的一系列文章中。据日本学者研究,上述壁画主要是柏孜克里克窟寺第3、4、11、19、20号诸窟的壁画。

9.1.5 法国

1931年11月,基美博物馆的哈金(J. Hackin)到柏孜克里克窟寺拍了第1、3、6、7、19、25、27、29、37、40窟的照片,1933年出版了《中亚的考古研究》[Recherch archéolgjques en Asie Centrale (1931), Paris 1933.]一书。

本篇下面的论述,主要依据前列德、英、日、法等国出版的书刊,并参考了松本荣一《敦煌画的研究》。文中凡是与上述书刊有关的问题,不再一一注释。

9.2 窟寺的形制

9.2.1 平面布局与各窟编号

柏孜克里克窟寺,各窟基本邻接,从北往南排列略呈弓背形。详细情况,请参见克伦威德尔和斯坦因的实测图(见图9.1、9.2)。

关于柏孜克里克窟寺各窟的编号,现在常用的有四种。即克伦威德尔编号四十个窟(国外大都采用此编号),斯坦因编号十四个窟,黄文弼编号十八个窟,阎文儒编号五十七个窟(现柏孜克里克窟寺保管所基本采用此编号)。上述四种编号,起点不一,出入较大。本篇采用克伦威德尔编号。

9.2.2 洞窟的形制

柏孜克里克窟寺在构筑形式上有两种,一是开凿石窟,有的在窟前加筑土坯垒砌部分;另一种是在地面上用土坯垒砌。关于该窟寺各窟的形制,从平面来看大体可分为长方形和方形两类(另有一些介于长方形和方形之间的小窟),以平面作长形者居多。若细分,在平面呈

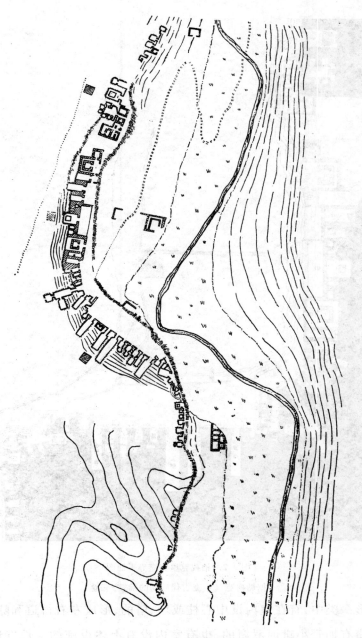

图 9.1　柏孜克里克窟寺平面图

（据斯坦因：《亚洲腹地》第三卷图 30）

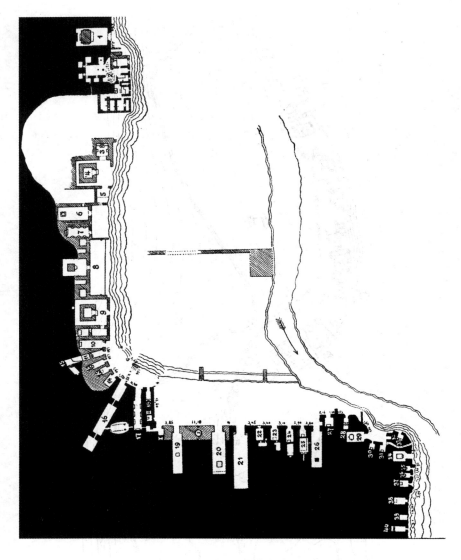

图 9.2　柏孜克里克窟寺平面图

（据勒柯克:《中亚古代后期的佛教》三卷）

长方形一类中,有在室内设中心柱或坛、塔的,形成左右甬道和隧道;个别的窟有加开小毗诃罗窟的,也有室内没有上述设施的。长方形窟均为券顶。在方形平面中,有在室内设小室（或称中堂）、坛和中心柱之别,亦有无上述设施的。方形平面一般为穹庐顶,个别小窟为平顶。该窟寺各窟窟门多呈外小里大的八字形,这是很突出的特点之一。各窟具体的形制,请参见图9.1、9.2及本篇第三节。

9.3 简述几个窟流失域外壁画的主要题材

柏孜克里克窟寺被列强窃取的壁画很多,限于篇幅,本篇不能全部介绍。为保持资料和题材的完整性,现摘其要者,选择几个有代表性的窟,以窟为单位略作论述。其中该窟寺发现最多、最有代表性的题材——供养画,下面作专题介绍。

9.3.1 第8窟(图9.3)

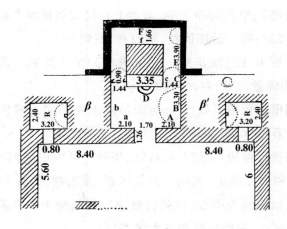

图9.3 八窟平面图

第8窟为石窟与窟前土坯建筑的复合形式。窟前土坯建筑(残),面阔18.5、进深(残)约6米,顶残毁。后壁正中开门与主窟相通,两侧开门与dd′两小室相通。在dd′两小室与主窟之间为空地 β,β′。主窟平面呈长方形,面阔5.94、进深6.23米。中间有方坛,形成左右甬道和隧道。主窟前半部为土坯垒砌,后半部为开凿的石窟,两部分以甬道口为界,有两个相接的券顶,显然经过改建。第8窟仅主窟遗留有壁画。其配列情况大致如下:

(1)门口左侧壁绘四臂荼耆尼天(见克伦威德尔《中国新疆古代佛

·欧·亚·历·史·文·化·文·库·

教遗迹》插图531,以下简称克·佛教遗迹,图××)。

（2）门左壁的内壁面a,绘以立佛为中心的供养画（国外一般称誓愿画,见克·佛教遗迹,图531）,画下绘横幅供养人像,可看出五个比丘,余十几人为俗体人物,均跪坐持花,像侧有回鹘文题记（见勒柯克《中亚古代后期的佛教》第五卷,图版22,以下简称勒·后期佛教,图版××）。

（3）门右壁的内壁面A,绘以立佛为中心的供养画,画面有汉文题记（见克·佛教遗迹,图532）。画下绘横幅小供养人像,可看出有五个比丘,余十几人为俗体人物,均持花跪坐。像侧有回鹘文题记（勒·后期佛教,第五卷,图版22）。

（4）左侧壁b,绘药师净土变,画面上有汉文和回鹘文题记（见克·佛教遗迹,图534;勒·后期佛教,第四卷,图版17）。

（5）右侧壁B,绘《法华经·见宝塔品》（?）（见克·佛教遗迹,图535;勒·后期佛教,第四卷,图版18）。

（6）左侧壁近甬道口处（C）,与药师净土变相邻为残供养画（见勒·后期佛教,第四卷,图版20）。

（7）右侧壁近甬道口处（C）,与《法华经·见宝塔品》（?）相邻为地狱图,图上有回鹘文题记（见勒·后期佛教,第四卷,图版19）。

（8）隧道以三佛为中心（仅残留痕迹）,周围配千佛坐像（见前述克伦威德尔、勒柯克、安德鲁斯和日本诸书刊）。

（9）窟顶、坛四周绘千佛坐像（出处同8）。

对于上述诸壁画,只重点介绍以下四种:

（1）千佛坐像（图9.4）

第8窟千佛坐像比较特殊,风格与库车克孜尔窟寺千佛相似。千佛坐像一般高约30、宽约24厘米左右,千佛像之间以长方格为区划,长方格之间以白线相隔。千佛像著圆领通体大衣,具背光、项光和小天盖。千佛发青灰色,面用墨线勾画轮廓,用红色渲染,深目高鼻,面容瘦削。衣纹墨线勾画,衣色为绿或浅蓝色。项光用红、绿、黑色,背光用红、绿、白、浅红、蓝、黑光圈。两手定印趺坐于复莲座上。莲座上部白,下部灰青间有绿色,莲瓣墨线勾画,一般认为此系贤劫千佛像。

图9.4　千佛坐像(壁画,唐代。柏孜克里克8窟主窟佛座正面,
安德鲁斯《中亚古代佛教壁画图录》ⅩⅩⅢ,Bez. Ⅳ A – C。)

（2）药师净土变（图 9.5）

　　左侧壁 b 绘药师净土变,该画中台以上残毁,现存情况大致是:主
尊药师如来坐于多角束腰形莲座上,右手结三界印,左手置于膝前,掌
上无药钵。如来左右为日光,月光菩萨侍坐,并有侍立的诸菩萨比丘
等。前面右下侧立十二药叉大将,左下侧立九曜。中台下缘左半部绘
"大愿"图,右半部绘"横死"图。上述构图形式与敦煌药师净土变相
比,有许多特殊之处,比如:

图 9.5　药师变(壁画,高 3.25 米,宽 3.45 米,画面上有汉文和回鹘文榜题,高昌回鹘时期。柏孜克里克 8 窟主窟左壁 b 处,勒柯克《中亚与新疆古代晚期的佛教文物》Ⅳ 册图版 17。)

　　第一,"大愿"与"横死"图。中台下缘左半部绘"大愿"图,右半部绘"横死"图,与一般习见的中台两侧外缘分绘十二大愿和九横死图的配置不同。此外,该"大愿"与"横死"图也不是常见的十二大愿和九横死(共二十一图),根据图中题记栏计算,一共是三十图而不是二十一图(其中数个题记栏内有回鹘文题记)。就图的内容来说,有些与玄奘等译《本愿经》相近,如"大愿"图中一些内容与《本愿经》第一、二、三、六、十、十一诸愿的关系较明确,与第四、八、九愿也有一定关系。"横死"图中,除《本愿经》的"堕崖"、"毒药诅咒"之外,余七横死图中均有反映。此外,在"横死"图中,还可见到《灌顶经》第五横"贼难"图。但综观该"大愿"和"横死"图与《本愿经》所述的排列顺序是不同的,图的内容有些很难用汉译《药师本愿经》来解释。因此这些图的绘制,很可能是以流行于当地的回鹘文译本为依据的。

第二,十二药叉大将图。十二药叉大将不是习见的身着甲胄的武将装束,而是着文官服执笏的男像六体和盛装的女像六体,其头上各置兽头。该十二药叉大将配列情况如下:子(鼠头,男像)、丑(牛头,女像)、寅(虎头,男像)、卯(兔头,女像)、辰(龙头,男像)、巳(蛇头,女像)、午(马头,男像)、未(羊头,女像)、申(猴头,男像)、酉(鸡头,女像)、戌(狗头,男像)、亥(猪头,女像)。

现在还未找到可解释此种形象和配置法的经典。

第三,九曜图。图中九曜形象如下:

太阳,男像,戴王冠,以双手捧太阳。

太阴,女像,双手捧圆月。

荧惑(火星),罗刹形,马冠,四臂,分持剑、戟、刀、箭等。

辰星(水星),女像,猿冠,手持笔砚。

岁星(木星),男像,猪冠,双手捧华果。

太白(金星),女像,鸡冠,弹琵琶。

镇星(土星),老婆罗门形,牛冠,手拄杖。

上述七星的形象,与《七曜攘灾诀》、《梵天火罗九曜》等记载一致。但另二星即罗睺、计都与《梵天火罗九曜》所记不同。该二星全身现罗刹形,一是左手握剑,足踏龟,另一个右手掌剑,左手握蛇,足踏狐。

将九曜加入中台的药师净土变之例极少,此图加九曜可能与《药师本愿经》的"星宿变怪难"、"日月薄蚀难"有关。如是,则可补敦煌药师净土变所缺的部分。众所周知,唐代以后五星形式流行,因此该图反映出柏孜克里克窟寺受到了中国内地密教图像的影响。

(3)地狱图(图9.6)

图下半部现地狱诸若,上半部为六道中的五道。中间上面的天上道图残毁,大致可看出右侧的人间道,畜生道,左侧的修罗道、饿鬼道。图中间和左侧有回鹘文题记。

·欧·亚·历·史·文·化·文·库·

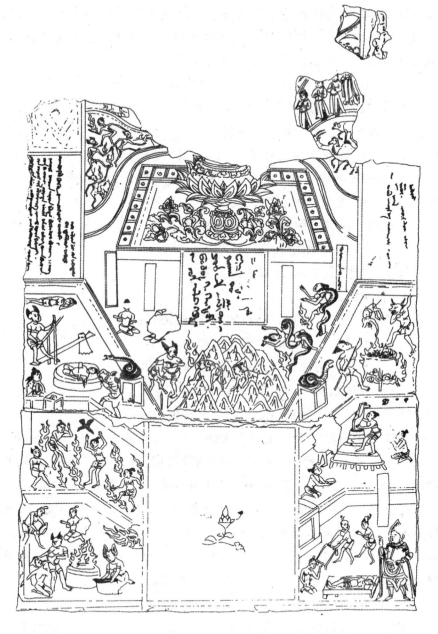

图 9.6　地狱变(壁画,高 1.75 米,宽 1 米,画面有回鹘文榜题,高昌回鹘时期。柏孜克里克
　　　8 窟主窟右壁,勒柯克《中亚与新疆古代晚期的佛教文物》Ⅳ 册图版 19。)

(4)《法华经·见宝塔品》(图 9.7)

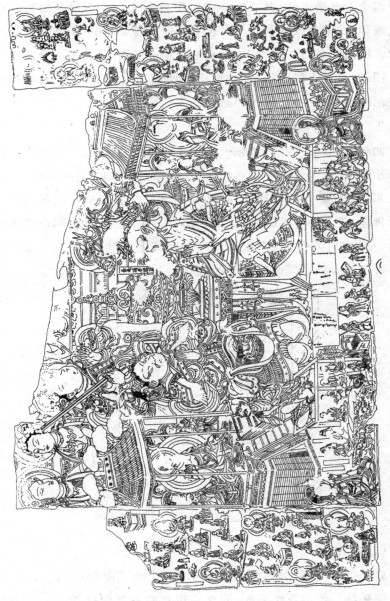

图 9.7 《法华经·见宝塔品》残图(壁画,高 2.20 米,宽 3.45 米,画面有汉文和
回鹘文榜题,高昌回鹘时期。柏孜克里克 8 窟主窟右壁 B 处,勒柯克
《中亚与新疆古代晚期的佛教文物》Ⅳ 册图版 18。)

·欧·亚·历·史·文·化·文·库·

图 9.7 原图残,中央有华丽的莲座,其上主尊缺。台座右面有一着铠甲跪坐合掌的人物,其后有一着铠甲持剑立像。台座左面有一白发比丘跪像,像前有汉文题记"长老须菩提",像后有一着铠甲持金刚杵立像。图两侧各有一小寺,佛坐其中。小寺踏道下,各有一合掌单跪比丘。图左、右及下缘有小画,画面中有回鹘文题记。该图画面较特殊,图中两小寺中的坐佛可能是释迦、多宝二佛坐像(?)。

9.3.2 第四窟(图 9.8)

四号窟平面呈方形,面阔 8.35、进深(残)6.60 米。窟室正中有一方形小室,暂称中堂。中堂面阔 3.50、进深 3.30 米;正中开门,门内侧宽 1.82、外侧宽 1.70、门前踏道宽 0.70 米。中堂后部中间偏右有一长方形佛座,长 1.70、宽 0.50~0.70 米。在中堂与窟室之间形成甬道和隧道,宽约 1.10 米。窟室壁高 3.60 米,其上为穹庐顶,顶高 2.30 米,顶前部破损。该窟壁画配列情况大致如下:

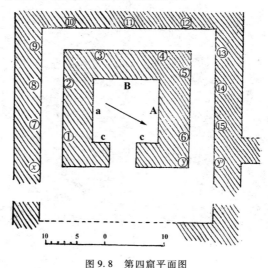

图 9.8 第四窟平面图

(1)窟顶

窟顶中央绘莲花,其周围配六层纹饰,最下面的第六层花纹为璎珞和网格纹。该层花纹下面,即在后边和左右两侧壁的上方绘佛坐像和供养菩萨(前面入口处上方已残毁)。窟顶与四隅间的天井部分绘散花的飞天像(前面入口处飞天像残毁)。

（2）中堂

后壁（B）壁画上部残毁，残存部分构图形式如下：

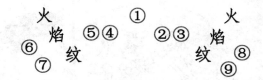

其中，①为莲华、宝珠以及双龙立于池中。②婆罗门立像。③侍者。④天女立像。⑤侍女。在③、⑤之两侧绘火焰，与中间群像分开。⑥向左六臂愤怒形，手持宝轮、索、剑、斧等。⑦单跪猪头魔鬼形。⑧向右六臂愤怒形，手持杵、索、宝轮等。⑨单跪象头魔鬼形。

左侧壁（a）壁画分四层。最上一层仅残存三分之一，绘佛坐像和三尊面向后壁的菩萨。第二层有着长衣的天女及诸侍女泛于云中，面向后壁。第三层绘毗那夜迦及戎装高擎日月，右手持剑的坐像，面向后壁。第四层壁画残留较多，可分为三组：紧邻后壁的一组为天王立像，持箭于胸前，旁为一群眷属（图9.9）；第二组为面向后壁骑马天王像，马前有两妇人，马下有大犬，旁有眷属，上方空中有两个魔鬼形象（图9.10）；第三组为天王立像及其眷属。

右侧壁（A）壁画与左侧壁相应，上部已毁，下部构图与左侧壁下层基本一致。即两侧均为天王立像及其眷属，中间以天王立像为中心，左前方空中有飞行的怪兽，下方有披伽喽啰的群像。从上述中堂左右两侧壁下层壁画构图来看，壁画两侧的天王像实际上是立于中堂的四隅。

中堂门左右壁的内侧壁面绘供养人像，右侧（c）为男像，左侧（c）为女像。

（3）甬道、隧道

在中堂与窟室之间的甬道和隧道两侧壁上，共绘十五幅供养画，其具体位置见图9.8。此外，左甬道入口处（x）残存三个僧人的足部，右甬道口（y）与（x）同。窟室右壁与右甬道口（y）相对处（y′）残存两个人的足部。

综上所述，第4窟的平面结构、壁画构图配列与第9窟基本一致，

·欧·亚·历·史·文·化·文·库·

因此关于第 4 窟壁画的解释可参见下面介绍的第 9 窟。此外，与第 4
窟壁画近似的还有第 3、7、21、26、32 窟等。

图 9.9　行道天王局部图〔壁画，高昌回鹘时期。柏孜克里克 4 窟中间窟室左壁 a 行道
天王图右侧的持国天及其眷属图，该图与 9 窟中间窟室左壁行道天王图右侧构图相同。
图中画方框部分为日本大谷探险队劫取，藏韩国立博物馆；余图见格伦威德尔《中国突
厥故地的古代佛寺》图 512。〕

图 9.10　行道天王局部图（壁画，高昌回鹘时期。柏孜克里克 4 窟中间窟室左壁 a 行道天王图中间的天王出行图，该图与 9 窟行道天王图中间部分构图相同。格伦威德尔《库车》第 163 页，图 54。）

9.3.3　第九窟（图 9.11）

第 9 窟仅比第 4 窟多一个侧室，余形制与第 4 窟同。第 9 窟壁画配列大致如下：

（1）中堂

后壁壁画仅残存下部（图 9.11 编号 32，图 9.12），构图与第 4 窟中堂后壁壁画基本相同，大致情况是：

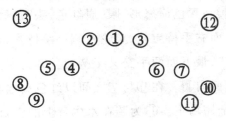

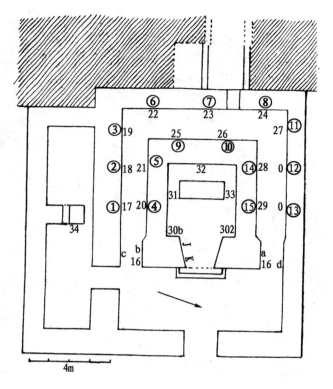

图 9.11　第 9 窟平面图

其中，①莲华上托宝珠。②、③是两龙尾部相交立于池中，其下池中还另有两个相对的龙头。④天女立于池畔。⑤侍女。⑥婆罗门立于池畔。⑦侍者。⑧在绿地上绘愤怒形，身着褐色短裳，腰际围豹皮，颈缠蛇，六臂。上面四臂分持索、宝轮、战斧。下面右手持剑向前，下面左手空掌向前作抓物状，左足提起作向前蹬的姿势。⑨为单跪猪头魔鬼形，双手合掌于胸前，仰头向⑧作惊恐状。在⑨与⑤之间以红色火焰与中间群像分开。⑩为青色愤怒形，眼、眉红色，头戴髑髅冠，六臂。上面左手持金刚杵，上面右手持宝轮，宝轮右侧一手持索、金刚杵，左下一手伸向前方作抓物状，最下面两手交叉于胸前。⑪为象头单跪魔鬼形，双手合掌于胸前，侧面向⑩。在⑪与⑦之间以红色火焰与中间群像分开。⑫为骑金翅鸟的金翅鸟王。⑬为骑在水牛背上的大自在天。松本认为该画是"大悲变相",即观音坐于①莲华上,左②右③为难陀,跋难陀二龙王,④为功德天,⑦为婆薮仙,⑧为火头金刚,⑨为金刚面天(或为频那勒迦),⑩为碧毒金刚,12 为毗那夜迦。但该壁画本尊残毁,为证明上面的判断,可以卅二窟的壁画为例。壁画构图形式为:

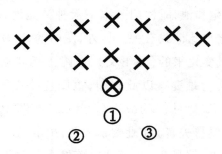

其中,①为大悲观音坐于大莲华之上。②与③为愤怒形。⊗为阿弥陀坐像,×为十冥想佛坐像,×之上则是以阿弥陀为中心的壁画。

左侧壁(图 9.11 编号 31,图 9.13)与第 4 窟中堂左侧壁构图基本相同。该壁画可分为三组,右侧一组构图形式为:

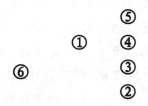

其中,①为天王立于须弥山上,手平持矢于胸前,左侧斜悬有白桦树皮的弓。②跪坐,戴黑幞头,着绿袍,持笔砚的俗体人物。③发红色竖立,面绿色,抱箭囊和剑的鬼形。④手举杯的魔神。⑤天女。⑥跪坐,发红色竖立,具三眼,绿颜,尖耳,张口露齿的鬼形,双手竖持两支长箭。中间一组以戎装骑白马于云中的天王为中心,马后有两个护卫,马右侧有两个戴幞头握腰剑的俗体人物,二人之间有一条奔驰的大犬;马前有两个天女,其他图形不清。左侧一组同样是绘天王立像及其眷属。天王像上身残毁,可见其右手握立于地上的长花秆,身后有一光头

·欧·亚·历·史·文·化·文·库·

人物亦握此秆,天王像右前方跪坐,一戴髑髅冠,身着绿袍,双手持物的鬼形,在鬼形身后有一头顶大盘的童子。该壁画,松本认为是行道天王图。据《长阿含·世纪经》四天王品,《大楼炭经》四天王品,《起世经》四天王品,《起世因本经》四天王品等记载,毗沙门天在须弥山北方有三大城郭,其地有苑和池,毗沙门天率诸天神游苑池,"五大夜叉"随侍近侧。这幅图可能与此记载有关。另外,图中的犬,松本认为是与毗沙门天关系极深的鼠变化来的(见下文),而跪坐托砚舐笔端的俗体人物则是要绘毗沙门天的雄姿。以此判断,该图应是据不空的《毗沙门仪轨》而作,表现安西城毗沙门的故事(见下文)。图中两侧为东方提头赖托即持国天(右侧持矢者)和毗楼勒天王,护卫马上的毗沙门天。

右侧壁(图 9.11 编号 33,图 9.14)该壁画与第四窟中堂右侧壁壁画构图相同,不再赘述。唯此图毗沙门天前有婴儿,其下有犬应作些说明。松本认为该壁画为毗沙门天图,图中的犬即由鼠演变而来。鼠与毗沙门天的关系甚为密切,在印度以鼠作为毗沙门天的象征,在西藏佛画和敦煌壁画中都见到绘毗沙门天时有鼠的形象。在西域关于鼠的记载,主要有三条资料:第一,是不空的《毗沙门仪轨》,该仪轨记载天宝元年,敌兵包围安西(龟兹)城时,毗沙门天在北门楼上现身,金鼠咬断敌兵弓弩,因而解围。第二,《宋高僧传》卷1《不空传》亦记载此事。第三,《西域记》卷12《瞿萨旦那国(于阗)》条记载金鼠助于阗王退敌兵的故事。安西与于阗关于鼠的传说相近,特别是于阗将鼠神化,在寺院壁画和版画中屡见鼠的形象。在柏孜克里克窟寺也有鼠的形象,如第7窟(图 9.15)。而第9窟右侧壁画中的犬,与鼠在画中一般所处的位置相同,因此该壁画中的犬当与鼠的故事有一定关系。

关于婴儿,《金光明最胜王经》、《北方毗沙门多闻宝藏天王神妙罗尼别行仪轨》、《毗沙门天王经》、《吽迦陀野仪轨》等都记载毗沙门天自变婴儿和现婴儿形之事。此外,《西域记》的《瞿萨旦那国》条还记载于阗国王向毗沙门天"祈祷请嗣,神像额上,剖出婴孩",于是于阗宗此婴孩为先祖。上述诸情况,可能是在毗沙门天图中绘婴儿的原因。

图 9.12　大悲变相图(壁画,长 3.44 米,高 1.87 米,高昌回鹘时期。
柏孜克里克 9 窟中间窟室后壁,勒柯克《火州》图版 32。)

图 9.13　行道天王图(壁画,长 3.35 米,高 1.23 米,高昌回鹘时期。
柏孜克里克 9 窟中间窟室左壁,勒柯克《火州》图版 31。)

图 9.14　毗沙门天图(壁画,长 3.37 米,高 1.61 米,高昌回鹘时期。柏孜克里克 9 窟
　　　　中间窟室右壁,勒柯克《火州》图版 33。)

图 9.15 毗沙门天天残图（壁画,高昌回鹘时期。画面毗沙门天怀抱婴儿,
面有鼠。柏孜克里克 7 窟,格伦威德尔《中国突厥故地古代佛寺》图 528。）

　　此外,在中堂门口左侧壁(JK)绘有供养画,门右壁内侧(30a)有三
个持花佩剑,着长袍,戴桃形高冠,有胡髭的男供养人像,画面上有回鹘
文题记(图 9.16),门左壁内侧(30b)为戴冠长发,穿长袍持花三女供养
人像,有回鹘文题记(见勒·《火州》插图 30b,其中女供养人缺一个,图
9.17)。

　　(2)甬道和隧道

　　在右甬道口(16a)有三个持花比丘像,像上方有汉文和回鹘文题
记(图 9.18)。左甬道口(16b)亦有三个持花比丘像,像上方有斜体婆
罗迷文题记(见图 9.16、图 9.19)。在甬道、隧道两侧壁上有 15 幅供养
(勒·《火州》插图 9.17～29),与 28、29 相对的右甬道侧壁上缺 2 幅供
养画。

图 9.16　回鹘男供养人像（壁画，高 59 厘米，宽 57 厘米，头侧有回鹘文榜题，均为回鹘
王室成员。高昌回鹘时期，柏孜克里克石窟寺 9 窟中间窟室前壁门之右侧，勒柯克《火州》
图版 30a。）

·欧·亚·历·史·文·化·文·库·

图 9.17　回鹘女供养人像(壁画,高 62.5 厘米,宽 55 厘米。头侧有回鹘文榜题,
均为回鹘王室成员。高昌回鹘时期,柏孜克里克 9 窟中间窟室前壁门之左侧,
勒柯克《火州》图版 30b。)

图 9.18　比丘像(壁画,高 1.70 米,宽 1.11 米。画面上端有汉文和回鹘文对照榜题,高昌
回鹘时期。柏孜克里克 9 窟右甬道口左壁,勒柯克《火州》图版 16a。)

·欧·亚·历·史·文·化·文·库·

图 9.19　比丘像(壁画,高 1.68 米,宽 1.04 米。画面上端有婆罗迷文榜题,高昌
回鹘时期。柏孜克里克 9 窟左甬道口右壁,勒柯克《火州》图版 16b。)

（3）侧室壁画配列形式如下：

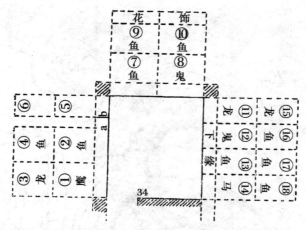

勒柯克认为全部为吒枳大愤明王（？）像。为该图之34为立于鱼上的类似观音的形象，有三面四臂，分手持髑髅、索、斧、杵。像两侧有曼陀罗花，并有回鹘文和汉文题记。该图之上残留另一主尊像下踏之鱼的残部（图9.20）。上述形象与所谓吒枳大愤明王形象似有区别，今后需进一步研究。其余编号除⑤、⑥外均为吒枳像（？），唯像已残（图9.21），有的仅余下踏的鱼、鬼，乘坐的马、龙、鹰（金翅鸟？）等（图9.22），其配列情况见上图。编号a、b及⑤、⑥为婆罗门（图9.23）。以上部分见勒·《火州》第16～17页。

综上所述，第9窟中堂、甬道隧道、侧室三者壁画的主题是不同的。第9窟与第4窟一样，在中堂是以大悲观音为中心，左右配毗沙门天壁画，甬道和隧道则绘成组的供养画。第9窟侧室全部是吒枳（？）的形象。总观这二窟，壁画主要是属于密教系统。

9.3.4　第11和40窟（图9.24）

11窟平面呈长方形，中间有隔断，形成前后两室。前室面阔3.6、进深4、高3.6米，券顶。门呈外小里大的八字形。在隔断墙前有一长1.65、宽0.73、高0.90米的台座，台座上有两尊塑像的痕迹。后室进深3.70米，残存半个穹庐顶，前面与前室券顶相接，此窟显然经过改建。11窟壁画仅限于前室，门口两侧壁的内壁壁画残毁，在窟顶绘七层千

·欧·亚·历·史·文·化·文·库·

佛像。除上所述,其他部位壁画的配列大致如下:

图 9.20　多面明王(吒枳大愤明王?)像(壁画,高 1.52 米,宽 1.04 米,画面上有汉文和回鹘文榜题,汉文榜题为"我达摩室啰弟子写矣",高昌回鹘时期。柏孜克里克 9 窟耳室中间隔墙,勒柯克《火州》图版 34。)

图 9.21　多面明王像(壁画,长 12 呎,高昌回鹘时期。柏孜克里克 9 窟耳室左壁,
　　　　　安德鲁斯《中亚古代佛教壁画图录》X XI, Bez, V. A – E。)

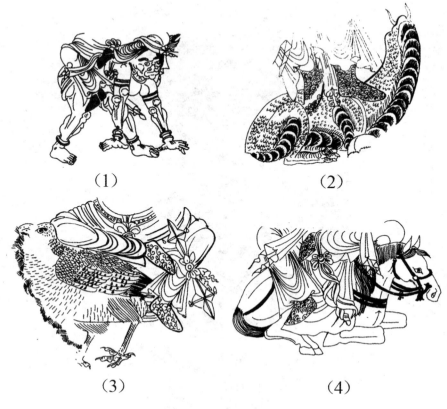

（1）　　　　　　　　　　　　　　（2）

（3）　　　　　　　　　　　　　　（4）

图 9.22

（1）骑鬼图。壁画，高 60 厘米，宽 52 厘米，高昌回鹘时期。柏孜克里克 9 窟耳室左侧壁中间下部，勒柯克《火州》导论第 16 页插图 Abb. 3，Nr. 12。

（2）踏龙图。壁画，高 38 厘米，宽 60 厘米，高昌回鹘时期。柏孜克里克 9 窟耳室左侧壁前端上部，勒柯克《火州》导论第 16 页插图 Abb. 3，Nr. 15。

（3）骑鹰图。壁画，高 53 厘米，高昌回鹘时期。柏孜克里克 9 窟耳室右侧壁后端下部，勒柯克《火州》导论第 16 页插图 Abb. 1。

（4）骑马图。壁画，高 52 厘米，宽 86 厘米，高昌回鹘时期。柏孜克里克 9 窟耳室左侧壁后端下部，勒柯克《火州》导论第 16 页插图 Abb. 2，Nr. 14。

（1）隔断墙与台座

台座前立面中部绘佛说法像，旁有云围绕，其左侧绘三菩萨一比丘，右侧绘四菩萨。左右外缘绘供养人像。台座两侧立面绘纹饰。

与台座相连的隔断墙上，于台座两尊塑像痕迹的后面绘楼阁，其上绘乘云飞天，右侧绘两个合掌的天部，左侧绘立于水中的宝珠盆，可看出有四龙王。

图 9.23　婆罗门像（壁画，高 1.64 米，高昌回鹘时期。柏孜克里克 9 窟

耳室北壁前端下部，勒柯克《火州》导论第 17 页插图 Abb,5. Nr.5。）

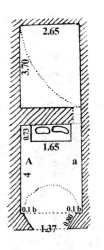

9.24　11 窟平面图

（2）右侧壁（a）壁画

右侧壁壁画，中间是主图，两侧有高 26 厘米的小画上下七段，小画外有宽 40 厘米的外缘。主图下方有一组宽约 24 厘米的小画。主图构图形式如下：

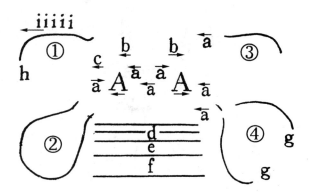

其中，AA 大立佛，a 合掌七菩萨，b 天部，c 比丘，d 勾栏，e 为 4、f 为 7 个菩萨头部。①②③④为从中心放出的云，以此作为区划。①中央绘佛说法像，右为合掌四比丘，左为九比丘像。②中央绘佛说法像，正面绘一菩萨坐像。③与①基本相同，④与②基本相同。g 为从属于 ef 的两菩萨头部像。h 是合掌菩萨像。i 为面向后壁乘云的五尊佛坐像。

234

主图下方小画,以左边图例说明。该画为连环画式,有 14 个内容(图 9.25)。①题签,有题记。②一人立于树下。③城图。④神像。⑤人物坐像,举左手,右手置于胸前。⑥高山和树木。⑦四人过桥。⑧两立像举左手。⑨驮物的马、驴、骆驼。⑩山。⑪戴冠妇人像,侧举左手示路。⑫合掌胡人像。⑬驮物的驴、马、牛、骆驼。⑭山。

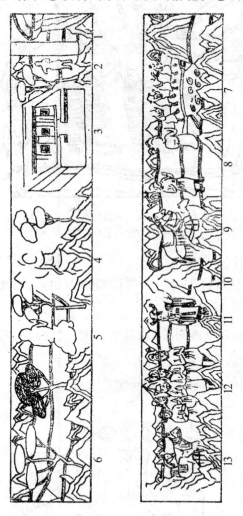

图 9.25 《法华经》诸品图

主图两侧小画,以左侧小画为例说明。左侧小画上下七组内容是:①有两菩萨、四比丘的佛说法像;②佛棺之荼毗;③佛入涅槃;④两跪坐

·欧·亚·历·史·文·化·文·库·

天部面向佛说法像;⑤一人在两个铠装像前合掌站立,其背后有小屋和山(图9.26);⑥山中风景,绘两个人乘龙从云雨中逃走;⑦山中风景,绘两头野兽追逐一个人。

图9.26　毗沙门天现身图(壁画,高昌回鹘时期。柏孜克里克11窟左壁主图下缘辅图之一,格伦威德尔《中国突厥故地古代佛寺》图544。)

(3)左侧壁(A)壁画

破损严重,从残迹上看与右壁壁画构图相同,与40窟左壁壁画构图一致。

40窟的平面和壁画与11窟基本相同,其壁画配列大致如下:

(1)后壁绘两佛并坐说法像。

(2)左侧壁(a)的壁画主图构图形式如下:

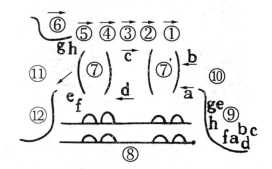

①—⑤为云中佛坐像。⑥四立像和三天部围绕骑兽菩萨像（疑为乘象的普贤）。⑦⑦′两佛立像，a、b、c 为⑦′的夹侍，d、e、f 为⑦的夹侍。⑧菩萨像头部。⑨说法的佛坐像，其前有三置供物的祭坛，a—h 为合掌菩萨。⑩说法佛坐像，左右各四比丘，佛前一向后跪坐比丘，其他残毁。⑪大体与⑩同，⑫大体与⑨同。

主图下方小画可看出以下几个内容，一是在一个大院中房子着火，院里有魔神，一个孩子从窗户逃出，窗前立一人；二是绘三辆大马车及牛车；三是绘八个孩子，其中两人跪坐，余合掌立；四是绘七女神与上述八子行；五绘山中风景。主图左右两侧小画残缺。

（3）右侧壁（A）壁画。其构图形式如下：

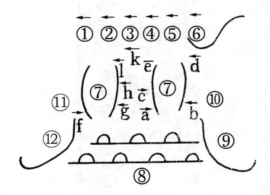

其中，①—⑤云中佛坐像，⑥乘狮子（虎）的菩萨（疑为文殊），⑦⑦′二立像，周围有夹侍，⑧七菩萨头像（图 9.27）。⑨、⑩、⑪、⑫为佛说法坐像及周围的菩萨、比丘像，情况与左侧壁同。

主图两侧小画仅残存一部分，如右侧第⑥绘山中一人物，其上有云雨，云中有雷、龙。第⑦绘山中一人物及一头猛兽（虎）和一条蛇作逃跑状。左侧小画第⑦，在山坡上绘一圆光，里边绘一着汉族服装的人物，上方有同样装束者三人，作合掌或惊愕的表情（图 9.28）。

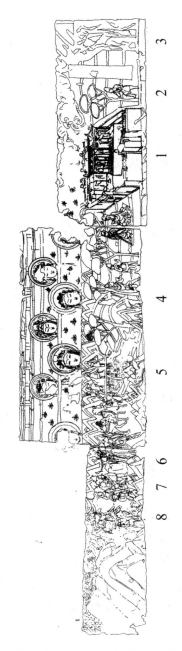

图9.27 释迦多宝二佛说法残图(壁画,宽10呎3吋,高昌回鹘时期。柏孜克里克40窟右壁,图中间绘释迦多宝二佛,两旁绘说法像,下缘绘《法华经·化城喻品》图。40窟左侧壁及11窟左右壁壁画构图形式与此相同,安德鲁斯《中亚古代佛教壁画图录》XXXI,Bez. B−D。)

图 9.28　为人所推坠图（壁画，高昌回鹘时期。柏孜克里克 40 窟右壁主图右侧辅图之一，格伦威德尔《中国突厥故地古代佛寺》图 613。）

主图下方小画可看出八个内容（图 9.27），其中①大寺院；②树木，在树前有面向寺院的礼拜者；③题记（缺）；④绘二跪坐合掌人物，另绘二巡礼者向寺院走去；⑤水和桥，桥上有行人，其中一人旁有骆驼；⑥立于山口的神人；⑦合掌的人群；⑧绘一群人与驮物的骆驼、马。

综观上述第 11、40 窟的壁画，都是根据《法华经》绘制的，比如第 40 窟左侧壁下缘的小画，即是绘《法华经·譬喻品》的火宅及诸子逃跑、牛车等故事。第 11、40 窟右侧壁下缘小画，即绘《法华经·化城喻品》的故事。11 窟右侧壁左缘小画第⑤，即据《法华经·普门品》绘毗沙门现身，第⑥则据普门品偈而绘云雷图。四十窟右侧壁右缘小画⑦，据普门品偈绘"为人所推堕"图，图中圆光即偈所说"如日虚空住"。11、40 窟两侧壁的主图均是两佛并立，四面有云，云中有佛说法像；又11 窟台座上有二尊塑像痕迹，40 窟后壁绘两佛并坐，上述形象显然是

·欧·亚·历·史·文·化·文·库·

根据《法华经·见宝塔品》绘制的释迦、多宝两佛说法像。

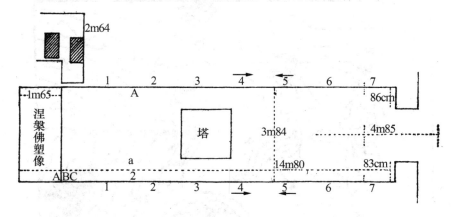

图 9.29　19 窟平面图(上面小图为举哀图所在位置)

9.3.5　第 19、20 窟(图 9.29、9.30)

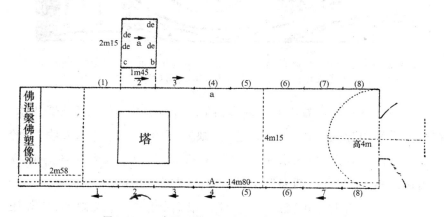

图 9.30　20 窟平面图(上面小图为供养画所在位置)

　　第 19 窟平面呈长方形,面阔 3.86、进深 14.80 米。沿后壁有一高 0.90、宽 1.65 米的台座,窟室中间有一方形塔,券顶,室内地面至窟顶高 4.85 米,在窟门上部有半圆形的小窗。窟室后壁台座上有佛涅槃塑像,室内后、左右侧壁、塔四周、入口侧壁、窟顶均有壁画,现摘其要者介绍如下:

图 9.31　回鹘男供养人像(壁画,高 55 厘米,宽 36 厘米。画面有回鹘文榜题,右下侧
　　　三行朱色榜题意为:此为勇猛之狮,统治全国的九姓(?)之主,全民苍鹰侯回鹘(?)
　　　特勒(达干?)之像。高昌回鹘时期。柏孜克里克 19 窟中间佛塔正面说法像左侧,
　　　勒柯克《中亚与新疆古代晚期的佛教文物》Ⅲ册图版 18。)

(1)塔四周

正面(前)为释迦说法像,其左为男供养人像。男供养人像高 55、
宽 36 厘米,戴桃形高冠,着长袍,手持花枝,像两侧有回鹘文题记,右下

241

侧有三行红色回鹘文题记(图9.31)。在说法像之右为四个女供养人像(图9.32)。

　　塔右侧绘龙在山中之湖腾跃(图9.33),塔左侧绘天部及舞蹈妇人群像。塔四隅绘千佛坐像(图9.34),千佛具顶光、背光、天盖,坐于莲花之上,像高64、宽60厘米。窟顶绘千佛,形象与此同。

图9.32　回鹘女供养人像(壁画,高25厘米,宽22厘米,原绘四身女像,
高昌回鹘时期。柏孜克里克19窟中间佛塔正面说法像右侧,
勒柯克《中亚与新疆古代晚期的佛教文物》Ⅲ册图版13。)

图 9.33　龙图（壁画，高 65 厘米，宽 54 厘米，高昌回鹘时期。柏孜克里克 19 窟塔右侧，
勒柯克《中亚与新疆古代晚期的佛教文物》Ⅲ 册图版 22。）

（2）涅槃像周围的壁画

涅槃像头向 a 壁，已残毁。涅槃像后壁壁画已无。足向侧壁 A，壁上有一幅高 2.64 米的大画，绘一群等身大的悲叹或祈愿群僧图（图 9.35）。在头向的 a 壁的 A、B、C 处，与上述壁画相对有一幅大壁画，已残，可看出有抱乐器的婆罗门群像，其下为冥想的须跋陀罗像，该画面后接供养画（图 9.36）。

·欧·亚·历·史·文·化·文·库·

图 9.34　千佛像（壁画，高 64 厘米，宽 60 厘米，高昌回鹘时期。柏孜克里克
19 窟塔之四隅，勒柯克《中亚与新疆古代晚期的佛教文物》Ⅲ 册图版 21。）

（3）左右侧壁

与涅槃像周围壁画相接直至窟门一端，共绘高 2.77、宽 1.62 米的
供养画 7 幅（图 9.36），其中左壁 a 之 6、7 已残毁。

图 9.35　举哀图(壁画,高 2.64 米,高昌回鹘时期。柏孜克里克 19 窟右壁北端,
位于涅槃塑像足旁,画面中部两侧粗线范围为大谷探险队劫取。原图见
格伦威德尔《中国突厥故地的古代佛寺》图 561。)

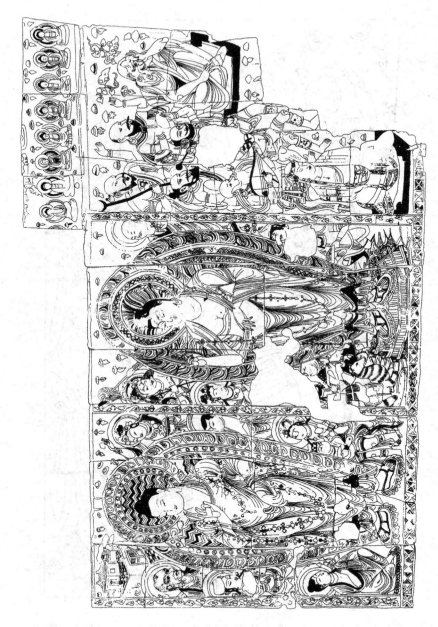

图 9.36　供养画及奏乐婆罗门(壁画,高 11 呎 10 吋,宽 18 呎,高昌回鹘时期。

柏孜克里克 19 窟左壁后部,最后一铺奏乐婆罗门群像在涅槃塑像座台

上面,安德鲁斯《中亚古代佛教壁画图录》XXⅦ,Bez. ⅫA.Ⅰ。)

（4）门口侧壁

在门口两侧壁绘供养人像，右边像宽86（9. 图37）、左边像宽83厘米。

图9.37　回鹘男供养人像（壁画，高1呎8吋，高昌回鹘时期。柏孜克里克19窟前壁门右侧，
安德鲁斯《中亚古代佛教壁画图录》XXVIII，Bez. XII. M。）

20窟与19窟相邻,两窟平面布局、壁画配列、构图基本一致,不再赘述。唯熊谷宣夫考证大谷等窃取的乐人图为第廿窟涅槃像头向侧壁壁画的一部分(图9.38)。该图精美,与第六窟乐人图相近(图9.39),与19窟伴随涅槃像的乐人图形像不同。

图9.38 乐人图(壁画,高105.3厘米,宽105.3厘米,高昌回鹘时期。柏孜克里克20窟后壁涅槃像附近(?),《西域考古图谱》绘画之部13图。)

图 9.39　乐人图（壁画，高昌回鹘时期。柏孜克里克 6 窟，《西域文化研究》五册图 349。）

9.4　流失域外供养画概述

第九窟壁画另一个重要题材是供养画。所谓供养画,即是礼拜供养佛的画,国外亦将其称为誓愿画。这种画主要是表现释尊前生发成佛誓愿,供养过去诸佛,积善行蒙受记未来成佛的种种故事。供养画在高昌地区比较普遍,同时也是高昌回鹘时期有代表性的壁画题材。供养画一幅一个主题,它多成组连续绘在洞窟和佛殿左右侧壁或前后壁、甬道和隧道两侧壁上。第9窟的供养画,是回鹘时期已定型的作品,绘制精美,内容较全(共十五个主题,残缺两个),并有榜题,是供养画中的典型。柏孜克里克第4窟(今15窟),主窟和甬道的壁画题材和配列形式与9窟几乎完全一致。此外,3、7、26、32窟(今14、17、39窟);木头沟二区E窟,以及高昌故城α、β寺址壁画题材和配列形式与9窟主窟相同或相近。8、10、12、19、20、25、29、36、37、39窟(今18、22、24、31、33、38、42、47、48、50窟)的供养画则与9窟甬道壁画题材相同,配列形式亦相近。这些窟原有供养画的主题数和残存情况略如下表:

表9.1

窟号	2	4	8	9	10	12	19	20	24	25	29	36	37	39
主题数	?	15	?	15	8	6	14	16	8	6	8	4	4	4
残存之主题数	?	15	3	13	8	4	11	7	5	3	5	2	2	2

在上述诸窟中,第4窟供养画的主题数和配列形式与9窟完成全相同。但是,由于第4窟供养画各主题由克伦威德尔编号,第9窟由勒柯克编号,两者供养画主题编号不同,现将两窟供养画主题编号关系对照如下:

表9.2

4窟	1	2	3	4	5	6	7	8	9	10	11	12	13	14	15
9窟	4	5	9	10	14	15	1	2	3	6	7	8	11	12	13

下面拟以第9窟十五个主题供养画为例,略作介绍。

(1)第一主题:位于左甬道左壁前数第一图(图9.40),图中间绘立佛,左侧从上至下绘比丘,托供盘的婆罗门、托供盘的童子。右侧从上至下绘寺院、菩萨、比丘、执金刚、跪坐婆罗门,其背后绘草屋。壁画上方,在幔帷与立佛项光之间有斜体婆罗迷文榜题。这些榜题与汉译义净《根本说一切有部毗奈耶药事》卷15所载内容相近(以下简称汉译)。据此经该榜题之意为:我曾做国王,有佛名梵志,以浴室香汤,依时休浴佛。在藏译 Hdul-ba gshi Sman-gyi gshi[1]中(以下简称藏译),以及德国人直译榜题(以下简称直译)中均提到婆罗门以暖房,黑沉香等诸香或精舍供养佛。[2]

(2)第二主题:位于(1)之后(图9.41),图中间绘立佛,左侧从上至下绘执金刚、贵妇、持伞盖铠装之王。右侧从上至下绘寺院、比丘、执伞盖菩萨、跪坐铠装合掌之王(与左侧王者是同一个人)。壁画榜题,汉译为:我曾作国王,有佛名住修,以妙色珍宝,音声而供养。直译和藏译意义与此相近。

(3)第三主题:位于(2)之后(图9.42),图中间绘立佛,左侧从上至下绘寺院、执金刚、比丘、比丘给王剃发。右侧从上至下绘菩萨、贵妇、单跪铠装之王。榜题汉译:我曾作长者,于彼大城中,供养尸弃佛,建立寺舍塔。直译和藏译与此相近。

(4)第四主题:位于左甬道右壁前数第一图(图9.43),图中间绘立佛,左侧从上至下绘寺院和菩萨、执金刚、跪坐之王。右侧从上至下绘抛花天部,两躯菩萨、捧供盘之王和王妃。榜题直译,大意是:佛是人间的太阳,王用暖房、黑沉香等诸香供养,并以六万精舍供养佛。

(5)第五主题:位于(4)之后(图9.44),图中间绘立佛,左侧从上至下绘寺院与菩萨,持伞盖菩萨,铠装跪坐之王,王旁小人为寄进者。右侧从上至下绘两身比丘,持伞盖之王和王妃。榜题汉译:我曾作国王,佛号超师子,我以宝幡盖,供养此如来。直译和藏译中,均提到阿难。

---

〔1〕见《西藏大藏经》,北京影印版,No. 1030,(6)卷41。
〔2〕〔日〕平野真完:《柏孜克里克第九号窟寺誓愿画铭文的考察》,《美术研究》,1961年,第218号。

（6）第六主题：位于隧道后壁左端（图9.45），图中间绘立佛，左侧从上至下绘执金刚与菩萨、跪坐俗体人物，其身后有马、驴和驼驮供物。右侧从上至下绘两身比丘、两躯菩萨，两身单跪托供盘俗体人物，供盘上各放七个袋子。榜题汉译：其寺供七佛，奉施珍宝具，及以奴婢等，庄宅花园林。直译与藏译大意为：长者以像、马、黄金、女人，并用宝石装饰供养六胜者的园林。所谓六胜者，应指过去六佛。

（7）第七主题：位于（6）之后（图9.46），图中间绘立佛，持花。左侧自上至下绘执金刚与菩萨，持花婆罗门。右侧自上至下绘寺院、两躯菩萨，托供盘上面放花的婆罗门，持花婆罗门，五体投地布发的婆罗门。榜题汉译：次见燃灯佛，多闻甚可爱，以七青莲花，作梵志持供。直译有"第二阿僧祇（劫）终"之语。这幅画是有名的善慧童子本生图。据《四分律》卷31说，释尊前生为婆罗门青年时，闻见定光（燃灯、普光）佛，苦心求花供佛，为佛跪布发掩泥道，发成佛誓愿，始蒙受记。

（8）第八主题：位于（7）之后（图9.47），图中间绘立佛，左侧自上至下绘菩萨与比丘，下面毁，根据第4窟第十二主题供养画应为跪坐王妃。右侧自上至下绘寺院、菩萨、两身比丘、跪坐托供盘铠装之王，盘内盛摩尼珠。榜题汉译：曾作长者时，有佛名善眼，我以摩尼宝，供养此如来。直译有"以珠宝和精舍供养"之语。

（9）第九主题：位于隧道前壁左端（图9.48），图中间绘立佛，左侧自上至下绘天部与执金刚、两躯菩萨，跪坐铠装托灯明之王。右侧自上至下绘两身比丘，两躯菩萨，跪坐托灯明比丘。榜题汉译：乃往过去世，曾为王子时，宝髻佛兄弟，我以灯明施。直译有"第一阿僧祇（劫）终"之语。

（10）第十主题：位于（9）之后（图9.49），图中间绘立佛，左侧自上至下绘寺院、比丘、两躯菩萨，单跪偏袒右肩合掌佛形，即释尊前生为菩萨时之形象，这是描绘迦叶佛出世时，陶师劝友人（菩萨）出家的故事。右侧自上至下绘抛花天部、菩萨、托花盘菩萨，其身前绘托花盘童子，身后绘二身寄进者。榜题汉译：昔为梵志名最胜，于两足尊迦叶佛，由闻喜护所说语，乃得出家修净意。直译有"第三阿僧祇（劫）一切德之修行终"之语。按大乘佛教发修行成佛之志的菩萨,自发心到成佛要经过三阿僧祇劫。第9窟供养画榜题中所提到的三阿僧祇劫,正是反映了这个必经的过程。

（11）第十一主题:位于右甬道右壁后端(图9.50),图中间绘立佛,左侧自上至下绘比丘、菩萨。右侧自上至下绘执金刚、合掌比丘、跪坐比丘。榜题汉译:昔为商人时,闻佛名净住,欲来造寺舍,园苑毗诃罗。图与榜题似不相符。

（12）第十二主题:位于(11)之前,毁。按该图相当于第4窟第十四主题供养画(只有局部图),似以剃度出家为主题。

（13）第十三主题:位于(12)之前,毁,仅略存痕迹。根据《火州》第15页的记述,其榜题汉译为:往昔作仙人,见善眼世尊,以着树皮衣,持施覆其身。

（14）第十四主题:位于右甬道左壁后端(图9.51),图中间绘佛立于小舟之上,舟下绘水。左侧自上至下绘菩萨、比丘、两身合掌俗体人物,托供盘跪坐俗体人物。右侧自上至下绘比丘、菩萨、托供盘俗体人物,跪坐合掌俗体人物,驮供物的驴和骆驼。榜题汉译:有佛欲渡河,我曾作舡师,见佛心欢喜,渡佛到彼岸。直译提到"我"为商队之长,以舟渡牟尼。图中的俗体人物即应为商人。

（15）第十五主题:位于(14)之前(图9.52),图中间绘立佛,左侧自上至下绘执金刚、菩萨、婆罗门,身后绘木屋。右侧自上至下绘抛花天部、比丘、托供盘婆罗门。榜题汉译:我昔为国王,种种供养佛,满足皆随喜,起塔名法王。直译与此基本相同。

253

图 9.40　供养画（壁画，高 3.25 米，宽 2 米。画面上方有婆罗迷文榜题，高昌回鹘时期。
柏孜克里克 9 窟左甬道左壁前数第一图，勒柯克《火州》图版 17。）

图 9.41　供养画(壁画,高 3.25 米,宽 1.90 米。画面上方有婆罗迷文榜题,高昌回鹘
时期。柏孜克里克 9 窟左甬道左壁前数第二图,勒柯克《火州》图版 18。)

·欧·亚·历·史·文·化·文·库·

图 9.42　供养画(壁画,高 3.25 米,宽 1.95 米。画面上方有婆罗迷文榜题,高昌回鹘
时期。柏孜克里克 9 窟左甬道左壁后数第一图,勒柯克《火州》图版 19。)

图 9.43　供养画(壁画,高 3.25 米,宽 2.27 米。画面上方有婆罗迷文榜题,高昌回鹘
　　　　　时期。柏孜克里克 9 窟左甬道右壁前数第一图,勒柯克《火州》图版 20。)

图 9.44　供养画(壁画,高 3.25 米,宽 2.36 米。画面上方有婆罗迷文榜题,高昌回鹘
　　　　时期。柏孜克里克 9 窟左甬道右壁后数第一图,勒柯克《火州》图版 21 右图。)

图 9.45 供养画(壁画,高 3.25 米,宽 2.75 米。画面上方有婆罗迷文榜题,高昌回鹘
时期。柏孜克里克 9 窟隧道后壁左端,勒柯克《火州》图版 22 右图。)

·欧·亚·历·史·文·化·文库·

图 9.46 供养画(壁画,高 3.25 宽 2.75 米。画面上方有婆罗迷文榜题,高昌回鹘
时期。柏孜克里克 9 窟隧道后壁中间,勒柯克《火州》图版 23。)

图 9.47　供养画(壁画,高 3.25 米,宽 2.75 米。画面上方有婆罗迷文榜题,高昌回鹘
　　　　时期。柏孜克里克 9 窟隧道后壁右端,勒柯克《火州》图版 24。)

图 9.48　供养画(壁画,高 3.25 米,宽 3.05 米。画面上方有婆罗迷文榜题,高昌回鹘
　　　　时期。柏孜克里克 9 窟隧道前壁左端,勒柯克《火州》图版 25。)

图 9.49 供养画(壁画,高 3.25 米,宽 3 米。画面上方有婆罗迷文榜题,高昌回鹘
时期。柏孜克里克 9 窟隧道前壁右端,勒柯克《火州》图版 26。)

图9.50　供养画(壁画,高3.32米,宽1.80米。画面上方有婆罗迷文榜题,高昌回鹘
　　　　时期。柏孜克里克9窟右甬道右壁后端,勒柯克《火州》图版27。)

图 9.51　供养画(壁画,高 3.60 米,宽 2.30 米。画面上方有婆罗迷文榜题,高昌回鹘
　　　时期。柏孜克里克 9 窟右甬道左壁后端,勒柯克《火州》图版 28。)

图 9.52　供养画(壁画,高 3.25 米,宽 2.35 米。画面上方有婆罗迷文榜题,高昌回鹘
时期。柏孜克里克 9 窟右甬道左壁中间,勒柯克《火州》图版 29。)

266

综上所述,前面以七个窟为主,并涉及其他十余窟,这样大致可以反映出柏孜克里克窟寺流失壁画题材的概况。归结起来不外是以下数种:(1)千佛像,(2)成组的供养画,(3)供养人像,(4)以大悲观音(包括如意轮观音)及其眷属为中心的壁画,(5)以毗沙门天为中心的诸壁画,(6)以《法华经》诸品为中心的诸壁画,(7)药师净土变壁画,⑧以涅槃为中心的诸壁画,(9)以阿弥陀佛为中心的诸壁画,(10)四天王图,(11)地狱图,(12)飞天,以及其他密教诸尊像和佛本生、佛经故事画等等。综观这些壁画题材,它所反映的佛教信仰虽然是属于大乘教系统的,但是其内涵却是较复杂的。第4、8、9等窟的壁画表明,密教图像在该窟寺中占有很重要的地位。普遍存在的供养画,题材是大乘教的,但第9窟供养画上的题铭却出自小乘一切有部经典,供养画的构图与库车克孜尔窟寺的小乘说法图也有渊源关系(见下文)。这种情况表明,该窟寺亦受到小乘佛教的一定影响。从地狱图来看,又发现佛教的十王思想与摩尼教的冥府思想有某种内在联系(见下文),表明高昌回鹘佛教在一定程度上仍带有摩尼教的烙印(此点,在回鹘文译本《天地八阳神咒经》中亦有反映)。此外,从该窟寺大量的供养人像装束和题记来看,其中相当一部分是属于高昌回鹘的王公贵族,表明该窟寺与高昌王室的关系甚为密切,应是高昌回鹘王家寺院。因此,该窟寺的上述壁画题材基本上可以代表高昌回鹘佛教信仰的主要内容和趋向。

9.5 流失城外壁画的主要特点及其与外界佛教艺术的关系

9.5.1 壁画的主要特点

柏孜克里克窟寺是新疆地区具有独特风格的一座窟寺,就流失域外壁画来看,除上述题材方面的特点外,在壁画配置、构图和绘画技法方画还有以下一些特点。

(1)基本上一个窟的壁画是以一个题材为中心,配以与之相近题材的壁画。

（2）各类壁画的配置大都有一定部位。比如养人像一般在窟门口或说法图两侧边缘。千佛像大都在窟顶或坛（塔）的四隅。天王像多在窟内四隅。供养画多在窟内两侧壁和后壁，或甬道隧道两侧壁。经变画或佛经故事，多在窟内两侧壁和后壁。窟内壁画的中心题材多在塑像主尊周围的壁上。说法图多在坛或塔的正面等等。

（3）同类壁画的构图基本一致，趋于格式化。比如供养画都是以立佛为中心，两侧绘王、婆罗门、菩萨、比丘、天部、寺院等。佛经故事画面多呈连环画式。经变画，一般中间是主图，其两侧缘和下缘则以连环画式绘与主图相关的佛教故事。密教图像，一般主尊在中央，两侧及下部绘诸眷属。说法图均以佛说法像为主，两旁绘菩萨、比丘等；两侧外缘绘供养人像。千佛像均以长方格为区划，成排成组绘出千佛坐像。

（4）壁画用色以红为主，配以绿、浅红、蓝、黑、白、黄等色。总之喜用暖色，因此画面艳丽富于刺激性，缺乏含蓄性和沉静感。

（5）绘画技法以中国的线描法为主，轮廓线多用墨线勾画，亦有用黑红二重轮廓线的，壁画多用渲染法。

（6）供养人像各有特点，栩栩如生，恰似肖像画。

9.5.2 与外界佛教艺术的关系

柏孜克里克窟寺的壁画，不但在形式上有大量的回鹘文题记，回鹘供养人，回鹘式的陈设和用具等等，而且在壁画题材内容上，诸如普遍存在的供养画，以及密教壁画的配列和形象等都独具特点，因此可以说该窟寺的壁画完全是回鹘式的（下详）。但是高昌回鹘的佛教绝不是封闭式的，仅从壁画来看，种种迹象表明它与外界佛教艺术还是有许多关系的。

（1）与内地的关系

柏孜克里克窟寺壁画与敦煌壁画相比，有许多近似之处，比如：

①柏孜克里克窟寺与敦煌壁画的题材多大同小异，如该窟寺第11、40窟以《法华经》为中心的诸壁画与敦煌220洞（唐）的壁画几乎完全一样。关于这方面的问题是众所周知的，不再赘述。除此之外，现仅

指出两点:第一,敦煌等地晚唐以后流行的密教题材的壁画,在柏孜克里克窟寺中亦占有重要地位,只不过在构图和具体形象的细部上有所区别而已。第二,敦煌等地晚唐以后流行的十王与地狱图,在该窟寺及高昌地区同期佛教遗址中每有发现。如前所述,柏孜克里克窟寺第8窟曾发现一幅精美的地狱图。此外,距该窟寺很近的木头沟第三区发现的地狱图(图9.53),又与摩尼教图像有较密切关系。该图绘十王裁罪图,图中有牛头马面的狱卒。图中判官的姿态、服饰、桌子形状等与当地8、9世纪摩尼教经典的插图极为相近,这种情况绝不是偶然的。佛教的十王思想与摩尼教的冥府思想本来就有很密切的关系。大家知道,帮助玄奘译《地藏十轮经》的道明,就是《摩尼教下部赞》的译者。在该赞文中就出现有"地狱","地藏"、"平等王"(阎魔王)等语。敦煌本《波斯教残经》中也有"诚信以像十天大王,具足以像降魔胜使,忍辱以像地藏明使……"等语。上述情况表明,佛教的十王思想与摩尼教的冥府思想是相通的(他们之间的微妙关系姑且不论)。而高昌回鹘皈依佛教之前长期信奉摩尼教,因此地狱图在高昌回鹘教遗址中流行并呈现与摩尼教图像相近的形象就不足为奇了。

图 9.53　地狱图

②前述壁画特点中的构图形式,线描的技法乃至壁画的风格等都与敦煌晚唐五代宋时的壁画相近。

③壁画上有大量的各种汉式建筑图,但这种建筑图在回鹘的实际生活中并不流行,就此而言,可以说是模拟汉族壁画之作。

④壁画中经常出现戴汉族冠饰,着汉族服装的形象。

⑤壁画中有较多的汉文或汉文与回鹘文合璧的题记。有些题记直接标明汉族人的姓名。

后面三点,更直接地表明该窟寺与内地的密切关系。

（2）与吐鲁番以西地区的关系

①在题材方面,最值得一提的是供养画。这种形式的供养画在敦煌和内地均无发现,但在焉耆七格星佛寺遗址（斯坦因编号第十三寺址）却发现过。其形式与高昌故城、胜金口、木头沟属于高昌回鹘的佛教遗址中所见形式相近（较简单,为柏孜克里克窟寺供养画定型以前的作品）,表明它们之间有一定的渊源关系。从构图形式上看,这种供养画与库车克孜尔窟寺小乘说法图相近,只不过将克孜尔窟寺说法图的佛坐像改为立像而已（再往远说,亦可认为是拉瓦克雕塑大立佛像的绘画化）。特别是第9窟供养画上以婆罗迷文书写梵语等的题铭来源于小乘一切有部的经典,以此证之,这种供养画很可能是由克孜尔窟寺小乘说法图演变而来。此外,第4、9两窟的毗沙门天图中加绘的犬、鼠、婴儿等题材,又很可能与于阗建国传说和所流行的毗沙门天的题材有一定关系。

②在绘画技法方面,该窟寺与吐鲁番以西地区差异较大,但在采用黑红两重轮廓线这一点上与库车地区库木吐拉窟寺壁画和出土的舍利盒彩绘的轮廓线相同。

③除上所述,还应提到高昌回鹘与本地佛教的关系。回鹘西迁前是信奉摩尼教的,当时他们以游牧生活为主,文化发展水平较低。但是当回鹘西迁到高昌这个佛教文化高度发达的地区后,则较快地转奉佛教。这个过程表明,高昌回鹘的佛教必然是在当地原来佛教的基础上发展起来的。关于这一点,已从高昌回鹘信奉大乘佛教而不信奉高昌以西地区流行的小乘佛教,以及回鹘时期佛教遗址中的塑像和壁画基本上是延续当地以前的题材和风格发展起来的等等方面得到证明。而高昌地区在回鹘西迁前的佛教,如魏氏高昌时期的佛教,基本上是在汉族佛教文化影响下建立起来的,西州时期的佛教更是在唐直接统治下,许多寺庙都有汉族工匠参加而修筑起来的。因此,柏孜克里克窟

寺壁画与敦煌壁画有很多接近之处,并非都是回鹘西迁后由敦煌传过来的,其大部分应是回鹘继承发展高昌地区原来佛教艺术的必然结果。[1]

此外,有些研究者还提出高昌回鹘佛教艺术与印度和西藏的佛教艺术也有一定关系,但是限于资料和篇幅在此就不赘述了。

9.6　时代

柏孜克里克窟寺流失城外的大量精美的壁画和该窟寺现在残存的壁画,都不是完整的资料。在未将两个资料整合起来,对该窟寺作全面综合研究的情况下,无论依据哪个资料进行断代分期的研究都是很困难的。因此,本篇暂不具体涉及这个问题,仅据前述资料提出以下两点粗浅的看法。

9.6.1　柏孜克里克窟寺现存遗迹属高昌回鹘时期

柏孜克里克窟寺的供养画,举世公认是高昌回鹘佛教艺术中最有代表性的题材之一。这个题材,据国外资料报导共涉及 2、4、8、9、10、12、19、20、24、25、29、36、37、39 等 14 个窟。这些窟号断断续续地贯穿该窟寺的南北,并涉及各种不同形制的窟。而那些没有供养画的窟,其壁画风格也与上述各窟一脉相承,并多有回鹘供养人像和回鹘文题记。在该窟寺诸窟中,仅第 8 窟较特殊。这个窟的主窟后半部分开凿于崖壁内,在后壁残留的千佛坐像和斗四式天井与库车克孜尔窟寺相近,时代较早。但主窟的前半部分却用土坯改筑,其壁画如供养画、药师净土变、地狱图等都有回鹘文题记。这个现象表明,该窟寺个别的窟开凿较早,到高昌回鹘时期则对其进行了改建。但是这类窟由于数量和遗留的壁画都较为有限,故可略而不计。因此,该窟寺现存遗迹几乎全部都是属于高昌回鹘时期。众所周知,回鹘于公元 866 年迁至高昌,到 1283 年高昌王室就东迁甘肃永昌。所以与高昌回鹘王室关系甚为

---

〔1〕参见前述克伦威德尔、勒柯克等人的报告。

密切的柏孜克里克窟寺的年代必然在这个总的时间范畴之内。

9.6.2　柏孜克里克窟寺发展的阶段

根据克伦威德尔和斯坦因的实测图(图 9.1、9.2)及各窟的分图(克·佛教遗迹·柏孜克里克部分)来看,该窟寺可明显分成两大部分,即 14 窟以北各窟为改建或用土坯新建部分,14 窟以南则全部为开凿的石窟。这两部分各有特点,现分述如下。

首先,14 窟以北开凿于崖壁内的窟只有第 1 窟,第 2 窟主窟,第 8 窟主窟后半部分,第 15 窟(位于 14 窟以北)。其中第 2、8 窟均经改建,加筑土坯建筑。此土坯建筑部分与全部用土坯建筑的第 4、9 等窟的风格一致。关于 14 窟以北部分的时代,因无纪年资料,只好借助于一些比较资料。比如胜金口第一寺院址,其大殿平面呈"冂"形,殿内甬道侧壁上绘以立佛为中心的供养画,这种供养画两侧人物较少,画面简单,与前述焉耆七格星佛教遗址供养画相近。在殿内小室壁上绘净土变及本生故事小画。净土变构图与敦煌唐代作品相近,本生故事小画则与库车克孜尔窟寺相近,时代约在晚唐左右。柏孜克里克窟寺第 4、9 两窟平面与胜金口第一寺院址大殿平面基本相同。但 4、9 两窟存在的大量供养画却很复杂,已是定型的作品。两者相比,在建筑平面上显然有承袭关系;在供养画方面,亦可清楚地看出从简单到复杂,从不定型到定型的承袭关系。因此,4、9 两窟的时代当晚于胜金口第一寺院址大殿。至于 4、9 两窟的具体时代,国外的研究者根据壁画有唐画遗风和大量回鹘文题记的字体以及回鹘供养人的形象等判断,其时代大约在 10 世纪左右,即唐末五代宋初时期。与此时代相近的窟还有 2、3、6、7、8、11 等窟,也就是说 14 窟以北基本上属于一个阶段。

其次,14 窟以南各窟均为石窟,平面多呈长方形(14 窟以北多为方形),以及一部分介于长方形和方形之间的小窟。这些窟的窟门多呈外小里大的八字形,此种形式是回鹘佛教建筑的重要特点之一。此外从壁画观察,一部分窟如 21、26、32、40 等窟,其壁画题材和风格与 14 窟以北的 4、9 两窟相近。但大部分窟的时代则较晚,比如第 19 窟的龙图与敦煌西夏时期的龙图相似(207 洞),其时代当在 11、12 世纪中叶以前。与此相近的还有 20、29 等数窟。此外据阎文儒先生研究,有少数窟的时代可能更晚,比如第 39 窟(阎编号,下同)出现了头着幞头长飘带的星宿图,并以圆圈代替画山水的皴法;42 窟有蒙古骑士装束的供养人像,以五朵云纹代替佛座等,这些都是回鹘晚期到元的特征。[1]

综上所述,根据国外资料粗略观察,大致可将柏孜克里克窟寺划分成三个阶段:第一,9 世纪末—10 世纪(唐末至宋初);第二,10—12 世纪(宋辽),第三,12 世纪—13 世纪初(宋末元初)。这三个阶段与高昌回鹘佛教发展的阶段性基本上是吻合的。首先,关于高昌回鹘始信佛教的时间,见于史籍的最早记载是公元 965 年高昌回鹘遣僧为使通宋。[2] 此事表明,高昌回鹘王室在这之先就应早已皈依佛教了。但早到何时呢? 据《高昌偰氏家传》载:"高昌王有印曰'诸天敬护国第四王印',即唐所赐回鹘印也。言诸天敬护者,其国俗素重佛氏,因为梵言以祝之也。"与此相应,20 世纪初以来发现的回鹘文佛经残卷如《金光明最胜王经》等数部经卷,均译于公元 8 世纪或 9 世纪末 10 世纪初。[3] 另外,与高昌回鹘大约同时迁至甘州的回鹘,在公元 911 年就已遣僧入梁,[4] 表明甘州回鹘在此之前早已信奉佛教。综观上述资料,大致可以认为高昌回鹘王室皈依佛教当在 9 世纪末 10 世纪初。柏孜克里克窟寺的营造大约就在此后不久。14 窟以北改建旧窟,用土坯营造新窟并在 14 窟以南开凿少量洞窟,这种形式带有刚皈依佛教不久的特点。此后高昌回鹘佛教逐渐兴盛,所以到 11 至 12 世纪时,就主要在 14 窟以南开凿新窟,这是佛教盛期带有的普遍性特点。但是进入 12 世纪以后高昌回鹘逐步沦为西辽的附庸,12 世纪初又附属于蒙古和元,国势日益衰落,因之佛教也渐渐走下坡路,无力再大规模开凿石窟了。特别是入元以后,公元 1251 年萨仑的斤被伊斯兰教徒诬陷为元宪宗杀害,[5] 公元 1269 年爆发海都之乱,高昌王战死,人民流散。因此,

[1]《文物》,1962 年第 7、8 期。
[2]《宋史》,卷 490。
[3][日]羽田亨:《羽田博士史学论文集》(下),京都:同朋舍,1975 年。
[4]《五代史》,卷 138。
[5]《新元史》,卷 116。

公元 1283 年高昌王室被迫东迁甘肃永昌。如前所述,柏孜克里克窟寺的开凿是与高昌回鹘王室有密切关系的,所以公元 1283 年王室东迁永昌就是营造该窟寺年代的下限。但是应当指出,公元 1251 年萨仑被杀表明,当时伊斯兰教势力已开始逐渐强大起来,而元朝统治者又暗中站在伊斯兰教一方压制佛教,加之高昌回鹘国力衰竭等等因素,使前述的几个晚期窟的下限实际上不能再晚于公元 1251 年以后。

(本篇初刊于《考古与文物》,1981 年 4 期;此次收录,
供养画部分改写,并撤掉原文图版,新增线图)

10 楼兰尼雅简牍的发现与研究

——楼兰尼雅简牍发现百年历程回顾

1901 年发现了楼兰和尼雅汉文与佉卢文简牍,从此揭开了中国近代简牍学的序幕,迄今已达百年。楼兰汉文木简和纸文书(楼兰有少量佉卢文简牍),尼雅佉卢文简牍和汉文木简,绝大部分都是魏晋时期楼兰(西域长史治所)和尼雅(汉精绝国治,魏晋时期鄯善国的凯度多州治所)的官方原始档案资料,内涵极为丰富,生动地再现了是时当地社会的种种实态,其学术价值之高,令人叹为观止。因此,这些弥足珍贵的简牍一经发现,很快就在国内外学术界引起了巨大的轰动,后来又被誉为中国近代史学的三大发现之一(三大发现,一是楼兰·尼雅简牍与敦煌·居延汉简,二是殷墟甲骨文,三是敦煌卷子)。故长期以来,楼兰·尼雅简牍以其盛名和深厚的文化底蕴,吸引了许多学术大家对其进行精心研究,且成绩斐然。在此回顾楼兰·尼雅简牍百年研究历程之际,不揣冒昧,拟以楼兰·尼雅汉文简牍为主,并兼及佉卢文简牍,就其发现、资料刊布和研究情况略作概述。

10.1 发现与资料的刊布

10.1.1 楼兰·尼雅汉文简牍

(1)斯文·赫定(Sven Hedin)发现的楼兰汉文简牍

1901 年 3 月,瑞典人斯文·赫定至楼兰故城(位于今罗布泊西北岸附近)盗掘,在 LA·Ⅱ·ii(斯坦因编号,下同)房址发现魏晋和前凉时期的汉文简牍(同时发现一枚佉卢文木简,一件佉卢文纸文书)。这批简牍先委托希姆莱(Kari Himly)整理研究,此人逝世后又由孔好古

·欧·亚·历·史·文·化·文·库·

(August Conrady)接手。1920 年孔好古将简牍录文、图版及其研究成果刊布在《斯文·赫定在楼兰发现的汉文写本及零星物品》(Die Chinesischen Handschriften und Sonstigne Kleinfunde Sven Hedins in Lon—lan. Stockholm,1920)一书中。该书刊布汉文木简 121 枚(编号 1~120,内有一个小号),纸文书 165 件(编号 1~36,内有许多小号)。

(2)斯坦因(Aurel Stein)发现的楼兰汉文简牍

在 1906 年 12 月、1907 年 1 月和 1914 年 2 月,英籍匈牙利人斯坦因先后三次在楼兰故城进行盗掘。他将赫定发现的楼兰故城编为 LA,附近的其他遗址分别编为 LB 至 LT 等序号。1906—1907 年斯坦因在 LA·1—V、LA·Ⅵ·ii、LB、LC、LE、LF 和 LM 等遗址和墓葬中,发现很多魏晋和前凉时期的汉文简牍(同时发现少量佉卢文简牍,以及个别婆罗迷文和粟特文简牍)。这批简牍经沙畹(E. Chavannes)整理研究,1913 年刊布在《斯坦因在新疆沙漠发现的汉文文书》(Les Documents Chinois Découverts Par Aurel Stein Dans Les Sables Du Turkestan Oriental. Oxford,1913)一书中,该书收录汉文木简 173 枚(编号 721~893),纸文书 46 件(编号 894~939,木简与纸文书有录文和图版)。斯坦因 1914 年在楼兰故城及其附近发现的汉文简牍,由马伯乐(Henri Maspero)整理研究,1953 年刊布在《斯坦因第三次中亚考察所获汉文文书》(Les Documents Chinois de Ia troisieme expédition de Sir Aurel Stein en Asie Centrale. London,1953)一书中。该书收楼兰汉文简牍 93 件(编号 169~261,有录文和图版),其中纸文书占 1/3 以上,余者为木简。

(3)橘瑞超发现的楼兰汉文简牍

在 1909 年 3 月、1910 年末至 1911 年初,日本大谷探险队的橘瑞超两次到楼兰地区调查,在楼兰故城发现前凉西域长史李柏文书及同出的纸文书 40 余件(1909 年),另有 4 枚木简。资料刊布在日本《西域考古图谱》(国华社,1915 年)下册,史料图版(1)~(8)中。

(4)新疆楼兰考古队发现的汉文简牍

1980 年,新疆楼兰考古队在楼兰故城 LA.1-Ⅲ中发现汉文木简 63 枚,纸文书 2 件(这批简牍无新内容,同出个别的佉卢文简牍),资料刊布在《楼兰新发现木简纸文书考释》[1]一文中。此后考古工作者在楼兰地区调查时,汉文简牍又屡有零星发现。

（5）斯坦因发现的尼雅汉文简牍

1901 年初斯坦因开始在尼雅遗址（民丰县北百余公里的沙漠腹地）进行盗掘,于 NV. XV 号房址（斯坦因编号,下同）发现晋简 52 枚（与 200 余枚佉卢文简牍同出）。这些简牍经沙畹整理研究,写成《丹丹乌里克、尼雅、安的尔发现的汉文文书》一文,附在斯坦因《古代和阗》第一卷书后（Chinese documents from the Sites of Dandanuilig, Niya and Endere, Ancient Knotm Vol. 1. PP521 – 47 oxford, 1907）。文中有录文和图版。1906 年 10 月他再次至尼雅遗址盗掘,在 N. XIV 号房址发现 11 枚东汉精绝时期的汉文木简,资料刊布在前述沙畹的《斯坦因在新疆沙漠发现的汉文文书》一书中（编号 940~950）。1930 年斯坦因第四次到新疆考察,1931 年 1 月在尼雅遗址盗掘,于 N. XIV 号房址等处发现西汉末至东汉时期的汉文木简 26 枚。这批简牍长期未正式发表,近年经我国学者王冀青整理研究,写成《斯坦因第四次中亚考察所获汉文文书》一文,刊布在《敦煌吐鲁番研究》第三卷（北京大学出版社,1997 年）。

此外,新中国成立后,我国考古学者多次到尼雅遗址进行考古调查和小规模发掘。从 1988 年开始,中日两国考古学者又共同开展了尼雅遗址的调查和发掘工作（尚在进行中）,通过上述工作也偶尔发现零星晋简。

10.1.2 楼兰·尼雅佉卢文简牍

楼兰·尼雅佉卢文简牍,大都是斯坦因在上述的盗掘中发现的,资料刊布在波叶尔等《斯坦因爵士在中国新疆发现的佉卢文书集校》（A. M. Boyer, E. J. Rapson, E. Senart and P. S. Noble, Kharosthī Inscriptions Discovered by Sir Aurel Stein in Chinese Turkestan, Parts Ⅰ—Ⅲ, Oxford at the Ciarendon Press, 1920, 1927, 1929）一书中。其中尼雅佉卢

---

〔1〕《文物》,1988 年第 7 期。

文简牍转写释读者 709 件,楼兰佉卢文简牍有 48 件,书中刊布简牍图版 60 件。此外,近年中日尼雅联合考古队在尼雅也发现了一些佉卢文简牍,刊布在《中日共同尼雅遗迹学术调查报告》第一卷(法藏馆,1996年,京都)和第二卷(京都,中村印刷株式会社,1999 年)中。除上所述,还有一些零星发现(其他盗掘者的零星发现,以及尼雅·楼兰之外所出个别的佉卢文资料,略),迄今发现佉卢文简牍的总数已近千件左右。

10.1.3　土垠汉简

在 1930 年和 1934 年,我国考古学者黄文弼教授两次到楼兰地区进行考古调查发掘。1930 年 4 月,他在罗布泊东北岸的雅丹群中发现土垠遗址和 71 枚西汉木简。资料刊布在黄文弼《罗布淖尔考古记》一书中(有录文、木简图版和摹本,图版多数漫漶)。

综上所述,可指出以下 7 点:(1)在土垠和尼雅遗址发现的汉简,是新疆迄今仅有的两汉木简。(2)新疆所出魏晋和前凉时期的汉文木简,除吐鲁番发现一枚以泰始九年为代表的晋简和尼雅发现少量晋简外,余者几乎均集中在楼兰故城及其附近诸遗址。(3)新疆出土的魏晋和前凉时期的纸文书,除吐鲁番发现少量前凉纸文书外,余者均出于楼兰地区。(4)楼兰地区魏晋前凉木简和纸文书共存,两者又与佉卢文简牍共存,此现象为新疆目前所仅见。(5)尼雅遗址不出纸文书,该遗址的晋简与佉卢文简牍共存混出。尼雅遗址两汉木简单独存在,不与佉卢文简牍混出。楼兰遗址出土个别的佉卢文纸文书。(6)楼兰·尼雅晋简和同地所出佉卢文简牍大致同时,两者有一定的内在联系和对应关系。(7)楼兰·尼雅简牍出土地点和位置,大都比较清楚。上述特点清楚表明,楼兰·尼雅简牍不仅具有重要学术价值,而且还为汉文和佉卢文两个文种简牍进行对照和相关的比较研究提供了条件。

10.2　简牍研究概况

楼兰·尼雅简牍自 1901 年发现之后,其研究进程大体可分为三个阶段。

10.2.1　第一阶段:1901 年至 20 世纪 30 年代初期

这个阶段以整理、研究和刊布简牍录文及部分简牍图版为主,对简牍考释下的工夫较大。先学们为此筚路蓝缕,付出了艰辛的劳动,奠定了楼兰简牍学的基础,功垂后世。其代表人物,西方主要是前述的沙畹和孔好古等人;东方的日本学者此时大多围绕橘瑞超发现的李柏文书等资料进行研究(如羽田亨等)。除上所述,该阶段最有代表性的学者,乃是我国国学泰斗王国维先生。他在《流沙坠简》(正编·补遗·考释,1914 年日本京都东山学社印本,1934 年校正重印本)一书中,按照国学传统将沙畹刊布的楼兰汉文简牍进行分类整理,重新考释录文,对有关问题详细考证,提出了许多精辟的创见,令人耳目一新,在国内外学术界产生了巨大而深远的影响,至今仍是研究楼兰汉文简牍及其诸相关问题必备的主要参考书。所以,王国维才是真正对楼兰汉文简牍进行深入研究的第一人,是楼兰汉文简牍学名符其实的开山鼻祖。此外,这个阶段我国还有一些介绍国外刊布的楼兰汉文简牍资料的著作。如张凤《汉晋西陲木简汇编》(上海有正书局,1931 年。该书收集了沙畹等人刊布的楼兰汉文简牍,并刊布少量简牍图版,但图版不清晰,录文错误较多);向达《斯文·赫定所获缣素简牍遗文抄》(国立北平图书馆馆刊,5 卷 4 号,1931 年,未附简牍图版)等。这些著作在促进国人了解楼兰汉文简牍内涵和推动其研究进程方面,也起到了较重要的作用。

该阶段另一个研究领域,是西方学者在佉卢文与汉文简牍的对比研究中,也取得了一定的成绩。比如,他们论证了汉文简牍中的"楼兰"是佉卢文简牍所记"Kroraina"(库罗来纳)的音译(斯坦因等),据此将 LA 古城命名为楼兰故城,进而确认该城就是汉文史籍记载的楼兰城。此后,我国学者又对楼兰城的定名和名称来源问题予以补充和完善。

10.2.2　第二阶段:20 世纪 40 年代末至 70 年代末

20 世纪 30 年代初之后,国内外均处于多事之秋,接着又爆发了第

·欧·亚·历·史·文·化·文·库·

二次世界大战,所以直到 20 世纪 40 年代末之前,楼兰汉文简牍研究的成果很少。只是到 1948 年黄文弼刊布了土垠汉简,1953 年马伯乐又刊布了楼兰汉文简牍新资料后,才揭开了该阶段的序幕。虽然如此,20 世纪 50—60 年代楼兰汉文简牍研究状况仍较平淡。进入 70 年代之后,楼兰汉文简牍研究渐有起色。这个阶段国外的研究以日本学者为主,他们重刊了日本大谷探险队在楼兰地区发现的汉文简牍(以东京堂 1977 年出版的《汉简》第 11 卷为代表,图版清晰,录文也有较大改进);一些研究者开始注意到楼兰汉文简牍的不同组合,并着手进行一些区分工作(如小山满等)。此外,森鹿三在 20 世纪 50 年代末提出李柏文书出于 LK 古城说,于是日本学者又围绕这个问题陆续展开了较长时间的讨论。这个阶段我国关于楼兰汉文简牍研究的文章不多,尼雅佉卢文简牍研究,可以马雍《新疆所出佉卢文书的断代问题》(《文史》,中华书局出版,1979 年第 7 辑。该文在前人研究的基础上,结合尼雅汉文简牍和汉文史籍进行综合研究,提出了新见解)一文为代表。此外,王广智的《新疆出土佉卢文残卷译文集》(载《尼雅考古资料》,1988 年。该译文集的油印本在 20 世纪 50 年代末以后即在学术界流传,影响较大),对我国学者了解佉卢文简牍的主要内容,为推动与此有关的研究,曾起过较大的作用。

10.2.3 第三阶段:20 世纪 80 年代至今

这个阶段以 20 世纪 80 年代初中国考古学者短期恢复楼兰考古调查发掘为契机,使我国的楼兰汉文简牍研究开始步入快车道,楼兰·尼雅佉卢文简牍的研究也随之正式提到日程上来。其主要表现如下:(1)新发现一些楼兰汉文简牍和少量佉卢文简牍,并对其进行了初步研究。(2)对李柏文书出土地点和文书的年代问题展开了较深入的讨论,发表了一系列文章。(3)对国外研究佉卢文简牍的成果,开始进行较规范的翻译和刊发。同时我国学者对佉卢文简牍的转写、释读和研究也正式启动。其中以林梅村的《沙海古卷——中国所出佉卢文书(初集)》(文物出版社,1988 年)影响较大。(4)全面整理、合校楼兰汉文简牍,并对照简牍图版(包括部分未刊图版)重新考释录文。(5)按照考古学方法,根据简牍出土地点和部位及简牍内涵的诸种有机联系等综合因素,将简牍分成各种不同的组合,以纪年简牍为纲,以重要人物和各种相关事件为线索,对楼兰汉文简牍进行较全面的比较研究。从而确定了不同简牍组合的年代界限,推定了大部分简牍的年代或年代范围,初步建立了楼兰汉文简牍分期和年代序列体系。(6)按照前述(5)的同样方法,结合佉卢文简牍所记五位鄯善王的纪年,基本确定了尼雅佉卢文简牍的年代序列体系。(7)佉卢文与汉文简牍和汉文史籍相互结合进行研究,进一步探讨佉卢文简牍诸王纪年与公元纪年对照关系问题。此问题前述第一阶段西方学者已经提出来,并进行了初步研究,第二阶段中外学者在研究上取得了较大进展,第三阶段大体达成共识,暂告一段落。(8)对长期受到冷落的土垠汉简,又进行了全新的考释和研究。此外,这个阶段日本学者对楼兰汉文简牍研究的论文也有一定数量,并取得了较好的成绩。然而总的来看,该阶段是我国学者研究楼兰·尼雅汉文和佉卢文简牍的丰收期,特别是进入 20 世纪90 年代以后发展较快。这个阶段我国学者对楼兰汉文简牍的研究后来居上,基本上代表了这个时期该领域的研究水平。对于研究难度很大的佉卢文简牍,我国学者也奋起直追,且取得了可喜的成绩。

10.3　简牍与考古学和史学结合研究的成果

新疆汉至唐代的遗址,大都前后沿用,延续时间很长,在此类遗址内目前还很难将不同时期的遗迹和遗物区分开来,故阻碍了新疆断代考古学的发展。但是,上面涉及的三个遗址则不然。其中土垠遗址是新疆迄今已知唯一的西汉时期汉文化遗址,楼兰遗址(以楼兰故城为主并包括其附近诸遗址)是新疆唯一以魏晋前凉时期为主,并具有强烈汉文化色彩的大遗址。尼雅遗址规模宏大,北部是两汉精绝国遗迹,魏晋时期仍然沿用,中部和南部是魏晋时期鄯善国凯度多州的遗迹。以上三处遗址时代明确,遗迹相对单纯,遗物丰富,是研究新疆汉代考古学和魏晋考古学的典型遗址。此外,上述三处遗址均出有大量简牍,

·欧·亚·历·史·文·化·文·库·

不仅可以配合遗址进行考古学研究,而且也是研究新疆汉代和魏晋史难得的珍贵资料。

根据上述情况,最近十余年来我国考古学者将简牍与遗迹结合所进行的考古学研究,取得较大的成绩。比如:(1)通过土垠汉简与土垠遗址有机结合,进行全方位研究,基本确定了土垠遗址的年代、性质和作用,并对土垠遗址进行了复原研究。使人们对土垠遗址有了全新的认识,取得了突破性的成果。(2)将楼兰汉文简牍与遗址结合进行综合研究,初步理清了各遗址间及同一遗址不同遗迹间的内在联系;大致明确了各有关遗址和遗迹的年代(包括一些墓葬)与性质,并探寻出其间演变关系的线索。(3)将尼雅汉文简牍与遗址结合进行研究,基本确定了两汉时期精绝国治的范围和王宫的位置(N14 遗迹)。(4)将尼雅佉卢文简牍与遗址结合进行研究,初步确定了尼雅遗址建筑遗迹的组合与年代,其间的演变关系(包括精绝和鄯善时期不同中心区的演变),主要衙署和寺庙的位置以及尼雅遗址的自然区划与行政建置区划的关系等。以上成果是楼兰·尼雅遗址发现百年来,在考古学研究上的一次较大的进展,为今后深入研究楼兰·尼雅考古学奠定了初步基础,对楼兰·尼雅考古学未来的发展具有重要意义。

鉴于新疆魏晋时期的历史文献较少,有限的史料也很简略,所以楼兰·尼雅汉文简牍对研究此时新疆史更显重要和珍贵。因此,早在前述的第一阶段,中外许多学术大家就已开始利用楼兰汉文简牍进行史学研究。此时研究的特点是综合研究少,大都是利用简牍资料结合文献探讨具体课题,在研究过程中问题提的多,争论较大,解决的问题少。此后在前述的第二阶段,日本学者利用楼兰·尼雅简牍研究楼兰和鄯善史取得了一定成果(如长泽和俊的《楼兰王国》,日本角川书店出版,1963 年第 1 版,1976 年再版),到第三阶段又有一些新的发展。但是,在此方面最值得注意的是近十余年来我国学者的研究工作。其研究的特点,一是楼兰、尼雅和鄯善三者的时空界说明确,三者的关系阐述清楚(过去经常不分时间和地域,将三者混为一谈,现在已明显减少)。二是注意简牍出土地点、年代和简牍组合与所述问题的准确对应关系(过去简牍资料与所述问题经常在时空上错位,张冠李戴,现在已明显减少)。三是注意将简牍、史学、考古和相关学科的研究成果融会贯通,来综合论证有关课题。四是以简牍资料为主体,尝试全面复原楼兰和尼雅史,补史之阙。凡此,目前均已取得一定的成效。比如:(1)以楼兰汉文简牍为主,较全面地复原了魏晋前凉时期的楼兰史(包括楼兰道开辟的原因、过程和意义,楼兰城的年代和性质,楼兰城的社会生活实态、西域长史机构的职官系统,楼兰屯田概况,楼兰城和西域长史机构与西域其他地区的关系,楼兰城废弃的原因,楼兰史编年等),初步解开楼兰之谜。(2)以土垠汉简、遗址结合文献综合研究,可知土垠遗址是西汉西域都护府左部左曲候或后曲候的治所(过去一直认为是烽燧遗址),其职能是仓储和职司交通。它是楼兰道上诸烽燧的粮仓、补给基地和管理机构(可能是史籍所记“居卢仓”的故址),是西汉设在楼兰道上的大本营(是时楼兰城尚未出现)。此外,还明确了西汉时西域南北道的分途点不在玉门关和阳关(过去一直持这种看法),而是在土垠遗址。这些成果对研究西汉西域史和丝路开辟初期的情况,具有重要的参考价值。(3)根据尼雅汉文和佉卢文简牍资料进行对照研究,初步揭示出晋廷、凉州及其属郡、西域长史营与西域的关系,以及是时经营西域、控制丝路交通(凡路过鄯善地区者均须持有晋廷发放的过所)和晋人在尼雅活动的实态(已基本融入当地社会之中)等方面的情况,弥补了史籍记载的空白。(4)尼雅佉卢文简牍的资料,几乎包容了当时尼雅社会的所有情况,内涵之丰富,记载之详细,十分罕见。利用这些简牍资料,可基本复原出3世纪中叶至4世纪中叶鄯善国凯度多州的历史和社会状况。进而结合文献和考古资料,又可为今后复原鄯善史打下基础。如果较好地完成了这项工作,将开复原西域古代国别史之先河,使西域史研究出现重大的突破。现在此项工作已取得阶段性成果。

　　总之,最近十余年来我国学者不仅对楼兰·尼雅简牍进行了较深入的研究,而且还在开发简牍内涵宝藏,促进考古学和史学研究,填补与其有关的缺环和空白等方面,也取得了较好的成绩。

10.4　楼兰·尼雅简牍在中国简牍学中的地位

楼兰·尼雅简牍证明,今新疆也是我国简牍的主要流行地区之一,从而填补了中国简牍地理学上的空白。其中,楼兰·尼雅汉文简牍的重要性和意义可略述如下:(1)楼兰·尼雅汉文简牍是我国唯一专记魏晋前凉时期西域事务的简牍。(2)楼兰·尼雅汉文简牍弥补了内地曹魏、西晋和前凉简牍的缺环(内地所出这个阶段的简牍很少),在构建中国简牍学完整序列和体系中,具有无可替代的重要作用。(3)楼兰魏晋前凉木简与纸文书共存,此现象在内地极为罕见。(4)楼兰汉文简牍是研究中国木简与纸文书交替问题,木简使用年代的下限,正式使用纸文书的年代上限等问题的重要依据。从楼兰汉文简牍来看,曹魏时期纸文书较少,有明确纪年的最早纸文书在魏嘉平四年(252 年)和咸熙二年(264 年)。西晋时期楼兰纸文书逐渐增多,到前凉时期纸文书的数量已超过木简。因此,前凉时期木简的使用已近尾声。(5)楼兰魏晋前凉汉文简牍书法别具一格。有些学者认为王羲之书法的成就,即与河西和楼兰简牍新兴起的字体有关。因此,楼兰汉文简牍也是研究中国简牍书法史和中国古代书法演变史的重要宝库。

除上所述,尼雅·楼兰佉卢文简牍则是中国简牍学中的奇葩,特点独具。比如:(1)佉卢文简牍是中国简牍学中时代最早和唯一有完整体系、完整形态,数量大,内涵涉及社会各个方面,时代明确、五位鄯善王的纪年大体连贯,长达百年的民族文字简牍。(2)尼雅佉卢文简牍是世界上现存数量最多的佉卢文资料之一,也是世界上唯一写在简牍上的佉卢文。(3)尼雅佉卢文简牍处于佉卢文体系的晚期阶段,其书体、语法和词汇等具有明显的时代和地方特点。因此,对研究佉卢文发展演变史,佉卢文的区域类型和佉卢文断代等问题,均有重要参考价值。(4)佉卢文简牍的形制源于内地,形态多样,大多保存较好,是研究我国古代简牍形制难得的重要标本之一。(5)佉卢文简牍是东西文化与当地特点相结合并融为一体的重要物证。佉卢文源于古代印度西北部,传播到尼雅等地后被用于书写当地语言,简牍形制源于内地又不完全同于内地,简牍封泥上既有西方图案,也有汉字。所以佉卢文简牍对研究汉文化与当地文化的融合,当时域外文化与西域文化的交流与融合,以及三者合流并融合的情况,具有重要学术价值。

总之,据上所述,完全有理由认为楼兰·尼雅汉文简牍和佉卢文简牍,在中国简牍学中占有独特而重要的地位。

(本篇写作于 2001 年,未刊)

11 楼兰简牍与西域长史机构 职官系统的复原

魏晋前凉时期在楼兰城设置西域长史问题,仅个别史料略有记载。至于西域长史机构的组织情况在史籍中则毫无线索可寻,迄今仍处于不明的状态。但是,在楼兰故城发现的汉文简牍却为探讨这些问题提供了重要依据,使我们有可能将西域长史行政机构的组织系统大致复原出来。

11.1 楼兰简牍所记职官名称

在楼兰故城出土的汉文简牍中,记有职官名称者颇多。其中基本上可确定为是楼兰城西域长史机构中的职官者主要有以下一些:

11.1.1 西域长史

西域长史,简牍中有时又简称长史。(1)因王督致/西域长史/张君坐前/元言疏/(cha·No751)。[1] (2)西域长史承移今初除月廿三日当上道从上邽至天水(Cha·No752)。(3)西域长史文书事郎中阚适(Cha·No885)。(4)长史鸿移(Ma·No209)。[2] (5)出长史白书一封

〔1〕〔法〕沙畹:《斯坦因在新疆沙漠发现的汉文文书》(Edouard Chavannes Les documents Chinois découverts Par Aurel Stein dans Les Sables dn Turkestan Oriental,Oxford,1913)。本篇引用时缩写为 Cha·No,后面注明原书简牍编号。
〔2〕〔法〕马伯乐:《斯坦因第三次中亚考察所获汉文文书》(Henri Maspero:Les documents Chinois de la troisiéme expédition de Sir Aurel Stein en Asie Central, Lond. 1953)。本篇引用时缩写为 Ma·No,后面注明原书简牍编号。

诣敦煌府……（C·W·No107）。[1]（6）五月七日□□西域长史关内／侯李柏顿首……（《西域考古图谱》下册史料部图版2）。

11.1.2　司马

（1）敕与司马为伴辄又住留司马及还……（Cha·No928）。（2）当告部曲军假司马□□……（Cha·No857）。告部曲军侃司马……（C·W·No12：原书释"□林军"、"即林军"误）。

11.1.3　功曹、功曹掾、功曹史

（1）（功）曹赵伦……（Cha·No745）。（2）梁功曹取一斗（Ma·No198）。（3）功曹张龟（Ma·No215）。（4）功曹李□（Ma·No220）。（5）功曹阚（C·W·No102）。（6）领功曹掾梁鸾（Cha·No734、743）。（7）功曹掾张……（Cha·No742）。（8）功曹史赵伦（Cha·No728）。（9）功曹史张龟（Cha·No748）。

11.1.4　主簿

（1）主簿梁鸾（Cha·No728、733、744、745；Ma·No214、215）。（2）主簿张龟（Cha·No743；Ma·No220）。（3）主簿马厉（Cha·No746、747）。（4）因主簿奉谨……（Cha·No755）。（5）张主簿前（Cha·No922）。（6）……主簿……（Ma·No195；C·P·No21·10）。[2]（7）白泰文主簿马君（C·P·No13·1，18·6）。（8）马主簿念事（C·P·No13·2）。（9）主簿赵□（C·W·No7）。（10）主簿马赵君（C·W·No118）。

11.1.5　录事掾

（1）录事掾曹（Cha·No728、745）。（2）录事掾记（？）（Cha·No732）。（3）录事掾（Cha·No735、737；Ma·No195）。（4）录事掾梁

---

〔1〕〔法〕孔好古：《斯文·赫定在档兰发现的汉文写本及零星物品》（Conrady，A：Die Chinesischen Handschriften und Sonstigen Kleinfunde Sven Hedius in Lou－lan．Stockholm，1920）。本篇引用时缩写为 C·P·（纸文书）·No，C·W（木简），后面注明原书简牍编号。

〔2〕〔德〕孔好古：《新文·赫定在楼兰发现的汉文写本及零星物品》（Conrady，A：Die Chinesischen Handschriften und Sonstigen Kleinfunde Sven Hedius in Lou－lan．Stockholm，1920）。本篇引用时缩写为 C·P·（纸文书）·No，C·W（木简），后面注明原书简牍编号。

鸾（Cha·No736）。（5）录事掾阚（Cha·No738）。（6）录事掾左□谨
（言）（Ma·No203）。（7）录事掾张□□（Ma·No214）。（8）录事掾李
（C·W·No49）。（9）录事掾左廉（C·W·No85）。

11.1.6　书史

（1）书史兰保（Cha·No822）。（2）书史董……（Cha·No884）。
（3）书史……（Ma·No195；C·W·No74、94）。（4）书史张……（C·P
·No19·4）。（5）书史卫登（C·W·No47）。（6）书史林阿（C·W·
No50）。（7）书史阎房（C·W·No60、63）。（8）书史王……（C·W·
No64）。（9）书史范……（C·W·No73）。

11.1.7　行书

（1）出大麦五斗给行书民……（Ma·No215）。（2）从掾位马历付
行书□□（C·W·No107）。（3）三日赐行书兵□（Cha·No798）。

11.1.8　郎中

（1）……郎中言兵……以秦始元年中（Cha·No723）。（2）……西
域长史文书事郎中阚适（Cha·No885）。（3）……月壬戌诏书除郎中
……秦始二年……（C·P·No16·2）。

11.1.9　伍佰、铃下、马下

（1）……削工伍佰领下马下（Cha·No728）。（2）……□伍佰李卑
穆成铃下李□（Ma·No202）。

11.1.10　奏曹史

……奏曹史淳于仁……（C·W·No49）。

11.1.11　簿曹

簿曹李杨（Cha·No749）。

11.1.12　仓曹、仓曹掾、仓曹史、仓吏

（1）仓曹廿斗（Ma·No198）。（2）泰始五年五月一日辛卯起仓曹
（Ma·No229）。（3）……仓曹掾曹颜（Cha·No728；Ma·No190、195）。
（4）……仓曹掾李……（Cha·No813）。（5）……仓曹掾江凉……（Cha
·No885）。（6）……仓曹掾李足……（C·W·No49）。（7）……仓曹

掾李辛移（C·W·No93）。（8）……仓曹史高开……（Ma·No214）。（9）……仓曹史张……（Ma·216、246）。（10）……仓曹史虞（C·W·No4）。（11）……仓曹史申傅……（C·W·No50）。（12）兼仓吏……（Cha·No803）。

11.1.13　监仓、监仓掾、监仓史

（1）监仓（C·W·No71）。（2）……监仓苏良（C·W·No49）。（3）……监仓翟成咸阚携（Ma·No216）。（4）……监仓谨条正领杂谷薄状（Cha·No759）。（5）……监仓掾车成……（Cha·No885）。（6）……监仓史马……（Ma·No190、195、214）。（7）……监仓史……（Ma·No195；C·W·No77）。（8）……监仓史翟同□（C·W·No50）。（9）□监仓史阚携（C·W·No79）。（10）……监仓史董堂……（C·W·No94）。

11.1.14　监量、监量掾

（1）监量□（C·W·No86）。（2）监量掾阚……（Cha·No728、745；Ma·No214）。

11.1.15　监藏掾、监藏史

（1）……监藏掾……（Cha·No800）。（2）……监藏掾赵辩（Cha·No737）。（3）……监藏史虞及属……（Cha·No796）。

11.1.16　水曹、水曹掾

（1）水曹　泰始二年八月（Cha·No724）。（2）水曹请绳十丈（Cha·No888）。（3）水曹督田掾鲍湘张雕言事（Ma·No247）。（4）水曹掾左朗白……（Ma·No228）。

11.1.17　督田掾

（1）督田掾鲍湘……（Ma·No247）。（2）督田掾……（C·W·No82、83）。（3）督田掾张（C·W·No81；Cha·No882）。

11.1.18　兵曹、兵曹史

（1）兵曹泰始四年六月发讫部兵……（C·W·No114）。（2）兵曹史车成岱（Cha·No36、737）。（4）兵曹史高徽白（Cha·No920）。（5）

289

……兵曹史蕲仁……（C・W・No49）。

11.1.19　铠曹

铠曹谨条所领器杖及亡失簿（Cha・No758）。

11.1.20　客曹、客曹史

（1）客曹犊皮二枚（Ma・No204）。（2）……贾丝一匹付客曹（Ma・No228）。（3）……客曹史张抚（Ma・No214）。

11.1.21　辞曹

辞曹主者去四年奉……（Cha・No912）。

11.1.22　吏

（1）吏（Cha・No938；C・W・No84）。（2）吏令狐……（Cha・No728）。（3）吏赵辩（Cha・No731）。（4）吏程穆（Cha・No749）。（5）吏唐循吏左曜吏……；吏张龟吏申□吏……（Cha・No807）。（6）……□遣吏（Cha・No863）。（7）……白主吏赵君即日平安……（C・P・No15・1）。（8）大吏一人（C・P・No42）。（9）九（？）斗稟吏邹绍吴仁（C・W・No65）。（10）马厉吏□（C・W・No84）。（11）……吏可以决疑郡……（Cha・No938）。（12）敦煌短绫彩廿匹给吏宋政籴谷（C・W・No182）。

11.1.23　从掾位、从史位

（1）从掾位赵辩（Cha・No736、750）。（2）……从掾位张钧言敦煌太守（C・W・No1a）。（3）泰始五年十一月五日从掾位马厉主者王贞从掾位赵辩付从史位宋政（C・W・No102）。（4）泰始六年……从掾位马厉……（C・W・No107）。（5）……从掾位张雅（C・W・No49）。（6）从史位车成岱（Cha・No733）。（7）从史位宋政……（C・P・No14・2；C・W・No102）。

11.1.24　从事

（1）白泰文从事马君（C・P・No14・1）。（2）长从事辛酉书寄（C・W・No25）。（3）……从事王石二君（C・W・No117）。

11.1.25　主者

……主者王贞……（C・W・No102）。

11.1.26　主国

楼兰主国均那羡（C・P・No19・7）。

11.1.27　幕下史

景元四年八月八日幕下史……（Cha・No738）。

11.1.28　督

（1）月七日　诣督　泰始四年（Cha・No725）。（2）其十枚贷督……（Cha・No823）。（3）……今权复减省督将吏兵所食……（Cha・No826）。（4）……遣督唐循将赵（Cha・No831）。（5）八月十日督武诩于樊……（C・P・No14・2）。（9）假督王佩部（Ma・No231）。（7）泰始六年九月十二日假督（Cha・No735）。

11.1.29　都佰

（1）八月十二日都佰樊阳等四人……（C・P・No14・2）。（2）都佰一名军尽卅日（C・W・No62）。（3）……都佰（Cha・No880）。

11.1.30　统军

统军君□……（Cha・No860）。

11.1.31　将

（1）……将张录（Cha・No738）。（2）将孟（？）（Cha・No740）。（3）将张金部（Cha・No753；Ma・No230）。（4）将梁襄部（Cha・No753）。（5）帐下将薛明……（Cha・No754）。（6）将尹宜部（Cha・No760；C・W・No50）。（7）将张忠……（Cha・No764）。（8）将狄津部（Cha・No806）。（9）将陈颠（Cha・No822）。（10）……□□四年假将张景记（Cha・No825）。（11）将赵……（Cha・No831）。（12）将周弄部（Cha・No832）。（13）将朱游部（Cha・No839；C・P・No5・2）。（14）……主将孙诣国□……（Cha・No856）。（15）……遣将董思（C・W・No6）。（16）前领将军郋适……（C・W・No10）。（17）将梁惠部（C・W・No113）。（18）周主将（C・P・No24・1）。

11.1.32　督战车

……督战车成辅一人（C·W·No51）。

此外,还有个别零星资料,暂略。

11.2　楼兰简牍所记诸职官名称的时代

上述职官资料有明确纪年者大致如下:(1)魏景元四年(263年):景元四年八月幕下史索卢灵□兼将张禄录事掾阙(Cha·No738)。(2)魏咸熙三年(265年):咸熙三年二月督战车成辅一人监(仓)(C·W·No51);咸熙三年书史王同(C·W·No64)。(3)魏咸熙五年(267):咸熙五年□□史(C·W·No52)。此外,还有一件咸熙□年简记有监仓(C·W·No71)。(4)晋泰始元年(265年):泰始元年中郎中(Cha·No723)。(5)晋泰始二年(266年):泰始二年八月水曹□□掾(Cha·No724);泰始二年八月仓曹史张事(Ma·No246);泰始二年十月将尹宜部仓曹史申傅监仓史翟同阙携付书史林阿□□掾阙凌(C·W·No50)。(6)晋泰始三年(267年):泰始三年二月水曹督田掾鲍湘张雕(Ma·No247);(7)晋泰始四年(268年):泰始四年诣督(Cha·No725);秒二斛八斗当麦一斛四斗稟削工伍佰铃下马下/李卑等五人日食八升起六月十一日尽十七日/泰始四年六月十一日受仓曹掾曹颜/吏令狐承付/功曹史赵伦　主簿梁鸾录事掾曹　监量掾阙/伍佰穆成　消工郭受/马下穆取/领下张丰(Cha·No728);泰始四年,监仓史马,仓曹掾曹颜,将□□,录事掾……香书史,主簿……(Ma·No195);泰始四年七月仓曹史高开监仓史马□客曹史张抚(正面),主簿梁鸾录事掾张□□监量阙(背面,Ma·No214);泰始四年吏邹绍吴仁(C·W·No65);泰始四年六月兵曹(C·W·No114)。(8)泰始五年(269年):泰始五年十二月主簿梁鸾从史位车成岱(Cha·No733);泰始五年五月仓曹(Ma·No229);泰始五年七月从掾位张钧(C·W·No1a);泰始五年十一月九日仓曹掾李足监仓苏良/奏曹史淳于仁兵曹史薪仁从掾位张雅/……录事掾李(C·W·No49);出敦煌短绫彩廿匹/给吏宋政籴谷／泰始五年十一月五日从掾位马厉主者王贞从／掾位赵辩付从史宋位政。背面：功曹阙（C·W·No102）。（9）晋泰始六年（270 年）：泰始六年九月假督录事掾（Cha·No735）；（泰始）六年五月兵曹史□从掾位赵辩兵曹史车成岱录事掾梁鸾（Cha·No736）；泰始六年三月□曹马厉（Cha·No748）；泰始六年三月从掾位马厉行书□□（C·W·No107）。（10）前凉永嘉六年（312 年）：永嘉六年二月辞曹（Cha·No912）。

根据上述资料，可以清楚地看出楼兰故城汉文简牍中具有纪年的职官名称的年代主要集中在公元 263—312 年之间。其中魏咸熙三年、五年与晋泰始元年和三年的纪年互相混用，说明魏晋西域长史建置及其职官系统是一脉相承的。前凉时期纪年职官资料虽然只有一件，但是参照前凉西域长史李柏文书，以及属前凉时期的水曹（Cha·No888）和诸将（Cha·No935）等资料，估计其职官建置当与魏晋时期基本相同。总的来看，由于这批职官资料的纪年大都集中在晋泰始四年至六年，所以它主要是反映西晋西域长史职官系统的情况。

11.3　晋西域长史职官的组织系统

关于西晋楼兰西域长史机构的职官组织系统，可根据泰始四、五、六年纪年职官资料进行复原。现将各年职官情况和任职者排列成图（见 11.1）。

在上述资料中，有几位人物比较重要。一是梁鸾，他在泰始四年六、七月和泰始五年十二月时为主簿，泰始六年降为录事掾。此外，梁鸾还任过功曹掾，时间缺载，但可据与他人的组合情况略作推断。如 Cha·No734 号简牍记领功曹掾梁鸾、兵梁秋；Cha·No928 号简牍记有"枢"死罪字样和高昌士兵梁秋，时间是九月。此处所记之"枢"即是 Cha·No736 所记泰始六年五月的吴枢，即与录事掾梁鸾同见的吴枢。据此并结合梁鸾任其他职官的时间，似可认为梁鸾升任功曹掾应在泰始六年五月以后，最迟至九月已任功曹掾。二是张龟，Cha·No744 号

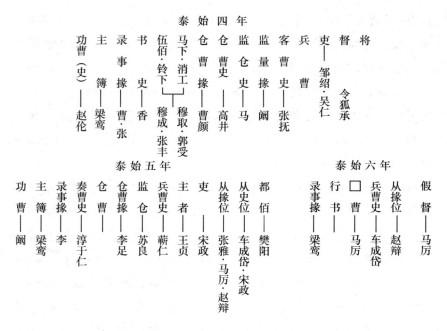

图 11.1　泰始四至六年职官情况和任职者排列

简牍记功曹张龟,领主簿梁鸾;Ma・No215 号简牍记功曹张龟、主簿梁鸾,时间是十二月。据前述梁鸾泰始五年十二月时为主簿,泰始五年十一月时功曹是阚氏(C・W・No102),所以张龟可能在泰始五年十一月以前任功曹史,十二月时则升任功曹。其次,张龟还任过主簿,Cha・No743 号简牍记领功曹掾梁鸾,主簿张龟;Ma・No220 号简牍记功曹李□,主簿张龟,时间是十一月。据此结合前述梁鸾、张龟任职情况,似可推断张龟在泰始六年十一月已任主簿。三是马厉,此人在泰始五年十一月为从掾位(C・W・No102),泰始六年三月则有从掾位(C・W・No107)和□曹(Cha・No736)两种情况。此外,马厉还任过主簿(Cha・No746、747)。四是车成岱,泰始五年十二月为从史位,是时主簿为梁鸾(Cha・No733);泰始六年五月为兵曹史,梁鸾为录事掾(Cha・No736);另外他还任过监仓掾(Cha・No885)。五是赵辩,泰始五年十一月时为从掾位,同记者还有从掾位马厉(C・W・No102);泰始六年五月为从掾位,同记的还有录事椽梁鸾、兵曹史车成岱(Cha・No736)。

凡此种种,清楚地表明在西晋泰始年间楼兰西域长史行政机构中的职官是连续设置的,而且主要职官有升有降,各职官间排列有序,有一套比较完整的系统。但是,由于资料残缺、零散,难窥全貌,故有必要参照当时内地郡县的职官组织情况。据近人研究,魏晋郡县行政组织系统大致如图11.2:[1]

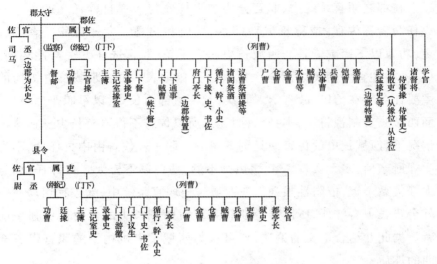

图 11.2　魏晋郡县行政组织系统

根据泰始四、五、六年的职官资料并结合其他楼兰汉文简牍的职官资料,参照上表,可将楼兰西域长史行政组织系统大致归纳如图 11.3:

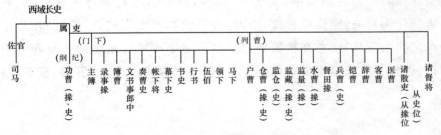

图 11.3　西域长史行政组织系统表

〔1〕严耕望:《中国地方行政制度史》上编第四册,附表一,台北:"中央"研究院历史语言研究所,1963 年。

11.4　西域长史职官系统略析

11.4.1　西域长史职官系统的特点

（1）职官对西域长史的依附性加强

在郡之职官系统中，职官分为中央任命与太守自辟任之两种。中央任命者称佐官（或称长吏），即丞、长史和司马。太守自辟任者称属吏，功曹以下诸吏皆是。西域长史职官系统，职官选任方法与此相同。但是，在佐官中治民之丞自汉以来已是闲职，[1]加之西域长史机构的主要任务不在治民，故省丞。其次，丞在边郡为长史，以军职兼理民事，而西域长史制视将军，本身已称长史，所以佐官不得再有长史。在这种情况下，西域长史的佐官便只剩下司马一职了。佐官由中央任命，不为太守所亲信，多无实权。[2] 属吏则不然，功曹以下皆太守自辟任，故与太守关系亲近，依附性很强。在西域长史职官系统中，除佐官司马一职外余皆长史自辟任，所以这套职官系统对西域长史的依附性更强于前者。据此并结合下文的论述，似可认为西域长史机构中的职官带有部曲的性质。

（2）重实效去闲职

西域长史自辟任属吏，很注重精简机构，讲究实效，去闲职。如西域长史机构下无属县，要务不在治民，所以省监察属县的都邮和学官。五官掾署功曹及诸曹事，无定掌，尊显而职散，与功曹有重叠之感，亦省。作为补充，则设功曹掾、史；与郡只设功曹史不同。门下约相当于今之秘书侍从处，亦在精简之例。只保留了郡职官系统的主簿和录事掾，以帐下将或幕下史取代门下督，以书史取代书佐，以伍佰、领下、马

---

〔1〕严耕望：《中国地方行政制度史》上编第三册，《魏晋南北朝地方行政制度》上册，台北："中央"研究院历史语言研究所，1963年，第268页。

〔2〕严耕望：《中国地方行政制度史》上编第一册，《秦汉地方行致制度》上册，台北："中央"研究院历史语言研究所，1963年，第102～105、119～125页。

下、削工充小史,[1]余皆省。但同时却又强化了文书班子,增设了主簿书的簿曹、文书事郎中,主奏议的奏曹史,主传递邮书的行书。在散史中仅见从掾位和从史位,侍事掾、侍事史省。

(3)因事设曹

在列曹中,西域长史机构没有照搬郡县诸曹,而是根据实际需要因事设曹。西域长史机构的主要任务是屯田和戍守,所以诸曹亦以此为重点。如与屯田有关的仓曹、监仓、监藏、监量、水曹和督田掾。监仓、监藏、监量不见于载籍,乃是根据楼兰西域长史机构的特点"随事命名"。[2]与戍守有关的则为兵曹和铠曹,王国维说:"后汉三公太守诸曹,但有兵曹无铠曹。《晋书·百官志》将军下各置兵、铠、士、贼曹,始分兵曹、铠曹为二。西城长史制视将军,故其属有铠曹矣。"[3]余者还有户曹、辞曹、医曹(C·P·No18·2)和客曹。户曹,楼兰汉文简牍无记载,但却有户籍、"著名户"等资料,所以主民户的户曹应是存在的。司法和医药,任何一个社会都是必须的,楼兰当然概莫能外(楼兰城设有医院,见C·W·No72)。客曹,《后汉书·百官志》、《晋书·职官志》均说客曹"主外国夷狄事",或"主护驾羌胡朝贺事",地方郡县不设客曹。但是,楼兰地处要冲,是塔里木盆地东端唯一最大最重要的交通枢纽,故有必要设客曹。其主要任务是招待到楼兰或过往的内地官吏及西城诸国使节(Ma·No228,Cha·No798),它的职能与中央政府的客曹有别。

11.4.2 西域长史机构的军事系统

西域长史制视将军,楼兰屯田和戍守者都是军队。但是,楼兰汉文简牍关于西域长史机构军事系统的编制情况却反映得很不清楚。因此,下面有必要根据有限的资料略作探讨。

---

〔1〕关于伍佰等,王国维:《流沙坠简》(1914年日本京都东山学社印本)廪给类,简二十八中有较详细的解释。此外,还可参见严耕望:《中国地方行政制度史》上编第三册,台北:"中央"研究院历史语言研究所,1963年,第277页。

〔2〕王国维:《流沙坠简》,1914年日本京都东山学社印本,1934年校正重印本。

〔3〕王国维:《流沙坠简》,器物类,简五十九,1914年日本京都东山学社印本,1934年校正重印本。

·欧·亚·历·史·文·化·文·库·

（1）督

"督"是魏晋时期常见的将领名称，内涵较为复杂。《三国志》卷48《吴书·孙皓传》中记有部曲督，随太守迁转；此外还有西陵督、京下督、江陵督、武昌督等等。王欣夫《补三国兵志》说，东吴军队中的敢死、解烦、无难、马闲等部队多分左右两部，各以左部督和右部督领兵，其下还设有五营督和五校督。到西晋时期仍有"督"的建置，如《金石录》卷20、《晋彭祈碑阴》记有骑督、步督、散督（按彭祈尝历西郡、酒泉、略阳太守、护羌校尉）。《八琼室金石补正》卷9《（南乡太守郛休碑阴）（泰始六年正月造）题名有"司马顺阳黄根"，下有骑督一人，部曲督八人，部曲将卅四人。《晋书·朱伺传》记载，朱伺"为郡将督"，后"转骑部曲督，加绥夷都尉"，又"以功封亭侯，领骑督。时西夷贼抄掠江夏，太守杨珉每请督将议拒贼之计，伺独不言，……"。《晋书·职官志》说："二卫始制前驱，由基、强弩为三部司马，各置督史。……二卫各五部督。"总的来看，三国至晋中央直属军队皆设"督"领兵。三国时分级设"督"，孙吴郡守有部曲，由部曲将分统之，设部曲督总其任，并随太守迁转。部曲督领兵五百，下辖五将，每将统兵约百人。[1] 西晋郡置"督"较多，并有骑督、骑部曲督、步督、部曲督、散督之别，每督数人；其中以骑督、骑部曲督地位较高，似高于吏（《晋书·朱伺传》）。"督"在司马之下，部曲将之上（《南乡太守郛休碑》）。楼兰西域长史机构与内地的郡同样在军队中设"督"。楼兰汉文简牍所记之"督"皆集中于泰始年间，其中"州骑督"（C·P·No12），"副骑步督"（Ma·No191）之类均不属于长史机构。从"诣督"（Cha·No725），"因王督致西域长史"（Cha·No751）、"今权复减省督将吏兵所食"（Cha·No826）等来看，督的地位似高于吏。C·W·No12 号简牍记有"部曲军假司马"，由此证之，"部曲军"应是西域长史所辖军队的总称。依前例楼兰

---

〔1〕《三国志·吴书·孙皓传》》记部曲督郭马将兵五百，其下有何典、王族、吴述、殷兴等部曲将。《八琼室金石补正》卷9《南乡太守郛休碑阴》题名"兵三千人"，"骑三百匹"，"骑督一人"，"部曲督八"，"部曲将卅四人"。依此计算，督辖 4 又 1/4 将，将领兵近 90 人。但是，"兵三千"乃是概数，部曲将有的可能隶属于骑督，同时汉晋军队编制多为五进位制，所以督辖五将，将领兵百人左右的可能性较大。

汉文简牍记载的"督",显然是"部曲军司马"之下的部曲督。假司马和假督（Ma·No231），则分别为司马和督之副贰。又 Cha·No826 号简牍"减省督将吏兵所食"，Cha·No831 号简牍"遣督唐循将赵"的排列次序表明，督的地位在将之上。此外，Cha·No807、809、831 号简牍记载的督唐循，C·P·No14·2 号简牍记载的"督武诩"（与宋政同记），两者的年代均在泰始五、六年。据此判断，西域长史军队可能至少同时设有二"督"。

（2）将和都佰

楼兰故城汉文简牍所记之"将"（帐下将、主将等等不计）约十三人，其中景元四年一人（Cha·No738），泰始二年一人（Cha·No760），余十一人主要出自 1A·iii 和 1A·vi·ii，这两个单位的年代集中在泰始四至六年。这样看来楼兰城当时有可能同时共设十将左右。此点与前述孙吴军队分两部设督各统五将的记载基本相符，"将"在简牍中又称为"部"，兵称为"部兵"。依前述部曲军和部曲督之例，这些将亦应称为部曲将。"将"领兵数，多数简牍只记其中的一部分。如"将张金部见兵廿一人"，"将梁襄部见兵廿六人"（Cha·No753）；"将梁惠部卅二人"（C·W·No113）等。少数简牍记得较全，如"徐部百一人／卅一人留／其七十……"（C·W·No48）；"（百）余人部伍器□备守"（C·W·No41）。据此判断，当时每部足额似为百人左右。这样若同时共存十将（将下有假将为副），则其总兵力当在千人左右，与索励率兵千人至楼兰屯田的规模相近。

关于都佰，C·P·No14·2 号简牍记"八月十日督武诩于樊……／……八月十二日都佰樊阳等四人……／从宋史位宋政……"。宋政活动于泰始五年，该简牍"督"与"都佰"相对，说明都佰是军职。由于"督"下统"将"，将领兵约百人，故此简牍"督"下之"都佰"恐系"将"之别称。另外，简牍中还记有"主将"一称。从 C·P·No24·1 号简牍记周主将，Cha·No832 号简牍记将周弄部来看，所谓"主将"似相对"假将"而把"将"称为主将。

（3）统军

299

据史籍记载,西晋时凡总领一方的都督等均可视为统军,并称为统府。[1] 此后降至北朝和唐朝也都设有统军。[2] 所谓统军即是统率一军之首长,凡称统军者必为将军,[3] 仅级别有差而已。西域长史制视将军,总领一方,统率部曲军,下辖督将,故简牍中的"统军"应指西域长史。

综上所述,关于西域长史机构军事系统的编制情况,大致可归纳如下:

统军(西域长史)—司马、假司马—督、假督—将(都佰)、假将—部兵。

11.4.3 西域长史和郡之职官系统的同一性

在西城长史职官系统中,西域长史是最高军政长官,司马辅贰,其下有功曹总揆内外众务,门下主簿为群吏之长,录事掾、簿曹等等职掌文书、奏议、侍卫;余诸吏分职列曹治事;督将领兵。这套职官系统的重要特点,是突出了与屯田积谷和军队有关的职官;紧缩了门下机构,简化了与长史机构职能关系不大的职官。它与内地郡的职官系统相比,除在具体职官的设置上略有增减外,两者职官系统模式是基本相同的。其次,在职官的选任上,两者除佐官外,属吏均自辟任,所以职官系统对郡守和长史的依附性都很强。这一点在军队方面表现尤为突出,他们所属军队都设部曲军、部曲督、部曲将。按部曲西汉时乃是指军队的编制,[4] 但是到汉末三国时期,部曲的意义已转化为私兵。[5] 因此,郡和西域长史职官系统从军、政两方面来看,都具有浓厚的部曲

〔1〕严耕望:《中国地方行政制度史》,台北:"中央"研究院历史语言研究所,1963 年,第 89 ~ 91、99、102、106 ~ 109 页。

〔2〕《魏书·扬播传》、《周书·权景宣传》。到唐代中期以后,禁军之左右龙武、左右神武、左右神策等六军亦于大将军之下设统军。

〔3〕严耕望:《中国地方行政制度史》,台北:"中央"研究院历史语言研究所,1963 年,第 89 ~ 91、99、102、106 ~ 109 页。

〔4〕《后汉书·百官志》:"其领军皆有部曲,大将军营五部,部校尉一人……部下有曲,曲有军候一人……"

〔5〕金发根:《永嘉乱后北方的豪族》,台北:"中国学术著作资助委员会",1978 年,第 24 ~ 36 页。

色彩。

总之,西域长史职官系统,无论在职官系统的模式,还是在职官选任和内在的特点等方面,都是与郡职官系统非常接近的。如果说西域长史职官系统是郡职官系统的小型化,或将其称为郡职官系统的亚型是不算过分的。我们认为,有些学者分析"西域长史总领一方,实如郡守,故得置吏比郡",[1]是很有道理的。

11.5 复原魏晋西域长史职官系统的意义

11.5.1 弥补史籍记载的缺环

在史籍中仅提到前凉西域长史李柏,西域长史机构职官设置问题则根本没有记载。所以西域长史机构职官系统的复原,及由此证明魏晋的确在楼兰城置西域长史,都是弥补了史籍记载中的缺环。

11.5.2 有助于对楼兰城的深入研究

自20世纪初楼兰故城发现以来,对楼兰故城的性质是西域长史治所还是鄯善国都问题,学术界一直存在着很大的分歧。现在将魏晋西域长史机构职官系统复原出来,雄辩地证明了魏晋时期楼兰城是西域长史治所,不是鄯善国都。此外,它还对进一步探讨魏晋时期楼兰城的社会状况、楼兰城的兴衰、楼兰城与内地的关系、楼兰城在西域史中的地位和作用等等方面的问题有所帮助。因此,它是全面深入研究楼兰故城必不可少的重要资料。

11.5.3 有助于研究历代西域职官演变过程

汉代西域都护的职官设置,《汉书·百官公卿表》记载都护之下"有副校尉,……丞一人,司马、候、千人各二人。"戊己校尉的属吏"有丞、司马各一人,候五人"。东汉时期,设西域长史以行都护之事,[2]其后亦设西域都护,官制与西汉相近。但是到了魏晋时期,前面复原的西

---

〔1〕严耕望:《中国地方行政制度史》,台北:"中央"研究院历史语言研究所,1963年,第298页。

〔2〕王国维:《流沙坠简》序,1914年日本京都东山社印本,1934年校正重印本。

域长史官制则与之完全不同。此后唐代在西域设都护府,亦采取了分职列曹,"诸曹,如州府之职"的做法。[1] 众所周知,在中国地方行政制度方面,魏晋南北朝是介于秦汉隋唐两大类型之间的过渡阶段。通过对魏晋楼兰西域长史职官系统的复原,同样可以看出中国古代在西域的职官设置是分为两汉、魏晋和隋唐三大类型。其中魏晋类型是介于两汉和隋唐之间的发生重要变化的过渡类型,隋唐类型则是直接承袭魏晋类型发展而来的。显而易见,魏晋西域长史机构职官系统的复原,对探讨中国古代在西域职官设置的演变过程是大有裨益的。

总之,魏晋西域长史机构职官系统的复原,无论对深入研究这个时期的西域史和楼兰故城,还是对研究中国古代在西域行政建置和职官演变过程来说,都是有重要意义的。此外,还应指出由于魏晋西域长史机构职官系统是按内地郡级职官系统模式设置的,从而表明了当时已将楼兰地区当作内地郡县一样进行统治。故又可将它看作是前凉在高昌设郡、隋在鄯善设郡的先声。

(本篇初刊于《庆祝苏秉琦考古五十五年论文集》,

文物出版社,1989年)

---

[1]《旧唐书·职官志》所记大都护府、上都护府之职官。

12　李柏文书与前凉楼兰史的探寻

在楼兰故城,前凉简牍残存下来的不多,故该时期的楼兰史基本上是不清楚的。但是,由于前凉西域长史李柏一组文书的发现,使我们有可能以这组文书为核心来带动有关资料,探寻前凉楼兰史的部分情况。

12.1　李柏文书的年代

12.1.1　什么是李柏文书

所谓李柏文书,系指 1909 年 3—4 月间日本大谷探险队的橘瑞超,在楼兰地区发现的前凉西域长史李柏写给焉耆王龙熙的两封书信草稿,以及内容和笔迹与之相关联的表文等一组文书。这些文书均墨书于麻纸上,两封书信草稿分别长 23 厘米(约相当于晋代一尺),宽 27 厘米、长 23 厘米;宽 39 厘米,余者均为残片。李柏文书在日本《西域文化资料》中被缩为 8001 至 8039 号。1915 年日本国华社出版的《西域考古图谱》史料图版(2)~(8)刊布了李柏一组文书的全部资料。1962 年日本法藏馆出版的《西域文化研究》第五卷卷头图版第 13 至 19 刊布了李柏两封书信草稿及 39 件残片,内容不及《四域考古图谱》全面。大家知道,李柏文书具有重要史料和学术价值,故自发现以来的八十年间备受中外学者重视,在国际学术界久负盛誉。虽然如此,就李柏文书的研究来说却不尽如人意,现在至少还有文书的年代和出土地点两个核心问题悬而未决。这种情况直接或间接地影响了前凉时期西域史、楼兰故城史和楼兰考古学一些问题的研究进程。所以李柏文书的年代和出土地点,便成为该领域内亟待解决的重要课题之一。有鉴于

此,本篇首先谈谈李柏文书的年代问题。为叙述方便,现将李柏两封书信草稿辑录如下:

(1)"西·图·史·图版(2)"

> 五月七日海头西域长史〔关内〕
>
> 侯李柏顿首顿首别□□□
>
> 恒不去心今奉台使来西月
>
> 二日到此(海头)未知王消息想国中
>
> 平安王使回复罗从北虏
>
> 中与严参事往想是到也
>
> 今遣使符大往相闻通
>
> 知消息书不悉意李柏顿
>
> 首

(2)西·图·史·图版(3)

> 五月七日西域长史关内侯
>
> 柏顿首顿首阔久不知问常
>
> 怀思想不知亲相念
>
> 便见忘也诏家见遣
>
> 来慰劳诸国此月二日来到
>
> 海头未知王问邑邑天热
>
> 想王国大小平安王使
>
> □遂俱共发从北虏中与
>
> 严参事往不知到未今
>
> 遣使符大往通消息
>
> 书不尽意李柏顿
>
> 首顿首

12.1.2 李柏文书写于击叛将赵贞之前

在李柏一组文书中,赵贞其人占有较重要的地位。如"西·图·史·图版(5)"残文书"逆贼赵"与"尚书/臣柏言焉耆王龙……","达海头/□命慰劳"同记。图版(6)残文书记有"……即以(?)贞□逆",

304

图版(8)残文书记有"……赵……自为逆"等。据《晋书·张骏传》记载:"西域长史李柏请击叛将赵贞,为贞所败。"可见李柏文书中提到的"逆贼赵"应指当时盘踞在高昌,对抗张骏的戊已校尉赵贞而言。如前所述,在图版(5)残文书中谈到了"逆贼赵",焉耆王龙(熙)和"达海头/□命慰劳"三件事。其中"逆贼赵"是核心问题,它既与焉耆王龙(熙)有关,也与李柏"慰劳"的使命密不可分。在李柏致焉耆王龙(熙)的两封书信草稿中,虽然没有直接提到"逆贼赵",但是其余两件事却是明确无误的。因此,李柏之所以给焉耆王龙(熙)写信,并对其进行慰劳,显然都是为了击叛将赵贞。可以说在这两封书信草稿中,击叛将赵贞问题乃是以潜台词的形式表现出来的。故李柏文书的年代与击赵贞的时间必有内在的联系。通过对李柏文书文义的分析,可明确看出李柏文书应写于他击赵贞之前。理由如下:

第一,《晋书·张骏传》记载,李柏击赵贞战败后"以减死论",按惯例应丢官夺爵。但是,李柏文书却自称"西域长史关内侯",既未丢官又未夺爵。所以李柏文书显然是写在他击赵贞战败受处分之前。第二,李柏文书说,他到西域的重要任务之一是"慰劳诸国"。前已说明焉耆王龙熙、"逆贼赵"、"命慰劳"三者同记。反映出慰劳的对象主要是焉耆王龙熙,慰劳的原因则与"逆贼赵"有关。换言之,即李柏正是因为击赵贞事有求于焉耆王,才对其进行慰劳。所以此事应发生在击赵贞之前。第三,李柏文书说:"今奉台使来西月二日到海头","阔久不知问常怀思想",两者结合可知李柏此次不是初任西域长史,而是从凉州返回任所。按理推断,很可能李柏因击赵贞事回凉州述职商量对策,并遇到焉耆王使,所以才有"阔久不知问常怀思想不知亲相念便见忘也"之语。第四,所谓"北虏",王国维说:"北虏者,匈奴遗种,后汉以来,常在伊吾车师间。晋时此地已为鲜卑所据,谓之北虏者,用汉时语也。"由此可见,当时高昌正被夹在北虏与焉耆之间,所以击赵贞可能涉及北虏和焉耆问题。"王使回复罗从北虏中与严参事往"即应是这种情况的反映。第五,严参事不是西域长史属吏,而是凉州的官员。他与焉耆王使既没有和李柏同行,也没有走经海头至焉耆的近路,而是有意绕道北庭。说明他们此行显然是另有目的。根据前述分析,这个目的可能是与北庭商量击赵贞一事有关。第六,李柏五月二日到海头,这时他猜测严参事等绕道北庭去焉耆"想是到也"。据此判断,严参事等应是先于李柏从凉州出发的。李柏文书记"……王使□遂俱共发从北庭中……","西·图·史·图版(5)"残文书记"尚书/臣柏言焉耆王龙……/月十五日共发"。两者对照,这个时间可能是四月十五日,它或是严参事等从凉州出发的日期。以此为准推算,李柏文书"想是到也"是有道理的。但是,李柏并无把握,所以又急于遣使慰劳通消息。"西·图·史·图版(4)"残文书记"使君教(?)命王可(?)/□赵□□前(?)自为逆/□杀(?)之首欲击/□□事急□故……"以此结合前引"逆贼赵"的资料,可知李柏给焉耆王写信的确是与击赵贞有关,而且形势也很紧迫,故李柏急于得到从北庭和焉耆两方面来的消息。上述诸点清楚地表明,两封书信草稿乃是为准备击赵贞,而联络北庭和焉耆所采取的外交活动的反映。

总之,根据上述六点,我们完全有理由认为李柏文书是写于他击赵贞前夕。而这一点对探讨李柏文书的年代恰恰是十分重要的。

12.1.3　高昌郡设立的时间与张骏称王的年代

赵贞是戊己校尉,所以击赵事件必在设高昌郡之前。《晋书·张骏传》记载:"初,戊己校尉赵贞不附于骏,至是,骏击擒之,以其地为高昌郡。"在该事件之前,《张骏传》记咸和初"骏遂失河南之地",此事件后又记"及石勒杀刘曜,骏因长安乱,复收河南地"。据《资治通鉴》卷94记载,骏失河南地在咸和二年(327年)十月,石勒擒刘曜在咸和三年(328年)十二月,不久即杀之;关中大乱在咸和四年(329年)正月,复收河南地在咸和五年(330年)三月与六月之间。因此,张骏击擒赵贞设高昌郡,在咸和二年十月之后至三年十二月间或其后不久均有可能。据唐代徐坚《初学记》卷8引顾野王《舆地志》说:"晋咸和二年,置高昌郡,立田地县。"这个史料与《张骏传》记咸和初失河南地之后(咸和二年十月),紧接着就写"至是,骏击擒之,以其地为高昌郡"的时间处理是吻合的。换言之,即失河南地与击擒赵贞设高昌郡,在时间上是基本衔接的。因此，据《初学记》和《张骏传》所记，有理由认为张骏击擒赵贞设高昌郡在咸和二年秋至年底之间。

其次，由于李柏文书中有"台使"、"诏家"、"尚书"、"臣"等用语，故李柏文书的年代又应与张骏称王的时间密切相关。关于张骏称王的年代，现在多依《资治通鉴》卷97的记载将它定在345年。其实张骏称王的问题很复杂，演变过程较长，大体可分为被封为王和自称王两个阶段。大家知道，前凉之世正是诸强割据时期，称王称帝者不乏其人。就前凉而论，其称王之前虽然以拥戴晋室自居，但骨子里却一直在谋求建立霸业。如《晋书·张轨传》记载："轨以时方多难，阴图据河西，筮之，遇泰之观，乃投筴喜曰：'霸者兆也'。于是求为凉州。"张轨到凉州后，大城姑臧并将其称为卧龙城。张寔时期，他在319年派兵迎象征王师的司马保，"声言翼卫，实御之也"（《十六国春秋辑补·前凉》），以后"寔以天子蒙尘，冲让不拜"，"寔自持险远，颇自骄恣"（《晋书·张立传》）。张茂时期，太宁元年（323年）赵刘曜攻凉州，"茂寻遣使称藩"，"曜拜茂侍中，……凉州牧，封凉王，加九锡"（《资治通鉴》卷92"太宁元年"条）。轨、寔、茂亡后，"张祚僭号"，追尊庙号（《十六国春秋·前凉录》）。张骏时期，"刘曜又使人拜骏凉州牧，凉王"（《晋书·张骏传》）。咸和二年"张骏闻赵兵为后赵所败，乃去赵官爵，复称晋大将军，凉州牧"（《资治通鉴》卷93"咸和二年"条）。由此可见，在公元323—327年间，张茂和张骏实际上已接受了前赵所封凉王称号，从而他们以自己的行动完全揭去了忠于晋室的虚伪面纱。此后，张骏在一段时间内虽未自称王，"然境内皆称之为王"。事实上，张骏仍以王者自居。

据《资治通鉴》卷95"咸康元年（335年）冬十二月"条记载，杨宣伐龟兹、鄯善之后，西域诸国"皆诣姑臧朝贡。骏于姑臧南作五殿，官属皆称臣"，"远近称之为贤君。"《晋书·张骏传》在记载鄯善等国遣使贡方物后说："得玉玺于河，其文曰：'执万国，建无极'"，"时骏尽有陇西之地，士马强盛，虽称臣于晋，而不行中兴正朔。舞六佾，建豹尾，所置官僚府寺拟于王者，而微异其名。又分州西界三郡置沙州，东界六郡置

307

河州。二府官僚莫不称臣。又于姑臧城南筑城,起谦光殿,……殿之四面各起一殿,东曰宜阳青殿……;南曰朱阳赤殿……;西曰政刑白殿,……;北曰玄武黑殿;……其旁皆有直省内官寺署,一同方色,"这些事件据前引《资治通鉴》的记载,亦应在咸康元年。此后,咸康五年(339年)"张骏立辟雍,明堂以行礼。十一月,以世子重华行凉州事"(《资治通鉴》卷96"咸康五年"条)。永和元年(345年)"十二月,张骏伐焉耆,降之。是岁,骏分武威等十一郡为凉州,以世子重华为刺史;分兴晋等八郡为河州,以宁戎校尉张瓘为刺史;分敦煌等三郡及西域都护三营为沙州,以西胡校尉杨宣为刺史。骏自称大都督、大将军、假凉王,督摄三州;始置祭酒、郎中、大夫、舍人、谒者等官,官号皆仿天朝,而微异其名;车服旌旗拟于王者"(《资治通鉴》卷97"永和元年"条)。

综上所述,自327年骏去赵封凉王之号后,虽未马上自称王,但实际仍以王者自居。到335年情况又为之一变,此时张骏从建筑到建置和行政区划,以及称谓已经完全拟于王者。因此,"永和元年"条所记诸项,其实在335—339年间就已陆续出现了。故永和元年条记载的内容明显具有总结和综述,以及进一步完善行政区划和职官建置的性质。所以张骏自称凉王应始于335年,而345年则是他的各项制度总其大成的一年。

12.1.4 李柏文书年代诸成说略析

关于李柏文书的年代,迄今大致主要有三种意见:一是以王国维为代表,认为李柏文书写于永和元年张骏称王之后[1]。日本西川宁认为写在346年,[2]与王说相近。二是日本羽田亨认为写在328—330年之间[3]。三是日本松田寿男认为写在328年[4]。三说之中以王说影响最大,故拟略作分析。

---

〔1〕王国维:《观堂集林》(第三册),中华书局,1984年,第872~876页
〔2〕〔日〕西川宁:《李柏书稿年代考》,东京教育大学教育学部纪要八号,1967年。
〔3〕〔日〕羽田亨:《羽田博士史学论文集》(上卷),京都:同朋舍,1975年。
〔4〕〔日〕松田寿男:《古代天山的历史地理学研究》,早稻田大学出版部出版,1970年,第133页。

王国维的论断,没有着重分析李柏文书及与其有关的史实,主要是依据文书中"尚书"、"诏家"、"台使"、"臣"等用语,便断定文书写于345年张骏称王之后。因此,该说明显地存在着文书的年代与史实间的矛盾。为调和这种矛盾,王国维又提出李柏"或以平赵贞与征焉耆之功再任矣",即李柏在骏称王前后两任西域长史说。前已说明张骏在323—327年已被刘曜封为凉王;335年骏又自称王,而345年则是其各项制度总其大成的一年。因此,王国维以345年作为骏称王之始,来论证李柏文书的年代是不合适的。试想若李柏文书写于345年之后,是时高昌早已成为前凉的属郡。在这种情况下,李柏同组残文书何必再提"逆贼赵";焉耆王使和严参事何必绕道北虏,而不走较近的经海头之路呢?李柏又为什么要急于与战败的焉耆通消息,进行慰劳,作出这种于情不合,于理不通的蠢事来?事实上,两封书信草稿是写于李柏击赵贞前夕,无论从行文还是从内容上看,都反映不出来此信写于伐焉耆之后。至于李柏两任长史说,亦难以成立。首先,李柏战败受处分后,文献中没有李柏复官爵的记载,文书本身对此也毫无反映。其次,从史实来看,平赵贞与设高昌郡大致同时,设高昌郡在咸和二年,按保守意见也不会晚于咸和五年。上距李柏"以减死论"较近,难以再任。而征焉耆在345年,李柏击赵贞又在设高昌郡之前,两者相距18年或16年,时间差过大。李柏即使以平赵贞之功再任,任期也不会如此之长。关于征焉耆,史籍明载345年征焉耆者是西胡校尉杨宣及其部将张植,并没有李柏。张植后升任西域都尉,不久前凉又改设西域都护,西域长史之称或废。上述情况表明,李柏是不可能有再任机会的。因此,王国维的推论没有解决,也解决不了李柏文书何以自称"西域长史关内侯",以及有关史实与其结论之间的矛盾。

综上所述,我们认为李柏文书写于345年以后第二次任西域长史之时是缺乏根据的,值得商榷的。至于羽田和松田之说,虽然与本篇的论证有出入,但由于他们主要是立足于对有关史实进行具体分析的基础上,故比较接近实际情况。

·欧·亚·历·史·文·化·文·库·

12.1.5 李柏文书的年代

根据前述诸点分析,似可作出如下推断:(1)《晋书·张骏传》记载:"初,戊己校尉赵贞不附于骏",其中的"初"字表明赵贞不附于骏应在骏立的最初几年之内。按刘曜于太宁元年(323年)七月攻陇上诸县,然后西上攻凉州,茂于是遣使称藩被封为凉王;次年(324年)五月茂亡骏立。赵贞原似为晋之戊己校尉,他可能即因茂、骏称臣于刘曜才与之对抗。对抗开始的时间,显然应在323年秋冬茂始封王至324年五月骏立之时。而这个阶段正是茂病、亡和王位交替时期,尚顾不上征伐赵贞。但是,骨鲠在喉,事不宜迟。待完成王位交替,局势稳定后必征伐在即。所以325年五月七日则应是李柏文书年代的上限。(2)据前述张骏击擒赵贞设高昌郡,在327年十月失河南地以后至年底之间。因此,李柏文书年代的下限不得晚于此时。(3)李柏击赵贞在设高昌郡之前,李柏文书又写于击赵贞之前,所以李柏文书的年代以325、326年的可能性最大。(4)焉耆王遣使凉州,可能与张骏即王位有关。如是,遣使必距骏即位的时间较近。但是,考虑到两者的距离和李柏与焉耆王使相遇,以及李柏文书的日期,遣使以325年可能性最大。综合考虑上述四点,李柏文书似应写于325年五月七日。此时正是张氏被刘曜封为凉王时期,李柏文书中的"臣"等用语与前凉当时的政体情况也是吻合的。

12.2 前凉楼兰史编年

在楼兰汉文简牍中,出现的前凉纪年仅有永嘉四年(310年),永嘉六年(312年)和建兴十八年(330年)。此外,明确知道属于前凉时期的简牍,只有李柏一组文书,前已推断李柏文书写于公元325年。除上所述,还有哪些简牍属于前凉时期,则不甚清楚。因此,前凉时期的楼兰史,长期处于不明的状态。在这种情况下,若探讨前凉时期的楼兰史,就必须首先判断哪些重要简牍属于前凉时期,以及它们的大致年代。本篇即打算做这种尝试,并力图建立前凉楼兰史的初步编年。

12.2.1　张济及与其相关简牍的年代

在楼兰汉文简牍中,记"超济"或"张超济"者有 C·P·No3·1、31·1a、31·6 号简牍。记"济逞"或"张济逞"者有 C·P·No2、7、22·13,33·1 号简牍。记"济"者有 C·P·No25·1、35 号简牍。上述简牍有许多共同的特点,比如:(1)均是纸文书,有的写在习字纸上,随便书写,字迹潦草或任意涂抹。有的写在淡墨习字纸上,形成深浅两层字迹。(2)书体基本相同。张超济书信是楷书,张济逞和"济"的书信分楷书和草书两种。在楷书中张济逞书信(C·P·No2、7)与张超济书信(C·P·No3·1、31·1a)中的"济"字、"白"字几乎完全相同。"济"之书信(C·P·No35)中的"济"字,亦与前者相同。(3)字句重叠和倒书的手法一致。张超济书信(C·P·No31·1a)倒数第三行连用两个"更"字。与前者同组,字体相同的 C·P·No31·4 的背面,字句重叠,使用倒书("不不"、"复复"、"多多"、"言言"字句重叠,"快"字倒书)。张济逞书信 C·P·No33·1 倒数第二行连写六个"发"字,倒数第一行连写"不复不复";C·P·No7 背面连写"奈何"。有一件 C·P·No32·2 号简牍,使用许多叠字和倒书。文中所记"远还"、"未久"、"何"、"岂"等字是楷书,书体与前述张超济、张济逞书信的楷书书体相同。文中所记"飡食",是张济逞书信中常见用语。它和文中书写的"悉"字,"还还还未还久"等草书则與张济逞寄信的草书相近。这样,C·P·No32·2 号简牍就将张超济和张济逞的书信有机地结合在一起了。此外,"济"书信 C·P·No35 背面记"马瘦不可乘不不不可","举盗盗贼","邑邑","怀怀"等,亦用叠字。(4)事件相连。张超济书信 C·P·No3·1 记:"超济白超等在远弟妹及/儿女在家不能自偕乃有衣食/之乏今启家诣南州……"张济逞书信 C·P·No33·1 记:"南州告悉如常"、"夫人飡食如常"、"南昌兄弟大小平安"等。前者"启家诣南州",后者报平安。事件的前因后果,紧密相连。基于上述四点,完全有理由认为张超济、张济逞实为一人,"济"则是他的简称。而张超济、张济逞和"济"的书信,也是出于一人之手。

关于张济一组简牍的年代,可据简牍内容略作一些分析。如简牍

·欧·亚·历·史·文·化·文·库·

C·P·No31·1a 记:"张超济……/顿首……/超济　戊□□长/息云何悉　更更念……/王弥刘□等　灭尽……/极想此辈……"《晋书·王弥传》说:"王弥东莱人也,家世二千石",永嘉元年(307年)降刘渊,"汉拜弥镇东大将军","封东莱公"。永嘉五年(311年)冬十月,石勒杀弥并其众。"刘□等"应指汉之刘渊、刘聪、刘桀和前赵刘曜。刘渊永嘉四年(310年)七月病死;刘聪即位,大兴元年(318年)秋聪病死,刘桀即位,不久被靳准所杀。汉相国刘曜为刘渊族子,起兵讨靳准,大兴元年冬十一月刘曜即皇帝位,史称前赵。咸和二年(328年)十二月刘曜被石勒擒获,329年杀之。按王弥降刘渊后,他们曾多次进犯洛阳及其他州县,当时凉州张氏完全站在晋廷一边与之对立。到刘曜时前赵对前凉更构成了严重的威胁,323年张茂被迫臣于刘曜。鉴于上述背景,王弥死至刘曜败亡,对前凉乃是一大快事。所以"王弥刘□等灭尽"应指此而言,张济这件文书似写于329年刘曜死后不久。另一件张济书信 C·P·No3·1 记:"超济白超等在远弟妹及/儿女在家不能自偕乃有衣食/之乏今启家诣南州……。"张超济"启家诣南州",说明他原不是凉州人士。《晋书·张轨传》记载,自王弥等寇洛阳后,"中州避难来者日月相继,分武威置武兴郡,以居之",超济一家或在此背景下来到凉州。但是,到张茂、张骏交替之际的323—324年,凉州大饥,"谷价踊贵"。超济家属"有衣食之乏","启家诣南州",可能就发生在这个时期。

根据上述分析,张济在楼兰地区活动的时间,上限似距323—324年之前不远,下限则在329年后不久。此外,据前述书体、内容、叠字、重句、倒书等原则,在楼兰汉文简牍中有一些简牍与张超济、张济逞书信楷书部分相同。如简牍 C·P·No3·2(书体相同),C·P·No20·2(书体相同),C·P·No21·1·2(书体相同),C·P·No31·1b、1c、2、3、4、5、7(书体相同,内容相近),C·P·No2、7、8·1·2·3(书体相同,用词相近),C·P·No9·1a·1b·1c·2(书体相同,用词相近),C·P·No22·1·2·3·4(书体相同),C·P·No30·2(书体相同,叠字倒书),C·P·No32·2(书体相同,内容相近,用叠字倒书)。草书部分难以比较,大体来看,C·P·No24·2·3,C·P·No31·8,C·P·No33·2的书体与张济逞书信草书部分相近。上述与张超济、张济逞书信相同或相近的简牍,按大编号计算有13件。大小编号统算为30件,加上前面提到的9件共39件。

12.2.2　李柏文书与张济简牍的关系

在李柏的一组文书中,李柏的两封书信草稿与共出的同组残文书是有内在联系的。若将这组文书纳入楼兰汉文简牍中去考察,就会发现李柏一组文书中有些残件乃是属张济一组简牍的范畴。比如,李柏一组残文书"西·图·史·图版(8)"记:"已呼烧奴问驰意犹惟/难便为断作庚张半其主云/欲尔便当早了于意何/如故示王其意意□已主意。"这件文书背面布满深浅两层习字,正面文书写在浅墨习字纸上。此件与张济简牍相比,除前述而外还有许多共同之处。如:"烧奴"在C·P·No25·1、33·1张济主体书信中是个重要人物,该件文书不但有"烧奴"其人,而且字体也与上述两件相同。此外,这件文书的"其"字与C·P·No2中的"其"字;"何"字与C·P·No7、8·1中的"何"字;"为"字与C·P·No7中的"为"字;"惟"字与C·P·No8·1中的"惟"字;"问"字与C·P·No35中的"问"字,均极相似(以上均属张济简牍)。同时这件文书最后一行"其"、"意"、"已"字倒书,"意意"叠字,通过上述比较,有理由认为此件文书当属张济简牍范畴。又"西·图·史·图版(8)"右下一件李柏残文书中的"何奈"两字,与张济简牍C·P·No9·1b的"何"、"奈"字,与C·P·No31·1a的"何"字极相似。"西·图·史·图版(8)"中下一件李柏残文书的"问言"二字,与张济简牍C·P·No35的"问"、"言"字,与C·P·No22·13的"言"字相似,同时该件还有倒书现象。此外,李柏文书8032(见《西域文化研究》第五卷卷头图版,下同)第一行似"世龙"二字(龙字残)。如是,又与张济简牍C·P·No27·1b,33·1中的"世龙"重名。李柏残文书8034"但有悲至",与张济简牍用语风格相近。李柏两封书信草稿中的一些用语,如"顿首"、"大小平安"、"邑邑"、"消息"等,在张济简牍C·P·No3·2(背面),C·P·No33·1,C·P·No35(背面),C·P·

No25·3中可分别见到,字迹亦较相近。据藤枝晃先生研究,李柏两封书信草稿不是出于一人之手,他并以两封书信为准,将同出的39件残文书按字迹分成两组。以此结合前面的分析来看,张济或与李柏书信草稿的书写有一定关系。

根据前述分析,李柏与张济在楼兰城活动的时间有一段是并行的。因此,李柏文书与张济简牍共存,并有很密切的关系是毫不奇怪的。

12.2.3 "焉耆简牍"与王彦时书信的年代

在楼兰汉文简牍中,有一组与焉耆有关的简牍。如cha·No934:"僧导香等人……/自念皆有老亲……/琴见迫胁不敢作……/侧依焉耆王臧对王……/谏止怒欲相杀复对王……/龟兹重奴大□如是其□……"cha·No938A:"……焉耆王……/反覆复无……/……"为将吏所图……/……鼻东西不复/……/……更可以决疑鄯……/……将吏相迎国……/……乃尔苦相达……/……忧也……"cha·No935:"诸将为乱曹……/露布到降诛……/复别表虽……/首顿首";背面记:"……近……/指具知款情……/相为摄受……/加用意东方道……"王国维认为cha·No934是记汉族人有在焉耆者,"遗书西域长史所属自述近事也。此当是龙会时事,至龙熙之世,为张骏将杨宣所伐,臣服于骏,或不致有欲杀晋人事欤。"关于cha·No938,王国维说:该件与cha·No934"书法正同,殆出一人手。书中云焉耆王□,又云为将吏所图。考《晋书·焉耆传》言,国王会持勇轻率,尝出宿于外,为龟兹国人罗云所杀。此书所谓为将吏所图或即指此耶。"(以上见《流沙坠简》)我们认为王国维的意见是值得商榷的。据《晋书·焉耆传》记载:"武帝太康中,其王龙安遣子入侍。安夫人狓胡之女,姙身十二月,剖胁生子,曰会,立之为世子。会少而勇杰,安病笃,谓会曰:'我尝为龟兹王白山所辱,不忘于心。汝能雪之,乃吾子也。'及会立,袭灭白山,遂据其国,遣子熙归本国为王。会有胆气筹略,遂霸西胡,葱岭以东莫不率服。然持勇轻率,尝出宿于外,为龟兹国人罗云所杀。"龙安遣子人侍,《晋书》卷3系于太康六年(285年)。按一般情况推断,龙会入侍时年龄怎么也不会小于 18～20 岁。龙会袭灭龟兹后,史书说他有"胆气","持勇轻率,尝出宿于外",以此结合"会少而勇杰"来看,这绝不是老年人的形象。但是,考虑到会"遣子熙归本国为王"这个情况,当时会应在壮年,充其量也不过 50 岁左右。前已说明楼兰汉文简牍在 270—310 年间中断,此时鄯善势力进驻楼兰。而龙会在位的时间正处于这个阶段之中,故上述简牍属于这个时期是不可能的。若龙会在位的时间延续到 310 年以后几年,前述李柏文书的情况又可证明这时前凉与焉耆的关系是较好的。甚至到 335 年前凉伐龟兹后,龙熙还遣子入侍。所以上述简牍不可能属龙会时期,而应在 335 年以后。345 年杨宣伐焉耆,说明 335—345 年间前凉与焉耆的关系已逐步恶化。但是,侍子未归,焉耆又难以反目,故这组简牍很可能出于 340 年前后。从文书内容来看,cha·No934、935、938 都是残文书,字句不连属,文义欠明,但三件文书内容相关这一点是比较清楚的。斯坦因将 cha·No934、935 编为 LA.1.iV.2 号,cha·No938 编为 LA.1.iV.3 号,以此结合前面王国维的分析可知他们是同组文书。其中 cha·No934 所记可能是僧导香等人似被焉耆王胁迫作对前凉不利的事,导香等人不敢做,焉耆王盛怒欲杀之,反映出当时焉耆与前凉的关系已经很紧张了。cha·No938 记焉耆王与将吏可能对某件重要事情态度不同,焉耆王似不甚坚决,将吏则较坚决("为将吏所图"不能解释为杀焉耆王)。"东西不复","苦相达","忧也"表明焉耆王与将吏所关注之事与前凉有关,而且当时焉耆与楼兰地区的东西交通已不畅通,故写信人才言"苦相达","忧也"。cha·No935 是长史机构对来自焉耆信件的复信,"诸将为乱"或即指"为将吏所图"及"胁迫"之事;"露布到降诛"可能是指杨宣即将伐焉耆。cha·No935 背面残文,大意似说上面报告的情况已经知道了,"加用意东方道"应是指要留意焉耆东通楼兰地区道路的情况,这一点与 cha·No938A 反映的情况是一致的,其目的可能是为征伐焉耆作准备。另一件简牍 cha·No765 记:"去蔚黎城可卌余里焉耆军在苇桥未亥云苇桥去蔚"(蔚黎＝尉犁,此件据新拍照的图版重译)。这件简牍所记与杨宣伐焉耆的进兵路线是一致的,它可能是记录了在焉耆的汉人

"加用意东方道"送来的军事情报。总之,上述简牍的内容明显与杨宣伐焉耆事件有关,简牍所记事件或即成为杨宣伐焉耆的导因之一。所以这组简牍的年代应在 345 年杨宣伐焉耆之前不久。

cha·No930、931、932、937 是一组王彦时书信,信中称王督邮彦时,或督邮王掾彦时,或王卒史彦时。其中 cha·No930 记:"□月四日具书焉耆玄顿首言/王督邮彦时司马君彦祖侍者各……/□人自随无他甚休阔别逾异念想无……/□□时买卖略讫健丈夫所在无施……/□顷来旋庭想言会间有人从郡……/□徐府君缙在小城中唐长史在……/□伯进为东部督邮修正云当……/□□□□□□如是彦祖……"按府君是当时对郡守的通称,长史为郡守佐官,督邮是郡守属吏。cha·No937 记"五月七日具书敦……/督邮王掾……"以此证之,cha·No930 记"间有人从郡"即指敦煌郡而言,徐府君则为敦煌郡守。前已说明敦煌郡与楼兰城的关系一直非常密切,魏晋前凉时期敦煌郡实际上是管辖西域长史,并统领西域事务。因此,cha·No930 所记显然是敦煌徐府君带着佐官和主要属吏到西域视察,而王督邮则有坐镇楼兰城起沟通与敦煌的联系之作用。王彦时一组书信均出于 LA·1,这里只出一件建兴十八年(330 年)纪年简牍,前述一组焉耆文书也出于此,所以该组简牍应属前凉时期。焉耆在李柏之时是独立的,335 年杨宣伐龟兹后焉耆虽然遣子入侍,但仍不失独立性格。只是到 345 年杨宣伐焉耆后,焉耆才成为前凉属国,所以徐府君到焉耆活动也只有在 345 年以后才有可能。又 345 年伐焉耆后,张骏"分敦煌等三郡及西域都护三营为沙州",此后已不见西域长史之称,所以唐长史不是西域长史而是徐府君的佐官,这个变化与前述情况结合,似可认为王彦时一组书信的年代应在 345 年之后。

12.2.4　前凉楼兰史编年

据前所述,楼兰汉文简牍出现的前凉纪年有永嘉四年(310 年),永嘉六年(312 年)和建兴十八年(330 年)。李柏文书的年代约在公元 325 年,张济一组简牍年代上限约在公元 323—324 年前不远,下限在 329 年后不久。焉耆简牍群的年代,约在 345 年杨宣伐焉耆前夕。王彦时一组书信的年代,约在 345 年后一段时间。前已说明永嘉四年基本与前凉在楼兰城重设西域长史的时间相接,大致可作为前凉楼兰史的年代上限。下文将论述前凉约在公元 376 年时放弃楼兰城,这一年可作为前凉楼兰史年代的下限。

在公元 310—376 年间,从 310 年至 345 年资料较多,年代虽然断断续续,但基本连接。其中尤以 320 年以后至 345 年前后资料最为集中,这个时期显然应是前凉楼兰史中的一个重要阶段。上面依据有限的资料,大体上勾画出了前凉楼兰史年代学的轮廓。这样就使我们在谈前凉楼兰史时,脑海中能有一个较完整的概念。

12.3　李柏文书出于楼兰故城

李柏文书发现后的半个世纪之内,出土地点问题从未引起大的争论。但是,在李柏文书发现 50 周年之际,森鹿三先生根据橘瑞超提供的一张照片,否定了李柏文书出于楼兰故城,提出了李柏文书出于 LK 古城说。于是在学术界挑起了关于李柏文书出土地点之争。这个争论表面上是地点问题,但实际上这场争论关系到前凉楼兰史中的一些重要历史事件,关系到楼兰地区自然环境的变化,楼兰城废弃的时间和 LK 古城的时代、性质等一系列问题。所以我们探讨前凉楼兰史,必须对李柏文书出土地点问题表明态度。笔者力主李柏文书出于楼兰故城,下面即以此为中心展开论述。

12.3.1　LK 古城不是海头遗址

LK 古城本来与李柏文书毫无关系,与海头一称更不沾边。但是,自森鹿三先生提出李柏文书出于 LK 古城,并将其定为海头遗址以来,唱和者日多。LK 古城海头说,森鹿三最初只是以李柏文书出于 LK 古城为前提推导出来的,此后一些研究者则对其进行了论证。他们提出《水经注》记载的蒲昌海与牢兰海是同时存在的两个积水、积盐中心,牢兰海即是今米兰以北的喀拉库顺湖。楼兰故城附近的河道,晋泰始年间已渐渐"水源枯竭",前凉时期河流改道南流,遂导致楼兰城废弃,

LK 古城则取而代之成为西域长史治所。由于 LK 古城在牢兰海即喀拉库顺湖的北端,从位置上看是名符其实的海头,故李柏文书应出于 LK 古城。有鉴于此,现在若谈论 LK 古城是否为海头,是否为文书出土地时,上述论点是不能回避的。

(1)蒲昌海与牢兰海同指今罗布泊

《水经注》卷 1 记载,渤泽"即经所谓蒲昌海也。水积鄯善之东北,笼城之西南"。"……蒲昌海亦有盐泽之称也"。龙城即是今罗布泊北岸一带的雅丹群(包括龙城雅丹群和白龙堆雅丹群,可见蒲昌海系指今罗布泊,而渤泽和盐泽乃是蒲昌海的异称。至于牢兰海及其与蒲昌海的关系,《水经注》卷 1 记载:"其一源出于阗国南山,北流与葱横所出河合,又东注蒲昌海。"接着《水经注》说明"北流与葱岭所出河合"后称为南河,"南河又东径于阗国北,释氏西域记曰:河水东流三千里,至于阗,屈东北流者也。""南河又东径且末国北,又东右会阿耨达大水。释氏西域记曰:阿耨达山西北有大水,北流注牢兰海也。""且末河东北流径且末北,又流而左会南河,会流东逝,……其水东注泽,……彼俗谓是泽为牢兰海也。""释氏西域记曰:南河自于阗东,于北三千里至鄯善,入牢兰海者也。北河自歧沙东分南河,即释氏西域记所谓二支北流,迳屈茨(龟兹)、乌夷(焉耆)、禅善(鄯善)入牢兰海者也。"北"河又东注于渤泽,即经所谓蒲昌海也"。综上所述,若将前面引文简化,可得出两个等式。即南河注蒲昌海 = 注牢兰海 = 注(盐、渤)泽;北河入牢兰海 = 入渤泽和盐泽 = 入蒲昌海。显而易见,《水经注》记载的蒲昌海、牢兰海、渤泽和盐泽乃是同指一个积水中心,其位置大致相当于现在的罗布泊(古今罗布泊水面大小有别)。唯可注意者,《水经注》中释氏西域记主要使用牢兰海,而郦道元的注,则主要使用蒲昌海以及渤泽和盐泽之称。若不注意此点,往往会造成将蒲昌海和牢兰海看成两个积水中心的错觉。

除上所述,汉代史料也可作为佐证。如《史记·大宛列传》记载,于阗"其东,水东流注盐泽"。《汉书·西域传》序记载:"其河有两源,一出葱岭山,一出于阗,于阗南山下,其河北流与葱岭河合,东注蒲昌海。蒲昌海，一名盐泽也。"可见《水经注》南河所入之牢兰海即是盐泽和蒲昌海。其次，《史记正义》引《括地志》说："蒲昌海一名渤泽，一名盐泽，亦名辅日海，亦名牢兰海，亦名临海，在沙州西南。"据此可知，罗布泊在唐代以前异名很多。而蒲昌海和牢兰海就是《水经注》对今日罗布泊所使用的主要异名。由于它们同指现在的罗布泊，故不能将蒲昌海与牢兰海看成是两个不同的积水、积盐中心（按喀拉库顺是淡水湖，不能称为积盐中心）。

（2）唐代以前喀拉库顺不在 LK 古城跗近

一些主张 LK 古城海头说的研究者认为，《水经注》记载的"南河即车尔臣河，入牢兰海"，牢兰海就是在今米兰以北的喀拉库顺地区的湖泊。前已辨明牢兰海与蒲昌海是同指一个积水中心，它与喀拉库顺地区的湖泊没有关系，所以南河注入的牢兰海当然也不可能是喀拉库顺湖了。据近现代的实地踏查，LK 古城城南有一条东西向干河道，向东注入罗布泊。黄文弼先生指出，LK 城址旁有一干河自西来在罗布泊南边入海，此即南河故道。斯文赫定在当地调查后认为，古车尔臣河故道约在喀拉库顺西端以北 40 公里左右，不入喀拉库顺。斯坦因曾在 LK 古城作过较详细的调查，他在《亚洲腹地》Ⅳ册地图 29 中标明 LK 古城南的干河道注入罗布泊。由此可见，实地调查的结果与《水经注》的记载是一致的。它再次证明了牢兰海与蒲昌海是同一个积水中心，古车尔臣河（南河）经 LK 古城南向东流入罗布泊，而不是向南注入喀拉库顺湖。

关于喀拉库顺成为主要积水中心的时间，目前看法不一，多数人主张在隋唐之际。既使主张牢兰海喀拉库顺说的同志，有的后来也改变了观点。他们说："库姆河什么时候改道，目前尚未解决。但到隋唐时塔里木河终点湖已在唐时屯城（今米兰）东北地区，我们称它为屯城罗布泊。""应即后来的喀拉库顺库尔地区"。并进一步说，到晚唐五代之际屯城罗布泊迁到了英苏——阿拉干罗布泊，屯城罗布泊开始干涸。以后喀拉库顺大量积水，则是在 18 世纪后期至 1921 年间，从而对前说做了自我否定。

·欧·亚·历·史·文·化·文·库·

（3）LK 古城不是海头遗址

据上所述,牢兰海与蒲昌海是同指一个积水中心,其位置相当于现在的罗布泊。南河东入牢兰海即入今罗布泊,不入喀拉库顺。喀拉库顺湖在魏晋前凉时期尚未出现,该湖在这个地区成为主要积水中心的时间约在隋唐之际。因此,那种以牢兰海等同喀拉库顺湖,并说前凉时期 LK 古城即位于喀拉库顺湖北端附近是不对的。据此而将 LK 古城定为海头遗址,也是不能成立的。特别是有的研究者以 1900 年斯文赫定所测喀拉库顺丰水年时的水域范围,来论证前凉时 LK 古城在喀拉库顺湖北端附近,断定 LK 古城是名符其实的海头,这种做法恐怕更是欠妥的。

此外,据前面对 LK 古城的分析(见本书所收《伊循屯田与伊循城的方位》),已知 LK 古城年代的下限止于曹魏以前。城址的规模、城内的遗迹和遗物,无一可与长史治所挂钩;迄今尚未发现任何文字资料。因此,LK 古城完全没有应与李柏文书共存的条件。其次,下文还论证了楼兰城长史治所的地位从未变更过,不存在长史治所迁至 LK 古城的问题。所以,LK 古城不可能是海头遗址。

12.3.2 长史治所始终设在楼兰城

"水源枯竭"、河流改道,楼兰汉文简牍纪年下限在公元 330 年,是长史治所从楼兰故城迁到 LK 古城论者的三个主要论据。关于"水源枯竭"问题,前面已经说明魏晋时期楼兰城附近水源是充足的,不存在"水源枯竭"的现象。楼兰故城的水源主要来自孔雀河,这条河又称库鲁克河、库姆河、沙河等等。在历史上孔雀河经常改道,所以楼兰故城南北存在着多条东西流向的古河道。据斯坦因调查,绕楼兰故城的古河道皆东流而尽,入于蒲昌海。同时斯坦因还指出,故城之北的古河道很少,河道也不宽。在这些古河道中,最值得注意的是与故城水渠相连的,位于故城南北的两条古河道(见前述)。河道与故城内主要水源即水渠连接,说明河道是与故城活动时期共存的。换言之,即这两条河道是楼兰城废弃之前就已经存在的。这种态势与《水经注》所记河水"又东径楼兰城南而东注"蒲昌海完全相符。因此,《水经注》记载的楼兰故城附近的河道情况,不像有些人认为的那样是北魏时期的"暂时回春",而是楼兰城活动时期至《水经注》成书期间真实情况的反映。在这个阶段,楼兰城附近不存在河流改道问题。故以前凉时期河流改道为前提,推论楼兰城被放弃,并将西域长史治所迁到 LK 古城是缺乏根据的,不能成立的。

其次,谈谈楼兰故城出土汉文简牍的年代与楼兰城废弃的关系问题。楼兰汉文纪年简牍的年代下限在 330 年,所以有人认为此后不久楼兰城即被放弃。我们认为楼兰汉文纪年简牍,是楼兰全部汉文简牍中残存简牍部分的残存纪年。因此,330 年不能代表楼兰汉文简牍年代的下限,更不能代表楼兰城年代的下限。事实上在楼兰故城所出汉文简牍中,有相当一部分简牍是晚于 330 年的,如焉耆简牍群和王彦时一组书信的年代即在 345 年前后。此时正是前凉的盛期,并将楼兰地区划归沙州的三郡三营之一,地位提高。焉耆简牍群与 345 年杨宣伐焉耆事件有关,王彦时是敦煌郡的督邮,王彦时书信中还记有敦煌郡徐府君。上述情况表明,楼兰城这时依然是长史治所。以此结合前面对 LK 古城的分析,可以肯定地说前凉时期长史治所始终设在楼兰城。也就是说,不存在公元 330 年后不久楼兰城被放弃,长史治所迁到 LK 古城的问题。

12.3.3　楼兰城别称海头

在古文献中,将罗布地区的水面称为海者只有蒲昌海(牢兰海,今称罗布泊)。因此,"海头"城必在蒲昌海附近。现在学术界关于"海头"城方位之争,主要集中在楼兰故城和 LK 古城。LK 古城在楼兰故城南偏西约 50 公里,距蒲昌海南部端点较远,其位置与蒲昌海关系不大。前已论证 LK 古城不可能是海头遗址,并指出利用喀拉库顺湖来附会 LK 古城为海头遗址是不能成立的。楼兰故城,东与今罗布泊西岸北端相对(两者相距约 28 公里),离孔雀河入海口较近。楼兰故城之东有佛塔和墓地,再往东则接近罗布泊外围盐壳边缘地带。按现在罗布泊的水面已较古代大大缩小,其外围大片的盐壳则是罗布泊湖水曾经漫及的地方。因此,前凉时期楼兰城与蒲昌海的间距,肯定比现在短很多。上述情况表明,楼兰故城正处在孔雀河入蒲昌海的"海头"附近,而且是这一带唯一的最大的城址。据此完全有理由认为,从魏晋至前凉末一直作为西域长史治所,并是当年橘瑞超重点调查对象的楼兰故城应是"海头"故址。冯承钧在《鄯善事辑》一文中,断定海头"应是故楼兰城"是很有道理的。

此外,从简牍资料来看。李柏文书与张济一组简牍有密切关系,通过对比已经证明李柏文书应是楼兰故城汉文简牍的组成部分之一。因此,李柏书信发信之地必在楼兰城。也就是说,李柏书信所记发信之地"海头"是指楼兰城而言。除上所述,在具体的简牍资料中,李柏残文书8020中记有"月九日楼□"字样。"楼"下一字较模糊,按其字形与简牍C·P·No19·7中的"楼兰"二字很相似。另一件楼兰汉文简牍Ma·No252记"……来至海头"一语。有人认为"海头"二字是马伯乐根据李柏文书推演出来的,很值得怀疑。但是,若与李柏文书相比,"海"字与李柏文书"此"字旁的"海"字形体相近。"头"字虽不全,可是其左半边与李柏文书中"头"字左半边亦很相似。因此,对Ma·No252中的"海头"二字不能完全持否定态度。总之,上述资料和分析互证,我们认为楼兰故城就是海头故址。"海头"之名应源于与蒲昌海的位置关系,它可能是前凉时期存在的一个俗名,并成为楼兰城的别称。

12.3.4　李柏文书出于楼兰故城

西域长史李柏文书绝不可能孤立地存在,而是应有特定的共存环境和条件。楼兰故城从魏晋至前凉末一直是西域长史治所,并出土大量与西域长史机构相关的汉文简牍,这是李柏文书最佳的共存环境和条件。通过分析比较,可知李柏文书实际上是楼兰城汉文简牍的组成部分之一。李柏文书的年代,在楼兰城汉文纪年简牍年代下限330年以前;即使按照345年说,也在楼兰城的活动时期之内。从地名来看,LK古城不是"海头"遗址,楼兰故城才是"海头"故址。这些情况都说明了李柏文书是出于楼兰故城。凡此前面均已论证,其具体情况不再赘述。下面仅从橘瑞超的调查情况入手,再谈谈李柏文书出于楼兰故城问题。

李柏文书的发现者是橘瑞超。1909年3月初,橘瑞超从库尔勒南下若羌,再入罗布地区调查楼兰故城等遗址,发现了李柏文书。调查结束后又返若羌,继续西行。同年11月橘瑞超与大谷光瑞在印度斯利那加会合,次年与大谷同去英国。在英国橘瑞超会见了对楼兰故城进行过详细调查的斯坦因,并与斯坦因共同确认了李柏文书出于楼兰故城。1910年12月2日,橘瑞超从吐鲁番越库鲁克山,再次到楼兰故城调查,1911年1月5日南下至阿不旦。事后橘瑞超在《中亚探险》一文中说,他到罗布地区进行调查的目标,是斯文赫定和斯坦因曾发掘过的楼兰故城。因此,他两次的调查重点都在楼兰故城。在文中他还明确指出,报纸公布的那件最珍贵的文书(指李柏文书),就发现在赫定和斯坦因发掘过的楼兰故城。由此可见,从橘瑞超的调查情况和他事后的记述来看,李柏文书发现于楼兰故城是明确无误的。斯坦因在《西域》一书中也说:1910年秋天,橘瑞超曾告诉我们,李柏文书发现于LA·Ⅱ·iV室墙壁离地面稍高处的裂缝中。1914年2月,斯坦因再次到楼兰故城时曾检查了此室。他说:发现墙裂缝处有两个浅孔穴,橘瑞超似在两砖小孔穴之间发现李柏文书。可见在1910年时,橘瑞超与斯坦因谈的已经相当具体和深入,以至斯坦因再次到楼兰故城时还进行了认真的复查,并的确发现了墙壁裂缝孔穴,说明橘瑞超告诉斯坦因的情况是可信的。

如上所述,李柏文书发现于楼兰故城本来是很清楚的事。但是,在李柏文书发现五十周年之际,橘瑞超向森鹿三先生提供了一张李柏文书出土地点照片,森鹿三先生据此认为李柏文书出于LK古城,于是引起了关于李柏文书出土地点之争。我们认为森鹿三先生的意见是难以成立的。第一,橘瑞超与斯坦因会见后,接着便于1910年末至1911年初,再次到楼兰等遗址进行调查。如果说橘瑞超向斯坦因介绍的情况有误,那么他对当时已在国际学术界引起较大反响的李柏文书出土地点问题,绝不会无动于衷。他对自身的工作,肯定会比斯坦因更注意复查,而且在现场完全具备复查和更正的条件。但是,在长达五十年的

·欧·亚·历·史·文·化·文·库·

时间里,橘瑞超却一直坚持原说,从未作过更正。第二,橘瑞超告诉斯坦因,李柏文书发现在 LA·Ⅱ·Ⅳ 室砖墙裂缝中。在此有必要重新回顾一下 LK 古城,前已介绍 LK 古城内建筑只有编号Ⅰ,没有编号Ⅱ(Ⅱ为城门)。在编号Ⅰ房址内,诸室具有起居或作坊性质,没有可与李柏文书共存的遗物。房址Ⅰ所有墙壁都是红柳编织涂泥,与在砖墙缝中发现李柏文书的情况完全不合。因此,橘瑞超告诉斯坦因的情况,显然不是将 LK 古城误说成 LA 古城。第三,森鹿三先生仅将橘瑞超提供的城墙照片,与斯坦因著作中 LK 古城照片进行对比,认为两者相同,于是便断定李柏文书出于 LK 古城。但是,他在文章中并未论证 LK 古城遗迹和遗物与李柏文书有什么关系,没有论证 LK 古城的时代和性质,没有提出 LK 古城是海头遗址的证据。可以说森鹿三先生除对比照片外,根本没有提出任何有实际内容的论据。因此,森鹿三先生的意见是令人难以接受的。第四,橘瑞超长期坚持原说,但是他在文书出土五十周年时,却突然拿出一张李柏文书出土地点的照片。大家知道,橘瑞超在罗布地区的调查日记和有关资料绝大部分毁于火灾(见《新西域记》),这张照片是否为李柏文书出土地点已无文字证据可查,他本人对照片也未作任何具体说明。从这张照片来看,我们不怀疑橘瑞超曾到过 LK 古城。但是,现有资料都说明他的工作重点在楼兰故城,从未见过他在 LK 古城具体工作情况的资料。因此,在日本榎一雄等著名学者早已对橘瑞超的记忆和所提供照片的可靠性提出了怀疑。在这种情况下,由于橘瑞超提供的照片不是李柏文书具体出土情况的现场照片,所以充其量最多也只能算作一件旁证资料。此外,片山章雄在《李柏文书之出土地》(收在《中国古代的法和社会——栗原益男先生古稀记念论集》,汲古书院刊,1988 年 7 月),该文收集了不少前所未见的,橘瑞超在罗布地区调查前后的电文、演讲和信件等重要资料。现摘要指出以下三点:(1)大谷光瑞在斯文赫定劝说下,1908 年 12 月电示橘瑞超重点调查赫定发现的北纬 41°、东经 90° 大沙漠中的古城(片山刊布了电文和当时的有关报导)。按这座古城,实际上就是指楼兰故城而言。由此可见,橘氏到罗布地区调查之前,其调查的主要目标和目的地便早已十分明确了。(2)橘氏发现李柏文书后,在 1911—1912 年的演讲和文章中均明确地说李柏文书出于赫定发现的有古塔的荒城里,该城赫定称为楼兰(片山刊布了有关的原始资料)。橘氏发表的文章中,有的还同时登出了有古塔形象的楼兰故城的照片。(3)橘氏说他在赫定发现的城(指楼兰故城)南约两日行程,又发现了两个规模不大的新城,在此试掘除古钱外未得其他遗物。片山指出的新城之一即是 LK 古城,可见当时橘氏将楼兰故城与后来称为 LK 的古城分得非常清楚。上述三点再次雄辩地证明了,李柏文书出于楼兰故城是明确无误的。以此结合前述诸点,我们认为森鹿三先生的意见是不可信的。李柏文书出于楼兰故城的理由是充足的,符合实际情况的,而出于 LK 古城之说则是缺乏根据的,不可能的。这就是本篇的结论。

12.4 前凉楼兰史与楼兰史的终结

12.4.1 前凉楼兰史的特点

李柏是魏晋前凉诸西域长史中,唯一见于史籍记载的人。李柏文书又是前凉简牍中资料最集中、内涵最丰富、文义较清楚的一组简牍。李柏文书的发现,给我们了解混沌不清的前凉楼兰史带来了一线光明和希望。通过对李柏文书的年代和出土地点的分析,可与其他前凉简牍,以及史籍所记的一些重要历史事件发生横向和纵向的联系,大致勾画出前凉楼兰史编年的轮廓。这样李柏文书在客观上,便对前凉楼兰史起到了一定的串通作用。使我们有可能对前凉楼兰史的概况和特点,形成初步的认识。

首先,通过对李柏文书的分析,可以看出前凉楼兰史比魏晋时期有较突出的一些特点。例如,第一,统治楼兰地区的时间长,前后达 60 余年,仅次于西汉时期。第二,征伐事件多,如征高昌戊己校尉,征龟兹、鄯善,征焉耆等。这些征伐事件均与西域长史有直接或间接的关系。第三,实际控制区较魏晋时期扩大。前凉通过征伐,控制了龟兹、焉耆和鄯善,并在高昌设郡。由于李柏文书记严参事经北房至焉耆,当

·欧·亚·历·史·文·化·文·库·

时东部天山以北地区也应在前凉影响之下,故前凉时"伊吾路"在特定条件下或可通行。因此,在前凉的盛期以楼兰和高昌郡为基地,几乎控制了今新疆的东半部。第四,建置发生变化,控制加强。前凉征高昌后设郡,这是在西域设郡之始。345年又将楼兰划归沙州,从而前凉将在西域的两个直辖地区,当作内地的郡县一样进行统治。此外,从王彦时一组书信来看,敦煌太守到焉耆视察,王督邮长住楼兰城,表明前凉加强了对楼兰和西域属国的控制。第五,楼兰城的地位提高了,其表现一是将楼兰地区划归沙州,地位比郡。二是345年左右将西域长史更名西域都护,以两汉西域史证之,这个变化应是地位提高的表现。

其次,关于魏晋前凉时期的楼兰史,现在多认为盛期在西晋。实际上,这种传统认识很可能是为资料所限而产生的一种错觉。据前述分析,前凉楼兰史无论在延续的时间,控制的地域,统治的强化程度,还是在建置和楼兰城的地位等方面,都比魏晋时期有较大的发展。因此,盛期或应在前凉时期。从历史背景来看,前凉是一个偏居一隅,政治上锐意发展,并且有一定实力的地方政权。当时在前凉之东,存在着较强大的割据势力,前凉非但不能向东发展,而且还承受着东边割据势力的巨大压力。在这种情况下,前凉为了生存,为了与东边的割据势力抗衡,为了有朝一日趁机崛起,就不能固守弹丸之地,而必须扩大地盘,壮大实力。所以前凉便选中了与之毗邻的西域东部地区,作为扩张的目标。这里有两汉以来长期经营,并为前凉所控制的楼兰和高昌作为基地,西域诸国弱小不堪一击,容易成功。从前凉设高昌郡,将楼兰划归沙州来看,前凉显然是将其当作了与东边诸割据势力进行斗争的后方基地。而前凉对龟兹、焉耆和鄯善等国的征伐,其目的除扩充势力之外,恐怕还有为高昌和楼兰创造较好的外围环境,使这两个后方基地更加稳固的意思。总之,由于前凉将经营楼兰和西域东部地区,与自身的利害和发展紧密地联系在一起,故用力较大,成效也较魏晋时期显著。当然,对于情况还不太清楚的前凉楼兰史来说,上述分析也只是一种推测而已。至于它是否符合实际情况,还有待于将来进一步研究工作的验证。

12.4.2　前凉未放弃楼兰城

《魏书·张骏传》和《十六国春秋·前凉录》记载,张骏时分敦煌、晋昌、高昌三郡,及西域都护、戊己校尉、玉门大护军三营为沙州,以西胡校尉杨宣为刺史。《资治通鉴》卷97将上述事件系于永和元年(345年),这一年也是战胜焉耆和张骏称王以来,各项制度总其大成的一年,前凉的势力处于鼎盛时期。因此,前凉盛世放弃楼兰城,是绝对不可能的。这个情况再次证明了,公元330年以后不久楼兰城被放弃的说法是站不住脚的。此外,以西域都护为三营之一,不称西域长史,这是一个很重要的变化。自李柏文书之后,文献中已不见西域长史之称。楼兰汉文简牍中,长史一称亦无可确定为345年前后者。公元345年伐焉耆的杨宣称西胡校尉,《十六国春秋·前凉录》说随杨宣伐焉耆的"张植为西域校尉,以功拜西域都尉"。从382年车师和鄯善乞前秦置都护,383年以车师前部王为西域都护来看,张骏在345年重新宣布行政区划时,或已将西域长史正式更名为西域都护(仅以此点证之,西域长史李柏文书也不应在345年以后)。据此并结合345年前后的焉耆简牍群和王彦时书信判断,在345年以后前凉的势力显然仍留在楼兰城。那么,在楼兰城为什么没有发现明确属于这个时期的纪年简牍呢?我们认为楼兰简牍都是发现于楼兰古城各个废墟中的残存部分。从考古学角度来看,堆积是早期的在下、晚期的在上。楼兰城一带气候恶劣,常有暴风,故处于最上层的晚期简牍很容易毁坏散失,估计主要原因恐怕就在于此。

任何一个政权所占据的地区,如果没有特殊情况是不会主动撤走的,前凉当然亦概莫能外。从旁证材料来看,前凉在今吐鲁番设高昌郡,这里发现有前凉"建兴四十八年(360年)"木简、"升平八年(364年)"墓牌,"升平十一年(367年)"卖驼契、"升平十四年(370)"残契等等。它清楚地表明,这个时期前凉与西域的关系并未中断,所以是时西域都护亦应存在。但是,到前凉之末情况则发生了重要的变化。公元376年前秦灭前凉,并将凉州豪右七千余户徙关中,使河西严重衰落下去。此举似乎表明当时前秦尚不打算向西方发展,所以设在楼兰城

·欧·亚·历·史·文·化·文·库·

的西域都护亦应随之撤销。前面曾提到382年车师和鄯善乞前秦置西域都护,此事从侧面也反映出至迟到前凉灭亡时止,西域都护已不复存在了。黄文弼先生在《罗布淖尔考古记》一书中说,天锡朝时有西域校尉张颀,"西域乃继续设长史或都尉,似可确信。若然,是楼兰故地之放弃,当在前凉之末,即纪元后376年也"。我们认为黄文弼先生这个意见是可取的。

12.4.3 楼兰城的废弃

楼兰城的兴衰和废弃,都是当时政治、交通、经济和水源等自然条件诸因素综合作用的结果。其中特别是政治和水源两个因素,在不同时期都曾起过决定性的作用。比如,楼兰城的兴起,首先是河流改道至楼兰城附近,而后才是交通、政治和经济的因素促使其迅速地发展起来。在楼兰城的发展期即魏晋时期,起决定作用的主要是政治因素,其次才是交通、经济和水源等方面的因素。前凉之末放弃楼兰城,主要是出于政治原因,由此又引起了一系列的连锁反应。如当前凉之末放弃楼兰城之时,鄯善由于内部和苏毗人侵扰等原因,也正处于衰落时期。所以鄯善无力振兴楼兰城,故导致楼兰城在政治上彻底失去了作用。前凉放弃楼兰城后,内地与西域的正式交通关系也随之基本断绝,楼兰城失去了交通枢纽的作用。前凉放弃楼兰城和其交通枢纽地位的丧失,又使以丝绸贸易、供应长史或都护官僚机构,以及屯田人员所需为主的商业陷于停顿,楼兰城失去了赖以繁荣的基础。随着前凉放弃楼兰城,大批从事屯田的农业劳动力化为乌有,农业生产成了问题,从而又动摇了楼兰城的生存基础。由于没有足够的劳动力,也无政权机构出面组织大兴水利,疏导河道,进行屯田、平整被风沙侵蚀切创的耕地,完全丧失了与当地极为恶劣的自然因素作顽强斗争的手段。致使风沙逐年内侵,雅丹地貌日渐发育,耕地和植被面积步步缩小。河水和渠道任风沙淤塞,蒸发渗漏,生态平衡遭到严重破坏。如此年复一年地不断恶性循环,便使楼兰一带逐渐成为不适于人类生活的地区,失去了人类聚居生活的条件。由此可见,楼兰城一旦在政治、交通和商业上失去作用,也就失去了存在的价值。楼兰城一旦没有集团的力量与恶劣的自然环境作顽强的斗争,人类也就逐渐失去了赖以聚居生存的条件。在这种情况下,楼兰城的前途只能逐步走向废弃。成书于公元5世纪末6世纪初的《水经注》,已将楼兰称为故城。以此结合前述分析,似可认为楼兰城的最后废弃,或在公元5世纪左右。

但是,所谓废弃并不等于完全无人在此活动,很有可能尚有少部分土著居民仍在这一带游牧。楼兰城内佛塔上有升篝火痕迹,意味着佛塔很可能是毁于火灾,这类事大概即应发生在楼兰城废弃以后。而经过楼兰一带的交通线,直到隋末闭碛路以前仍可通行。但是入唐以后,文献中再也未提到过交通线经过楼兰地区问题,这时楼兰城一带可能已经荒无人烟了。

12.4.4 楼兰史的终结

罗布泊及各有关水系,哺育了楼兰地区的文明。而两汉魏晋前凉时期的不断经营,则又是这个时期楼兰地区历史发展的主要动因。楼兰城是楼兰地区的中心,是魏晋前凉时期在楼兰地区的大本营。因此,楼兰城的存在和兴衰与楼兰地区的历史息息相关。所以当楼兰城被放弃,楼兰地区的历史就走向衰落。当楼兰城彻底废弃,变为荒无人烟之地,楼兰史也就终结了。

楼兰史,迄今仍然是一个不十分清楚的领域。本书依据有限的资料,充其量也只能算是勾画了楼兰史的部分轮廓而已。至于所谈到的诸方面问题,也是探讨性的,其间不足和谬误之处更是在所难免。楼兰史在人类历史的长河中,仅仅是短暂的一瞬。在丰富多彩的西域史中,也仅仅是一个小小的分支。但是,楼兰史的重要性、复杂性、神秘性,影响的广泛性以及内涵的丰富和对人们的吸引力,却是独树一帜的。楼兰史虽然随着楼兰城的彻底废弃而告终,但是它在西域史中的地位则是永存的。我们相信,今后随着考古和科学考察的不断发展,大量新资料的不断发现,诸学科不断地密切配合,在学者们不断的努力之下,楼兰史必将会以其本来面目,较完整地展现在人们的面前。愿我们大家共同奋斗,迎接这一天早日到来。

(本篇初刊于《楼兰新史》第五章,光明日报出版社,1990年)

·欧·亚·历·史·文·化·文·库·

13 佉卢文简牍所记 Supiya 人及其与婼羌的关系略说

尼雅佉卢文简牍所记之 supiya 人,其族源问题很令人费解,故成为佉卢文简牍研究的难点之一。现在学术界占主导地位的意见,是将 su-piya 人比附于吐蕃史中的苏毗部落,并将 supiya 译成"苏毗"。对于这个结论笔者不以为然,我们认为佉卢文简牍中的 supiya 人似与婼羌有一定的渊源关系。下面即围绕这个命题,略申拙见。

13.1 Supiya 问题的时代与族源苏毗说

在尼雅佉卢文简牍中,涉及 supiya 问题者有 86、88、119、126、133、139、212、272、324、351、515、541、578、722……号简牍等近 20 件。其中 324 号简牍纪年为马希利(mahiri)王 4 年,578 号简牍纪年为马希利王 11 年。[1] 此外,这些简牍中还分别记有州长(cojhbo)索没阇迦[sommjaka,活动于安归迦(amgoka)王 20 年至马希利王 22 年]、檀阇伽(tamjaka,主要活动于马希利王中晚期)、特迦左(ṅgaca,活动于马希利王时期)、克罗那耶[kranaya,活动于马希利王中晚期至伐色摩那(va

---

〔1〕佉卢文简牍资料,见拉普逊等:《斯坦因爵士在中国新疆发现的佉卢文书集校》(kharoṣṭhi lnscriptions discovered by sir Aurel stein in chinese Turkestan. part Ⅰ–Ⅲ. oxford,1920,27.29)。汉文译本见王广智《新疆出土佉卢文残卷译文集》(中国科学院新疆分院民族研究所),林梅村《沙海古卷——中国所出佉卢文书(初集)》(文物出版社,1988 年)。尼雅佉卢文简牍的年代,一般多笼统地说在公元 3 世纪 30—40 年代至 4 世纪 30—40 年代。具体到佉卢文简牍记载五位鄯善王的年代,分歧较大。笔者认为陀阇迦王:公元 242/3 年—244/5 年;贝比耶王:公元 245/6 年—252/3 年;安归迦王:公元 253/4 年—288/9 或 290/91 年;马希利王:公元 289/90 或 290/91 年—316/7 或 318/9 年;伐色摩那王:公元 317/8 或 319/20 年—327/8 或 329/30 年(11 年以后不明)。详细情况请参见孟凡人:《楼兰新史》,光明日报出版社,1990 年。

ṣmana)王时期]、黎贝耶(lp̱ipeya,活动于马希利王中期至伐色摩那王时期)等。可见尼雅佉卢文简牍中的 supiya 问题似出现于安归迦王晚期(在此之前纪年简牍较少,情况不明),主要集中在马希利王时期,并延续至伐色摩那王时期。在上述时期内,supiya 人是鄯善王国的主要外患之一[此外,还有来自于阗(khotana)和扜弥(kheme,k′ema)的侵扰]。supiya 人经常入侵、袭击、劫掠凯度多(caḍ′ota,caḍ′oda,即尼雅遗址)、舍凯(saca,sacha)和且末(calmadaua,calmatana)一带,故佉卢文简牍中不乏关于探听 supiya 人的消息,警惕 supiya 人侵扰的记载。由于supiya 问题在佉卢文简牍中出现比较的频繁,情况较为重要,所以一些研究者遂将其列为判断佉卢文简牍年代的依据之一。他们认为 supiya 就是苏毗,苏毗之称首见于《隋书·西域传》:"女国在葱岭南,其国代以女为王。王姓苏毗……"继之《新唐书·西域传》又记:"苏毗,本西羌族,为吐蕃所并,号孙波,在诸部最大。"此外,有的研究者又将《魏书·吐谷浑传》:"北又有女王国,以女为主,人所不至,其传云然"的女国,比附于《隋书》中的女国。这样不同的研究者就分别以上述两组史料为据,提出了尼雅佉卢文简牍年代 7 世纪说和 5 世纪说[1]。现在随着岁月的推移和研究进程的发展,探讨佉卢文简牍的年代 supiya 问题已无关紧要,7 世纪和 5 世纪说也过时了。但是,曾作为佉卢文简牍年代学障碍之一的 supiya 族源问题,迄今并未得到解决。

　　首先,应当指出女国与苏毗的概念是完全不同的。关于这个问题,佐藤长在《古代西藏史研究》(上卷第一章)中做了较详细的论证。其结论是:葱岭南之女国(东女国)"王姓苏毗"乃是"王姓苏伐"之误。葱岭南之女国位于帕米尔山中,不属于吐蕃语族,处于母系社会阶段。《新唐书》记载的苏毗位于吐蕃的东北,属吐蕃语族,处于父系社会阶段。女国与苏毗两者截然不同,女国不等于苏毗,同时并指出将汉文史籍记载的其他女国与葱岭南之女国等同的看法是不对的[2]。上述分

<hr>

〔1〕参见马雍:《新疆所出佉卢文书的断代问题》,《文史》,1979 年第 7 辑。
〔2〕[日]佐藤长:《古代チベット史研究》上卷,京都:东洋史研究会,1959 年,第 122～156 页。

析已经比较明确,对此勿须再多赘言。现在的问题,是出在佉卢文简牍中的 supiya 与吐蕃史之苏毗的关系上。目前较流行的意见,可以伯希和及托马斯为代表。他们认为 supiya(佉卢文简牍)= sobyi(伯希和假定的《新唐书·苏毗传》苏毗原名之拟音)= sumpa(吐蕃文,相当于《新唐书·苏毗传》苏毗之号孙波),故佉卢文简牍记载的 supiya 人与吐蕃史中的苏毗是同一部族。[1] 据此有的研究者又提出,吐蕃文书中的萨毗(tahal - byi)源于苏毗(萨毗泽、萨毗城之名亦源于苏毗),所以萨毗 = 苏毗 = suplya。然后又说,6 世纪吐谷浑灭鄯善取代了苏毗,但苏毗仍保存一定势力,于阗语文书中记载的 supiya 人可以为证。到唐代苏毗人的主要势力已南退到今青海地区,为吐蕃所并后又撤退到黄河上源以西至吐蕃本土之间。吐蕃占领西域期间,在萨毗地区的吐蕃部落主要是苏毗的后裔。[2] 我们认为上述论断仅从译名对音角度进行分析是很不够的。假如换个角度从史实来看,他们的结论则是值得商榷的。

13.2 与 Supiya 相关的婼羌和婼羌国概说

从汉文史籍来看,有迹象表明佉卢文简牍所记的 supiya 人,很可能与汉代的婼羌有一定的渊源关系。《汉书·西域传》记载:"出阳关,自近者始,曰婼羌。婼羌国王号去胡来王,去阳关千八百里,去长安六千三百里,辟在西南,不当孔道。户四百五十,口千七百五十,胜兵五百人。西与且末接。随畜逐水草,不田作,仰鄯善、且末谷。山有铁,自作兵。西北至鄯善,乃当道云。"《汉书·小宛传》:"东与婼羌接",《汉书·戎卢传》:"东与小宛,南与婼羌,西与渠勒接",《汉书·渠勒传》:"东与戎卢、西与婼羌、北与扜弥接",《汉书·于阗传》。"南与婼羌

---

〔1〕〔法〕保罗·伯希和:《苏毗》收在冯承钧《西域南海史地考证译丛》第一册,商务印书馆,1934 年。〔日〕佐藤长:《古代チベット史研究》,京都:东洋史研究会,1959 年,第 139~140 页。

〔2〕黄盛璋:《于阗文〈使河西记〉的历史地理研究》,《敦煌学辑刊》,1986 年第 2 期;《论�>璊微与仲云》,《新疆社会科学》,1988 年第 6 期。

接",《汉书·难兜传》:"南与婼羌、北与休循,西与大月氏接。"上述记载表明,所谓婼羌应有狭义和广义之别。

婼羌之称,《汉书·赵充国传》注东汉"服虔曰:婼,音儿,羌名也"。魏黄初时人"苏林曰:婼,音儿遮反"。婼羌之婼字,含义及来源不明。[1] 羌字,《说文》云:"羌,西婼羌戎,牧羊人,从人从羊。"[2]关于婼羌,《汉书》以后亦屡有记载。如《后汉书·西羌传》说:"西羌之本,出自三苗,姜姓之别也。其国近南岳。及舜流四凶,徙之三危,河关之西南羌地是也。滨于赐支,至乎河首,绵地千里。……南接蜀、汉徼外蛮夷,西北(接)鄯善、车师诸国。所居无常,依随水草。地少五谷,以产牧为业。其俗氏族无定,或以父名母姓为种号。"文中所谓西北接鄯善诸国者,即指婼羌而言。《魏略·西戎传》记载:"敦煌西域之南山中,从婼羌西至葱岭数千里,有月氏余种葱茈羌,白马、黄牛羌,各有酋豪,北与诸国接,不知其道里广狭。"接此文《通典》卷189又说:"盖同为羌种,故传以婼羌目之,刘氏以为误,[3]非也。""戎卢、于阗、难兜三国皆云南接婼羌,而此(小宛)与渠勒独言东西者,盖小宛、渠勒二国所据之山谷近于南,其实羌包有南山,此亦当云南也。"后魏阚骃《十三州志》说:婼羌国滨带南山,西有葱岭,余种或虏或羌,户口甚多,在古不立君长,无分长幼;强则分种为豪酋,更相抄暴,兵长于山谷,果于触突,以战死为吉利。据上所述,可知在南山至葱岭即今阿尔金山、昆仑山直到帕米尔高原一带,乃是羌人的活动地域。他们沿山布谷,种落不同,各有一定的活动地域,各有酋长,各领其众,不相统属。在汉文史籍中将其东支称婼羌国,同时亦将南山至葱岭诸羌统曰为婼羌。显而易见,婼羌

---

[1]婼字最初见于《春秋》经:"昭七年叔孙婼如齐涖盟。"鲁国大夫叔孙婼以婼为名,《说文》:"婼,不顺也。从女若声。"清徐灏《说文解字注笺》说:"叔孙婼岂以不顺命名?疑说解有讹误。"清钱坫《说文解字斠诠》说:"若训顺,则此'不'字衍。"周连宽:《汉婼羌国考》(《中亚学刊》,1983年第1辑)认为:"婼羌族的祖先有以婼为名者,后代即以婼为其种号。"白鸟库吉谓"婼"为藏语 tswa、tshà、chha 之对音,义为盐(白鸟库吉《塞外史地论文译丛》二辑)。

[2]《太平御览》卷792,"四夷部十三四戎——婼羌"条引《说文》。

[3]宋刘奉世说:"案婼羌小国,最近阳关,去长安六千里耳,在都护之东。而此渠勒、于阗、难兜之类,去长安且万里,东北行数千里乃至都护,安得与婼羌相接,必误。"此文见于《四库全书》载《汉书·西域传》"婼羌"条注,清王先谦《汉书补注》"难兜国"条。

有两个不同的范畴,前者指婼羌国,后者指婼羌族。婼羌之称源于婼羌国,所以汉文史籍是将婼羌国当作了婼羌族的代表。我们说婼羌与Supjya有一定的渊源关系,即是指婼羌国而言。

13.3　婼羌的方位

那么,婼羌国位于何处呢?对此历来说法不一。有代表性的意见,一是柴达木说,[1]或噶斯湖地区说;[2]二是阿克楚克赛说,[3]三是萨毗泽说。[4] 我们认为婼羌国是南山诸羌的东支,他们随畜逐水草,是与城郭诸国不同的行国,其王很可能就是部落酋长。[5] 因此,探讨婼羌国的方位必须首先明确婼羌国驻牧地的大致范围,然后再寻找他们驻牧地的中心区。

婼羌国驻牧地的范围,史无明载。《汉书·西域传》只说:婼羌国"去阳关千八百里,……辟在西南,不当孔道。……西与且末接,……仰鄯善、且末谷"。据此可知婼羌国驻牧地的重点地区,应在与鄯善、且末相对应的南山中。其西界大概不会超过且末很远,东界则较复杂。《汉书·赵充国传》记载:"长水校尉富昌,酒泉侯奉世将婼、月氏兵四千人,……击罕羌,入鲜水北句廉上。""句廉"即"祁连","鲜水北"约相当于今青海省海北藏族自治州一带。《汉书·西域传》"车师后城长国"条记载:"又去胡来王唐兜,国比大种赤水羌,数相寇,不胜,告急都护。都护但钦不以时救助,唐兜困急,怨钦,东守玉门关。玉门关不内,即将妻子人民千余人亡降匈奴。匈奴受之,而遣使上书言状。是时,新都侯王莽秉政,遣中郎将王昌等使匈奴,告单于西域内属,不当得受。

---

〔1〕柴达木说以日人桑原骘藏(杨炼译《张骞西征考》,中华书局,1934年),白鸟库吉(《西域史的新研究》、《塞外史地论文译丛》第二辑),以及中国学者丁谦等为代表。

〔2〕芈一之、姚聪喆:《婼羌国址考》,《西北史地》,1987年第1期。

〔3〕周连宽:《汉婼羌国考》,《中亚学刊》,1983年第1辑。

〔4〕黄盛璋:《于阗文〈使河西记〉的历史地理研究》,《敦煌学辑刊》,1986年第2期;《论璨微与仲云》,《新疆社会科学》,1988年第6期。

〔5〕《汉书》所记婼羌国与其他城郭诸国情况有别,并不见设置职官的资料。以此结合正文引述的羌人资料来看,婼羌王很可能就是部落酋长。

单于谢罪,执二王以付使者。莽使中郎王萌待西城恶都奴界上逢受,单于遣使送,因请其罪。使者以闻,莽不听,诏下会西域诸国王,陈军斩姑句、唐兜以示之。"赤水是黄河上源别称,赤水羌为青海羌之一种,大致在今青海海南藏族自治州黄河以西[1] 一些研究者正是以上述两条史料为证,将婼羌国的中心区定在噶斯湖一带的[2] 其实古今许多战例均可证明,交战双方的都城或中心区不一定离得很近,在大多数情况下仅仅是边界毗邻或靠近而已。特别是在西汉时期,《汉书·西域传》记载了不少汉朝征调某国或某几个小国的兵力,长途跋涉甚至途经它国进行征伐的战例。据此并结合前述婼羌国重点驻牧地区来看,婼羌无论击罕羌,还是赤水羌,都只能说明婼羌的东界已达阿尔金山东缘,有一部分已进入今青海境内。换言之,即婼羌国之东界约在今新疆青海交界附近。

关于婼羌国驻牧地的中心区,或曰婼羌王的驻牧地,从婼羌"仰鄯善、且末谷"来看,显然,应在与其相对应的南山中。其地望与前述之阿克楚克赛说虽较近似,但略显得偏东一些。相比之下,萨毗泽说似较合适。《沙州伊州地志》记载:"萨毗城,西北去石城镇四百八十里。康艳典所筑,其城近萨毗泽。山险阻,恒有吐蕃及土谷浑来往不绝。"萨毗的地望多认为在阿牙克库木库勒,[3]石城镇遗址则在今若羌县城附近的且尔乞都克古城[4] 阿牙克库木库勒在石城镇遗址东南,两者相距的里程与480里亦大体相近[5] 萨毗泽一带是与鄯善、且末相对应的南山中自然条件较好的地区,交通也较方便。《汉书·西域传》"婼羌国"条说:婼羌"西北至鄯善,乃当道云"。萨毗地区西北与鄯善(今若羌城附近)有山路相通,[6]达鄯善后正当汉代西域南道的起点,其形

---

〔1〕参见岑仲勉:《汉书西域传地理校释》上册婼羌条,中华书局,1981 年。另见芈一之、姚聪喆:《婼羌国址考》,《西北史地》,1987 年第 1 期。

〔2〕芈一之、姚聪喆:《婼羌国址考》,《西北史地》,1987 年第 1 期。

〔3〕杨铭:《唐代吐蕃统治鄯善的若干问题》,《新疆历史研究》,1986 年第 2 期。《中国历史地图集》第 5 册,第 63~64 页。

〔4〕孟凡人:《楼兰新史》,光明日报出版社,1990 年。

〔5〕《新疆维吾尔自治区地图集》,1966 年版,第 111~112 页若羌县地图。

〔6〕《新疆维吾尔自治区地图集》,1966 年版,第 111~112 页若羌县地图。

势与之恰相吻合。所以我们有理由认为萨毗泽一带应为婼羌国驻牧地的中心区,即婼羌王驻牧之地。

13.4　Supiya 人是婼羌国的遗裔

《汉书·赵充国传》记载:"酒泉侯奉世将婼、月氏兵四千人",婼羌首当其冲,故婼羌出兵少说也将在千人左右。据此可知,《汉书·西域传》记载婼羌国"户四百五十,口千七百五十,胜兵者五百人"是不确实的。到两汉末期,婼羌的人口恐怕早已远远超过此数。故王莽时唐兜率千余人降匈奴后,其原驻牧地的余部人数也不会太少。而唐兜被匈奴出卖遭杀害后,其千余人的追随者又很难再依附于匈奴。在这种情况下,他们中的大部分人很可能已伺机返回故地。此后晚至《魏略·西戎传》和后魏阚骃《十三州志》时,仍提到婼羌之名。上述诸点表明,唐兜被杀后婼羌国虽然在历史舞台上消失了,但是其遗民从东汉至南北朝时期却仍在原驻牧地一带游牧。

从尼雅佉卢文简牍记载的情况来看,supiya 人主要在凯度多、舍凯、且末和鄯善都城以南的山地一带活动(向东有时可达楼兰故城以南的山地一带),他们经常对鄯善进行侵袭和劫掠。凡此与前述婼羌国的活动地域,婼羌国遗民活动的时代,以及他们"互相抄暴、兵长于山谷,果于触突"的特性等等,都是基本相符的。据佉卢文简牍记载的情况判断,supiya 人过的是游牧生活。supiya 人应与婼羌一样"随畜逐水草,不田作,仰鄯善、且末谷",这是导致他们经常侵扰鄯善农业地区的重要原因之一。此外,尼雅佉卢文简牍还记有山地(parvata)和山地人。如 147、459、539 号简牍分别记山地人支因伽、沙通那、鸠波施陀已定居在农业地区。637 号简牍(马希利王 11 年)记卡拉(kala,职官名称)基特耶、布没那拔罗从凯度多到山地去旅行。633 号简牍记亲言和苏克摩那等到山地去采购粗地毯、酥油和山羊等物品。660 号简牍出于安的尔古城,简文记山地人取两匹丝绸。这些简牍记载的山地和山地人距鄯善的农业地区似较近,并被鄯善控制。但是,另一件 675 号简牍(出于楼兰故城)则记:"有一山地人,名罗都伽。彼系来自 supiya 之难民。"以此与前述简牍比较,似可认为距鄯善农业地区较远的山地乃是 supiya 人的活动地域。这个情况与婼羌国中心区萨毗泽距鄯善 480里,其边缘地区距鄯善也在 200 里以上,[1] 亦不谋而合。此外,在萨毗地区的阿牙克库木库勒之南,有一小山今称"苏皮林山"。[2] "苏皮"与 supi 音相近,此称或是历史烙印的遗痕。所以萨毗源于 supi 说,似有可能。据上所述,我们有理由认为在鄯善南山中活动的 supiya 人即是婼羌国的遗裔。

公元 4 世纪 30—40 年代尼雅佉卢文简牍开始中断,supiya 人的情况不明。但是,在一件公元 6 世纪以后的于阗语佛教文书里,却提到 supiya 等外族人侵袭于阗的事件。[3] 此后则几乎不见 supiya 人的活动踪迹了。从佉卢文简牍来看,supiya 的活动地域西界在凯度多及其以西一带,并达于阗国的东境,其活动地域已较婼羌国时期向西扩展。据史籍记载,5 世纪中至 5 世纪末,鄯善被北魏控制。[4] 5 世纪末鄯善国破,人民散尽,吐谷浑据其地。[5] 7 世纪初隋破吐谷浑,在鄯善地区设郡县。[6] 北魏、吐谷浑和隋的强大力量占据鄯善后,不但严重威胁着 supiya 人的安全,而且使之北侵掠夺鄯善地区财物的活动越来越困难了。在这种情况下,supiya 人可能被迫再向西移动,而将掠夺的主要目标指向了于阗。于阗语文书所记 supiya 人的侵袭事件,似与上述背景密切相关。7 世纪中叶以后,吐蕃势力陆续进入鄯善、且末以及西域的

〔1〕《新疆维吾尔自治区地图集》,1966 年版,第 111~112 页若羌县地图。
〔2〕《新疆维吾尔自治区地图集》,1966 年版,第 111~112 页若羌县地图。
〔3〕黄盛璋:《于阗文〈使河西记〉的历史地理研究》,《敦煌学辑刊》,1986 年第 2 期;《论璨微与仲云》,《新疆社会科学》,1988 年第 6 期。
〔4〕冯承钧:《西域南海史地考证论著汇辑》所收《鄯善事辑》,中华书局,1957 年。
〔5〕冯承钧:《西域南海史地考证论著汇辑》所收《鄯善事辑》,中华书局,1957 年月;杨建新:《唐代吐蕃在新疆地区的扩张》,《西北史地》1987 年第 1 期。见杨铭《唐代吐蕃统治鄯善的若干问题》,《新疆历史研究》,1986 年第 2 期。
〔6〕冯承钧:《西域南海史地考证论著汇辑》所收《鄯善事辑》,中华书局,1957 年月;杨建新:《唐代吐蕃在新疆地区的扩张》,《西北史地》1987 年第 1 期。见杨铭《唐代吐蕃统治鄯善的若干问题》,《新疆历史研究》,1986 年第 2 期。

广大地区。[1] 而鄯善、且末、于阗以南的山地则是吐蕃人进入西域的重要通道之一。[2] 故活动于这一带的 supiya 人乃至其他一些羌人部落,被吐蕃人征服的时间也较早。由于他们与吐蕃同属羌人系统,所以他们在被吐蕃征服的过程中很可能又逐渐被融合,从而成为吐蕃的组成部分之一,并被称为吐蕃人了。活动于鄯善、且末以南的 supiya 人之消失,或与上述情况有关。

13.5　吐蕃苏毗部落与 Supiya 人无关

除上所述,再从 supiya 和苏毗的名称角度略作些分析。据《后汉书·西羌传》记载:羌人"其俗氏族无定,或以父名母姓为种号"。有的研究者便认为"婼羌族的祖先有以婼为名者,后代即以婼为其种号。"[3]婼羌自唐兜被杀到佉卢文简牍出现 supiya,中间经过了约两个半世纪以上的时间。在如此长的时期内,于沧桑变化之中婼羌遗裔若按照羌人的习俗改称 supiya,亦符合情理。supiya 学者们最早译成"鲜卑",[4]后来经与吐蕃号称孙波的苏毗部落比附,才将其改译成"苏毗"。众所周知,佉卢文简牍的 supiya 是鄯善人记录该部落名称的译音。而现代所拟定的佉卢文字母的音值又不可能与当时完全一样,故将 supiya 译成苏毗也只能算是近似音。以这种近似音与吐蕃苏毗部落假定的拟音 sobyi 比附合一,其误差显然是比较大的。

据《新唐书·西域传》"苏毗"条记载:"苏毗,本西羌族,为吐蕃所并,号孙波,在诸部最大。东与多弥接,西距鹘莽硖,户三万。天宝中,王没陵赞欲举国内附,为吐蕃所杀,子悉诺率首领奔陇右,节度使哥舒

〔1〕冯承钧:《西域南海史地考证论著汇辑》所收《鄯善事辑》,中华书局,1957 年月;杨建新:《唐代吐蕃在新疆地区的扩张》,《西北史地》1987 年第 1 期。见杨铭《唐代吐蕃统治鄯善的若干问题》,《新疆历史研究》,1986 年第 2 期。

〔2〕杨铭:《唐代吐蕃统治鄯善的若干问题》及郭锋:《唐代前期唐、蕃在西域的争夺与唐安西四镇的弃置》,《敦煌学辑刊》,1985 年第 1 期。

〔3〕周连宽:《汉婼羌国考》,《中亚学刊》,1983 年第 1 辑。

〔4〕王广智:《新疆出土佉卢文残卷译文集》,新疆社会科学院:《尼雅考古资料》,1988 年(内部资料)。

翰护送阙下,玄宗厚礼之。"《册府元龟》卷 977"外臣部降附"条记载:
"苏毗一蕃,最近河北吐泽(疑浑之讹——引者注)部落,数倍居人。"苏
毗被吐蕃征服后,成为吐蕃的五茹(行政区划——引者注)之一,称孙
波茹,[1]居于吐蕃之东北部。由此可见,吐蕃号称孙波的苏毗部落在
汉文史籍中始见于唐代。这个苏毗部落与佉卢文简牍中的 supiya,两
者在时间、空间(居住地区——引者注)和力量上差距甚大,很难合而
为一。在这种情况下,有的研究者又以前面提到的迁徙论来维护 su-
piya 即苏毗说。他们一方面说苏毗"实即萨毗",到唐代苏毗人的主要
势力已从萨毗南退到今青海地区,为吐蕃吞并后又撤退到黄河上源以
西至吐蕃本土之间;一方面又说吐蕃占据萨毗后,在此活动的吐蕃部
落主要还是苏毗人的后裔。以此证明佉卢文简牍的 supiya,即是后来
吐蕃的苏毗部落。我们认为这种说法是难以成立的,理由如下:(1)吐
蕃的苏毗部落原驻牧地在萨毗地区,缺乏史实方面的依据。此外,苏毗
自萨毗东迁后,吐蕃占据萨毗地区时在此活动的主要是苏毗人的后
裔,这种说法既无证据又自相矛盾。据米兰吐蕃文简牍资料,吐蕃时期
萨毗是一个非常重要的地区。吐蕃当时在萨毗设有萨毗将军和"翼
本",有的研究者还认为萨毗是吐蕃驻鄯善最高长官节度使的驻地。[2]
这个时期在萨毗活动的吐蕃人有设庐氏(原属羊同小邦氏族——引者
注)、属庐氏(吐蕃五大家族之一——引者注)以及吐谷浑部落等,[3]
唯独很难见到苏毗部落。(2)游牧民族虽然逐水草放牧,但其活动地
域大致有定。若无非常特殊的原因,他们是不会举族远徙完全陌生之
地的。因此,人们不禁要问在唐代苏毗人离开故土远徙它地的原因何
在?(3)假若苏毗原在萨毗并从此远徙,那么其所至之地必然是水草
较好,有较广阔的牧场,使之能赖以生存下去。而具备这种条件的地
方,一定又是别的部落驻牧之地,很难进去。时至今日,争夺牧场仍是

---

〔1〕王尧、陈践:《吐蕃简牍综录》,文物出版社,1986 年,第 26 页。
〔2〕杨铭:《唐代吐蕃统治鄯善的若干问题》,《敦煌学辑刊》,1985 年第 1 期。
〔3〕杨铭:《唐代吐蕃统治鄯善的若干问题》,《敦煌学辑刊》,1985 年第 1 期;另见王尧、陈践:
《吐蕃简牍综录》,文物出版社,1986 年第 51 页 172 号简牍。

牧区最难解决的大难题之一。其次,苏毗人口众多,举族远徙在当时是一件很大的事。但是,这个事件无论在文献中还是在出土的文书中均无任何反映,故迁徙说是毫无根据的。(4)唐代的苏毗在吐蕃诸部中最大,这绝不是短期内能形成的。假如这个苏毗原在萨毗一带,那么他们在公元3—4世纪时的人口和力量也必然是相当可观的。而这一点却恰恰与佉卢文简牍所反映的supiya人力量较小是相左的。上述诸点表明,号称孙波的苏毗部落之原驻牧地不可能在萨毗地区,此说不能证明supiya就是吐蕃的苏毗部落。

综上所述,我们认为尼雅佉卢文简牍的supiya人似应为婼羌国的后裔,目前还看不出他们与唐代吐蕃的苏毗部落有什么内在的关系。虽然supiya的拟音与吐蕃苏毗的假定拟音sobyi较相近,但是两者的内涵却迥异,风马牛不相及。所以现在一些学者仅从对音的角度就将两者硬拉在一起,并将supjya译成"苏毗",进而断定supiya即是吐蕃的苏毗部落是很值得商榷的。这种结论实际上乃是一种人为附会的巧合,是不足取的。今后为避免使人误入歧途,在汉文著作中supiya似不应再译写成"苏毗",最好是以其他的更接近于supiya音值的汉字来代替之。

(本篇初刊于《新疆大学学报》,1991年第10卷13期)

14 佉卢文简牍封泥无"鄯善郡尉"印文，西晋未设置鄯善郡

在探讨尼雅佉卢文简牍年代的过程中，鄯善郡是困扰学者们的重要问题之一。马雍先生说佉卢文三件木牍封泥上的"鄯善郡尉"印记（按，实为"鄯善都尉"印文），是主张3世纪说者最难解答的一个谜。并说我们既然断定这些佉卢文简牍的时代在公元3世纪至4世纪之间，就必然要证明早在3世纪时已曾设置过鄯善郡。对此，马雍通过对楼兰故城汉文简牍的分析指出，这些简牍中记载的"郡"是本郡而非外郡，并断定曹魏末年至晋泰始六年或其后不久曾在楼兰城置鄯善郡。据此马雍又进一步完善了他的五位鄯善王在位年代的体系。[1]

我们认为上述在楼兰城设鄯善郡说是不能成立的。首先，所谓"鄯善郡尉"印文发现在尼雅遗址，与楼兰城无关。其次，笔者在《楼兰故城的性质》一文中，[2]通过对楼兰故城汉文简牍的分析曾明确指出以下四点：（1）楼兰汉文简牍所记的"郡"与"楼兰"不是同指一个地方。如一些信件是从"郡"发至楼兰城的（C·P·No13·1，C·P·No6·1），有的信件"营"（指西域长史营）与"郡"相对，两者不是一地（C·P·No17·1）。西域长史机构的文书有的要"行书入郡"（Cha·No928）。总之，楼兰汉文简牍中的"郡"其地绝不在楼兰故城，所以不能得出晋在楼兰城设郡的结论来。（2）楼兰汉文简牍所记的"郡"确指敦煌郡（参见C·P·No17·1·2，C·W·No107，C·P·No27·1b，Cha·No930、931、932、937；Ma·No228号简牍等）。（3）楼兰西域长史

---

〔1〕马雍：《新疆所出佉卢文书的断代问题》，《文史》，1979年第7辑。
〔2〕见本书第8篇"楼兰故城的性质"。

机构由凉州节度,受敦煌郡具体管辖。(4)魏晋前凉时期,楼兰城一直是西域长史治所。除此之外,在楼兰城没有高于西域长史或与之并置的其他行政机构。而在晋泰始六年(207年)至永嘉四年(310年)间,西晋又退出了楼兰城,鄯善则进驻楼兰地区进行过短暂统治,在此期间亦不可能在楼兰城设鄯善郡。上述诸点表明,在魏晋乃至前凉时期在楼兰城没有也不可能设鄯善郡。

其次,关于"鄯善郡尉"印问题,这是鄯善郡论者的主要论据。查斯坦因刊布的图版(《西域》卷4,图版XX之N·XXIV·Viii·74封泥),经仔细分析并请教古文字专家,我们认为所谓"鄯善郡尉"乃是"鄯善都尉"之误。据史籍记载,都尉一称自西汉以来西域诸国多有之。《汉书·西域传》还专门记有"鄯善都尉"(按其他西域诸国未见以国名冠于都尉之上者)。此后《后汉书·西域传》记载,建武五年以莎车王康为大都尉,永建二年以疏勒王臣盘为大都尉。《魏略·西戎传》记载,曹魏赐车师后部王壹多杂"守魏侍中,号大都尉,受魏王印"。在尼雅遗址NXV93a.b汉文简牍记封鄯善王"晋守侍中大都尉"。凡此种种情况表明,在鄯善境内发现都尉印文是毫不奇怪的。那么,这枚"鄯善都尉"印的时代如何呢? 马雍说尼雅佉卢文简牍封泥上加盖的印记很多,"鄯善郡尉"印与希腊神像及各种图案花纹同时盖在封泥上,表明它应是一颗废印,故才当作花押戳记使用。"鄯善郡"之废除,很可能就在泰始六年以后不久。[1] 我们认为,"鄯善都尉"印文只发现于571、590、640号简牍的封泥上,571、590号简牍是尼雅佉卢文简牍中仅有的两件安归迦王十七年纪年简牍(缺纪年的640号简牍,经考证亦在安归迦王十七年)。同时以571、590号简牍为准,在安归迦王十七年时鄯善王的头衔中还出现了"侍中"称号。由此可见,在571、590号简牍中简文的安归迦王十七年纪年、"侍中"称号和封泥上的"鄯善都尉"印文三位一体,并与同出的尼雅NXV93a.b泰始五年或六年(270年)的"侍中"、"大都尉"汉文简牍形成了完整的对应关系。其次,与鄯善

---

〔1〕马雍《新疆所出佉卢文书的断代问题》,《文史》,1979年第7辑。

王同时被封为晋"侍中"的于阗王时的汉佉二体钱,其佉卢文铭文中亦出现"都尉"一称。[1] 以它证之,上述同步出现的完整的对应关系,绝非是一种偶然的巧合。它进一步表明,简牍封泥上的印文不会是"鄯善郡尉"而只能是"鄯善都尉";"鄯善都尉"印不会是枚废印而是当时正式使用的印鉴。据此并结合曹魏赐车师后部王"守魏侍中,号大都尉,受魏王印"来看,似可认为西晋在安归迦王十七年(与泰始六年大体相当)时赐鄯善王"侍中"、"大都尉"和赐印亦是同步进行的。[2] 因此,所谓"鄯善都尉"的"都尉"应是"大都尉"的省称。总之,通过上述分析可以清楚地看出所谓"鄯善郡尉"印是根本不存在的。因而,以此为主要论据的鄯善郡说显然是不能成立的。

除上所述,鄯善郡论者所谓的"鄯善郡尉"印文发现于尼雅遗址,因此人们不禁要问,西晋设置的鄯善郡是否在鄯善王的统治区呢?带着这个问题,下面就尼雅遗址发现的西晋汉文简牍略作些分析。总的来看,尼雅 NV. NXV 号房址发现的西晋简牍反映出鄯善与西晋的关系非常密切,归纳起来大致有以下三个方面:

(1)鄯善王受晋封并受晋廷诏书

如 NXV93a. b"晋守侍中大都尉奉晋大侯亲晋鄯善焉耆龟兹疏勒";NXV73"于阗王写下诏书到"。NXV93a. b、NXV73 文义连属,实为同一件简牍。NXV345"诏 鄯善王",此外还有下文将要引用的 NXV75、348 号简牍。

(2)西晋行书于鄯善并在其境内罗捕罪犯

凉州及其属郡行书于鄯善,如 NXV326"泰始五年十月戊年朔廿日丁丑敦煌太守都",NXV188"武威西平西郡张掖酒泉敦",NXV116"张掖酒泉会十……"。王国维说:上述"三简中所见郡名凡六,皆晋初凉州刺史所部之郡,前一简殆敦煌太守文书,后二简则凉州刺史文书"。[3]

---

〔1〕见本书第 17 篇"于阗汉佉二体钱的年代"。
〔2〕见本书第 8 篇"楼兰故城的性质"。
〔3〕王国维《流沙坠简》,1914 年日本京都东山社印本,1934 年校正重印本。

西晋在鄯善境内罗捕罪犯,如 NXV328 及 75"西域长史营写鸿胪书到如书罗捕言会十一月一日如诏书律令",NXV348"写下诏书到罗捕言会三月卅日如诏书",NXV010"推辟摄录",NXV101a"已别下所在郡县牧若辟"。所谓"如书罗捕言者,盖逮捕罪人之书,如书罗捕谓承诏书捕之也";"如诏书律令者,盖所捕之人在律令为罪人,又为诏书所逮捕故令受书之人遵诏书及律令行事也";"推辟谓验治也","摄录二者皆谓收系也";"所在郡县牧,盖亦边州逮捕罪人之书行于西域者,故于郡县之外兼云牧歟"[1] 此外,还有 NXV37、125、145、176、189、314、315、362 号等简牍,皆"边州逮捕罪人之书行于西域者"[2]。

(3)西晋发放通行于鄯善的过所

属过所类简牍较多,如 NXV109"去三月一日骑马诣元城收责期行当还不克期日私行无过",NXV353"违会不还或安别牧私行籴买无过所启信前各私从吏周(?)",NXV203"……右一人属典客寄□纤钱佛屠中自赍敦煌太守往远过",NXV82"过所行治生"。上述四简皆记稽查行旅之事,其二简言"过所",二简言"过"。据《太平御览》598 过所门,引《晋令》说:"诸渡关及乘船筏上下经津者,皆有过,写一通付关吏。"是"过所"亦可简言为"过"。王国维说:"自赍敦煌太守往远过所,则通行西域过所亦敦煌太守所给也。""渡关津而无过所者,在魏晋律令皆有罪也"[3]。

此外,NXV53 记"月氏国胡支柱年卅九中人黑色",NXV337"……丑年十四短小同著布袴褶",NXV192 及 NXV02"异年五十六一名奴中人髭鬚仓白色著布袴褶绊履",NXV61"□男生年廿五车牛二乘黄□牛二头"等。这些简牍"记人名、年、物色外,兼及衣服车马,疑即前简所谓过所"[4]。

综上所述,可指出以下四点:(1)西晋时期晋廷、凉州及其属郡不

---

〔1〕王国维《流沙坠简》,1914 年日本京都东山学社印本,1934 年校正重印本。
〔2〕王国维《流沙坠简》,1914 年日本京都东山学社印本,1934 年校正重印本。
〔3〕王国维《流沙坠简》,1914 年日本京都东山学社印本,1934 年校正重印本。
〔4〕王国维《流沙坠简》,1914 年日本京都东山学社印本,1934 年校正重印本。

但在鄯善境内行书追捕罪犯,而且还发放通行过所。罗捕罪犯是行使司法权,发放用汉文书写的通行过所则表明西晋在一定程度上控制了鄯善的重要关津要道,凡此均属一个国家的主权范畴。所以,当时鄯善实际上已是西晋的属国。(2)晋廷除大事直接向鄯善下诏书外,一般的具体事务则委派下属机构管理。从尼雅发现的凉州及其属郡文书来看,鄯善应是受凉州节度并被敦煌郡统辖。(3)西晋楼兰西域长史机构,又称西域长史营。前引 NXV75 号西域长史营简牍,王国维解释说:"《续汉书·百官志》大鸿胪,卿一人,掌诸侯及四方归义蛮夷,魏晋仍之。故诏书之赐诸属国者,当先下大鸿胪,由大鸿胪下西域长史,而西域长史营写之以下诸。故曰西域长史营写鸿胪书也。"[1]这种诏书下达之层次关系表明,当时鄯善应受西域长史营具体管辖。也就是说,西晋楼兰西域长史营与鄯善是控制与被控制的关系。(4)NXV101a"已别下所在郡县牧送辟",前已指出该简牍表明边州郡县与鄯善是有区别的。根据以上四点,我们认为西晋泰始年间(尼雅晋简在泰始五年左右)鄯善是西晋的属国,西晋没有在鄯善王的统治区内设郡。从而再次证明了"鄯善郡尉"印文是误释,鄯善郡说也是不能成立的。

(本篇初刊于《楼兰鄯善简牍年代学研究》,新疆人民出版社,1995 年,收入本书时题目有变,并略作修改)

---

〔1〕王国维《流沙坠简》,1914 年日本京都东山学社印本,1934 年校正重印本。

15 贵霜统治鄯善和于阗,是据佉卢文简牍臆想而虚构的假说

20 世纪初以来,在古代鄯善国境内的尼雅遗址和安的尔古城、楼兰故城等处发现了许多用源于贵霜的佉卢文书写的简牍,在米兰等地还发现了与贵霜佛寺建筑和佛教艺术风格相近的佛教遗迹。其中安的尔古城出土有 661 号于阗国佉卢文简牍,在原于阗国境内发现有佉卢文写的《法句经》残件,很多汉佉二体钱以及一些与贵霜有密切关系的佛教遗迹。在对上述资料进行研究的过程中,一些学者提出了著名的贵霜王朝统治鄯善、于阗说,并用以解释与此相关的诸多问题。而在贵霜统治鄯善、于阗说中,又以贵霜统治鄯善说较完整。他们认为公元 2 世纪后半期(175 年以后)至 3 世纪前半期贵霜王朝被萨珊王朝灭亡时止,鄯善在贵霜王朝统治之下,佉卢文亦随之传入。[1] 在这个基础上,有的学者又进一步构想出两个王朝说。即始于公元前 55 年被西汉控制的鄯善第一王朝,及公元 2 世纪后半期以后,贵霜王朝派遣移民团侵入鄯善,灭鄯善后组成了以移民团为核心的,在贵霜王朝统治下的鄯善第二王朝。到公元 230 年时,萨珊王朝灭贵霜后鄯善第二王朝的统治者独立,仍变相地使用贵霜王所用的称号。西晋时期鄯善成为晋的属国,公元 445 年鄯善被北魏灭亡。[2] 上述观点提出后,在学术界产生了广泛的影响。它不仅事关鄯善、于阗佉卢文简牍年代学,而且在

---

[1] 贵霜统治鄯善说,在国际学术界甚为流行。如布腊夫(Brough)教授将公元 2 至 4 世纪鄯善国史分为三期:第一期始于 2 世纪后半期,在贵霜王朝统治之下,佉卢文传入鄯善。第二期,三世纪前半期贵霜帝国被萨珊王朝灭亡,鄯善独立。第三期,鄯善成为西晋的属国。

[2] [日]长泽和俊:《楼兰王国》,日本:第三文明社,1976 年;《楼兰王国史研究序说》(上、下),《东洋学术研究》,1972 年第 10 卷第 4 期、第 11 卷第 1 期。

一定程度上还左右着对鄯善史和于阗史的研究。故无论研究佉卢文简牍的年代还是研究鄯善史和于阗史,都必须对这个问题表明态度。我们认为所谓贵霜统治鄯善、于阗问题,以及由此派生出来的鄯善第一、第二王朝说,完全是虚构的。因此,有必要予以澄清。下面拟以鄯善问题为主兼及于阗问题,就上述观点略申拙见。

15.1 莫须有的鄯善第二王朝

贵霜,汉文史籍惯称为大月氏,[1]早在《史记》和《汉书》中就有明确的记载。以后《后汉书·班超传》又提到大月氏副王率七万大军进攻班超,为超所败,大月氏遂向东汉朝贡。在两汉经营西域之时,大月氏的势力始终未能进入今新疆地区,鄯善完全在两汉控制之下,对此诸家没有疑义,无须赘言。问题是出在东汉退出西域,曹魏重新进入西域以前这个历史时期之内。

东汉何时退出西域,史无明载。据《后汉书·西域传》"拘弥国"条说:"至灵帝熹平四年(175年)于阗王安国攻拘弥,大破之,杀其王,死者甚众。戊己校尉、西域长史各发兵辅立拘弥侍子定兴为王。"戊己校尉和西域长史对拘弥事件迅速作出反应,并发兵远征拘弥复国,说明当时东汉在西域的力量还是比较强的,完全能控制包括西域南道诸国在内的整个西域的局势。在这种情况下,若无非常特殊的原因,东汉绝不会就此而止并突然退出西域。事实上据史籍所载,在公元175、176年时东汉并无重大的内忧外患,国势基本安然无恙。因此,那种以公元175年《后汉书·西域传》绝笔为由,而将其定为东汉撤离西域的年代界限是缺乏说服力的。从熹平六年(177年)东汉分三道发兵各万人,出塞两千余里伐鲜卑;[2]光和四年(181年)东汉发兵远征交趾乌浒

---

〔1〕《后汉书·西域传》:"月氏自此以后,最为富盛,诸国称之皆曰贵霜。汉本其故号,言大月氏云。"以后史书亦从之。

〔2〕《资治通鉴》卷57。

蛮;[1]光和五年东汉欲大发兵击板楯蛮[2]等事件来看,在175年以后的七、八年间东汉还是有能力控制西域的。东汉走向衰亡的转折点,发端于中平元年(184年)的黄巾起义。[3] 此后凉州地区兵乱不止,到中平二年(185年)朝廷不得不讨论是否放弃凉州问题。[4] 凉州是东汉通西域的要冲和大后方,凉州的安危直接关系到通西域的成败。故放弃凉州西域则失去依托,必然导致放弃西域。所以东汉最后真正退出西域,其年代的下限恐怕要到公元185年讨论放弃凉州前后了。由此可见,在公元175年以后的一段时期内,贵霜王朝或其移民团大规模入侵东汉控制下的西域南道地区是不可能的。

东汉以后军阀割据,三国鼎立。及至曹魏始建,黄初元年(220年)即将西域问题提到日程上来。黄初三年,"鄯善、龟兹、于阗王各遣使奉献"。"顷者西域外夷并款塞内附,……是后西域遂通",[5]同年曹魏在鄯善境内的楼兰城设西域长史。[6] 鄯善等国的朝贡事件反映出,东汉退出西域以后,西域诸国仍然心向内地,"遣使奉献"乃是他们与东汉从属关系的延续。正因为如此,曹魏才得以在鄯善境内的楼兰城设西域长史。此后在太和(227—233年)中,仓慈任敦煌太守德惠西域,"及西域诸胡闻慈死,悉共聚于戊己校尉及长吏(史)治下发哀,或有以刀画面,以明血诚,又为立祠遥共祠之"。[7] 长史治所即是鄯善境内的楼兰城,所以在此发哀者鄯善应首当其冲。这个事件清楚地表明,当时鄯善诸国不但奉曹魏为宗主,而且感情至深。在这种亲密的关系之中,毫无贵霜的遗迹。反过来说,假若贵霜王朝真的统治了鄯善,或贵霜移民团真的建立了鄯善第二王朝,其宗主国则应是贵霜王朝,因而也不会发生上述种种事件。据此并结合太和三年(229年)大月氏王

〔1〕《资治通鉴》卷58。

〔2〕《资治通鉴》卷58。

〔3〕《资治通鉴》卷58。

〔4〕《资治通鉴》卷58。

〔5〕《三国志·魏书·文帝纪》。

〔6〕王国维:《流沙坠简》序。按曹魏在楼兰城设西域长史机构,当在黄初三年,参见孟凡人著:《楼兰新史》,光明日报出版社,1990年,第118、119页。

〔7〕《三国志·魏书·仓慈传》。

波调遣使奉献被封为亲魏大月氏王来看,[1]更加雄辩地证明了在东汉末至曹魏时期是不可能发生贵霜或其移民团侵入鄯善问题的。而曹魏之后直至西晋和前凉时期,楼兰、尼雅的汉文和佉卢文简牍又明示鄯善完全是在内地诸王朝的控制之下,[2]其属国的地位毋庸置疑。所谓的公元230年以后鄯善第二王朝的统治者独立说,显然是无据之谈。总之,上述分析表明在东汉末到曹魏乃至西晋和前凉的历史年表上,是无法找到贵霜统治鄯善或其移民团所建鄯善第二王朝之坐标的。它们在这个阶段的史实中,同样亦无容身之地。

除上所述,还可从另外一个角度再略作分析。据《后汉书·西域传》记载:"小宛、精绝、戎卢、且末为鄯善所并。渠勒、皮山为于阗所统,悉有其他。……后其国并复立。"《三国志》卷30注引《魏略·西戎传》说:西域诸国"从建武以来,更相吞并"。到《魏略·西戎传》时仅存鄯善、于阗、焉耆、龟兹、疏勒、车师后部王等国,是时西域南道诸小国再次被鄯善和于阗吞并。上述史料互相对照,可知西域诸国的兼并活动始于东汉初,而其发展期则在东汉末至曹魏之间。当时西域诸强国利用内地诸王朝更替的空隙兼并小国,西域大国间的疆域重新组合是带有普遍性的。从《魏略·西戎传》所载"罽宾国、大夏国、高附国、天竺国皆并属大月氏",车离国"人民怯弱,月氏、天竺击服之……今月氏役税之"来看,《魏略》的作者对大月氏是清楚的。《魏略》记述西域诸国的兼并活动未提大月氏,绝不是遗漏,它清楚地表明,这个时期西域诸国的兼并活动,乃是当时西域内部诸国间力量消长、利害冲突的结果,与外部势力是没有关系的。换言之,即在东汉末至曹魏之间鄯善向外扩张势力与贵霜毫无关系。以此证之,所谓贵霜统治鄯善或其移民团建立鄯善第二王朝说也是站不住脚的。这个情况结合前述分析,可以断言鄯善第二王朝在该阶段的鄯善史中绝无存在的余地。

---

〔1〕参见本书第8篇"楼兰故城的性质"。
〔2〕《三国志·魏书·明帝纪》。

15.2 贵霜与鄯善的关系

谈到贵霜与鄯善的关系,过去长期流传的迦腻色迦王征服论,现在已经没有什么市场了。但是,若涉及公元175年以后贵霜是否统治鄯善问题,还得从迦腻色迦王说起。首先,关于迦腻色迦王在位的年代,学术界争论较大。从目前的研究状况来看,笔者以为其纪年始于140年或144年说较为合适。[1] 自从该王即位后,贵霜发生了两个较大的变化:一是王系变更,迦腻色迦王与阎膏珍不是一系,迦腻色迦王系的印度色彩较浓。二是迦腻色迦王建立了自己的纪元(这一纪元以后诸王连续使用了99年),将婆罗迷文定为官方文字,以佛教为国教,支持有部东派排斥当时流行的其他异说。上述的变化和变革措施,当然引起了原属阎膏珍王系的贵族,以及那些使用佉卢文和不同意有部东派观点的臣民们的不满,故到迦腻色迦王晚期遂发生了政治混乱。贵霜王朝的国势从此严重削弱,远非昔比了。试想在这种情况下,贵霜王朝内部矛盾重重已经自顾不暇,难道还有余力入侵鄯善,或派遣大规模的移民团去建立所谓鄯善第二王朝吗?据元魏吉迦夜、昙曜译《杂宝藏经》卷7记载,迦腻色迦王想征伐东方,"欲至葱岭,越渡关险。先所乘象,马不肯前进。王甚惊怪而语焉言:'我前后乘汝征伐,三方已定。汝今云何不肯进路。'时大臣白言:'臣先所启,莫泄密语。今王漏泄,命将不远。'如大臣言,王即自知定死不久"。这个传说同样反映出,迦腻色迦王晚期也根本未越过葱岭征伐西域。

其次,再谈谈迦腻色迦王死后的问题。据《大唐西域记》卷3记载:"迦腻色迦王既死之后,讫利多种复自称王,斥逐僧徒,毁坏佛法。"这个排佛事件结合前述迦腻色迦王变革措施所引起的不满情绪,以及其晚期之后发生的政治混乱来看,当时在贵霜王朝政治和佛教的残酷

---

[1]迦腻色迦王纪元的年代是悬而未决的问题,各种不同意见达数十种。其中影响较大的有四说:即公元58年、78年、128年、140年或144年说。详见黄靖:《贵霜帝国的年代体系》,《中亚学刊》,1987年第2辑。

斗争中之失败者、被排挤者、不满者和避难者很可能被迫或愤而出走。关于这方面的问题,限于资料尚无法详述其出走至西域的情况。但是,有些线索却很值得注意。如梁僧佑《出三藏记集》卷13《支谦传》记载:"支谦字恭明,大月支人也。祖父法度以汉灵帝世率国人数百归化,拜率善中郎将……有支亮纪明资学于谶,谦又受业于亮……献帝之末,汉室大乱,与乡人数十共奔于吴。"法度是僧人的法号,支谶和支谦都是有名的高僧,故随法度到洛阳的贵霜人应以佛教徒为主。他们远离故土的原因,似与前述的背景有关。而法度之辈从贵霜到洛阳,较理想的行进路线是途经西域南道的于阗和鄯善。以此推之,流落到于阗和鄯善的贵霜人或不在少数。然而迄今却未见与此有关的资料,某些研究者为证明这个阶段有相当数量的贵霜人流落到鄯善,并产生了一定的影响所提供的间接佐证也是很值得商榷的。比如,尼雅遗址发现东汉末期佛教图像和楼兰故城一带发现东汉末期佉卢文资料,其时代就有些似是而非。在这里时代是关键问题,笔者在《尼雅59MNM001号墓的时代与新疆佉卢文资料年代的上限》一文中,已经论证了出于尼雅59MNM001号墓的所谓佛画,时代在公元4世纪初至4世纪中叶以前,几件所谓东汉末的佉卢文资料其时代实际上则在魏晋时期[1]。总之,现在有些研究者认为迦腻色迦王死后到东汉末期贵霜人曾在鄯善产生过一定的影响,从道理上推断此说或可成立。但是,与此相关的情况不仅文献缺载,而且寥寥无几的一些间接证据也是靠不住的。所以这个阶段即使有些贵霜人来到鄯善,其人数也不会多,他们对鄯善的影响也是极其有限甚至是微乎其微的。以此结合前述该阶段贵霜王朝的国势来看,再次证明了所谓"鄯善第二王朝"说是不能成立的。

那么,贵霜与鄯善究竟有无关系,贵霜对鄯善有无影响呢?答曰:有,然而其时代却是在贵霜王朝灭亡以后。据史籍记载迦腻色迦王系最后一位国王即是太和三年(229年)向曹魏朝贡的大月氏王波调。是时萨珊帝国兴起,其创建者阿尔达希尔一世(ArdashrI,226—241年)在

---

〔1〕孟凡人:《新疆考古与史地论集》,科学出版社,2000年。

公元 233—234 年率大军侵入贵霜。残酷的战争毁坏了贵霜的城镇和寺院,夏都巴格兰陷落,贵霜在西北印度的势力崩溃。约在公元 237 年左右波调倒台,迦腻色迦王纪年结束,从此大贵霜王朝走向衰亡。[1]在这种情况下,一些贵霜人可能被迫流亡他乡。贵霜对鄯善的影响,正是与上述背景密切相关的。

贵霜对鄯善的影响,主要表现在佉卢文和佛教、佛教艺术两个方面。鄯善的佉卢文资料,即是在尼雅、楼兰故城等遗址发现的佉卢文简牍。关于这批佉卢文简牍的年代,异说较多。布腊夫认为在公元236—321 年,榎一棴认为在公元 256—341/3 年,长泽和俊认为在公元203—288/90 年(按此说误差较大),马雍认为在公元 247 年(或略早)至 324 年,笔者则认为在公元? 242/3 年至 329/30 或 331/32 年。[2]总的来看,鄯善的佉卢文资料的年代大体在公元 3 世纪 30—40 年代至4 世纪 30—40 年代之间。在该阶段鄯善王国官方突然大量使用佉卢文,这种突然性显然是受到外界的强烈影响所致。其影响源就是流落到鄯善的贵霜人,较明显的例证则是尼雅佉卢文简牍中书吏父子相传现象。如 422 号简牍纪年为陀阇迦王三年(约在公元 244/5 年),简牍记载的书吏为耽摩色钵,此人又见于贝比耶王三年(655 号简牍)。其子书吏莫伽多见于安归迦王六年(581 号简牍)、九年(579 号简牍)、十一年(589 号简牍)、十六年(586 号简牍)、十七年(571、590 号简牍)、二十年(582 号简牍)、二十一年(572、589 号简牍)、三十二年(592 号简牍)。书吏施德那耶(或称施伽那耶)亦见于 422 号简牍,其子书吏罗没索蹉见于安归迦王六年(581 号简牍)、八年(654 号简牍)、九年(579 号简牍)、十一年(589 号简牍)、十六年(586 号简牍)、十七年(571、590 号简牍)、二十一年(587 号简牍)、二十四年(715 号简牍)、三十二年(592 号简牍);马希利王四年(582 号简牍)、二十二年(222号简牍)。书吏罗没索蹉之子书吏苏伽没多见于马希利王十五年(591

---

[1]萨珊王朝进攻贵霜有阿尔达希尔一世和沙普尔一世两说,贵霜王朝瓦解的时间也说法不一。本篇采用前揭黄靖论文的说法。

[2]参见本书第 8 篇"楼兰故城的性质"。

号简牍）。上述书吏祖—父—子或父子相传现象表明,在马希利王二十二年以前(此后则不见书吏父子相传现象),其中特别是在安归迦王时期及其以前,鄯善能熟练掌握佉卢文的人是很有限的,故书吏才成为一部分家族世代相传的专业。它反映出该阶段上距佉卢文传入鄯善的时间并不长,笔者将尼雅佉卢文简牍年代的上限推断在 242/3 年左右,看来是比较符合实际情况的。由于 242/3 年距贵霜迦腻色迦纪年结束走向衰亡的时间较近,所以鄯善官方正式使用佉卢文显然是在贵霜王朝衰亡后不久,而此时鄯善突然大量使用佉卢文,又说明贵霜王朝衰亡后贵霜人流落到鄯善者可能较多,并造成了一定的影响。但是,应当指出流落到鄯善的贵霜人所带来的佉卢文,对鄯善来说完全是陌生的。在这以前由于没有文字和毫无文字基础的鄯善人,突然决定使用佉卢文则其书写任务非贵霜人莫属。因此,一些研究者认为前述父子相传的书吏是贵霜人,[1]其说或基本可信,如是,这些贵霜人既然以书吏的身份为鄯善服务,就不能完全照搬贵霜人的佉卢文,而是要适应鄯善的情况用佉卢文记录鄯善的语言。尼雅佉卢文简牍记录的语言与贵霜有别,及其土著化的倾向,原因恐怕正在于此。

同时,贵霜对鄯善的影响还表现在佛教和佛教艺术方面。20 世纪初以来,在原鄯善境内的尼雅遗址、米兰古城附近,楼兰故城及其近旁的 LB 遗址等处都发现了佛寺建筑遗迹和佛教遗物。这些佛寺遗迹皆以佛塔为中心,佛教遗物以塑像和壁画为主,它们均明显具有犍陀罗风格。[2] 此外,在上述遗址还发现许多木雕家具残件、装饰品、封泥印章等,其花纹图案的风格同样是犍陀罗式的。[3] 这些佛教遗迹、遗物,以及在米兰佛寺遗址发现的佉卢文题记的时代,均在公元 3、4 世纪。[4] 在米兰佛寺遗址,先后曾发现多件佉卢文题记。其中米兰第五佛寺遗址(斯坦因编号)壁画上的佉卢文题记写在白象右臀部,意为

〔1〕林梅村:《贵霜大月氏人流寓中国考》,中国敦煌吐鲁番 1988 年学术讨论会论文。
〔2〕〔英〕A. 斯坦因著,向达译:《斯坦因西域考古记》,中华书局,1936 年。
〔3〕〔英〕A. 斯坦因著,向达译:《斯坦因西域考古记》,中华书局,1936 年。
〔4〕林梅村:《贵霜大月氏人流寓中国考》,中国敦煌吐鲁番 1988 年学术讨论会论文。在该文中林梅村将佉卢文题记之时代上限定的较早。

"此画系蒂陀(Tita)之作品,彼为之护摩伽钱三千"。[1] Tita 是希腊人或罗马人常用名 Titus 佉卢文拼法。Titus 一名在纪元初几世纪间通行于罗马东陲,其时一位装饰画家亦取此名。[2] 但是,该题记名为 Tita 的画家是写佉卢文画佛像的,当然不可能是希腊人或罗马人,而应是希腊化的犍陀罗(贵霜)人。据此可知,鄯善境内具有犍陀罗风格的佛寺遗迹和佛教艺术,以及其他一些有犍陀罗风格的遗物,显然是与在鄯善的贵霜人有极密切关系的。如前所述,鄯善境内的佛寺遗迹、佛教塑像和壁画迄今已发现者,其时代几乎都在进入公元 3 世纪前半期以后。因此,似可认为佛教和佛教艺术在鄯善的流行和发展,主要是与贵霜衰亡后有相当一部分贵霜人流落到鄯善的情况密不可分了。

上述种种情况表明,贵霜王朝衰亡后应有相当数量的贵霜人流落到鄯善。但是,关于这方面的情况史籍缺载,迄今不明。按目前的研究水平,从尼雅佉卢文简牍中也很难找出具体翔实的答案。只是在同期的楼兰和尼雅汉文简牍中,可见到一些与此有关的零星资料。如楼兰故城出土的汉文简牍中,记有将尹宜部兵胡支鸾十二人;兵胡支得;兵支胡薄成;兵支胡重寅得;兵支胡管支。[3] 尼雅晋简的过所中,记有月支图胡支柱等。[4] 贵霜,在汉文史籍中记为大月支,故族人相应冠以支性。尼雅晋简又明言"月支国胡支柱"等,所以上述支姓者应为贵霜人。凡此即可作为该阶段在鄯善境内有相当数量的贵霜人的佐证,同时亦反映出这些在鄯善的贵霜人身份不高,似以平民为主。这种情况与从尼雅佉卢文简牍中看不出贵霜人在鄯善的政治生活中起什么重要作用,是基本吻合的。此外,从贵霜史来看。迦腻色迦王虽然将婆罗迷文定为官方文字,但是佉卢文却未因此而湮灭,婆罗迷文最终取代

〔1〕林梅村:《贵霜大月氏人流寓中国考》,中国敦煌吐鲁番 1988 年学术讨论会论文。向达译:《斯坦因西域考古记》,中华书局,1936 年。

〔2〕林梅村:《贵霜大月氏人流寓中国考》,中国敦煌吐鲁番 1988 年学术讨论会论文。向达译:《斯坦因西域考古记》,中华书局,1936 年。

〔3〕孔好古:《斯文赫定在楼兰发现的汉文写本及零星物品》(斯德哥尔摩,1920 年)刊布的第 6、104 号木简。

〔4〕王国维:《流沙坠简》,1914 年日本京都东山学社印本,1934 年重印本。〔英〕A. 斯坦因:《古代和阗》第一卷(PP521~47,1907 年)刊布的尼雅晋简 NXV·53·191。

佉卢文也是有个过程的。据现在所知,婆什色迦王最早的碑铭及迦腻色迦二世的碑铭都是用佉卢文刻写的[1]。此后直至胡毗色迦王五十一年(迦腻色迦王纪元)瓶铭时止,佉卢文才渐渐在贵霜碑铭中消失[2]。大贵霜王朝瓦解后,小贵霜王时佉卢文碑铭资料较为罕见。公元4世纪中叶以后小贵霜王朝灭亡,佉卢文亦随之趋于消灭[3]。上述情况表明,在宣布婆罗迷文为官方文字以后,佉卢文在贵霜官方仍断断续续延续了较长时间。故佉卢文在贵霜的民间,其生命力当更强,流行的时间更长。由于在胡毗色迦王五十一年时佉卢文在贵霜碑铭中已经逐渐消失,所以当大贵霜王朝瓦解后进入鄯善推广佉卢文的贵霜人,显然不是贵霜王朝上层统治集团的成员,而应是那些仍然使用佉卢文的一般平民。

综上所述,明显可见贵霜王朝对鄯善的影响主要是在其衰亡之后,而不是在公元175—230年之间。此时进入鄯善的贵霜人以流民为主,而不是官方的移民团。前述的时间和贵霜人的成分,与鄯善第二王朝论者所说均不相符。是时以部分游民为主体的贵霜人进入鄯善以后,当然不存在灭亡鄯善王朝的问题。

15.3 佉卢文简牍和鄯善王称号不是
贵霜统治鄯善的证据

鄯善境内发现的大量佉卢文简牍,是鄯善第二王朝论者的主要立论基础。但是,略经分析就会发现这个立论基础与鄯善第二王朝说是格格不入的。对此从不同的角度均可提出论证,试举几例:(1)如前所述,贵霜迦腻色迦王时将婆罗迷文定为官方文字,如果此后贵霜统治鄯善,或贵霜派遣移民团统治鄯善,那么他们在鄯善应推行婆罗迷文

---

〔1〕林梅村:《贵霜大月氏人流寓中国考》,中国敦煌吐鲁番1988年学术讨论会论文。

〔2〕林梅村:《贵霜大月氏人流寓中国考》,中国敦煌吐鲁番1988年学术讨论会论文。

〔3〕林梅村:《沙海古卷》导论,文物出版社,1988年;马雍:《新疆所出佉卢文书的断代问题》,《文史》,1979年第7辑。

而不是佉卢文(按在鄯善境内的今米兰第二寺院遗址和 LM 遗址发现的婆罗迷文书,均在进入 4 世纪以后)。鄯善以佉卢文为官方文字,本身就是对鄯善第二王朝说一个有力的反证。(2)据前述尼雅佉卢文简牍的年代界限,显然是已在鄯善第二王朝存在的公元 175—230 年以后,而与鄯善成为魏晋属国的时间基本对应。鄯善第二王朝存在时不流行佉卢文,其成为魏晋属国时反而大量出现佉卢文,这个现象是鄯善第二王朝论者无法解释并自圆其说的。(3)尼雅佉卢文简牍与贵霜的佉卢文存在着一定的差异。尼雅佉卢文简牍中许多字母的音值,在贵霜佉卢文碑铭中是不见的。此外,尼雅佉卢文简牍还混杂不少当地土著语言因素的方言,许多语法现象和词汇接近龟兹——焉耆语。[1]这是一种经过改造,具有一定土著化特点的佉卢文,而不是贵霜佉卢文原样的照搬。特别是佉卢文书写在简牍上,更为贵霜所无。这种楔形泥封木牍的形制显然是受汉文化的影响,有的木牍封泥土甚至还盖有汉文"鄯善都尉"印文,[2]凡此均与贵霜移民团建立第二王朝说不协调。(4)尼雅佉卢文简牍表明,鄯善诸王各有自己独立的纪元,不使用贵霜纪元。[3] 此外,据研究鄯善王安归迦即是楼兰王安归(《汉书·傅介子传》)、鄯善王安、于阗王安国、疏勒王安国(《后汉书·班勇传》)等王名的胡语原文。鄯善王伐摩色那,则为焉耆王元孟(《后汉书·班勇传》)、鄯善王元孟(《晋书·张骏传》)的胡语原文。[4] 由此可见,佉卢文简牍所记鄯善诸王应是当地土著民族,而不是外来的贵霜人。(5)从尼雅佉卢文简牍的内容来看,可分为国王敕谕、籍账、信函、契约等几大类。这些简牍不但记载了当时鄯善王国的政治、经济、法律、外交、军事、宗教和文化的情况,而且所记各阶层各类人物也非常广泛,它基本上涉及了当时鄯善王国的方方面面。如果说鄯善第二王朝确实

---

〔1〕林梅村:《贵霜大月氏人流寓中国考》,中国敦煌吐鲁番 1988 年学术讨论会论文。
〔2〕〔法〕波叶尔、〔英〕拉普逊等:《斯坦因爵士在中国新疆发现的佉卢文集校》(Ⅰ—Ⅲ,牛津,1920、1927、1929 年),刊布的第 571、590、640 号佉卢文简牍。
〔3〕〔法〕波叶尔、〔英〕拉普逊等:《斯坦因爵士在中国新疆发现的佉卢文集校》(Ⅰ—Ⅲ,牛津,1920、1927、1929 年),刊布的第 571、590、640 号佉卢文简牍。
〔4〕林梅村:《贵霜大月氏人流寓中国考》,中国敦煌吐鲁番 1988 年学术讨论会论文。

存在,那么作为宗主国的贵霜和统治集团的贵霜人在这些简牍中必然会有较多的反映。但是,恰恰相反,我们查遍了尼雅佉卢文简牍,在政治、经济、外交、军事、法律、文化等各项活动中,涉及的各类人员上自主要官吏,下到百姓,除少数书吏等外几乎都是鄯善土著居民。[1] 鄯善以外的人和事,则关系到于阗、扜弥、龟兹、焉耆、楼兰(指魏晋西域长史治所楼兰城)、苏毗、汉地(指内地)等等,唯独很难见到贵霜。在绝大部分都是鄯善官方文书的尼雅佉卢文简牍中,贵霜和贵霜人几乎缺乏自我表现。如此这般,怎么能说贵霜统治鄯善,或贵霜移民团是鄯善的统治者呢?

鄯善第二王朝论者另一个重要论据,是说鄯善王使用贵霜王的称号或变相使用贵霜王的称号。据尼雅佉卢文资料,安归迦王十七年以前国王头衔全称是:maha raga(大王)rayatirayasa(王中之王)mahaṃtasa(伟大的) jayaṃtasa(胜利的) dharmiyasa(公正的) sakahamāsthida ṣa(奉正法的) manuavamaharaya(大王陛下) aṃkvaga(安归迦) davaputrasa(天子,以上见 579 号简牍)。贵霜王的称号有个演变过程,最后基本上称"大王,王中之王,天子"。[2] 鄯善王的称号与之相比,鄯善王的称号较复杂,两者的共同点是头衔中均有"大王"、"王中之王"、"天子"称号。然而应当指出,这些称号并不是贵霜王首先使用和独有的。如呾叉始罗铜牌 78 年铭文上塞种的毛乌斯(Maues,"君罽宾"的塞王后代,公元前 70 年左右征服了犍陀罗和喀布尔)以及安息的岗德法内斯(Gondopharnes,约即位于公元 19 年)均称大王。"王中之王"最早为安息王密特拉德斯二世(Mithrades,公元前 124—前 88 年)所采用,后来毛乌斯大王又将这个称号引进西北印度。赫尔玛尤斯(Hermaeus,最后一位影响较大的巴克特里亚希腊王,在位时间在 1 世纪头二十年,至迟不超出二十年代,统治地域包括喀布尔和犍陀罗地区)在

〔1〕王国维:《流沙坠简》序。按曹魏在楼兰城设西域长史机构,当在黄初三年,参见拙著《楼兰新史》,光明日报出版社,1990 年,第 118、119 页。波叶尔、拉普逊等:《斯坦因爵士在中国新疆发现的佉卢文集校》(Ⅰ—Ⅲ,牛津,1920、1927、1929 年),刊布的第 571、590、640 号佉卢文简牍。
〔2〕黄靖:《贵霜帝国的年代体系》,《中亚学刊》,1987 年第 2 辑。

·欧·亚·历·史·文·化·文·库·

位时,西北印度的安息人、塞族人、希腊人混战,其称王者往往以"王中之王"自居。[1] 此外,在原鄯善境内今楼兰故城附近的 LC 墓地,曾发现一件毛织品残片,其上有希腊罗马式图案的赫密士(Hermes)头像,头像右侧织出纽状杖头。[2] 同样的杖头亦见于巴克特里亚(Bactria)索夫特斯(Sopbytes)的银币,以及塞种毛乌斯王的铜币上了。[3] 鄯善王称号中"伟大的(者)"一词,在贵霜王称号中绝无仅有,但却见于塞王钱币佉卢文铭文(见本书关于汉佉二体钱的论述)。总的来看,鄯善王"大王"、"王中之王"、"伟大的(者)"称号似与塞种有较密切的关系,不能完全认为源于贵霜。至于"天子"(devaputra)一称,不见于贵霜丘就却、阎膏珍钱币铭文,其天子一称出现较晚(始见于贵霜咀叉始罗银册 136 年铭文:"大王、王中之王、贵霜天子")。有的学者认为此称是从安息语"bagpuhr"译写而来。[4] 按"天子"乃是中国皇帝的尊号,自张骞凿空之后安息、大月氏等与中国交往频繁,"天子"之称或传自中国。[5] 就鄯善而论,自汉以来与内地的关系十分密切,"天子"之称对他们是毫不陌生的。从鄯善安归迦王十七年以后在称号中加入晋封的"侍中"来看,"天子"之称也可能来自中国,总之,鄯善位于东西交通要冲,与外界交往频繁,所受影响是多方面的。仅就佉卢文简牍所记鄯善王的称号而言,或与贵霜王朝有一定关系。但是,现在尚无证据足以说明鄯善王的上述称号是与鄯善使用佉卢文同步出现的。相反,却有许多线索表明,鄯善王的上述称号是与塞种有较密切的关系,其出现的时间很可能早于鄯善使用佉卢文的年代。因此,现在还不能肯定鄯善王使用的(或变相使用)是贵霜王的称号,故它不能作为贵霜统治鄯善的证据。

综上所述,鄯善的佉卢文虽然源于贵霜,但是鄯善境内出土的佉卢文简牍却不能证明贵霜移民团所建鄯善第二王朝的存在。进而言

〔1〕黄靖:《贵霜帝国的年代体系》,《中亚学刊》,1987 年第 2 辑。

〔2〕〔英〕A. 斯坦因著,向达译:《斯坦因西域考古记》,中华书局,1936 年。

〔3〕《西域文化研究》第五,法藏馆,1962 年,第 42 ~ 43 页。

〔4〕黄靖:《贵霜帝国的年代体系》,《中亚学刊》,1987 年第 2 辑。

〔5〕〔日〕榎一雄《所谓汉佉二体钱》,《东洋学报》,第 42 卷第 3 号,昭和三十四年十二月。

之,甚至可以认为尼雅佉卢文简牍存在的本身,实际上就是对贵霜统治鄯善或贵霜移民团建立鄯善第二王朝说的一个最有力的否定。此外,据考古资料可知,贵霜在其所统治的地区大都建有希腊化的城址作为统治中心或军事据点,这是贵霜文化的重要特征之一。如果说贵霜真的统治了鄯善,并以移民团为核心建立了鄯善第二王朝,那么他们从自身的文化传统和安全出发,按惯例理应在鄯善建有贵霜特点的希腊化城址,然而迄今在原鄯善境内尚未发现此类城址。这个现象从侧面也反映出,鄯善与贵霜在政治上是没有很深关系的。以此结合本篇其他几个问题的论述,我们有充分理由认为所谓贵霜统治鄯善,或贵霜移民团建立鄯善第二王朝说完全是人为虚构出来的。

15.4 贵霜未统治过于阗

在原于阗国境内发现的佉卢文资料很少,故贵霜统治于阗论者大都以汉佉二体钱为主要论据。总的来看,贵霜统治于阗与贵霜统治鄯善,两个问题有些类似。所以前面论述贵霜统治鄯善问题时的一些基本情况和原则,同样适用于贵霜统治于阗问题。因此,凡属此类情况者不再赘述。为节省篇幅,现仅据本书所收《于阗 661 号佉卢文简牍与佉卢文〈法句经〉的年代》、《于阗汉佉二体钱的年代》论述的情况和结论,简略指出以下五个问题:

(1)于阗 661 号佉卢文简牍的年代,约在公元 3 世纪末 4 世纪初。于阗佉卢文《法句经》的年代,约在公元 3 世纪中期至 3 世纪晚期之间。于阗正式使用佉卢文的时间与鄯善相近,大约也在公元 3 世纪 30 年代左右。在于阗国境内发现的佛教遗迹的时代,与鄯善一样都是在进入公元 3 世纪以后,所以于阗国在公元 3 世纪 30 年代左右以前,似与贵霜王朝没有很深的关系。

(2)《后汉书·献帝纪》记载:建安七年(202 年)夏五月"于寘国献驯象"。《三国志》卷 2《魏晋·文帝纪》"延康元年(220 年)二月"条记载:"焉耆、于阗王各遣使奉献";"黄初三年(222 年)二月"条记载:"鄯善、龟兹、于阗王各遣使奉献。"《梁书·西北诸戎传》记载:"魏文帝时,(于阗)王山习献名马。"上述情况表明,在东汉末至曹魏时期,于阗与内地的关系是比较密切的。以此结合前面对鄯善问题的分析,可知这个阶段是不存在贵霜统治于阗问题的。

(3)据考古资料,在原于阗国境内发现有五铢钱、"于"文钱、贵霜钱、"于"文贵霜钱、佉卢文五朱钱、汉佉二体钱等。五朱钱从两汉至魏晋一直是于阗通用的主要钱币,"于"文钱形制源于两汉的五朱钱,时代在东汉以后至佉卢文在于阗流行之前,这是迄今所见最早的于阗自造钱币。贵霜钱币以迦腻色迦钱币较多,流入于阗的时间可能主要在东汉晚期及其以后。这些贵霜钱币流入于阗后并未成为流通的钱币,只有当在贵霜钱币上打印"于"文之后,它才与五铢钱、"于"文钱一起成为于阗流通的钱币。"于"文钱和"于"文贵霜钱,很可能是于阗王山习发行的钱币。佉卢文五朱钱的形制本于五铢钱,使用佉卢文及二体钱的形制很可能是受到塞种毛埃斯王等钱币使用希腊,佉卢二体字铭文的影响,其时代约在公元3世纪30年代中期至60年代中期。上述情况表明,在公元3世纪60年代以前中国钱币在于阗占据主导地位,贵霜钱币对于阗的影响是有限的。目前还看不到贵霜钱币对于阗开始自造钱币有什么直接的影响。

(4)汉佉二体钱,是在前述几种钱币的基础上发展起来的。这种钱币背面的佉卢文铭文、花纹及正、背面的符号和大小钱为4∶1的比率,采用的是贵霜钱币的形制和钱币制度。正面则以中国内地衡制"铢"为单位,用汉文标明重量。对于这种现象,笔者在《于阗汉佉二体钱的年代》一文中,从东汉末以来于阗钱币的发展进程角度进行了分析,认为汉佉二体钱的主源是中国的五铢钱,次源是贵霜钱币。此外,还应指出钱币标明的币值乃是钱币能否正常流通的关键。采用中国的衡制"铢",用汉文标明汉佉二体钱的币值,充分说明了中国内地王朝在当时于阗的政治和经济领域内的影响是独占鳌头的。

(5)汉佉二体钱的时代,约在公元3世纪60年代中期至90年代之间。其中有一种汉佉二体钱的佉卢文铭文中打压着"都尉"称号。作者在《于阗汉佉二体钱的年代》一文中已经论述,该"都尉"称号是与公元 270 年左右尼雅 NXV93a. b 汉文简牍晋封鄯善王、于阗王等为晋"侍中"、"大都尉"相对应的。所谓"都尉"即"大都尉"的省称,与"鄯善都尉"印出现的背景是完全一样的。因此,在西晋时期于阗国无疑是被西晋王朝控制的。

　　总之,通过前面的分析我们认为,在东汉末以后中国对于阗的影响远远超过贵霜王朝,所以根本不会发生贵霜王朝统治于阗的问题。据此并结合前面关于鄯善问题的论述,可以断言无论是于阗还是鄯善,其佉卢文传入的时间、使用的情况以及贵霜钱币的流入,均与莫须有的所谓贵霜统治问题无关。在该领域内,那种以贵霜统治于阗和鄯善为由而进行的种种论述,显然都是很不合适的。

　　　　　　　　　　(本篇初刊于《楼兰鄯善简牍年代学研究》,新疆人民出版社,
　　　　　　　　　　　1995 年,收入本书时题目有变)

16 661 号于阗佉卢文简牍与佉卢文《法句经》的年代

拉普逊等人转写刊布的原鄯善国境内发现的佉卢文简牍,有 6 件出于安的尔古城(即 660—665 号简牍),其中 661 号是一件于阗国佉卢文简牍。该简牍与众不同,它使用于阗王纪年,简牍书写的字母和语言与鄯善佉卢文简牍有较大的差异,简牍第八行头两个字母的背面的几个零星字母是婆罗迷文。[1] 在鄯善的佉卢文简牍群中出现的这种奇特的孤例,一时使人很难驱散蒙于其上的迷雾,导致其迟迟未被完全解读,迄今仍有一些不明之处。因此,661 号佉卢文简牍就成为诸有关学者集中攻克的重要目标。长期以来学者们花了很大的力量,主要是集中探讨 661 号佉卢文简牍的年代,以及简牍所记的于阗王与于阗王统的对应关系问题。于是 7 世纪说、5 世纪说、4 至 7 世纪说、3 世纪说、2 世纪说;于阗王安国之子说(东汉末)、山习说(曹魏)、伏阇信说(唐初)等等蜂拥而起。[2] 学者们仁智各见,诸说并立,莫衷一是,遂使之成为佉卢文简牍研究领域中的悬案之一。

16.1 661 号佉卢文简牍的共存关系

所谓 661 号佉卢文简牍的年代,在本篇有两层含义。一是 661 号

---

〔1〕参见前揭〔英〕拉普逊等:《斯坦因在新疆所发现的佉卢文字集录》,刊布的佉卢文简牍中 661 号简牍,以及书后的简牍图版。

〔2〕661 号佉卢文简牍年代诸说,参见马雍:《新疆所出佉卢文书的断代问题》,《文史》,1979 年第 7 辑。林梅村:《佉卢文书及汉佉二体钱所记于阗大王考》,《文物》,1987 年第 2 期。张广达、荣新江:《关于和田出土于阗文献的年代及其相关问题》,《东洋学报》,第 69 卷第 1/2 号,1988 年 1 月。

佉卢文简牍书写的年代,二是指 661 号简牍流传到鄯善的舍凯之年代。以往研究 661 号佉卢文简牍的年代,主要是从文字、语言以及对零星史料等方面进行分析。现在若仍沿此路走下去,面对已有的丰硕成果则举步维艰,短期很难再有较大的突破。所以我们必须改弦更张另寻他途,转而关注其共存关系,以及与之有关的诸问题,综合分析该简牍的年代。如是,或可柳暗花明找到打开 661 号佉卢文简牍年代学大门的钥匙。

在已刊布的安的尔古城的佉卢文简牍中,660 号简牍记:"彼等再次从库瓦尼(khvani)归来后,交付黄丝绸两匹。"663 号简牍记:"兹禀报如下:据汝从彼处带来的指示,库瓦尼有何消息……","现接到一份来自库瓦尼的关于酒的楔形泥封木牍,至言如下……"。两件简牍提到的库瓦尼(或称库哈尼,kuhani),即是鄯善国都扜泥城(kuhani 为扜泥之对音)。[1] 据尼雅佉卢文简牍资料,可知安的尔古城当时是在鄯善的统治之下。故该古城的佉卢文简牍与尼雅佉卢文简牍一样,均属鄯善佉卢文简牍范畴。由于 661 号佉卢文简牍与安的尔古城的鄯善佉卢文简牍共存,所以完全有理由将其纳入鄯善佉卢文简牍群中进行考察,以推断它的大致年代。鄯善佉卢文简牍以尼雅佉卢文简牍为主体,其年代大致在公元 3 世纪 30—40 年代至 4 世纪 30—40 年代。具体言之,则在公元? 年—242/3 年至 329/30 或 331/32 年。[2] 661 号简牍既然与鄯善佉卢文简牍共存,说明它流传到安的尔古城的年代当在鄯善开始流行佉卢文之后,并在上述的年代界限之内。进而言之,安的尔古城已刊布的 6 件佉卢文简牍中,660、661、662 号简牍均出于 E·Ⅵ,[3] 660 号简牍记送取丝绸事(如"交付黄丝绸两匹","取丝绸七匹"等)。在尼雅佉卢文简牍中,记载与丝绸有关的简牍大都在马希利王(如 3、566、728 号简牍)和伐色摩那王(如 318 号简牍纪年为伐色摩那王 9

〔1〕参见孟凡人:《楼兰新史》中关于鄯善国都的论述,光明日报出版社,1990 年。
〔2〕见孟凡人:《楼兰鄯善简牍年代学研究》,新疆人民出版社,1995 年,第 379~388 页。
〔3〕〔英〕拉普逊:《斯坦因在新疆发现的佉卢文字集录》中等人刊布佉卢文简牍注明的出土地点编号。

年)时期。据此类比,660 号简牍的年代当与之基本相近。而与 660 号简牍同出于 E·Ⅵ 的 661 号简牍,其流入安的尔古城的时间又应与 660 号简牍的年代相仿佛。此外,在 E·Ⅵ 还出土一件婆罗迷文书(E·Ⅵ·iii,写在桦树皮上,有一行婆罗迷文),下文将论证这件婆罗迷文书的年代约在进入公元 4 世纪以后。据此看来,661 号佉卢文简牍流入安的尔古城的时间可能要晚到公元 4 世纪初(马希利王时期)左右了。

其次,现在许多研究者都将尼雅佉卢文简牍记载的舍凯比作今安的尔古城。据尼雅 14 号简牍记载,鄯善国使者前往于阗,"由且末派一护从送其至舍凯;再从舍凯派一护从送其至尼壤。从尼壤至于阗,应由凯度多(即尼雅遗址)派一护从(送其)至于阗"。由此可见,若将且末(古今且末位置未大变)与尼雅遗址间目前仅存的大古城即安的尔古城比作舍凯是较为合适的。前已说明安的尔古城的佉卢文简牍已刊布者很少,然而尼雅佉卢文简牍中涉及舍凯的却较多。其中直接记载舍凯的有 1(同记州长檀阇伽)、14(同记州长毗摩耶)、133(同记州长黎贝耶和那摩罗兹摩)、159(同记州长檀阇伽)、214(同记州长柯利莎、索没阇迦)、306 号简牍等。此外,根据简牍文义进行分析比较,在尼雅佉卢文简牍中可基本确定所记是舍凯的州长者约有 14 位。即檀阇伽(1、7、15、24、26、55、97、130、139、159、367、527、541、566、575、625、724 号简牍),出现的纪年有马希利王十七年(575 号简牍)。该州长任职的上限在马希利王十七年前不远,下限止于马希利王末期。州长柯来那(625 号简牍),约任职于安归迦王晚期至马希利王十一年后不久。州长林苏(72、85、100、147、160、507 号简牍),任职于马希利王时期。州长黎贝耶(84、86、88、99、104、113、118、119、126、127、128、130、133、136、139、145、150、153、156、160、161、164、193、194、198、430、435、438、477、490、515、519、554、750 号简牍),出现的纪年有伐色摩那王九年(477 号简牍),任职于马希利王中期至伐色摩那王时期。州长夷利(62、259、288 号简牍)、州长皮特耶(62、259、378 号简牍)、州长那弥尔伽(288 号简牍),三者均任职于马希利王时期。州长苾摩婆犀那见于507 号简牍,纪年为马希利王十一年。州长苾摩婆犀那、阇耶多罗陀见于 578 号简牍,纪年为马希利王十一年。州长凯克伐罗见于 575 号简牍,纪年为马希利王十七年。州长柯来莎(107、130、214、360、392、575、626 号简牍),任职于马希利王时期。州长鸠那罗(22、40、64、107、119、203、515 号简牍),州长罗陀施跋、沙弥伽(40、64 号简牍),三者任职于马希利王晚期至伐色摩那王时期。[1]

综上所述,可知尼雅佉卢文简牍涉及舍凯者的年代在安归迦王晚期至伐色摩那王时期,其中又以马希利王中期前后的居多。这个情况从侧面较客观地反映出今安的尔古城佉卢文简牍流行的纪年界限。据此判断,与安的尔古城佉卢文简牍共存的 661 号简牍,其流入的时间亦应以马希利王中期前后的可能性最大。总之,通过本节的分析,可以明显地看出若将 661 号于阗国佉卢文简牍流入今安的尔古城的时间置于安归迦王晚期以前(即公元 3 世纪 80 年代以前),几乎是不可能的。

16.2　记载于阗的尼雅佉卢文简牍的时代

661 号简牍记载:"兹于于阗王、王中之王希利那孔·德伐·毘夷多施没诃(hinajna dheva vijida siṃha)在位之 3 年 10 月 18 日(应为 10 年 3 月 18 日——引者注),有城市男人一名,名赫伐那犀。据彼称:有一峰骆驼系属余所有。该骆驼身上有一个清楚之烙印,如 VAŚO。现余正将该骆驼以 8000 māṣa 之价格卖给 Suliga 伐祇提·伐达伽(Vagiti vadnaga)。为该骆驼,伐祇提·伐达伽已将全部价款付清,赫伐那犀亦已收到该款。该事业已决定。自今以后,该骆驼即成为伐祇提·伐达伽之财产,彼可以为所欲为。今后,无论何人对此骆驼发生怨言,进行告发或有争执,彼将受国家法律规定之处罚。此文件(?)系由余,拔赫地伐根据赫伐那犀之请求所写。"[2]简牍最后记载的证人,列首位者名

〔1〕孟凡人:《楼兰鄯善简牍年代学研究》,新疆人民出版社,1995 年,第 308~326 页。
〔2〕661 号佉卢文简牍释文汉译见王广智:《新疆出土佉卢文残卷译文集》,中国科学院新疆分院民族研究所油印本。

纳奈·凡达伽(nani vadhaǵa)。[1] 这是一于阗国买卖契约文书,该契约文书流入鄯善的时间,在一般情况下是应与于阗鄯善两国间各种交往较多,各类人员来往频繁的时期密不可分的。因此,在尼雅佉卢文简牍中近40件与于阗简牍之内容和时代有关,对探讨661号简牍流入鄯善的时间乃是至关重要的。

在尼雅佉卢文简牍中,涉及于阗的简牍按其内容约可分为三类。第一类,是鄯善国派员出使于阗国等方面的官方交往。如14号简牍记沙弥伽出使于阗(同记州长毗摩耶),135号简牍记监察善亲与阿毗陀出使于阗(同记税监黎贝耶)。214号简牍记州长柯利沙和索没阇迦,简文中说:"现在朕派奥古阿罗耶出使于阗。为处理汝州之事朕还嘱奥古阿罗耶带去一匹马,馈赠于阗大王。"251号简牍记安布迦耶·阿波耆耶出使于阗。253号简牍记州长财军出使于阗(同记州长索没阇迦)。362号简牍记判长何沙出使于阗(同记州长舍摩犀那和布伽)。367号简牍记布色耶出使于阗(同记州长索没阇迦和檀阇迦)。637号简牍纪年为马希利王十一年,记王后去于阗旅行,卡拉基特耶出使于阗(同记州长索没阇迦)。第二类,大都是些杂事。如30号简牍记于阗人迦耶沙伽任御史事(同记州长索没阇迦)。36号简牍记于阗人阿波格等从黎贝奴仆房内拿走财物事(同记州长索没阇迦)。86号简牍记州长特伽左,税监兼州长黎贝耶,简文中说"苏毗人之威胁令人十分担忧","有些于阗人现已来此。彼等因边境之事寻找钵没支那"。216号简牍记于阗人波利善陀自安提耶之庄园逃亡事(同记州长夷陀伽)。296号简牍纪年为马希利王十年,记到于阗去的难民事(同记州长索没阇迦)。400号简牍记左迦沙将支罗摩那抢至于阗事(同记州长克罗那耶)。403号简牍记将来自扜阗之女子作为难民事(同记州长克罗那耶)。471号简牍记哨兵从于阗难民处索物事(同记州长索没阇迦)。584号简牍纪年为马希利王四年,记苏笈多去于阗事(同记州长索没阇

---

〔1〕〔英〕拉普逊:《斯坦因在新疆发现的佉卢文字集录》中等人刊布的661号简牍释文及图版。

迦）。735 号简牍纪年为马希利王六年,记于阗难民事（同记州长索没阇迦）。第三类,记来自于阗的侵扰和威胁等事。如 248 号简牍国王敕谕州长索没阇迦注意来自扜弥和于阗的消息。272 号简牍国王敕谕州长索没阇迦小心戒备,注意来自扜弥和于阗的消息,防止于阗人进犯国境和苏毗人的威胁。283 号简牍记加倍小心戒备,注意来自扜弥和于阗的消息。289、329、341、349、351、358 号简牍,国王敕谕州长索没阇迦注意来自扜弥和于阗的消息。291、333、362 号简牍国王敕谕州长舍摩犀那和布伽,注意来自扜弥和于阗的消息,及来自于阗的难民等事。376 号简牍记于阗人曾派骑兵袭击累弥耶。379 号简牍国王敕谕卡拉鸠那罗小心戒备,注意来自扜弥和于阗的消息。494 号简牍纪年为伐色摩那王八年,记于阗人侵犯国境事（同记州长克罗那耶、帕特罗耶）。

上面涉及的诸件简牍,据笔者研究,[1] 第一类的 14、214、362、367 号简牍均属马希利王时期,637 号简牍纪年为马希利王十一年,135 号简牍似在马希利王晚期。第二类的 36、86、216、400、403 号简牍均属马希利王时期,584 号简牍纪年为马希利王四年,735 号简牍纪年为马希利王六年,296 号简牍纪年为马希利王十年,30、471 号简牍似在安归迦王晚期至马希利王初期。第三类的 272 号简牍属安归迦王晚期,248、283、289、291、329、333、341、349、351、358、362、376、379 号简牍均属马希利王时期,494 号简牍纪年为伐色摩那王八年。由此可见,鄯善、于阗两国间各种关系最密切的时期是集中在马希利王时代。其中与探讨 661 号于阗国佉卢文简牍流入鄯善的时间关系最大的是第一、二类简牍的时间界限,这两类简牍均属马希利王时期,从纪年简牍来看似乎又主要集中在马希利王中期左右。这样在宏观上就为我们判断 661 号于阗国佉卢文简牍流入鄯善的时期,提供了重要的依据。

16.3　婆罗迷文传入于阗的时间

661 号佉卢文简牍中写有零星的婆罗迷文字母,最初一些研究者

---

〔1〕孟凡人:《楼兰鄯善简牍年代学研究》下篇第一章、第二章,新疆人民出版社,1995 年。

认为这些字母写的是伊朗语,[1]后来搞清楚写的乃是于阗塞语。[2]由于661号佉卢文简牍婆罗迷文字母很少,写得零乱,连不成句,[3]并完全附属于佉卢文,所以该简牍的年代应上距婆罗迷文传入于阗的时期较近。婆罗迷文何时传入于阗,目前尚不太清楚。从考古发现的用婆罗迷文书写的于阗语文书来看,一般都在入唐以后,近来有的研究者将其年代的上限,推断到公元5、6世纪。[4] 此外,还有一些研究者从文献资料来探讨婆罗迷文开始在于阗流行的年代。他们据《出三藏记集》卷7《放光经记》载:"惟昔大魏颍川朱士行,以甘露五年(260年)出家学道为沙门,出塞西至于阗国,写得正品梵书胡本九十章六十余万言",认为文中的"梵书"即是婆罗迷文的意译。同书卷13《朱士行传》说,太康三年(282年)朱士行派弟子将在于阗抄的大乘经典《般若经》等送往洛阳时,"于阗小乘学众,遂以白王云:'汉地沙门欲以婆罗门书惑乱正典。王为地主,若不禁之,将断大法,聋盲汉地,王之咎也'。"他们认为"婆罗门书"即指用婆罗迷文书写的大乘经典,正典则是用佉卢文书写的小乘经典。因此,他们断言在公元260—282年时,于阗同行流行佉卢文和婆罗迷文两种文字。[5] 此说似乎很有道理,但是却不尽然。众所周知,当时在于阗小乘佛教占统治地位,故佉卢文应是广为流行的文字。至于婆罗迷文,从小乘学众强烈反对,认为这是乱正典断大法,并要求于阗王出面禁止来看,当时婆罗迷文似只流行于部分大乘佛教僧侣和佛教徒中。也就是说,是时于阗国官方和社会上还没有采用婆罗迷文,它还不是于阗国通用的流行文字。此外,还应指出甘露五年是朱士行出家学道为沙门之年,而不是他到于阗的年代。所以我们只能说在公元3世纪70—80年代左右于阗已经出现了婆罗

---

〔1〕林梅村:《佉卢文书及汉佉二体钱所记于阗大王考》,《文物》,1987年第2期。

〔2〕林梅村:《佉卢文书及汉佉二体钱所记于阗大王考》,《文物》,1987年第2期。

〔3〕见前揭〔英〕拉普逊:《斯坦因在新疆发现的佉卢文字集录》中等人刊布的661号简牍释文及图版。

〔4〕张广达、荣新江:《关于和田出土于阗文献的年代及其相关问题》,《东洋学报》,第69卷第1/2号,1988年1月。

〔5〕林梅村:《佉卢文书及汉佉二体钱所记于阗大王考》,《文物》,1987年第2期。

迷文,并在一定程度上流行于部分大乘佛教僧侣或佛教徒之中。

此外,在于阗之东并与于阗毗邻的鄯善境内发现的婆罗迷文资料,对判断于阗开始使用婆罗迷文的时间也是有重要参考价值的。如《斯坦因西域考古记》一书说,米兰第二寺院遗址"在靠一尊坐像的底部发现一大片很好的用婆罗迷字体写的梵文贝叶书;由材料看,这一片贝叶书写于印度,由婆罗迷字体看,年代最后不能过第 4 世纪"[1]。以后有的研究者又进一步说,该贝叶书属 4 世纪初期的笈多字体[2]。除米兰外,斯坦因还在楼兰地区的 LM 遗址之 LM·1(发现两件婆罗迷文书,同时发现 7 件汉文纸文书及 1 件佉卢文简牍)、LM·11(同时发现婆罗迷文书,汉文、佉卢文和粟特文纸文书)[3]以及安的尔古城(一件婆罗迷文书写在桦树皮上,E·Ⅵ·iii)发现婆罗迷文书。在尼雅佉卢文简牍之 510、511、541、523 号佛教文书上则出现有婆罗迷文数字[4],523 号简牍的纪年为马希利王八年。按楼兰地区佉卢文简牍的年代前已说明约在公元 270—310 年左右,并主要集中于安归迦王后期(公元 3 世纪 80 年代以后)至马希利王二十年前后(公元 310 年左右)。粟特文纸文书,迄今多认为斯坦因发现的敦煌《粟特古书简》时代最早,其中第二号书信的年代本书所收《粟特古书简》一文断定在公元 4 世纪 20 年代以前不久。LM 遗址发现的汉文简牍几乎都是纸文书,在楼兰地区曹魏时期的纸文书很少,西晋时期纸文书逐渐增多,到前凉时期纸文书才超过木简而占绝对优势[5]。这个现象结合文书的字体和内容来看,LM 遗址发现的汉文纸文书应属于前凉时期(约始于 310 年)。因此,在 LM 遗址与这些汉文、佉卢文和粟特文文书共存的婆罗迷文书,显然也应在进入公元 4 世纪初以后。而 523 号简牍纪年

〔1〕〔英〕A. 斯坦因著,向达译:《斯坦因西域考古记》,中华书局,1946 年。

〔2〕《西域文化研究》第五,法藏馆,1962 年,第 63 页。

〔3〕〔英〕A. 斯坦因:《亚洲腹地》(Innermost Asia, Detailed Report of Explorations in Central A-sia, Kan‐Su, and Eastern Iran. Volumes Ⅰ—Ⅳ. Oxford, Clarendon Press, 1928),第六章第三节。

〔4〕见前揭〔英〕拉普逊:《斯坦因在新疆发现的佉卢文字集录》中等人刊布的 510、511、514、523 号佉卢文简牍转写下面的注,以及有关的简牍图版。

〔5〕孟凡人:《楼兰鄯善简牍年代学研究》上篇,新疆人民出版社,1995 年。

的马希利王八年,则相当于公元296—298年左右。上述诸种情况综合起来看,可以认为在公元3世纪末4世纪初鄯善境内已经出现了婆罗迷文书。但是,应当指出这些婆罗迷文书多来自印度,目前尚无一件可证明是出自鄯善人之手。至于510、511、514、521号佉卢文佛教文书上零星的婆罗迷文数字,更说明此时乃是鄯善开始接触婆罗迷文的初始阶段。

于阗在鄯善之西,较鄯善更近于贵霜和印度。以鄯善境内出现的婆罗迷文书的情况证之,前面据《朱士行传》推断公元3世纪70—80年代于阗部分大乘佛教僧侣或教徒已经开始使用婆罗迷文,看来是基本可信的。然而婆罗迷文从佛教经典到开始走向世俗文书,是要有个发展过程的。由于661号佉卢文简牍是一世俗买卖契约文书,所以该文书上出现的零星婆罗迷文或可视为于阗社会正式使用婆罗迷文的先声和转折点。根据前述分析,并结合661号佉卢文简牍在安的尔古城与一件婆罗迷文书同出来看,这个先声和转折点恐怕也要到公元4世纪初期了。

16.4 661号佉卢文简牍的年代

根据前三节的论述,可再进一步指出以下四点:(1)在马希利王时期,鄯善国与于阗国的官方或民间的各种交往比较频繁。两国各类人员交错往来,有的于阗人还在鄯善定居,甚至在鄯善担任官职。661号于阗国佉卢文简牍可能即是在这种情况下,由于阗人或其他从于阗至鄯善的人带到鄯善并流入今安的尔古城的。(2)214号佉卢文简牍记载的州长柯利沙活动于马希利王时期,而同记的州长索没阇迦出现的年代下限在马希利王二十二年,所以214号简牍年代的下限不得晚于此年。(3)214号佉卢文简牍记载的奥古阿罗耶,除该简牍外仅见于370和575号佉卢文简牍。在370号简牍他与州长索没阇迦同见,在575号简牍他与州长檀阇伽、柯利沙同见,纪年为马希利王十七年。州长檀阇伽出现的纪年有马希利王十六、十七年,州长柯利沙、奥古阿罗耶出现的纪年则只见于 575 号马希利王十七年的简牍。据此又可进一步将 214 号佉卢文简牍年代的下限推断在马希利王十七年左右。(4) 637 号佉卢文简牍记载，马希利王十一年时鄯善王后去于阗旅行，卡拉(在此系指王子)基特耶出使于阗。反映出马希利王十一年前后，乃是鄯善与于阗关系最密切的时期之一。上述四点互证，较清楚地反映出 661 号于阗国佉卢文简牍流传到鄯善，以鄯善与于阗关系最密切的马希利王十一年左右至十七年前后的可能性最大。

那么，661 号于阗国佉卢文简牍书写于何时呢？对此亦可作下述四点分析。(1)据尼雅 NV. NXV 号房址 NXV93a. b 和 73 号晋简记载，西晋同时封鄯善王和于阗王为"晋守侍中大都尉奉晋大侯"。该简的时代笔者推断在晋泰始五年或六年(270 年)，大体接近于安归迦王十七年。[1] 以这件"侍中"简为代表的晋简，在尼雅 NV. NXV 号房址主要是与记载州长索没阇迦的佉卢文简牍共存。索没阇迦始任州长约在安归迦王二十年前不久，下限在马希利王二十二年，为两代老臣，前后从政达四十余年(安归迦王在位共 38 年)。其次，州长索没阇迦在与于阗相关的简牍中出现的次数也占绝对多数，时间均在马希利王时期。此外，特别值得注意的是这位州长还出现于记载"于阗大王"的 214 号佉卢文简牍中。这样以州长索没阇迦为纽带，可同时反映出两个重要问题。第一，反映出被晋封为"侍中"、"大都尉"的于阗王和鄯善安归迦王在公元 270 年前后的一个时期内是平行共存的。这位于阗王早在索没阇迦始任州长之前便已即位。第二，这位于阗王与同时记载州长索没阇迦和于阗问题的尼雅佉卢文简牍所对应的于阗王，不是同一位于阗王。(2)以下限在马希利王十七年，记载州长索没阇迦和"于阗大王"的 214 号佉卢文简牍证之，同时记载州长索没阇迦和于阗问题简牍所对应的于阗王，即是指 214 号简牍中的"于阗大王"。这位"于阗大王"在位的年代基本上是与鄯善马希利王同时的。(3)214 号简牍记载的州长柯利沙和奥古阿罗耶任职于舍凯(参见 575 号简牍)。

―――――――――

〔1〕参见孟凡人：《楼兰鄯善简牍年代学研究》下篇第二章，新疆人民出版社，1995 年。

·欧·亚·历·史·文·化·文·库·

该简牍中说:"为处理汝州之事,朕还嘱托奥古阿罗耶带去一匹马,馈赠于阗大王。"文中所说的"州"是确指舍凯(今安的尔古城)而言,可见当时舍凯与于阗的关系是比较密切的。(4)661 号于阗国佉卢文简牍出于安的尔古城(舍凯)。214 号佉卢文简牍记载舍凯事,同时又是已刊布的鄯善佉卢文简牍中唯一记有"于阗大王"的简牍。以此结合前面对 214 号简牍的年代和 661 号简牍流传到鄯善之年代的分析,可进一步推知两者所记应是同一位于阗王。这样马希利王十七年左右与 661 号简牍记载的于阗王尉迟·信诃(即希那扎·德伐·毘夷多施没诃)之十年就基本对应了。马希利王即位约在公元 289/90 或 291/92 年,其十七年则在公元 305—308 年间。据此类比,661 号简牍于阗王尉迟·信诃[1]之十年亦在此前后,这样该王即位之年的下限便在公元 296—299 年左右。

除上所述,本书所收敦煌《粟特古书简》第二号书信的年代一文,还论述了敦煌《粟特古书简》第二号书信的年代。这封信是河西粟特商团的首领纳奈·凡达克写给在粟特的巨贾纳奈·德巴尔爵爷的。作者在该文中论证了这位纳奈·凡达克与 661 号佉卢文买卖契约文书中的证人纳奈·凡达克很可能是一个人。论证了这封信所记与中国有关的事件约在公元 311—319 年间,信约写于公元 320 年左右。指出了这个粟特商团至河西途经于阗的时间下限约在公元 308—309 年前后,这个年代与前述推断的 661 号简牍于阗王尉迟·信诃之十年的年代是基本对应的,从而更有力地支持了两位纳奈·凡达克为一人说。在这种情况下,参照对粟特文第二号书信年代的分析,又可将尉迟·信诃即位的年代推断在公元 299 年前后,其十年则在公元 308 年左右。

总之,通过上述分析可以说我们已经基本上明确了 661 号简牍书写的年代,以及于阗王尉迟·信诃即位的年代。据此可知,前面提到的尉迟·信诃安国之子说、山习说、伏阇信说等都是不能成立的。但是,

---

〔1〕661 号简牍于阗王又译为"于阗大王、王中之王、军侯之神尉迟·信诃纪年十年三月十八日"。见前揭林梅村:《佉卢文书及汉佉二体钱所记于阗大王考》及张广达、荣新江:《关于和田出土于阗文献的年代及其相关问题》。

尉迟·信诃与该阶段于阗王统的对应关系究竟如何？目前尚无法明言。这是因为汉文史籍和于阗语文献关于该阶段于阗王的记载缺环很多；而藏文《于阗国悬记》、《于阗教法史》记载唐代以前的于阗王统年代不明，王名重出，世系不清，缺环较多，很难利用。虽然有些学者据汉文史籍、于阗语文献和藏文资料列出若干套三者互相对照的王统方案，然而迄今尚未获得令人信服的满意结果。所以作者暂不打算在这方面徒费笔墨，待将来时机成熟时再对这个问题进一步探讨研究。

16.5　佉卢文《法句经》的年代

汉佉二体钱、佉卢文《法句经》残件和 661 号佉卢文简牍，是目前所仅知的于阗国的佉卢文资料。其中佉卢文《法句经》残件自 19 世纪发现以来，学者们进行了诸多方面的研究。在年代问题上，先后提出了佉卢文《法句经》写于公元 1 至 3 世纪、2 世纪、2 世纪末至 3 世纪初（175—230 年）、3 世纪或进入 4 世纪诸说。[1] 这些论断有的是通过与 661 号佉卢文简牍进行比较而得出来的，所以我们在探讨 661 号佉卢文简牍年代问题时，也顺便对这个问题谈谈拙见。

首先，佉卢文《法句经》本身就清楚地表明，它的出现必然在佛教和佉卢文传入于阗国以后。关于佛教何时传入于阗，诸家分歧较大。于阗佛教传自贵霜，贵霜王朝到迦腻色迦王时（该王纪元始于公元 140 年或 144 年，约死于 2 世纪 60 年代）[2]才以佛教为国教。据汉文史籍记载，范晔曾明言："至于佛道神化，兴自身毒，而二汉方志莫有称焉。张骞但著地多暑湿，乘象而战，班勇虽列其奉浮图，不杀伐，而精文善法导达之功靡所传达。"[3]记载汉代西域的汉文史籍，以及出土的有关文书，均未提到两汉时期有佛教问题。由此可见，在公元 2 世纪 60—70

〔1〕佉卢文《法句经》年代诸说，参见林梅村：《犍陀罗语〈法句经〉残卷初步研究》，收在《出土文献研究续集》，文物出版社，1989 年。

〔2〕迦腻色迦王纪元始、终于何时，学术界分歧较大，本篇采用公元 140 或 144 年说，详见黄靖：《贵霜帝国的年代体系》，《中亚学刊》，1987 年第 2 辑。

〔3〕《后汉书·西域传》。

年代以前贵霜迦腻色迦王全力向外弘扬佛法的过程中,佛教并没有传入于阗和鄯善国。[1] 从考古资料来看,在原于阗国和鄯善境内迄今发现的佛寺和佛教遗物,时代均在进入公元3世纪以后,特别是在4世纪以后。[2] 佛寺和佛教遗物是佛教流行的重要标志之一,所以佛教传入于阗很可能在公元2世纪晚期至3世纪初之间,而佛教开始在于阗流行恐怕要在进入3世纪以后了。于阗国的佉卢文也是传自贵霜,其传入的时间亦众说纷纭。从与于阗毗邻的鄯善来看,其大量的佉卢文简牍均出现于公元3世纪40年代以后。据此并结合661号于阗国佉卢文简牍基本与鄯善马希利王同时的情况判断,佉卢文传入于阗的时间不会与鄯善相差过远,很可能也要到公元3世纪30—40年代了。所以于阗国佉卢文《法句经》的年代应在此之后。

其次,从佉卢文角度来看,可就一些研究者经常提到的两个问题谈点拙见。第一,《法句经》的佉卢文普遍用语尾 sa 代替 sya(语尾 sa 是佉卢文单数属格语尾,相当于梵语的 – sya 或巴利语的 – ssa)。在贵霜佉卢文资料中,用 sa 取代 sa 最早见于阿富汗喀布尔河流域发现的胡毗色伽王的 wardak 瓶铭,年代为迦腻色迦王纪元五十一年。[3] 有的研究者据此而将佉卢文《法句经》的年代提得较早。[4] 我们认为迦腻色迦纪元五十一年约在公元191年或195年左右(其纪元以140或144年起算),此时在贵霜佉卢文开始用 sa 代替 sa 到其流行以至传入于阗,是需要有个渐进的发展过程的(不是同步的)。所以 wardak 瓶铭充其量只能表明上述现象出现的时间和佉卢文《法句经》的年代在此之后,而

---

〔1〕许多学者据《大唐西域记·迦毕试国》质子伽蓝条记载:"昔犍陀罗国迦腻色迦王威被邻国,化洽远方,治兵广地,至葱岭东,河西蕃维畏威送质。"认为西域之佛教传于此时,我们认为这种看法与西域佛教的实际情况是不相符的。其实迦腻色迦王根本没有超过葱岭进行征讨,详见本书所收《贵霜统治鄯善和于阗,是佉卢文简牍臆想而虚构的假说》。

〔2〕〔英〕A. 斯坦因:《西域》(Serindia. Detailed Report of Ecplorations in Central Asia and westernmost China. Volumes Ⅰ—Ⅴ。Oxford, clarendon Press, 1921)以及斯坦因:《亚洲腹地》中刊布的于阗和鄯善的佛教遗迹和遗物。另见孟凡人:《新疆古代雕塑辑佚(导论)》,新疆人民出版社,1993年。

〔3〕林梅村:《楼兰新发现的东汉佉卢文考释》,《文物》,1988年第8期。

〔4〕见前揭林梅村:《佉卢文书及汉佉二体钱所记于阗大王考》、《犍陀罗语〈法句经〉残卷初步研究》、《楼兰新发现的东汉佉卢文考释》。

不能证明佉卢文传入于阗和佉卢文《法句经》的具体年代。很显然若无足够的证据,在时间上是不能将两者同时并论或等同起来的。此外,应当指出由于佉卢文《法句经》所用的佉卢文中还夹有于阗塞语成分,[1]故佉卢文《法句经》实际上已经超越了于阗国最初使用佉卢文的阶段,并开始向土著化方向迈进了。因此,佉卢文《法句经》在于阗抄写的年代,显然距佉卢文开始传入的公元3世纪30—40年代已经有一定的距离了。第二,印度学者达斯·笈多(C.C.Gupta)在研究佉卢文字母的演变规律后,将新疆的佉卢文分为于阗《法句经》、661号佉卢文简牍,鄯善王贝比耶、陀阇迦、安归迦时期简牍,鄯善王马希利和伐色摩那王时期简牍四个阶段,[2]对此很多人师从不移。我们认为佉卢文从贵霜传到于阗和鄯善,并经过一定的使用期以后,其字母的演变必然会带有某种时代的和地方的特色。换言之,即不能将于阗和鄯善佉卢文字母的演变规律与贵霜的情况完全等同起来。达斯·笈多以贵霜佉卢文字母的演变规律为本位,在未考虑到有关的诸多因素的情况下就将其套用于阗和鄯善的佉卢文,这种做法不一定合适。事实上,前面论述的661号佉卢文简牍的年代基本与鄯善马希利王同时,就已经冲破了达斯·笈多的结论。所以我们现在探讨于阗和鄯善佉卢文资料的年代时,一方面要注意到达斯·笈多的意见,另一方面又要从实际出发摆脱达斯·笈多设计的框架之束缚。

关于佉卢文《法句经》与661号佉卢文简牍年代的相对早晚问题,有三个现象比较重要。第一,佉卢文《法句经》写在桦树皮上,这种书写材料源于印度,具有一定的印度色彩。661号佉卢文书写于木牍上,木牍是鄯善和于阗正式通行佉卢文后的主要书写材料。所以两种不同的书写材料在时代上应有早晚之别。第二,佉卢文《法句经》残存423首偈颂,内含30余个塞语词汇。661号佉卢文简牍仅存8~9行,

〔1〕林梅村:《犍陀罗语〈法句经〉残卷初步研究》,收在《出土文献研究续集》,文物出版社,1989年。

〔2〕林梅村:《犍陀罗语〈法句经〉残卷初步研究》,收在《出土文献研究续集》,文物出版社,1989年。

·欧·亚·历·史·文·化·文·库·

却有 20 个塞语因素和 2 个塞语词汇（若算人名则更多）。[1] 佉卢文《法句经》塞语化程度较 661 号佉卢文简牍浅,所以它应早于 661 号佉卢文简牍。第三,佉卢文《法句经》中不见婆罗迷文字母,661 号佉卢文简牍中则出现零星的婆罗迷文字母。据此可知,后者晚于前者。上述情况表明,在佉卢文《法句经》与 661 号佉卢文简牍的相对早晚关系上,笈多的意见是可取的。此外,英国学者巴罗（T. Burrow）在研究了佉卢文《法句经》德兰写本后认为,[2]该写本的某些语言特点似乎晚于其他佉卢文书,所以其年代很可能在 3 世纪甚至已经进入了 4 世纪。[3] 这个推论确切与否姑且不论,从本篇前面的分析来看,该写本有某些较晚的语言因素这一点还是应当受到重视的。

总之,通过前述分析似可认为,佉卢文《法句经》的时代上限在公元 3 世纪 30—40 年代后不久,下限则在 661 号佉卢文简牍所处的公元 4 世纪初之前。其抄写的年代,最大的可能性是在公元 3 世纪中期至 3 世纪晚期之间。

（本篇初刊于《楼兰鄯善简牍年代学研究》,新疆人民出版社,1995 年）

---

[1]林梅村:《犍陀罗语〈法句经〉残卷初步研究》,收在《出土文献研究续集》,文物出版社,1989 年。

[2]19 世纪末,俄国驻喀什总领事彼德洛夫斯基（N. Th. Petroviskii）在和田买到佉卢文《法句经》残件。1897 年俄国的奥登堡（S. F. Ol'denburg）研究发表后,被称为"奥登堡写本"。1890 年法国德兰（J. L. Dutreui de Rhins）买到该抄本另外三张残页,1897 年法国的塞纳（M. E. Senart）研究发表后,被称为"德兰写本"。1946 年英国学者贝利（H. W. Bailey）将两个写本合在一起,重新作了转写和统一的单字索引。

[3]林梅村:《犍陀罗语〈法句经〉残卷初步研究》,收在《出土文献研究续集》,文物出版社,1989 年。

17   于阗汉佉二体钱的年代

汉佉二体钱、佉卢文《法句经》和 661 号佉卢文简牍,是目前仅知的于阗国佉卢文资料。三者的年代,迄今均无定论。因此,于阗佉卢文资料的年代是一个亟待解决的重要课题。就汉佉二体钱而言,自 1873 年英国人福赛斯(T. D. Forsyth)在于阗国故地(今新疆和田地区)首次发现后,很快便引起了学术界的重视。百余年间国内外许多著名学者都曾先后涉足于此,进行了诸多方面的研究。其中特别是关于汉佉二体钱的年代问题,更是学者们注意的焦点。然而时至今日,诸家对它的年代却仍见仁见智,人言言殊。[1] 面对这种情况,考虑到汉佉二体钱的年代,无论对探讨于阗国佉卢文资料的年代,还是对研究于阗国史和于阗考古学都是至关重要的。所以我们认为有必要在已有的研究成果的基础上,对汉佉二体钱的年代再做一些切磋,略谈拙见。

17.1   汉佉二体钱的形式

于阗国汉佉二体钱,已出土的约有 350 余枚。[2] 这种钱币铜质、

---

〔1〕关于汉佉二体钱的年代说法很多。如月氏:《汉佉二体钱(和田马钱)研究概况》(《中国钱币》,1987 年第 2 期)中介绍的福赛斯公元前 1 世纪说、榎一雄公元前 2 至前 1 世纪说、托马斯公元 1 世纪莎车国钱币说、德徽利亚和勃兰克公元 6 世纪说;赫恩雷公元 73—200 年之间说,斯坦因同意此说,但又将其下限推至 3 世纪末,泽曼尔公元 180 年至 3 世纪末 4 世纪初说,马雍东汉于阗王安国说(公元 175 年以后);格里布的三个时代说,即公元初至公元 50 年、公元 60 年至 65 年、公元 129 年,公元 132 年停止发行汉佉二体钱。此外,夏鼐:《和田马钱考》(《文物》,1962 年第 7、8 期)同意公元 73 年至公元 3 世纪末说。林梅村:《再论汉佉二体钱》(《中国钱币》,1987 年第 4 期),提出在公元 175 年以后至 220 年之前说。

〔2〕见前揭月氏:《汉佉二体钱(和田马钱)研究概况》,该文对汉佉二体钱的统计只到 20 世纪 30 年代,此后汉佉二体钱发现较少。

打压、圆形、无孔、无周郭,形制不太规范[1]。英国学者赫恩雷(A. F. Hoernle)据汉佉二体钱汉字铭文的多少和汉字的不同写法,将其分为五类[2]。英国学者格里布(J. Gribb)据汉佉二体钱的大小、字体、铭文、符号或图案,又将它分成 13 型[3]。凡此种分类分型方法,均较繁琐,对探讨汉佉二体钱的年代等问题并未起到应有的作用。因此,在目前尚无最佳方案之前还不如从实际出发,将汉佉二体钱的类型去繁就简。即按通常以钱币图像所称的马钱(过去学者们曾将汉佉二体钱称为"和田马钱")和驼钱分型,按钱币的大、小分式。据此可将汉佉二体钱分为两型四式:Ⅰ型——马钱,1 式小钱,2 式大钱;Ⅱ型——驼钱,1式小钱,2 式大钱。

Ⅰ型:马钱,系指钱币背面(依中亚古钱惯例,马像一面为背面[4])有马的图像。1 式小钱,径 2 厘米左右,正面满布汉文"钱铢"三字铭,个别的小钱有贝字形(❸)符号。背面中间为右侧向立马(或走马),外圈有佉卢文铭文带。2 式大钱,径 2.4 厘米左右,正面中间小圆圈纹内有贝字形符号,外圈铭文带上有汉文"重廿四铢铜钱"六字铭。背与小钱基本相同,唯马的图像外有圆圈纹。

Ⅱ型:驼钱,是指钱币背面有骆驼图像。1 式小钱,大小略同Ⅰ型 1式小钱,正面满布汉文"钱铢"三字铭,在"钱"与"铢"字间加"ϡ"形符号。背面中间为右侧向走驼(或立驼)图像,外圈有佉卢文铭文带。2式大钱,大小略同Ⅰ型 2 式大钱,正面中间小圆圈纹内有"ϡ"形符号,外圈铭文带上有汉文"重廿四铢铜钱"六字铭。背面与小钱基本相同,唯骆驼图像外有圆圈纹。Ⅱ型钱币发现的数量很少。

汉佉二体钱汉字铭文篆书,释读如前(少数二体钱铭文残缺或漫漶,释读有争议)。佉卢文铭文诸家释读不一,综观之林梅村的意见似

---

[1]汉佉二体钱的形制参见[英]格里布著,姚朔民编译:《和田汉佉二体钱》一文插图,及文后图版,《中国钱币》,1987 年第 2 期。

[2]林梅村:《再论汉佉二体钱》,《中国钱币》,1987 年第 4 期。

[3][英]格里布著,姚朔民译:《和田汉佉二体钱》,《中国钱币》,1987 年第 2 期。

[4]夏鼐:《和田马钱考》,《文物》,1962 年第 7、8 期。

较可取。即Ⅰ型大钱佉卢文铭文有20字母和21字母两种:(1)maha-rajasa rajatirajasa mahatasa gugramayasa,意为"大王、王中之王、伟大者、矩伽罗摩耶";(2)maharajasa, rajatirajasa thabirajasa gugramayasa,意为"大王、王中之王、都尉之王矩伽罗摩耶"。小钱佉卢文铭文为13字母:maharaya thabiraya gugramayasa 或 maharaja thabiraja gugramadasa,意为"大王、都尉之王矩伽罗摩耶"。Ⅱ型驼钱之大小钱的佉卢文铭文,均为21个字母。[1] 据此判断Ⅰ型马钱大、小钱之不同的佉卢文铭文,也应各同时并存有大钱和小钱。但是,由于目前所见350余枚汉佉二体钱仅仅是原发行量的极少部分残余,故缺环较多。如Ⅰ型马钱佉卢文铭文"大王、王中之王,伟大者……","大王、王中之王、都尉之王……"仅见于2式大钱;"大王、都尉之王……"仅见于1式小钱。与前者相配的小钱和与后者相配的大钱,迄今均未发现。

关于汉佉二体钱正面中间的"⊖"、"�چ"形纹,有汉字和符号两说。[2] 但是,由于迄今尚未找到与之对应的令人信服的汉字,加之"⊖"、"ﻻ"形纹又与背面的马或骆驼图像相对,故应以符号说较为合适。

17.2　汉佉二体钱的渊源

谈到汉佉二体钱的年代,必然要追本溯源,这是学者们长期苦心求索的重要问题之一。对此本篇拟分三个方面略做分析。

第一,钱币背面的形制。汉佉二体钱圆形、无孔、无周郭,制造用打压法,铭文用二体字,以及佉卢文铭文中的称号和钱币的花纹图案等等,都是中亚古钱币的传统形式,对此诸家均无疑义。问题是出在汉佉二体钱背面的形制究竟源于何种钱币。对此,早年英国学者赫恩雷认

---

〔1〕见林梅村:《再论汉佉二体钱》,(《中国钱币》,1987年第4期)。Ⅰ型大钱佉卢文铭文21字母见格里布著,姚朔民译:《和田汉佉二体钱》中的7、8型钱(《中国钱币》,1987年第2期)。Ⅱ型大钱佉卢文铭文漫漶,林梅村推断应为21字母。佉卢文铭文释读参照它说,较林说略有变化。

〔2〕见前揭月氏:《汉佉二体钱(和田马钱考)研究概况》及林梅村:《再论汉佉二体钱》。

为,汉佉二体钱上的马和骆驼图像与公元前 50—公元 80 年间的旁遮普一带塞种所建立的王朝中之毛埃斯(Maues)、阿瑟斯(Azes)、阿最利西斯(Azilises)等国王的钱币相似。这些国王的钱币铭文多是希腊、佉卢二体字,佉卢文铭文中王名之前也常有"大王"、"王中之王"、"伟大者"等称号,故汉佉二体钱应是模仿上述钱币。[1] 夏鼐基本同意此说,并指出汉佉二体钱与毛埃斯钱币有马而无骑手的形制更为接近。[2]

近年来英国学者格里布在前说的基础上,又进一步提出了一些新的见解。他指出印度西北地区使用没有骑手的骆驼作为钱币图案的只有两例,一例是罕见的米南德(Menander,巴克特里亚大夏王,约在位于公元前 2 世纪)方形钱币,一例是贵霜王丘就却(kujula kadphises)钱币。其中只有丘就却钱币上的骆驼与汉佉二体钱上的驼纹十分相像,骆驼周围佉卢文的排列方式与汉佉二体钱一样,两者佉卢文字母的形状也较相似。同时他还指出,印度帕提亚和贵霜诸王曾将"ʒ"形花纹作为部落或个人的徽记。指出 Ⅰ 型 1 式小钱(即格文之 3,4,6 型)有的是在希腊化印度王赫尔默鸟斯(hermaus,又译作阴末赴)的铜质德拉克麦(Dra – chme)钱的仿制品上二次打压的,这种仿制品一般被认为是贵霜王丘就却的钱币。基于上述诸点,他认为"汉佉二体钱是直接模仿贵霜钱币的"。[3]

除上所述,还有些论据可补格里布说。如旅顺博物馆所藏汉佉二体钱中,也有一例是在贵霜钱币上二次打压的。[4] 和田地区迄今约出土 30 枚贵霜钱币,[5]其中一个遗址的一枚贵霜迦腻色迦(kanishka)钱币周围有 4 枚汉佉二体钱。[6] 在尼雅佉卢文简牍中,曾明确记载使用德拉克麦钱(下文有说)。综观上述情况,我们认为汉佉二体钱背面的

---

〔1〕夏鼐:《和田马钱考》,《文物》,1962 年第 7、8 期。

〔2〕夏鼐:《和田马钱考》,《文物》,1962 年第 7、8 期。

〔3〕〔英〕格里布文著,姚朔民译:《和田汉佉二体钱》,《中国钱币》,1987 年第 2 期。

〔4〕王琳:《旅顺博物馆藏新疆出土钱币》,《中国钱币》,1987 年第 2 期。

〔5〕林梅村:《再论汉佉二体钱》,《中国钱币》,1987 年第 4 期。此外,他在《贵霜大月氏人流寓中国考》,(《中国敦煌吐鲁番学》,1988 年学术讨论会暨会员大会论文)中又指出,另有 4 枚可能是丘就却德拉克麦钱改制的汉佉二体钱。这样迄今约有 34 枚贵霜钱币在和田出土。

〔6〕林梅村:《再论汉佉二体钱》,《中国钱币》,1987 年第 4 期。

形制应是源于贵霜钱币。

第二,钱币重量单位和大小钱的比率。汉佉二体钱另一个重要特征,是在正面用汉字标出钱币的重量。大钱标明"重廿四铢铜钱",小钱标明"六铢钱",两者面值比率为4:1。赫恩雷曾取9枚大钱测定,平均值为13.66克;取63枚小钱测定,平均值为3.062克。[1] 大钱平均值与东汉至晋廿四铢(一两)重13.92克相差不到半铢,小钱平均值与东汉至晋六铢重3.48克相差不到一铢。[2] 由于钱币的实际重量常较所标明的重量稍低[3],故大小钱的实际重量与两者面值显示的比率是基本一致的。这种比率现在大家几乎公认是源于西北印度的货币制度。夏鼐指出:"攸克拉底德斯(Eucratides Ⅰ,约在公元前171—155年)的铸币仍维持希腊货币的标准单位,每德拉克麦为4.08克,每泰特拉德拉克麦(tetra - drachme,即'四德拉克麦')为16.32克。从他的嗣王起,大夏铸币改用波斯印度的标准单位,每德拉克麦合3.264克,'四德拉克麦'合13.05克。至于旁遮普一带塞种的国王们的铸币的重量,似乎也是采用波斯印度的标准单位。和阗汉佉二体钱的重量13.66克也是接近于后者的13.05克……"[4]麦克道尔(D. w. Macdowall)则进一步说:汉佉二体钱大钱与小钱的平均测量分别相当于(按应为基本相当于)迦腻色迦时期的四德拉克麦钱和一德拉克麦钱的标准重量。[5] 上述情况表明,汉佉二体钱正面用汉文标明面值重量并以"铢"为重量单位,显然是源于中国钱币的传统做法("六铢钱"三字的排列形式是于阗独创的)。但是,大、小钱面值4:1的比率则又是采用贵霜的货币制度。由此可见,汉佉二体钱是将中国和贵霜的两种货币制度紧密地结合在一起了。于阗当时之所以这样做,其目的之一恐怕主要是为了便于汉佉二体钱之间的换算,以及汉佉二体钱、五铢钱、德拉克麦钱三者的兑换。据上所述,显而易见汉佉二体钱大钱 = 4 德拉克麦

〔1〕转引榎一雄《所谓シノ二カロシエテイ——钱について》,《东洋学报》,第42卷第3号。
〔2〕参见吴承洛著:《中国度量衡史》,商务印书馆,1957年。
〔3〕夏鼐:《和田马钱考》,《文物》,1962年第7、8期。
〔4〕夏鼐:《和田马钱考》,《文物》,1962年第7、8期。
〔5〕林梅村:《再论汉佉二体钱》,《中国钱币》,1987年第4期。

·欧·亚·历·史·文·化·文·库·

钱＝4个小钱;1个大钱(24铢,4德拉克麦)11个小钱(6铢,1德拉克麦)＝6个五铢(30铢)钱;5个大钱(120铢,20德拉克麦)＝24个五铢(120铢)钱;5个小钱(30铢,5德拉克麦)＝6个五铢(30铢)钱,等。这种换算和兑换关系不仅证明了前说,而且还进一步反映出汉佉二体钱、五铢钱和德拉克麦钱乃是当时于阗社会上同时流通的三种主要货币。

第三,"于"文钱与佉卢文五朱钱问题。在和田以及楼兰地区先后发现过7枚"于𠃌"钱,钱圆形有郭,中间有长方形穿,穿两旁分别有"于"字和"𠃌"形纹(钱币质料有铅、铁、铜三说,以铜质说较合适)。[1] 其形制显然是源于五铢钱,钱文"于"字诸家多认为代表于阗,"𠃌"被释为"方"、"先"、"屯"、"金"、"放"、"元"等字。[2] 看来关于"𠃌"的释文均不太可靠,目前尚无较完满的解释(以下将此种钱币简称为"于"文钱)。"于"文钱的重量经测定分别为 1.20,3.30,3.90,4.94,5.50,5.60,17.50 克。[3] 由此可见,"于"文钱有大、小两种。大钱仅一枚,小钱之间重量相差较大,大小钱的重量均不能与汉至晋的衡制单位对应。这种情况再加上大小钱都未标明重量,故不宜取小钱重量的平均值与大钱计算比值。因此,现在尚很难断言"于"文大小钱间的比率。[4] 其次,在和田还发现 5 枚左右"于"文贵霜钱。[5] 所谓"于"文贵霜钱,即是在贵霜德拉克麦钱上打印"于"文钱的"于"字。这个现象表明,"于"文贵霜钱应是作为于阗的代用钱币而与"于"文钱一起在于阗社会上流通的。同时亦反映出,此时未打上"于"字的贵霜钱币尚不是于阗正式流通的钱币。据报道 5 枚打印"于"字的贵霜钱币中有阎膏珍(vima kadphises)钱币。[6] 此外,从和田地区发现的 30 枚贵霜

---

〔1〕林梅村:《于阗汉文钱币考》,《中国钱币》,1989 年第 3 期。

〔2〕林梅村:《于阗汉文钱币考》,《中国钱币》,1989 年第 3 期。

〔3〕林梅村:《于阗汉文钱币考》,《中国钱币》,1989 年第 3 期。

〔4〕林梅村:《于阗汉文钱币考》中说:"于"文钱"一类重 17.5 克,和汉佉二体钱大钱重量相仿。另一类重 4～5 克左右(按与实际情况有差距),接近汉佉二体钱小钱的重量。两者比例约为 4∶1。"此说值得商榷。

〔5〕林梅村:《于阗汉文钱币考》,《中国钱币》,1989 年第 3 期。

〔6〕林梅村:《于阗汉文钱币考》,《中国钱币》,1989 年第 3 期。

钱币中有 1 枚丘就却德拉克麦钱、3 枚阎膏珍四德拉克麦钱、25 枚迦腻色迦德拉克麦钱及减重德拉克麦钱,1 枚波调(vāsudeva)钱币来看,[1]上述的 5 枚"于"文贵霜钱币中必含有迦腻色迦钱币。这个现象可间接说明两个问题,一是"于"文贵霜钱分为四德拉克麦钱和一德拉克麦钱,它们或与"于"文大、小钱相对应。二是 5 枚打印"于"字的贵霜钱币不是同一时期的,它起码包含有阎膏珍和迦腻色迦王时期的钱币。

关于"于"文钱和"于"文贵霜钱的时代,我们认为是与于阗流行五铢钱的情况密切相关的。从考古资料来看,在今和田地区发现的钱币以汉五铢钱的数量最多(汉以后的五铢钱发现较少)。除零星发现的之外,仅斯坦因在约特干遗址先后就发现了 470 余枚,1979 年新疆博物馆在和田买力克阿遗址又发掘出 45 公斤。[2] 五铢钱数量如此之多,说明两汉时期五铢钱应是于阗社会上流通的主要货币。东汉以后魏晋前凉的势力相继进入今新疆地区,此时虽然也将于阗纳入其政治控制的范围之内,但是并未派官员对其进行直接统治。加之魏晋前凉时期货币经济不发达,仍沿用东汉五铢,未铸新币,[3]故导致于阗五铢钱的来源成了问题。于阗自造钱币,即形制源于五铢钱的"于"文钱之出现,可能就是在这种背景下发生的。所以"于"文钱时代的上限显然应在东汉以后,其下限则应在于阗流行佉卢文以前("于"文钱上未见佉卢文铭文)。"于"文贵霜钱,前已说明有迦腻色迦王钱币。该王纪元约始于公元 140 年或 144 年,逝世约在公元 2 世纪 60 年代。[4] 众所周知,贵霜钱币从发行到流行至流入于阗是有个较长过程的。就迦腻色迦王钱币而言,其较多地流入于阗恐怕要到东汉晚期或末期了。故被打印上"于"字的贵霜钱,时代应与"于"文钱基本相同。

除上所述,在和田地区还发现过一种佉卢文五朱钱。这种钱币不太规则,近似椭圆,一面中间有方框,形状与五铢钱方穿相同。方框上

〔1〕林梅村:《再论汉佉二体钱》,《中国钱币》,1987 年第 4 期。
〔2〕林梅村:《于阗汉文钱币考》,《中国钱币》,1989 年第 3 期。
〔3〕彭信威:《中国货币史》,群联出版社,1954 年。
〔4〕迦腻色迦王纪元的年代是个悬而未决的问题,各种不同意见达数十种。作者认为公元 140 年或 144 年说较合适,参见黄靖:《贵霜帝国的年代体系》,《中亚学刊》,1987 年第 2 辑。

面有 ❀ 形符号,左面为"五"字,下面为"朱"字。钱币另一面中间有 ❀ 形符号,其外有佉卢文铭文。[1] 这是于阗国原始形态的汉佉二体钱,它将汉代的五铢钱与贵霜钱合而为一,面值为五铢,出现了佉卢文铭文和 ❀ 形符号。所以它的时代应在"于"文钱之后,汉佉二体钱出现之前。

根据上面的分析,最后可归纳指出以下五点:

(1)五铢钱从两汉至魏晋一直是于阗国通用的主要货币。"于"文钱是迄今所见最早的于阗自造钱币,其形制源于两汉的五铢钱,时代在东汉以后至佉卢文在于阗流行之前。

(2)贵霜钱币流入于阗和在于阗流行的时间,与贵霜钱币在其本土发行和流行的时间不是同步的。贵霜钱币流入于阗后,在一个相当长的时期内还不是于阗正式通行的钱币。只有当它被打印上"于"文之后,才与五铢钱、"于"文钱一起在于阗流通。目前还看不到贵霜钱币对于阗开始自造钱币有什么直接的影响。

(3)佉卢文五朱钱是于阗自造钱币的第二个阶段,时代约在佉卢文开始在于阗正式流行的初期。这是于阗汉佉二体钱之始,或曰初级形态。其形制主要是本于五铢钱,但使用佉卢文及二体字的形式则是受贵霜钱币的影响。佉卢文在于阗正式流行和汉佉五朱钱的出现,表明是时贵霜钱币已经是于阗流通的钱币之一了。

(4)五铢钱、"于"文钱、"于"文贵霜钱、佉卢文五朱钱在于阗自造钱币的初期就搅在一起了,从而为汉佉二体钱的出现奠定了基础。"于"文钱自重较混乱,钱文未标出重量,面值不明,使用不便。"于"文贵霜钱只是于阗的一种代用钱币,佉卢文五朱钱本身币制也不完备。加之这几种钱币均未解决与其他种类钱币兑换的问题,故其流行的时间不会很长。在这种情况下,币制较完备的采用标明重量按 4:1 比率的,既能解决本身换算又可解决几种同时流通钱币之间兑换问题的汉

---

[1]〔英〕格里布著,姚朔民译:《和田汉佉二体钱》及文中插图。佉卢文五朱钱的佉卢文铭文或残缺或漫漶,至今尚未正式释读出来。

佉大、小钱才应运而生。

（5）汉佉二体大、小钱是于阗自造钱币的第三个阶段，或曰成熟阶段。汉佉二体钱背面的佉卢文铭文、图案及正、背面的符号和大、小钱4:1 的比率采用的是贵霜钱币的形制与制度；正面则以中国衡制"铢"为单位用汉文标明重量。这种现象反映出，汉佉二体钱的渊源应是双元的。但是，渊源双元并不等于平分秋色。据前所述，汉佉二体钱的出现实际上乃是于阗与中国和贵霜之关系发展变化的折射反映，是于阗钱币发展史中诸有关因素相互作用、相互影响、日趋完善的必然结果，是在于阗社会流行五铢钱以及后来流行贵霜钱币的基础上，由"于"文钱、"于"文贵霜钱、佉卢文五朱钱逐步演变发展起来的。而"于"文钱是源于五铢钱，佉卢文五朱钱亦主要本于五铢钱。可见贵霜钱币对于阗开始自造钱币没有直接的影响，汉佉二体钱与贵霜钱币开始在于阗流通的时间也不能直接挂钩。后来汉佉二体钱的佉卢文铭文、图案和花纹虽然源于贵霜钱币，但是其形制也是有变化的。[1] 上述诸点表明，汉佉二体钱并不是直接脱胎于贵霜钱币。从这个角度出发，就使我们有可能透过现象看到本质。即汉佉二体钱的主源是五铢钱，次源是贵霜钱币。那种割断汉佉二体钱发展演变过程，静止地考察汉佉二体钱，并仅以铭文、图案、花纹等为依据，便断言汉佉二体钱直接源于贵霜钱币的意见是不全面的，也是不完全符合实际情况的。

17.3　汉佉二体钱出现的社会背景

汉佉二体钱使用佉卢文铭文，所以这种钱币肯定出现在于阗已经正式使用佉卢文之后。那么，佉卢文何时传入于阗，并导致于阗开始正式使用佉卢文呢？这又是一个悬而未决的问题。关于于阗国的佉卢文资料，前已说明目前仅知汉佉二体钱、佉卢文《法句经》和 661 号佉卢

---

〔1〕汉佉二体钱与贵霜钱币虽然有打压关系，但是其形制也是有变化的。林梅村：《再论汉佉二体钱》（《中国钱币》，1987 年第 4 期）及王琳：《旅顺博物馆藏新疆出土钱币》（《中国钱币》，1987 年第 2 期）。

文简牍三种。后两种佉卢文资料,笔者已另文论证。指出佉卢文《法句经》的年代约在公元 3 世纪中期至晚期之间,661 号佉卢文简牍的年代约在公元 308 年左右,简牍所记于阗王约即位于公元 299 年前后。[1] 661 号于阗国佉卢文简牍出于鄯善境内的莎阁(saca,sacha,又译作舍凯),即今安的尔古城。以此为媒介,与于阗毗邻的鄯善所出大量佉卢文简牍,[2] 在客观上又为我们提供了比较资料。鄯善佉卢文简牍主要出于尼雅遗址和楼兰故城,其年代异说较多。如布拉夫(J. Brough)认为在公元 236—321 年,榎一雄认为在公元 256—341/3 年,长泽和俊认为在公元 203—288/90 年(按此说差距较大),[3] 马雍认为在公元 247 年(或略早)—324 年;[4] 笔者则认为在公元 242/3 年—329/30 或 331/32 年。[5] 总的来看,大家几乎公认其年代约在公元 3 世纪三四十年代至 4 世纪三四十年代之间。至于佉卢文传入鄯善并在鄯善流行的历史背景,我们认为是与大贵霜王朝在公元 3 世纪 30 年代后期被萨珊王朝灭亡,其流民进入于阗和鄯善南道诸国密切相关的。[6] 那种提倡鄯善在东汉末就已经使用了佉卢文的观点,是值得商榷的。[7] 于阗与鄯善邻接,两者情况相似,于阗比鄯善更接近于贵霜,所以佉卢文传入于阗并在于阗开始流行的时间应与鄯善相近,或略早

---

〔1〕见本书第 16 篇"661 号于阗佉卢文简牍与佉卢文《法句经》的年代"。

〔2〕鄯善的佉卢文简牍主要出于尼雅遗址,其次是楼兰故城及其附近地区,安的尔古城也有发现。这批资料刊布在博耶(A. M. Boyer)、拉普逊(E. J. Rapson)、塞纳特(Senart)和诺布尔(Noble):《斯坦因爵士在中国新疆发现的佉卢文字集录》一书中,本篇使用原书简牍编号。

〔3〕尼雅晋简明记鄯善王被封为"晋守侍中",长泽和俊将"侍中"之封提早到曹魏时期,并以此为准估算鄯善诸王在位的年代。故该说与事实相违,差距较大。

〔4〕鄯善佉卢文简牍年代诸说,参见马雍《新疆所出佉卢文书的断代问题》,《文史》,1979 年第 7 辑。

〔5〕孟凡人:《楼兰新史》,光明日报出版社,1990 年;《楼兰鄯善简牍年代学研究》,新疆人民出版社,1995 年。

〔6〕见本书第 15 篇"贵霜统治鄯善和于阗,是据佉卢文简牍臆想而虚构的假说"。萨珊帝国进攻贵霜王朝有阿尔达希尔一世和沙普尔一世两说,贵霜王朝瓦解的时间也说法不一。本篇采用黄靖《贵霜帝国的年代体系》(《中亚学刊》,1987 年第 2 辑)一文的说法。

〔7〕孟凡人:《论尼雅 59 MNM001 号墓的时代与新疆佉卢文资料年代的上限》(新疆人民出版社,1995 年),文中论证了鄯善东汉末使用佉卢文,东汉末论者所依据的墓葬等资料不是东汉末期的,而是魏晋时期。

一些。估计于阗开始正式使用佉卢文的年代,恐怕不会早过3世纪30年代左右。从于阗的佉卢文《法句经》来看,该经写在桦树皮上。桦树皮是印度的书写材料,而鄯善和于阗正式使用佉卢文之后书写材料以木牍为主,不用桦树皮。据此判断,佉卢文《法句经》的年代应上距佉卢文在于阗开始流行的时间并不久远。所以前面将佉卢文在于阗正式开始使用的时间定在公元3世纪30年代左右,大体上是可以的。就汉佉二体钱而言,其佉卢文铭文中出现的字母 ǵa 和 ja 是和田与尼雅、楼兰佉卢文资料中所特有的,不见于贵霜碑铭。[1] 这个现象表明,汉佉二体钱的佉卢文铭文已经具有土著化的特征,反映出它已脱离了于阗正式使用佉卢文的初期阶段。此外,由于于阗在造汉佉二体钱之前还使用过佉卢文五朱钱,所以汉佉二体钱年代的上限应与公元3世纪30年代相距一定的时间。

除上所述,近些年在探讨汉佉二体钱年代时,前苏联学者泽曼尔(E. V. zemal)又提出了于阗发行汉佉二体钱必须具备四个条件。即(1)经过两三个本地统治者的延续;(2)没有中国人的经营;(3)在于阗市场上流通着中国钱币;(4)本地与贵霜有着密切的联系。据此他将汉佉二体钱年代的上限定在公元180年以后,下限定在公元3世纪末4世纪初。[2] 我们认为上述条件中,还应加上一条在于阗流行佉卢文。从6世纪以前的于阗史来看(6世纪及其以后,于阗主要使用婆罗迷文),同时具备前述5个条件的只有魏晋时期。然而这个时期关于于阗的史料却恰恰是十分匮乏的,故还得借助于鄯善的情况进行一些分析。魏晋时期鄯善的史料以简牍为主,如在鄯善的凯度多(cad' ota, cad' oda)即今尼雅遗址出土一批晋简,时代约在晋泰始四至六年(268—270年)左右。[3] 这批晋简的内容有:(1)晋封鄯善王为"晋守

〔1〕林梅村:《再论汉佉二体钱》,《中国钱币》,1987年第4期。
〔2〕月氏:《汉佉二体钱(和田马钱)研究概况》,《中国钱币》,1987年第2期。
〔3〕孟凡人:《楼兰新史》,光明日报出版社,1990年;《楼兰鄯善简牍年代学研究》,新疆人民出版社,1995年。

侍中大都尉奉晋大侯亲晋"鄯善王（NXV 93a. b,NXV73 号简牍[1]）;（2）鄯善王受晋廷诏书（NXV596、75、345、348 号简牍）;（3）晋廷行书于鄯善（NXV116、188、326 号简牍）;（4）晋廷在鄯善境内行文追捕罪犯（NXV37、75、101a、125、145、176、189、314、315、348、362、010 号简牍）;（5）晋廷发放通行于鄯善的过所（NXV 53、61、82、109、192、203、337、353 号简牍）;（6）晋人在鄯善进行商业活动（NXV78、109、353 号简牍）等等。其中特别值得注意的是过所文书中记载了一些月氏人（即贵霜人,NXV53、152、169、191、192、337、339、349、08、09 号简牍）。此外,楼兰故城出土的晋简中也记有月氏人。如兵胡支鸾 12 人,兵胡支得,兵支胡薄成,兵支胡重寅得,兵支胡管支等。[2] 说明是时活动于鄯善境内的贵霜人,已经有了相当的数量。在鄯善的佉卢文简牍中,记载与于阗邻接的尼壤（nina,nana）有汉人（686 号简牍）和汉族丝绸商人（35 号简牍）,汉人在鄯善有土地并参与土地买卖活动（255 号简牍）,汉人在鄯善有的拥有奴隶并使用德拉克麦钱买卖奴隶（324 号简牍）,鄯善有大量的中国丝绸（149、225、318、566、660、728 号简牍）,汉人在鄯善境内分布较广（686 号简牍）。[3] 这些佉卢文简牍的时代,绝大多数都在安归迦王（aṃgoka）晚期（约在公元 280 年以后）至马希利王（Mahiri）时期,少数可晚到伐色摩那王（Vasmana）时期。[4] 其中安归迦王十七年（约在公元 270 年）以后至马希利王二十年（约在公元 310 年）左右,楼兰汉文简牍中断近 40 年,属晋西城长史机构撤离楼兰地区鄯善独立时期。[5] 上述情况表明,鄯善乃是魏晋的属国。晋西域长史机构从楼

〔1〕尼雅晋简刊布在斯坦因:《古代和阗》第一卷（Chinese Documenes from the site of Dandanuilig,Niya and Endere。Ancient Knota Vol 1,PP. 521—547,1907）。本篇用原书简牍编号。

〔2〕〔德〕孔好古:《斯·赫定在楼兰发现的汉文写本及零星物品》刊布的第 50、104 号木简。沙畹:《斯坦因在新疆沙漠发现的汉文文书》（Lea do - cuments chinois d'ecouverts par Aurel Stein dans lea sables du Turkestan oriental,oxford. 1913.）刊布的第 846、892 号简牍。作者按:贵霜,汉文史籍称大月氏或大月支,故族人相应冠以支姓。

〔3〕佉卢文简牍译文参见王广智:《新疆出土佉卢文残卷译文集》,中国科学院新疆分院民族研究所油印本。林梅村:《沙海古卷·初集》,文物出版社,1988 年。

〔4〕见前揭孟凡人:《楼兰新史》、《楼兰鄯善简牍年代学研究》及《贵霜统治鄯善和于阗,是据法卢文简牍臆想而虚构的假说》。

〔5〕见前揭孟凡人:《楼兰新史》、《楼兰鄯善简牍年代学研究》。

兰地区撤离后,鄯普虽然独立,但是汉人在鄯善的经济领域内仍有较大的影响。

于阗国东汉以后基本上是独立的。当魏晋在楼兰城设西域长史机构以后,于阗王同样被晋封为"晋守侍中大都尉奉晋大侯亲晋"于阗王(NXV93a、b,NXV73 号简牍)。此事表明于阗虽然不像鄯善那样变成魏晋的属国,但是在名义上也是被魏晋控制的。因此,魏晋对于阗的政治影响是不能过于低估的。此外,于阗与鄯善地域相连,鄯善佉卢文简牍明确记载鄯善、于阗两国间官方和民间的交往很频繁。[1] 在这种情况下,以鄯善为媒介不仅很容易将汉族的影响传播到于阗,而且活动于鄯善的汉族商人直接赴于阗贸易也在情理之中。特别是鄯善的尼壤与于阗搭界,这里的汉人和汉族丝绸商人到于阗活动或贸易更是易如反掌。丝绸一向为西域诸国需要的大宗商品,以鄯善的情况证之,魏晋时期于阗有汉人和汉族商人是毫不奇怪的。据此并结合当时于阗流行五铢钱的情况,我们认为这个时期魏晋在于阗的经济领域内也是有相当影响的。至于于阗与贵霜的关系,从鄯善的情况来看贵霜人若赴鄯善必须途经与贵霜直接相通的于阗。所以是时在于阗的贵霜人恐怕不会少于鄯善,在于阗发现的贵霜德拉克麦钱大大多于鄯善就是明证之一。上述西晋时期汉族对于阗的政治和经济的影响,于阗社会流通五铢钱,贵霜人的存在和使用德拉克麦钱,正是于阗汉佉二体钱出现的重要先决条件。

总之,从于阗正式开始使用佉卢文的时间,以及从于阗史和社会背景等方面判断,亦可知于阗自造汉佉二体钱的时代应在西晋时期。欲判明汉佉二体钱制造的年代,最关键的是于阗王统问题。前已说明汉佉二体钱不可能造于两汉时期,而是应在西晋时期。所以若谈汉佉二体钱的年代,则必须了解东汉末至西晋的于阗王统,以及汉佉二体钱中的于阗王与这个时期王统的对应关系。

[1] 见本书第 16 篇 "661 号于阗佉卢文简牍与佉卢文《法句经》的年代"。

17.4 汉佉二体钱的年代

东汉末至西晋的于阗王统,迄今不明。已知的资料仅有以下四条:
(1)《后汉书·献帝纪》:建安七年(202 年)夏五月"于阗国献驯象"。
(2)《三国志》卷 2《魏志·文帝纪》:延康元年(220 年)二月"焉耆、于
阗王各遣使奉献"。(3)《三国志》卷 2《魏志·文帝纪》:黄初三年(222
年)二月"鄯善、龟兹、于阗王各遣使奉献"。(4)《梁书·西北诸戎
传》:"于阗王……书则以木为笔札,以玉为印……魏文帝时,王山习献
名马。"资料(1)—(3)缺王名,以(4)证之,(2)、(3)所记于阗王即是山
习。另一点是 661 号佉卢文简牍记载的于阗王尉迟·信诃(Vijida sim-
ha),前已说明该王约即位于公元 299 年左右。此外,还有一位前面提
到的与鄯善安归迦王十七年同时被晋封为"晋守侍中大都尉"的于阗
王。这位于阗王应基本上与安归迦王同时,鄯善安归迦王在位时间约
在公元 253/4 年—288/9 或 290/91 年,其嗣王马希利在位时间约在公
元 289/90 或 291/2 年—318/9 或 320/21 年。[1] 据此判断,被晋封为
"侍中"、"大都尉"的于阗王,与尉迟·信诃可能是前后相接的。如是,
被晋封为"侍中"、"大都尉"的于阗王年代之上限,最多只能上溯至公
元 3 世纪 60 年代晚期(须在位达 30 年以上)。前面(1)《后汉书·献
帝纪》记载在东汉末(202 年)献驯象的于阗王,年代上下限不明。
(2)、(3)《三国志》卷 2《魏志·文帝纪》、(4)《梁书·西北诸戎传》记
载的于阗王山习首见于公元 220 年,即东汉末年的延康元年和曹魏的
黄初元年。由于上述二王相继向东汉和曹魏朝贡,又同处于东汉末年
及其前不久,故二王应是相接的。这样山习在位年代的下限,也只能下
推至公元 3 世纪 30 年代末 40 年代初。所以在山习与被晋封为"侍
中"、"大都尉"的于阗王之间,应缺一位国王(约 30 年左右)。根据上
述分析,可初步推断从东汉末(202 年)至尉迟·信诃于阗先后似有五

---

〔1〕孟凡人:《楼兰新史》,光明日报出版社,1990 年;《楼兰鄯善简牍年代学研究》,新疆人民
出版社,1995 年。

位国王。

那么,汉佉二体钱佉卢文铭文中一共记载了几位国王呢?关于这个问题,学术界分歧意见较大。如赫恩雷等人从佉卢文铭文中释读出五种王名,即 gugramda(矩伽罗摩陀)、gugradama(矩伽罗陀摩)、gugra-maya(矩伽罗摩耶)、gugramoda(矩伽罗牟陀)、gugratida(矩伽罗梯陀)。他们认为五个名字中有些属于同名异拼,实际上只有三个王的名字。[1] 格里布释读出的王名有七种,即 gurgadema(矩拉戈陀摩)、gurga(矩拉戈)、gurgamoa(矩拉戈牟奥)、gurgamoya(矩拉戈牟耶)、lnaba(伊诺钵)、……daga(……多戈)、panadosana(波诺多婆诺)。他认为除"矩拉戈牟奥"和"矩拉戈牟耶"属同名异拼外,实际上有六位国王。[2] 王名之前缀"gugra"或"gurga"有些学者认为是王族的姓氏。[3] 林梅村认为,从语言角度判断以转写成"gugra"比较合适。进而他又详细论证了汉佉二体钱佉卢文铭文所记的于阗王只有一人,其名的正确拼写应为 gugramaya(——ya 为人名后缀,或作 da),余者的不同写法均应视为该名的讹写。[4] 上述的三王说、六王说和一王说,其王名均与 661 号佉卢文简牍记载的于阗王尉迟·信诃截然不同。因此,尉迟·信诃即位的 3 世纪末显然就是汉佉二体钱佉卢文铭文所记于阗王年代的下限。

除上所述,汉佉二体钱佉卢文铭文中 mahara juthabi(或写作 maha-ra juthubi,或写作 maharayuthabi)的释读在学术界也存在很大的争议。赫恩雷释为"大地之主",[5] 托马斯(F. w. Thomas)则表示怀疑,认为 juthabi 不是印欧语词汇,可能是表示中国的地名或官号。[6] 榎一雄同

〔1〕月氏:《汉佉二体钱(和田马钱)研究概况》,《中国钱币》,1987 年第 2 期;林梅村:《再论汉佉二体钱》,《中国钱币》,1987 年第 4 期。

〔2〕月氏:《汉佉二体钱(和田马钱)研究概况》,《中国钱币》,1987 年第 2 期;林梅村:《再论汉佉二体钱》,《中国钱币》,1987 年第 4 期。

〔3〕林梅村:《佉卢文书及汉佉二体钱所述于阗大王考》,《文物》,1987 年第 2 期。

〔4〕林梅村:《汉佉二体钱佉卢文解诂》,《考古与文物》,1988 年第 2 期。

〔5〕月氏:《汉佉二体钱(和田马钱)研究概况》,《中国钱币》,1987 年第 2 期;林梅村:《汉佉二体钱佉卢文解诂》,《考古与文物》,1988 年第 2 期。

〔6〕月氏:《汉佉二体钱(和田马钱)研究概况》,《中国钱币》,1987 年第 2 期;林梅村:《汉佉二体钱佉卢文解诂》,《考古与文物》,1988 年第 2 期。

意托马斯的怀疑,并进一步认为 juthabi 是 juthani 的讹误,推测其相当于汉语的"于阗"而释为"大于阗国王"。[1] 格里布则将 thabi 转写成 yidi,把上述铭文释为"于阗之王"。[2] 近年林梅村认为 thabi(或写作 thubi)应是一个字,并详细地论证了 thabi 即是汉语"都尉"的音译。[3] 而 maharayu -,印度俗语中 raja > raya;u > a,所以 maharayu > maharaju,即相当于梵语的 maharaja(大王)。[4] 从尼雅佉卢文简牍来看,自安归迦王十七年(约在公元 270 年)被晋封为"侍中"、"大都尉"后,鄯善王在称号中就加上了"侍中"(jiṭugha,jiṭuṃga)一词,同年在佉卢文简牍封泥上还开始出现汉文"鄯善都尉"印文。[5] 以此证之,汉佉二体钱中的"都尉"一词,乃是与鄯善安归迦王同时被晋封为"大都尉"的于阗王所用"大都尉"一词的简称。因此,汉佉二体钱中的"都尉"之称应始于公元 270 年或其后不久,而不见"都尉"一称的汉佉二体钱则应在公元 270 年以前,两种二体钱均出自同一国王在位之时。上述情况表明,汉佉二体钱所记阗王与前面推断的于阗王统之对应关系是清楚的,从而说明了林梅村的一王说和"都尉"说是基本可信的。据此类推,佉卢文五朱钱似应造于佉卢文在于阗流行的初期阶段,即前述的公元 3 世纪 30 年代末 40 年代初至 60 年代晚期的那位国王之时。于阗王山习处于东汉末至曹魏初期,从时间上判断该王应是兼并戎卢、扜弥、渠勒、皮山诸国的于阗王,[6] 是时于阗国势较强盛。据史籍记载,当山习在黄初三年(222 年)向曹魏朝贡后,曹魏随之即在楼兰城设置了西域

〔1〕转引榎一雄《所谓シノニカロシエテイ——钱について》,《东洋学报》,第 42 卷第 3 号;月氏:《汉佉二体钱(和田马钱)研究概况》,《中国钱币》,1987 年第 2 期;《中国钱币》,1987 年第 2 期;林梅村:《汉佉二体钱佉卢文解诂》,《考古与文物》,1988 年第 2 期。

〔2〕[英]格里布著,姚朔民译:《和田汉佉二体钱》;林梅村:《汉佉二体钱佉卢文解诂》。

〔3〕林梅村:《汉佉二体钱佉卢文解诂》,《考古与文物》,1988 年第 2 期。

〔4〕林梅村:《汉佉二体钱佉卢文解诂》,《考古与文物》,1988 年第 2 期。

〔5〕见前揭拉普逊等人在《斯坦因爵士在中国新疆发现的佉卢文字集录》中刊布的第 571、590、640 号佉卢文简牍,印文见于简牍背面封泥;又见孟凡人:《楼兰新史》,光明日报出版社,1990 年。

〔6〕《三国志》卷 30 引《魏略·西戎传》。

长史机构,[1]从此于阗又与魏晋建立了比较密切的关系。所以"于"文钱和"于"文贵霜钱可能便是于阗王山习发行的钱币。

17.5 结束语

通过上面对汉佉二体钱的形制及其渊源;"于"文钱、"于"文贵霜钱、佉卢文五朱钱、汉佉二体钱之间的先后演变关系;佉卢文在于阗正式开始流行的时间;于阗与两汉魏晋的关系;汉佉二体钱所记于阗王与魏晋时期于阗王统的对应关系等方面的分析,已经基本理出了与汉佉二体钱年代有关的脉络。各有关方面在与时间相关的问题上,大体是互相吻合的。据此我们可初步认为,汉佉二体钱制造的年代约在公元 3 世纪 60 年代中期至 90 年代之间。其中佉卢文铭文记载"都尉"之称的二体钱约造于公元 270 年以后,未见"都尉"一称的则造于公元 270 年之前。

根据上述分析,并结合Ⅱ型小钱与Ⅰ型小钱的打压关系,[2]可知Ⅰ型马钱早于Ⅱ型驼钱。进而言之,由于Ⅱ型驼钱佉卢文铭文中只出现"都尉"之称,故Ⅱ型驼钱应造于公元 270 年以后,从此Ⅰ型马钱与Ⅱ型驼钱并行共同在于阗社会上流通。关于汉佉二体钱流行的时间,参照汉龟二体钱的情况,[3]其年代下限应较晚。估计在公元 5、6 世纪于阗改用婆罗迷文之前,[4]汉佉二体钱恐怕一直是于阗流通的主要钱币之一。

(本篇初刊于《中国考古论丛》,科学出版社,1993 年)

---

[1]孟凡人:《楼兰新史》,光明日报出版社,1990 年。该书据史籍论证了曹魏在楼兰城始设西域长史的时间。

[2]前揭格里布等人在所著《斯坦因爵士在中国新疆发现的佉卢文字集录》中刊布的 10 型驼纹小钱打压在 5 型马纹小钱上,说明Ⅱ型钱晚于Ⅰ型钱。

[3]张平:《汉龟二体钱及有关问题》、库车文物管理所:《汉龟二体铜钱的发现及其认识》,二文均刊于《中国钱币》,1987 年第 1 期。唯可注意者,上述论文将汉龟二体钱年代的上限定的似偏早。

[4]张广达、荣新江:《关于和田出土于阗文献的年代及其相关问题》,《东洋学报》第 69 卷第 1/2 号,1988 年 1 月。

·欧·亚·历·史·文·化·文·库·

18 敦煌《粟特古书简》第二号书信的年代及其与 661 号佉卢文简牍年代的关系

　　1907 年英国学者斯坦因在敦煌（T·V1·C）号烽燧（斯坦因编号，下同）发现一枚粟特文木简（T·VI·C·ii），在 T·XII·a 号烽燧发现八件粟特文纸文书（T·XII·a·ii·1－8），这就是轰动了当时国际东方学界的《粟特古书简》。在该组古书简中第二号书信的年代，长期以来一直是学者们研究的重点。然而时过八十余年，第二号书信的年代迄今却仍为悬案。近来笔者因探讨新疆安的尔古城出土的 661 号于阗国佉卢文简牍的年代，而关系到这封书信的年代问题，故又旧事重提，一并再作些分析研究。

18.1 第二号书信的年代诸说

　　第二号书信的内容，是探讨其年代的基础。所以本篇的论述往往涉及信中的一些具体事件，为叙述方便，现将该书信的解读译文抄录如下：[1]

---

　　〔1〕敦煌《粟特古书简》发现后，长期未能解读。首先解读粟特文第二号书信（T·XII·a·ii·2）的是英国学者亨宁（W. B. Henning），他撰写了《粟特古书简的年代》（The Date of the Sogdian Ancient Letters, BSOAS. vol. xii. 1948）一文。到 20 世纪 60 年代，匈牙利学者哈尔玛塔（J. Har-matta）进一步解读了第二号书信全文，撰写了《前伊斯兰教时期中亚粟特文资料》（Sogdian Sources for the History of Pre－Islamic central Asia）一文，刊布在《伊斯兰化前中亚史研究资料导论》（Prole-gomena to the Sources on the History of Pre－Islamic Central Asia. Budapest, 1979）。近年来我国学者黄振华撰写了《粟特文及其文献》（发表在《中国史研究动态》，1981 年第 9 期），林梅村撰写了《敦煌出土粟特文古书信的断代问题》（发表在《中国史研究》，1986 年第 1 期）等论文。本篇所用第二号书信的汉译，系据王冀青《斯坦因所获粟特文〈二号札〉译注》（《西北史地》，1986 年第 1 期）。在这篇论文中，王冀青说他的译文是"根据哈尔玛塔的解读成果并参考其他诸家的考证，将信札全文译为汉文"。本篇抄录时，又参照了黄振华、林梅村等学者的意见，并做了个别调整。

向着尊贵的爵爷纳奈德巴尔（粟特文转写为 nnyδβ″rw）的商行，一千次一万个祝福，他的奴仆纳奈凡达克（转写为 nnyβntk）曲膝叩拜，如同在（国王）陛下面前一般。他祝爵爷万事如意，安乐无恙。愿爵爷心静身强，然后我方能永蒙恩泽。爵爷，安玛塔萨其（转写为 ′rm′ts［′c］）在酒泉（转写为 cwcny[1]）一切顺利；安萨其（转写为 ′rs′c）在姑臧（转写为 kc′ny，读作 kucan）也好。但是爵爷，自从一粟特人（转写为 swrδykńw，读作 sogdikanu）从内地（按应指金城以东的中原地区）来此，已有三年。不久，我为古地萨其（转写为 rwtm śc）准备行装，他一切都好。后来他去了淮阳（转写为 kw ŕynk[2]），现无人从他处来。我告诉您这些去内地的粟特人之状况如何以及他们到达过哪些地方。爵爷，据传闻当朝天子因饥荒而逃离洛阳（转写为 Srr，读作 sarag）。其坚固的宫殿和城郭遭大火焚烧，宫殿烧毁，城池荒废。洛阳破坏殆尽，邺城（转写为 ′nkp′，读作 ngap）亦不复存在。传闻后来匈奴人（转写为 xwn，读作 nūn[3]）至此地，与汉人（转写为 cyn，读作 cin）联合；后又攻占长安（转写为 ′xumtń，读作 humtan 或 humt ún[4]）而治之，统治之地远及南阳（转写为 ńyńyńh 或 ńyńyn[5]）与邺城。这些匈奴人不久以前还臣服于天子呢！爵爷，我们不知道是否其他汉人能够将匈奴人逐出长安，逐出中国。也不知道匈奴人是否能够从汉人那里争取更多的土地。言归正传，有一百多来自萨马尔罕（转写为 sm′ rknδc，读作 samarkand）的粟特贵族现居黎阳（转写为

<hr />

　　[1]前揭亨宁：《粟特古书简的年代》一文认为酒泉作 Cyδs ŵ，林梅村：《敦煌出土粟特文古书信的断代问题》一文认为酒泉作 Kwr′ynk。

　　[2]前揭林梅村：《敦煌出土粟特文古书信的断代问题》一文认为，此处的"淮阳"或译作酒泉。

　　[3]前揭黄振华：《粟特文及其文献》一文对"匈奴"之译提出怀疑。笔者根据多数学者的意见认为"匈奴"之译无疑。

　　[4]前揭林梅村：《敦煌出土粟特文古书信的断代问题》一文将"长安"译为"河东"。此说难以成立，详见王冀青：《斯坦因所获粟特文〈二号扎〉译注》一文。

　　[5]前揭林梅村：《敦煌出土粟特文古书信的断代问题》一文将"南阳"译为"泥阳"。本篇从多数学者的意见译作南阳。

·欧·亚·历·史·文·化·文·库·

δryny），他们远离家乡孤独在外。在〔……城〕有四十二人。您将会得到好处。但是，爵爷，自从我们失去了来自内地的支持和帮助，已经过去了三年。在这种情况下，我们从敦煌（转写为 δrwn）前往金城（转写为 kmzyn）去销售大麻纺织品和毛毡（毛毯）。携带金钱和米酒的人在任何地方都不会受阻。当时我们卖掉了〔X+〕四件纺织品和毛毡，就我们而言，爵爷，我们希望金城到敦煌间的商业信誉尽可能长期地得到维持，否则我们会寸步难行，我们将老而垂死。关于我们的一切，我还未把真情写（给爵爷）。但是，爵爷，关于中国发生的事件，我若尽书其事，那会令人作呕，令人烦恼。您从中也得不到任何好处。爵爷，自从我派萨克拉克（转写为 śri′k）和法尔纳札德（转写为 prn″zt）去内地，已经过去了八年，得到他们的音讯，也是三年以前的事。他们干得更起劲。自从最后的灾难降临后，他们的情况如何，我再也无从知道。自从我派出一个名叫安提胡凡达克（转写为 ′rtyxwβntk）的人，已经过去四年。因为商队从姑臧启程，所以他们在第六个月才到达洛阳。那里的印度人〔转写为 ′yntkwt，读作 ind(k)u〕和粟特人后来都破了产，并且全死于饥饿。我又派纳光（转写为 nsy″n）去敦煌。后来他又出走，不久返回，现在他又离去，他向我告别过。他负债累累，但不久在蓟城（转写为 kr″cyh）破（被）杀死，被抢掠一空。高贵的爵爷，我已为您收集到了成匹成捆的丝绸，这是归爵爷的。不久，德鲁瓦斯普凡达克（转写为 δrw′spβntk）接到了香料——共重八十四斯塔特。为此做了一份记录，但未写收条。您本应收到它的，但这恶棍将记录给烧了，不过我已查明共重多少斯塔特，而且德鲁瓦斯普凡达克应该记得，高贵的纳奈德巴尔爵爷也应该记得，应该承认这份记录。您可以重新算一次账，如果与账目相符，您将会本利双收，就此写一份（记录）证明信。爵爷还应发出这份证明信。如果您认为这很合情理，而（账目）与（记录）不相符，那么您可以将（投入的本钱）拿走，将它交给您认为合适的另一个人。这些钱更应分离出来，因为，您知道我有一个儿子，如果时光迅速，如果他要出门,如果他长大成人,除了这些钱外,他得不到任何帮助。纳奈德巴尔爵爷是会尽力成全这件事的,得到的这笔钱财自身也会成倍地增值。那时,您对我来说就如同救命于大灾大难之中的神灵一般。当(儿子)塔胡西其凡达克(转写为 txs ýcβntk)年满娶妻之后,依然不让他离开您。遗产和分开的本钱也会因此为他增值。我们日复一日地等待着死亡和毁灭。如果需要粮食,您就从财产中拿走一千甚至二千斯塔特吧。又:我已派范拉兹马克(转写为 wnrzmk)去敦煌取三十二个麝香囊,这是为我自己搞到的,他将把这些麝香囊交给您,等他到后,将这些麝香囊分为五份,其中三份归塔西其凡达克,一份归毗达克(转写为 pyt″kk),一份归您。此信写于 cyrdsún 王十三年 trmých 月。

关于第二号书信的年代,过去学者们主要是依据书信第十至十八行的内容(即“据传闻当朝天子因饥荒而逃离洛阳”至“也不知道匈奴人是否能够从汉人那里争得更多的土地”)进行分析,不同的分析得出了不同的结论。大体言之,可归纳为三说,本节先分析前两说。第一说是斯坦因的公元 105—137 年或至 153 年之间说,[1]此说已被否定,不再赘述。第二说又可区分为公元 196 年、201 年、202 年(或 200—204年)三说。196 年说是匈牙利学者哈尔玛塔(J. Harmatta)提出来的,他认为信中所述中原情况乃是指初平元年(190 年)董卓焚洛阳,劫献帝、驱百姓西迁长安一事。其辅助理由有四:(1)斯坦因在敦煌汉长城烽燧遗址发现的遗物均属汉代,故同出的粟特纸文书不会晚于此时。(2)匈奴在 2 世纪末也很活跃,不能因信中提到匈奴和洛阳被焚就肯定是指永嘉之乱。(3)4 世纪初的洛阳古纸比第二号书信用纸更为精细。(4)信末所书年代是“六十花甲子之第十三年”,此年为丙子即建安元年(196 年)。[2] 201 年说的理由有三:(1)所谓“匈奴”是大有可

---

〔1〕见斯坦因《西域》,Serindia, Detailed Report of Exploration in Central Asia, and Western Most China Oxford,1921。参见林梅村:《敦煌出土粟特文古书信的断代问题》,《中国史研究》,1986 年第 1 期。

〔2〕〔匈〕哈尔玛塔:《前伊斯兰教时期右亚粟特文资料》,Prolegomena to the Sources on the History of Pre‑Islamic Central Asia. Budapest, 1979。

疑的,原件此处(第十四行)并不清晰,岂能根据悬拟之词定论。(2)据原文先是天子因饥荒而弃洛阳,并非被俘。(3)信中所述或是建安元年曹操挟持献帝迁都许昌事件。据《后汉书》记载,兴平三年(196年)七月汉献帝自长安逃到洛阳,其时正是宫室烧尽,饿殍遍野,献帝随即被曹操挟往许昌。所以写信的年代可能在献帝之十三年即建安六年(201年)。[1] 202年说理由有五:(1)考古学方面的情况表明,以书写材料用纸来推论粟特书信的年代是不妥当的。如果斯坦因记述的出土情况不误,那么这些粟特纸文书的年代应在东汉末。(2)这封粟特书信中的'xwmt'和n'yn'ymh不是"咸阳(或长安)"和"南阳"。从对音和上下文看,它们应分别释作"河东"和"泥阳"。(3)信文所述历史可以用汉献帝年间中原地区发生的一系列历史事件来解释。(4)大量事实表明写信人nanai vandak和于阗kh.661号佉卢文书中的粟特人nani vandhagä有可能是同一个人。(5)如果汉献帝之乱的假说得以确立,写信的确切年代应在200—204年之间。最大的可能性则是在202年,即东汉献帝建安七年十月,相当于信末年代款识中cyrdsún城主第十三年十月。[2]

上述的公元196年、201年和202年三说,其共同点都是将信件所述的历史背景与汉献帝时董卓之乱及其以后一段史实相联系。所以下面拟对此前后的史实略作五点分析。(1)《资治通鉴》卷59"初平元年"条(190年)记载:"春,正月,关东州郡皆起兵以讨董卓","董卓以山东兵盛,欲迁都以避之","山东起兵,非一日可禁,故当迁都以图之"。"丁亥,车驾西迁,董卓收诸富室,以罪恶诛之,没入其财物,死者不可胜计;悉驱徙其余民数百万口于长安,步骑驱蹙,更相蹈藉,饥饿寇掠,积尸盈路,卓自留屯毕圭苑中,悉烧宫庙、官府、居家,二百里内,室屋荡尽,无复鸡犬。又使吕布废诸帝陵及公卿以下塚墓,收其珍宝。"同书卷62"建安元年(196年)"条记载:"七月,甲子,车驾至雒阳(指长

〔1〕黄振华:《粟特文及其文献》,《中国史研究动态》,1981年第9期。
〔2〕林梅村:《敦煌出土粟特文古书信的断代问题》,《中国史研究》,1986年第1期。

安返回洛阳)。""是时,宫室烧尽,百官披荆棘,依墙壁间……群僚饥乏,尚书郎以下自出采稆,或饥死墙壁间……"上述情况表明,汉献帝离开洛阳不是逃走,而是被董卓胁迫挟持。董卓胁迫献帝迁都长安不是因为饥荒,而是避山东兵盛。洛阳饥荒不是在献帝从长安返回洛阳迁都长安之时,而是在六年以后献帝从长安返回洛阳时所见到的惨状。(2)建安元年(196年)献帝不是逃离洛阳,而是曹操欲"挟天子以令诸侯"而胁迫献帝迁都许昌。迁许昌完全是出于政治原因,洛阳饥荒在献帝从长安返洛之前早已存在,它不是迁都的直接导因。(3)第二号书信说:"传闻后来匈奴人至此地,与汉人联合;后又攻占长安而治之,统治之地远及南阳与邺城。"据《资治通鉴》卷61记载,董卓焚洛阳挟献帝迁都长安的匈奴并未染指过长安。初平三年(192年)董卓被杀,其部将混战曾"召羌胡数千人"。但是,当贾诩许以封赏后"羌胡皆引去"。事实上羌胡既未与"汉人"联合成事,更未占领长安。兴平二年(195年)七月献帝离开长安后,途中匈奴右贤王曾侍卫。献帝离开长安后,"长安城空四十余日,强者四散,羸者相食,二三年间,关中无复人迹"。据此判断,在这个阶段是不可能存在归服天子的匈奴右贤王之辈占领长安事件的。(4)《三国志》卷8《魏书·张杨传》记载,初平元年时匈奴曾一度在邺城附近地区作乱。或曰建安九年(204年)邺城守将审配军中的"强胡"、"屠各"皆为匈奴[1]。但是,上述情况并不等于匈奴占领邺城。特别是当建安九年曹操攻陷邺城后,就更谈不上匈奴占领邺城的问题了。(5)有的研究者认为,匈奴与汉人联合系指匈奴与袁氏集团勾结在河东抗拒曹操事件[2]。众所周知,对于第二号书信中的xwmt'n大家几乎公认应释为长安,[3]不能释作"河东"。因此,这件事与第二号书信的记述无关。

综上所述,可以明显地看出汉献帝时洛阳饥荒、洛阳被焚、献帝离

---

〔1〕林梅村:《敦煌出土粟特文古书信的断代问题》,《中国史研究》,1986年第1期。

〔2〕林梅村:《敦煌出土粟特文古书信的断代问题》,《中国史研究》,1986年第1期。

〔3〕前揭林梅村:《敦煌出土粟特文古书信的断代问题》一文将"长安"译为"河东"。此说难以成立,详见王冀青:《斯坦因所获粟特文〈二号札〉译注》一文,《西北史地》,1986年第1期。

开洛阳迁都长安和许昌的情况,均与第二号书信记述的内容不符。同时在公元190—204间,也根本不存在匈奴与汉人联合作乱或占领长安并统治南阳和邺城地区的问题。至于196年说、201年和202年说所持其他理由,下文将论证它们同样也是不能成立的。因此,我们认为上述诸说欠妥,是很值得商榷的。

18.2　第二号书信内容略析

《粟特古书简》第二号书信的年代,第三种意见以亨宁(W. B. Henning)为代表。他认为只有永嘉五年(311年)洛阳才既遭大火又遭匈奴兵燹,所以第二号书信记述的洛阳被焚事件是指永嘉之乱。[1]　下面我们就第二号书信的主要内容,按其记述的顺序,并对照有关的史实略作分析。

18.2.1　天子因饥荒而逃离洛阳

《资治通鉴》卷87"永嘉三年(309年)"条记载:"夏,大旱,江、汉、河、洛皆竭,可涉。""永嘉四年(310年)"条记载:"京师饥困日甚","京师饥匮","于是宫省无复守卫,荒馑日甚,殿内死人交横;盗贼公行,府寺营署,并掘堑自守。"《晋书·王弥传》记载:"时京邑大饥,人相食,百姓流亡,公卿奔河阴。"《资治通鉴》卷87"永嘉五年(311年)五月"条记载:"苟晞表请迁都仓垣,使从事中郎刘会将船数十艘、宿卫五百人,谷千斛迎帝。帝将从之,公卿犹豫,左右恋资财,遂不果行。既而洛阳困,人相食,百官流亡者什八九。帝召公卿议,将行而卫从不备。帝抚手叹曰:'如何曾无车舆!'乃使傅祗出诣河阴,治舟楫,朝士数十人导从。帝步出西掖门,至铜驼街,为盗所掠,不得进而还。"同年六月条记载,匈奴汉主之前军大将军呼延晏,以及始安王曜、王弥等攻洛阳。"六月,丁亥朔,晏以外继不至,俘掠而去。帝具舟于洛水,将东走,晏尽焚之。""丁酉,王弥、呼延晏克宣阳门,入南宫……帝出华林园门,欲

---

〔1〕〔英〕亨宁:《粟特古书简的年代》,The Date of the Sogdian Ancient Letters, BSOAS. vol. xii. 1948。

奔长安,汉兵追执之,幽于端门。"上述资料表明,洛阳自永嘉三年夏天开始,因旱灾而饥荒日益严重。永嘉五年为饥困所迫,从五月开始天子曾四次出走。第一次出走"不果行",第二次出走途中被盗掠,"不得进而还";第三次出走舟被焚,未成行;第四次出走被俘。

18.2.2 洛阳宫殿城郭被焚城池荒废

《资治通鉴》卷86"永嘉二年(308年)五月"条记载,王弥攻洛阳,"乙丑,弥烧建春门而东"去。同书卷87"永嘉三年(309年)"条记载:"左积弩将军朱诞奔汉,具陈洛阳孤弱,劝汉主渊攻之。""冬,十月,汉主渊复遣楚王聪、王弥、始安王曜、汝阳王景率精骑五万寇洛阳,大司空鴈门刚穆公呼延翼帅步卒继之。""永嘉五年(311年)"条记载:"汉主聪使前军大将军呼眪晏将兵二万七千寇洛阳,比及河南,晋兵前后十二败,死者三万余人。始安王曜、王弥、石勒皆引兵会之。""甲申,攻平昌门,丙戌,克之,遂焚东阳门及诸府寺。""壬辰,始安王曜至西明门;丁酉,王弥、呼延晏克宣阳门,入南宫,升太极殿,纵兵大掠,悉收宫人、珍宝"。"曜自西明门入屯武库。戊戌,曜杀太子诠……河南尹刘默等,士民死者三万余人。遂发掘诸陵,焚宫庙、官府皆尽。"《晋书·王弥传》记载:"焚烧宫庙,城府荡尽。"唐《元和郡县图志》卷5"洛阳县"条引华延儁《洛阳记》说:"洛阳城内宫殿、台观、府藏、寺舍,凡一万一千二百一十九间。自刘曜入洛,元帝渡江,官署里闾,鞠为茂草。"经此浩劫,洛阳宫殿城郭被焚,城池荒废的惨景跃然纸上。

18.2.3 邺城不复存在

《晋书·孝怀帝纪》"永嘉元年(307年)"条记载:"夏,五月,马牧率汲桑聚反,败魏太守冯嵩,遂陷邺城,害新蔡王腾,烧邺宫,火旬日不灭。"《资治通鉴》卷86"永嘉元年"条记载:"汲桑逃还苑中,……以石勒为前驱,所向辄克,署勒讨虏将军,遂进攻邺。""时邺中府库空竭,""夏,五月,桑大破魏郡太守冯嵩,长驱入邺……遂烧邺宫,火旬日不灭;杀士民万余人,大掠而去。"该条胡三省注云:"袁绍据邺,始营宫室,魏武帝又增而广之,至是悉为灰烬矣。"据此可知所谓邺城不复存在,应指永嘉元年邺城被焚事件。

18.2.4　匈奴与汉人联合攻占长安

据《晋书·载记第一·刘元海传》记载,早在刘元海时就已经提出了"克长安而都之"的计划。此后《资治通鉴》卷87说,刘曜、王弥陷洛阳,随之在永嘉五年(311年)九月刘聪便遣西晋降将平西将军赵染、始安王曜等攻陷长安,以曜镇长安。同书卷88"永嘉六年"条记载,晋将贾疋等收复长安,"秦王业自雍入长安"。建兴元年(313年)曜遣赵染率精骑五千袭长安,"染焚龙尾及诸宫","杀掠千余人"。同书卷89记载,建兴二年(314年)六月曜与赵染寇长安,建兴四年(316年)曜陷长安,晋愍帝乘羊车出降,西晋灭亡。同书卷90记载,太兴元年(318年)"冬,十月,……曜即皇帝位",太兴二年"汉主曜还,都长安",改国号为赵(前赵)。据此并结合前述情况,可知匈奴汉国陷洛阳、长安均是与西晋降将联合完成的。汉攻占其他地区时,亦多有西晋降将参加。长安最终为刘曜占据,并被定为前赵的都城。

18.2.5　统治之地远及南阳与邺城

攻占南阳和邺城一带的是匈奴汉国大将石勒。《晋书·载记第四·石勒上》记载:"勒至南阳,屯于宛北山,晨压宛门,攻之,旬有二日而克。"《资治通鉴》卷87记此事于永嘉四年(310年)。此外,石勒在永嘉元年与汲桑陷邺城后,还多次进攻过邺城。《资治通鉴》卷86记载,永嘉二年"九月,汉王弥、石勒寇邺,和郁弃城走"。是役"执魏郡太守王粹于三台"(《晋书·载记第四·石勒上》)。《资治通鉴》卷88记载,永嘉六年石勒"长驱寇邺,攻北中郎将刘演于三台。演部将临深、牟穆等率众数万降于勒"。建兴三年(313年)"石勒使石虎攻邺,邺溃,刘演奔廪丘,三台流民皆降于勒。勒以桃豹为魏郡太守以抚之;久之,以石虎代豹镇邺"。《晋书·地理志上》记载:"永嘉之后,司州沦为刘聪。""及石勒,复以为司州",邺城属司州魏郡。

18.2.6　匈奴人原先归附过天子

《晋书·载记第一·刘元海传》记载:"初,汉高祖以宗女为公主,以妻冒顿,约为兄弟,故其子孙遂冒姓刘氏。建武初,乌珠留若鞮单于子右奥鞬日逐王比自立为南单于,入居西河美稷,今离石左国城即单于所徙庭也。中平中,单于羌渠使子于扶罗将兵助汉,讨平黄巾。会羌渠为国人所杀,于扶罗以其众留汉,自立为单于。……于扶罗死,弟呼厨泉立,以于扶罗子豹为左贤王,即元海之父也。魏武分其众为五部,以豹为左部帅,其余部帅皆以刘氏为之,太康中,改置都尉,……刘氏虽分居五部,然皆居于晋阳汾涧之滨"。及至晋"太原王浑虚襟友之(指刘元海),命子济拜焉"。"咸熙中 为任子在洛阳,文帝深待之"。"会豹卒,以元海代为左部帅。太康末,拜北部都尉。……杨骏辅政,以元海为建威将军,五部大都督,封汉光乡侯。……成都王颖镇邺,表元海行宁朔将军,监五部军事"。"颖为皇太第,以元海为太弟屯骑校尉。惠帝伐颖,次于荡阴,颖假元海辅国将军,督北城守事。及六军败绩,颖以元海为冠军将军,封卢奴伯"。后颖又"拜元海为北单于、参丞相军事"。同书《载记第二·刘聪传》记载:刘聪"元海第四子也","弱冠游于京师,名士莫不交结","新兴太守郭颐辟为主簿,举良将,入为骁骑别部司马,累迁右部都尉","河间王颙表为赤沙中郎将。聪以元海在邺,惧为成都王颖所害,乃亡奔成都王,拜右积弩将军,参前锋战事"。《资治通鉴》卷75"魏纪七嘉平三年(251年)"条,卷85"永兴元年(304年)"条也有类似的记载。由此可见,匈奴刘渊在永兴元年称汉王之前是臣服于西晋的。

18.2.7 驱逐匈奴问题

建兴四年(316年)刘曜破长安后,西晋余部与匈奴的斗争从未停止过,东晋建立后亦多次北伐。试举几例:(1)《资治通鉴》卷89记载,建兴四年,刘琨讨勒,"丞相睿闻长安不守,出师露次,躬擐甲胄,移檄四方,刻日北征"。(2)《资治通鉴》卷90记载,建武元年(317年)凉州张寔遣韩璞、张阆和贾骞等东击汉;荥阳太守李矩败刘聪从弟畅;刘琨、段匹磾相与歃血同盟,期以翼戴晋室。"晋王传檄天下,称'石虎敢率犬羊,渡河纵毒,今遣琅邪王裒等九军,锐卒三万,水陆四道,径造贼场,受祖逖节度'"。"段匹磾推刘琨为大都督,檄其兄辽西公疾陆眷及叔父涉复辰,弟末柸等会于固安,共讨石勒",事未成。汉将赵固降李矩,

"矩复令固守洛阳"。"赵固与河内太守郭默侵汉河东","右司隶部民奔之者三万余人","固扬言曰:'要当生缚刘粲以赎天子'","粲遣雅生攻洛阳,固奔阳城山"。(3)《资治通鉴》卷 90 记载,太兴元年(318年)"李矩使郭默、郭诵救赵固,屯于洛汭。诵潜遣其将耿稚等夜济河袭汉营","俄而稚等奄至,十道进攻,粲众惊溃死者大半,粲走保阳乡。稚等据其营,获器械、军资不可胜数。及旦,粲见稚等兵少,更与刘雅生收余众攻之,汉主聪使太尉范隆率骑助之,与稚等相持,苦战二十余日,不能下。李矩进兵救之,汉兵临河拒守,矩兵不得济。稚等杀其所获牛马,焚其军资,突围奔虎牢。诏以矩都督河南三郡诸军事"。(4)《资治通鉴》卷 91 记载,太兴二年(319 年)祖逖攻陈川于蓬关,石勒遣石虎将兵救之。(5)《资治通鉴》卷 91 记载,太兴三年(320 年)邵续在厌次抗石勒,战败。"赵将尹安、宋始、宋恕、赵慎四军屯洛阳,叛,降后赵"。后"安等复叛,降司州刺史李矩。矩使颖川太守郭默将兵入洛。石生虏宋始一军,北渡河。于是河南之民皆相率归矩,洛阳遂空"。祖逖击后赵,"后赵镇戍归逖者甚多,境土渐蹙"。赵固、上官已、李矩、郭默受祖逖节度,"自河以南,多叛后赵归于晋"。"逖练兵积谷,为取河北之计。后赵王勒患之……"。公元 320 年以后事暂略。

18.2.8 蓟城

第二号书信中记载蓟城破,纳先被杀。蓟城属幽川,永兴元年(304 年)王浚"自领幽州营兵",同年浚入邺后远蓟(《资治通鉴》卷85)。永嘉四年(310 年)"王浚为司空"(《资治通鉴》卷 87),浚谋称尊号,石勒欲袭之(《资治通鉴》卷 88)。建兴二年(314 年)三月,石勒破蓟,纵兵大掠,杀浚麾下精兵万人,"籍浚将佐,亲戚家赀皆至巨万","勒停蓟二日,焚浚宫殿,以故尚书燕国刘翰行幽州刺史,戍蓟,置守宰而还"。"刘翰不欲从石勒,乃归段匹磾,匹磾遂据蓟城"(《资治通鉴》卷 89)。太兴二年(319 年)石勒部将"孔苌攻幽州诸郡,悉取之",段匹磾奔乐陵,依邵续(《资治通鉴》卷 91)。下文将论证纳先被杀,即应在公元 319 年蓟城城破之时。

综上所述,可以清楚地看出永嘉之乱前后的史实,基本上是与第二号书信记述的有关事件的情况相合的。亨宁虽然没有详细论证与此相关的史实,但是他的结论即洛阳被焚系指永嘉之乱则是正确的。

18.3　第二号书信的年代

18.3.1　第二号书信的年代不在东汉末期而在西晋之末

敦煌《粟特古书简》除一件残简发现于 T·VI·C 外,其余的八件纸文书均出于 T·XII·a。斯坦因在记述纸文书发现情况时说:"紧靠烽台南壁有一段空隙,约四尺宽,被人有意用碎土坯和松土填满。和它相接的是一条窄长的夹墙,仅一尺一寸宽,用单行土坯围砌而成,并被一道相当薄的隔墙分为两小间,每间长约十一尺。这条夹墙及一间小屋上覆盖着厚厚一层柴草及畜粪垃圾。小屋位于烽台西南角,与夹墙相连,面积约 5 呎 ×6 呎。经我们后来亲自观察确认,该夹墙仍有四尺多高(按:发掘夹墙时斯坦因不在现场)。""各种垃圾完全溢满了这条夹墙,就要讨论的著名古粟特纸文书标本 T·XII·a·ii·1—8 即埋藏其中并被发现。按纳克的描述(我有充分理由完全接受他的描述——作者按:夹墙内由纳克·兰·辛发掘),粟特文书的位置距夹墙底部约三呎。就在它们下面的灰堆中翻出三支汉简,其中两支完整(ch. 607 和 609)。西面邻接的小屋内清理出五支汉简,编号也为 T·XII·a·ii。其中一支编号为 ch. 593 的汉文简记有年代……此外,还发现许多各种颜色的丝绸残片,一件封泥匣及其他各种遗物。夹墙灰堆中还采获一件值得注意的帛书(T·XII·a·ii·20),写有九行佉卢文。"[1]据斯坦因的记述并结合有关情况,可指出以下四点:(1)夹墙宽约 33.5 厘米(1 呎 1 吋),长约 6.7 米(22 呎),中间有隔墙。夹墙残高约 1.22 米(4 呎多),从夹墙长宽来看夹墙原高较 1.22 米似高不了许多。小屋面积为 1.52 ×1.82 米(5 呎 ×6 呎),夹墙和小屋如此狭小似为无顶露天储物处。据我们在新疆的考古调查经验,这样狭小的建筑若无人为

---

〔1〕佉卢文残,译文见林梅村:《敦煌出土粟特文古书信的断代问题》,《中国史研究》,1986年第 1 期。

或外界强力的破坏是不容易倒塌的(敦煌烽燧建筑情况与新疆同期建筑类似)。以此结合夹墙内堆积的内涵和柴草畜粪同时覆盖小屋和夹墙上部的情况判断,那种认为夹墙内的堆积是夹墙和小屋倒塌后形成的,柴草原是夹墙和小屋顶部的意见是不合适的。[1] 我们认为夹墙内绝大部分都是原来的堆积,而其上部的柴草和畜粪则应是烽燧废弃后,仍然有人在此停留活动过的反映。(2)夹墙残高约1.22米,粟特纸文书下距夹墙底部0.91米(3呎),说明粟特纸文书是在夹墙内上层的堆积中。夹墙内堆积分几层,斯坦因没有交代。但是,他的记述却明示夹墙内下部是"灰堆",上部是柴草、畜粪和垃圾。粟特纸文书埋藏于上部的垃圾之中,汉简出于下部的灰堆。夹墙与小屋相接,两者同时被柴草、畜粪和垃圾覆盖,小屋内的出土物(汉简等)与夹墙下部灰堆中的出土物基本相近。上述情况表明,出于上部垃圾中的粟特纸文书与出于下部灰堆中的汉简等等不是同时代的遗物。也就是说,粟特纸文书不是烽燧放弃前的遗物。(3)八件粟特纸文书发现时折叠整齐地包在丝袋内,有的还用线捆缠。[2] 由此可见,粟特纸文书不是废弃的垃圾,而是偶然遗失之物。(4)敦煌汉长城遗址发现的遗物均属汉代,[3]此说是不确切的。比如,斯坦因在敦煌长城烽燧遗址就发现过一些时代较晚的婆罗迷文资料。[4] 前述粟特纸文书的时代,显然也晚于汉代。由于汉长城废弃后,这一带仍为行旅之人不时经过或停留之地,所以在汉长城遗址混有晚期遗物是不足为奇的。

除上所述,1979年在敦煌马圈湾发现的汉代烽燧遗址,[5]对我们探讨粟特纸文书的时代也很有参考价值。该遗址在敦煌县西北95公里,东距小方盘城11公里,西距后坑2.7公里,北距疏勒河8公里。遗

〔1〕林梅村:《敦煌出土粟特文古书信的断代问题》,《中国史研究》,1986年第1期。

〔2〕〔英〕A. 斯坦因著,向达译:《斯坦因西域考古记》,中华书局,1946年,第133页。

〔3〕〔匈〕哈尔玛塔:《前伊斯兰教时期中亚粟特文资料》,Prolegomena to the Sources on the History of Pre‐Islamic Central Asia. Budapest, 1979。

〔4〕〔英〕A. 斯坦因著,向达译:《斯坦因西域考古记》,中华书局,1946年,第134页。

〔5〕甘肃省博物馆、敦煌县文化馆:《敦煌马圈湾汉代烽燧遗址发掘简报》,《文物》,1981年第10期。

址东侧为盐池湾,西侧是马圈湾,在两湖滩之间形成一西北走向的戈壁走廊。长城自东向西穿过,将走廊拦腰截断,烽燧即建于戈壁西侧边缘,长城内侧 3 米处。这座烽燧遗址约废弃于王莽始建国地皇二年以后,出土一千余枚西汉简牍。其中不少简牍有出入玉门关的记载,所以发掘者认为玉门关口应在此附近。这个推断正确与否姑且不论,它起码可说明这一带乃是出入西域的一个重要门户。T·XII·a 烽燧位于马圈湾东侧,在盐池湾东部一条戈壁走廊上,北靠长城塞墙。T·XII·a 烽燧出土的汉简自称"广新隧",简牍纪年有西汉元始七年及王莽始建国地皇年号(T·XII·a·ii·9,T·XII·a·3)。由于 T·XII·a 烽燧与马圈湾烽燧同在一个地域,两者的位置特点和简牍纪年相近,所以 T·XII·a 烽燧与马圈湾烽燧一样都应废于西汉末。据报导马圈湾西汉烽燧遗址发现麻纸五件计八片,"出土时均已揉皱。T120:47 呈黄色、粗糙、纤维分布不均匀,边缘清晰,长 32、最宽 20 厘米,为所有出土麻纸中最大的一片"。"T10:06、T9:026,共四片,与畜粪堆积在一起,颜色被污染,呈土黄色,质地较均匀"。"T9:025,呈白色,质地细匀,残边露麻纤维。T12:018 共二片,呈白色,质地细匀"[1] 马圈湾烽燧遗址在 T·XI 和 T·XII·a 烽燧之间,三者距离较近,[2]时代基本相同。因此,T·XII·a 烽燧假若有与西汉木简共存的残纸,其残纸也应与马圈湾烽燧所出残纸相近,而不可能是粟特纸文书的形式。其次,从中国造纸术和纸用作书写材料的发展进程来看。西汉是造纸术的萌发时期,东汉蔡伦造纸(永兴元年,105 年)又将造纸术推进到一个新的发展阶段。据考古发现的两汉残纸材料,此时仅在少数残纸上有零星的字迹,未见纸文书。说明迟至东汉时期,纸还没有正式用作书写材料。到

---

〔1〕甘肃省博物馆、敦煌县文化馆:《敦煌马圈湾汉代烽燧遗址发掘简报》,《文物》,1981 年第 10 期。

〔2〕甘肃省博物馆、敦煌县文化馆:《敦煌马圈湾汉代烽燧遗址发掘简报》,《文物》,1981 年第 10 期。马圈湾发掘简报插图一。

曹魏时期,文献记载出现了"左伯纸",并且正式将纸用作书写材料。[1]
现在有明确纪年的纸文书,最早的是在楼兰故城发现的魏嘉平四年
(252年)、咸熙二年(264年)的汉文文书。[2] 从楼兰故城及其附近地
区的汉文简牍来看,曹魏时期纸文书的数量较少,西晋时期逐渐增多,
前凉时期纸文书的数量才超过木简成为主要书写材料。[3] 纸文书上
的字数和篇幅,从曹魏至西晋到前凉也是由少到多从小到大。[4] 由此
可见,魏晋时期正是中国木简与纸文书互相交替的重要阶段。所以那
种将长达六十余行的粟特文第二号书信定为东汉末说,[5] 显然是与中
国造纸术和纸文书的发展进程不相符的。从而进一步证明了我们的
观点,即:粟特纸文书与其下灰堆中的木简不是同时代的遗物,第二号
书信的内容表明它应在西晋时期。

　　此外,从交通线的变化来看。西汉通西域的交通大动脉,是从敦煌
经蒲昌海(今罗布泊)至西域。[6] 东汉时期通西域,主要交通线是走敦
煌经伊吾(哈密)的"伊吾路"。[7] T·XII·a烽燧、马圈湾烽燧在东汉
时废弃,应是与上述背景密切相关的。但是,到魏晋时期通西域又是主

---

〔1〕曹魏韦诞(197—253年)说:"工欲善其事,必先利其器,用张芝笔,左伯纸……"(赵岐
《三辅决录》,见虞世南《北堂书钞》卷104)。陈寿卒(297年),"洛阳令张泓使赍纸笔,就寿门下
写《三国志》"(苏易简《文房四谱》卷1)。可见到魏晋时期纸用作书写材料已经较流行了。

〔2〕〔德〕孔好古:《斯文·赫定在楼兰发现的汉文写本及零星物品》(Die Chinesischen Hand-
schriften und Sonstige Kleinfunde Sven Hedins in Lou – lan. Stockholm, 1920)书中刊布的16.1号纸
文书,两个年号在一件纸文书上。

〔3〕〔法〕沙畹:《斯坦因在新疆沙漠发现的汉文文书》,Les documents Chinois Decouverts par
Aurel Stein dans les Sables du Turkestan Orienta, Oxford, 1913)。〔法〕马伯乐:《斯坦因第三次中亚
考察所获汉文文书》,Les documents Chinois de la troisieme expedition de Sir Aurel Stein en Asie Cen-
trale Lond,1953。及前揭孔好古:《斯文·赫定在楼兰发现的汉文写本及零星物品》一书刊布的楼
兰地区汉文简牍中,木简与纸文书在不同时期的不同比例。

〔4〕〔法〕沙畹:《斯坦因在新疆沙漠发现的汉文文书》,Les documents Chinois de la troisieme
expedition de Sir Aurel Stein en Asie Centrale Lond,1953。

〔5〕林梅村:《敦煌出土粟特文古书信的断代问题》(《中国史研究》,1986年第1期)一文认
为,T·XII·a烽燧弃于东汉末,并以此作为粟特文第二号书信年代的上限。

〔6〕见《汉书·西域传》。参见孟凡人:《楼兰新史》,光明日报出版社,1990年,该书有关两
汉魏晋通西域交通线的论述。

〔7〕孟凡人:《楼兰新史》,光明日报出版社,1990年。

要走敦煌经蒲昌海至西域之路,[1]即《魏略》记载的西域中道。[2] 这样 T·XII·a 烽燧所在的敦煌长城沿线,再次成为通西域的必经之地。如前所述,T·XII·a 烽燧和马圈湾附近是湖区,水源充足,从此向西则步步踏上通西域的戈壁荒漠之路。所以这一带在魏晋时期很可能又成为往来行旅暂时停留或休整之地。据粟特文第二号书信内容分析,此信是身在河西的纳奈凡达克向远在粟特的巨贾纳奈德巴尔报告他们在中国经商的情况,以及西晋末期中国的政治局势。纳奈凡达克是纳奈德巴尔的商务代理人,是纳奈德巴尔派驻中国的粟特商团首领。商团一百余名成员主要来自撒马尔罕,其活动地域遍及河西走廊,以及黄河中下游等地区。从"我又派纳先去敦煌"、"我已派范拉兹马克去敦煌"以及"派安提胡凡达克去洛阳自姑臧启程"来看,商团的大本营不是设在敦煌。《北史·西域传》记载:"粟特国在葱岭之西……其国商人先多诣凉上贩货,及魏克姑臧,悉见虏。"据此并结合前述情况判断,该商团的总部或设在姑臧,第二号书信的年代则不可能在东汉末期。也就是说,此信可能在西晋之末写于姑臧。信中记述纳奈凡达克派范拉兹马克去敦煌取麝香囊,并要求他将这些麝香囊交给在粟特的纳奈德巴尔,所以范拉兹马克应是送信人。但是,这封信最后却发现于 T·XII·a 烽燧。此事表明范拉兹马克从敦煌出发后是途经长城沿线和 T·XII·a 烽燧奔赴粟特的,并不慎将信遗失在 T·XII·a 烽燧。后又因某种原因,信随柴草畜粪垃圾等物辗转而落入 T·XII·a 的夹墙内。

总之,通过上述诸点分析明显可见 T·XII·a 烽燧出土的粟特纸文书不可能是东汉末期的遗物。特别是以本节的分析结合前两节的论证,更使我相信以第二号书信为代表的 T·XII·a 烽燧的粟特纸文书的时代应在 4 世纪初期。

18.3.2 第二号书信写于 4 世纪初期

敦煌《粟特古书简》第二号书信末尾的纪年,是探讨该书信年代的

〔1〕孟凡人:《楼兰新史》,光明日报出版社,1990 年。
〔2〕孟凡人:《楼兰新史》,光明日报出版社,1990 年。

·欧·亚·历·史·文·化·文·库·

关键。亨宁根据粟特历法通常写成"某王某年某月某日",在王名前一般是地名的惯例,认为粟特文转写的 cyrδsw″m mr′yxiii srδwm′tw 一句应译为"cyrdsu′n 王十三年"。而 cyrdsu′n 乃酒泉之音译,酒泉王即指张轨,故张轨在位之十三年(313 年)应为写信之年[1]。哈尔玛塔认为 cyrdsu′n 非指酒泉,意为"六十",指"六十花甲"采用中国六十花甲纪年。"六十花甲之十三年"即丙子年,所以董卓之乱后的丙子年(196 年)应为写信的年代[2]。林梅村认为信中应采用粟特历法,cyrdsu′n 在信末年款中作 MR′Y 的定语。MR′Y 是阿拉美文表意字,本篇是"师",粟特人借用来表示"城主"或"领主",所以其纪年应译为"cyrdsu′n 城主第十三年"[3]。在前述三说之中,我们认为林梅村说比较合适。但是,由于"cyrdsu′n 城主"至今不明,故目前尚不能据信末纪年来推断其绝对年代或相对年代。在这种情况下,判断该书信的年代除靠相关的史实外,信中记述的一些粟特人的活动情况也有很重要的参考价值。比如:

(1)"自从我们失去了来自内地的支持和帮助,已经过去了三年"。据全信文义分析,所谓失去内地的支持和帮助其背景显然是指西晋灭亡。也就是说,公元 316 年十一月西晋灭亡应是其失去支持的年代上限。以此下推,"已经过去了三年"则应在 319 年末 320 年初左右。

(2)"自从我派萨克拉克和法尔纳扎德去内地,已经过去了八年,得到他们的音讯,也是三年以前的事。……自从最后的灾难降临后,他们的情况如何,我再也无从知道"。文中的"三年以前"、"最后的灾难"与前述失去内地支持"已经过去了三年"结合起来看,"最后的灾难"亦应是指西晋灭亡事件。所谓"三年以前"即为萨克拉克等去内地之第五年,若以第六年为"最后的灾难"降临的 316 年(西晋灭亡),那么萨克拉克初去内地当在 311 年左右,其去内地的第八年在 318 年左右。

〔1〕〔英〕亨宁:《粟特古书简的年代》,The Date of the Sogdian Ancient Letters,BSOAS. vol. xii. 1948。

〔2〕〔匈〕哈尔玛塔:《前伊斯兰教时期中亚粟特文资料》,Prolegomena to the Sources on the History of Pre – Islamic Central Asia. Budapest,1979。

〔3〕林梅村:《敦煌出土粟特文古书信的断代问题》,《中国史研究》,1986 年第 1 期。

而"已经过去了八年"则应在319年左右。

（3）"自从我派出一个名叫安提胡凡达克的人，已经过去四年。因为商队从姑臧启程，所以他们在第六个月才到达洛阳"。此文紧接上条之后，这样"已经过去四年"或在315年左右。

（4）"我又派纳先去敦煌。后来他又出走，不久返回，现在他又离去，他向我告别过。他负债累累，但不久在蓟城破（被）杀死，被抢劫一空"。前已说明310年和319年蓟城两破，由于该文紧接上条之后，故其去蓟城必晚于310年。而"不久在蓟城破（被）杀死"，又表明其距写信之时较近。所以这里的"蓟城破"应指319年。

综上所述，可以较清楚地看出，第二号书信所记事件与所指的历史背景在时间上基本是互相对应的。由于该信是根据传闻记述中原地区发生的事件，故年代略有交叉，史实小有出入。总的看来，信中记载的事件大体是按年代顺序记述的，事件与史实也是可以互相验证的。因此，据上述分析我们初步认为第二号书信记述的事件，除据传闻追述者外（如匈奴反叛前臣于晋，邺城被焚，占领南阳等），大都主要集中在311—319年左右。所以信件似写于320年前后。

18.4 第二号书信与661号佉卢文简牍在年代上的关系

英国学者布腊夫在论述粟特文第二号书信与661号于阗国佉卢文书的关系时指出："人们已经注意到这件文书（指661号佉卢文书）有某些伊朗语特点。或许还应再加上极为有趣的一条。这件契约文书上写的证明人之一，名叫 nani vandhaga，该名肯定和粟特人 nanai vandak 起的是同一个名字。这位粟特人曾于313年写了一封关于中国情况的书信（即粟特文第二号书信）。如果同一个人和这两方面的事都有牵涉,那将是奇迹般的巧合。"[1]林梅村认为:"这两个人确实同名同姓。vandk 是粟特人的常用名。Kh.661 号文书中有两个粟特人以此为名,粟特书信中也有两个人以此为名。不过,以此为名又以 nanai 为姓的人目前仅见于这两件文书。"所以两者"有可能是同一个人",[2]对于这个问题,我们认为有必要再作具体分析。

首先,从粟特文第二号书信来看。该书信明示粟特商团主要成员来自撒马尔罕,他们在中国以销售大麻织物、毛毡(毯)和香料为主,运回粟特的是丝绸和麝香等物品。在这种情况下,粟特人来往于中国,其销售商品运往中国,以及丝绸等物品运回粟特本土与河西粟特商团沟通信息,中间都必须经过西域。而从撒马尔罕到河西,较理想的路线之一就是途经西域南道的于阗和鄯善。据粟特文第二号书信记载,纳奈凡达克派萨克拉克去内地已经去了八年,这是该信所述事件中时间跨度最长的。此事表明纳奈凡达克可能与在粟特的"爵爷"已有八年没通信了(其原因或与信中所述当时中国的动乱有关),同时也反映出纳奈凡达克派萨克拉克去内地是该商团到达河西之后不久的事。前已论证信中记述的事件大都集中在 311—319 年左右,写信约在 320 年左右。因此,这个粟特商团到达河西的时间似在 310 年左右,他们途经于阗和鄯善的时间下限则在 308—309 年前后。[3] 关于 661 号于阗国佉卢文简牍,是一件出于今安的尔古城(原鄯善境内)买卖骆驼的契约文书。文书记载买驼者是粟特(suliga)人伐祇提·凡达伽(vagiti vadha-ga),证人是纳奈凡达伽(nani vadhagä,即 vandhagä,纪年为于阗王尉迟

---

〔1〕布腊夫:《论三世纪的鄯善及佛教史》,Comments of Third Century Shan–Shan and the History of Buddhism,BSOAS,ⅩⅩⅧ,1965。汉文译文参见林梅村:《敦煌出土粟特文古书信的断代问题》,《中国史研究》,1986 年第 1 期。

〔2〕林梅村:《敦煌出土粟特文古书信的断代问题》,《中国史研究》,1986 年第 1 期。

〔3〕《新五代史·四夷附录》第三《于阗国传》记载:天福三年(938 年)晋遣张匡邺、高居海等使于阗,"匡邺等自灵州行二岁至于阗"。据此例估算,粟特商团途经于阗的时间下限似在 308—309 年左右。

·信诃（vij'ida siṃ mha）十年三月十八日。[1] 笔者在本书《661 号佉卢文简牍的年代》一文中指出：（1）661 号佉卢文简牍在安的尔古城出土时的共存关系表明，这件简牍流入今安的尔古城的时代可能在 4 世纪初左右。（2）在鄯善佉卢文简牍中与舍凯（saca, sacha, 或译为莎阇，即今安的尔古城）有关的简牍，其时代主要集中在马希利王中期，即 4 世纪头十年左右（马希利王在位于公元 289/90 或 291/92 年—318/9 或 320/21 年）。这个情况从侧面也反映出，661 号佉卢文简牍应在该时期流入到今安的尔古城。（3）鄯善佉卢文简牍中约有 40 件简牍记有于阗问题，其时代主要集中在马希利王时期。通过分析比较，可知 661 号于阗国佉卢文简牍流入到鄯善的时间，以鄯善与于阗关系最密切的马希利王十一年左右至十七年前后的可能性最大。（4）通过对于阗和鄯善出现婆罗迷文书情况的分析，似可认为有零星婆罗迷字母的 661 号于阗国佉卢文简牍的时代应在 4 世纪初期。（5）通过对鄯善佉卢文简牍的分析，可明显地看出 214 号佉卢文简牍记载的"于阗大王"，与 661 号于阗国佉卢文简牍记载的于阗王尉迟·信诃应是同一位国王。214 号佉卢文简牍的年代下限在马希利王十七年（约在 305—308 年间），661 号于阗国佉卢文简牍于阗王尉迟·信诃纪年之十年基本与之对应。所以 661 号佉卢文简牍中的于阗王尉迟·信诃似应即位于 296—299 年左右，其十年则在 305—308 年前后。这个年代与前述推断的，以纳奈凡达克为首的粟特商团途经于阗的时间基本相接。由于两件文书的两位纳奈凡达克姓名相同，所以两者很可能是同一个人。

众所周知，粟特商团的性质是行商。根据信件的内容推测，他们从粟特出发时必然带有相当数量的牲畜驮载用以交换的商品（如大麻织物等），以及一些生活必需品；或用以代步。商团抵达于阗后，与当地

---

[1] 661 号佉卢文简牍，见拉普逊等：《斯坦因爵士在中国新疆发现的佉卢文书集校》（Kharosthi Inscriptions Discovered by Sir Aurel Stein in Chinese Turkestan. Part I—III. Oxford, 1920、27、29）刊布的佉卢文简牍之 661 号。该简牍记载买驼者是 suliga 人，此 suliga 即是粟特。见林梅村：《敦煌出土粟特文古书信的断代问题》（《中国史研究》，1986 年第 1 期）及林梅村：《沙海古卷》（初集），文物出版社，1988 年第 637 页。

人进行贸易是在情理之中的。粟特文第二号书信提到在内地出售的商品有毛毡(毯),此类物品是西域诸国的传统产品。估计粟特商人运往内地的毛毡,有一部分可能就是从于阗一带交换来的。因此,粟特商团到于阗后运往内地的商品或有增加。同时商团的牲畜经过长途跋涉之后,有一部分也需要更换,故补充牲畜是很自然的事。《魏书·西域传》说于阗有好马、驼、骡,而于阗至河西之路主要是戈壁和沙漠,所以才就地购买号称"沙漠之舟"的骆驼。此外,从鄯善佉卢文买卖契约文书来看,证人都是政府官吏或一些头面人物。[1] 而买卖双方一般是由卖者请求写契约,买者保存契约(如 331、348、437、568、571、572、574、575、580、581、582、591、815 号佉卢文简牍)。按照这种惯例,商团首领纳奈凡达克在粟特商人购买骆驼契约文书中充当首席证人,契约由买主粟特人伐祇提凡达伽保存乃是顺理成章的。由于这个商团的目的地是河西,终极目的是与中国进行贸易,所以他们在于阗停留一定时间之后就要向河西进发。661 号佉卢文买骆驼契约文书,可能就是他们在 308 年左右购买骆驼不久,向河西进发途经鄯善的舍凯时,被契约的持有者遗落或有其他原因而被留在舍凯的。

综上所述,在从粟特至河西的商路上,粟特文第二号书信中粟特商团的首领,与 661 号于阗国佉卢文买卖契约文书中首席证人姓名相同,地位相当。这种表面上的巧合现象,若按前述的发展逻辑分析,不难看出它们之间似有一定的内在必然联系和因果关系。因此,两位纳奈凡达克一人说或可成立。如是,那么两件文书在时间方面的互证,将进一步说明我们对两件文书年代的推断是比较合适的。然而应当指出,无论粟特文第二号书信,还是 661 号于阗国佉卢文买卖契约文书,它们都仅仅是论证对方年代的一件参考资料。因此,不管两位纳奈凡达克一人说是否成立,均无损于本书对两件文书所得出的基本结论。

最后,将本篇的要点归纳如下:

---

〔1〕见前揭拉普逊等:《斯坦因爵士在中国新疆发现的佉卢文书集校》一书刊布的 571 号佉卢文买卖契约文书,其证人有鄯善政府的高级官吏 kitsayitsa、kala、cojhbo 等。579 号佉卢文买卖契约文书之证人,皆为王家行政官员。此类例证较多,兹不赘述。

（1）对照汉文正史，可知粟特文第二号书信记述中国发生的事件与汉献帝时董卓之乱，以及其后一个时期的史实匀不相符。相反，它却与晋永嘉之乱前后的史实基本一致。

（2）粟特文第二号书信的出土状况表明，它与其下面灰堆中的汉代木简等遗物不是同时代的遗存。T·XII·a烽燧约废弃于西汉末，该书信的时代似在魏晋重新利用长城沿线至西域的通道之后。这封书信是从姑臧带往粟特的，但被带信人遗失在T·XII·a烽燧，并辗转而落入T·XII·a烽燧的夹墙内。

（3）将中国造纸术和纸文书的发展进程，敦煌汉长城烽燧遗址所出残纸情况，魏晋前凉时期楼兰地区汉文纸文书与木简的更替情况互相结合起来判断，可推知该书信的时代应在4世纪初期。

（4）通过对粟特文第二号书信内容的分析，可推断出该信记述的主要事件大体在311—319年左右，书信约写于320年前后。这个结论与前三点可以互相印证，看来是基本可信的。

（5）粟特文第二号书信与661号于阗佉卢文买卖契约文书的年代前后基本相接，两件文书中的两位纳奈凡达克姓名相同，地位相当。加之于阗是粟特商团至中国的重要商道，所以两位纳奈凡达克一人说或可成立。这个现象对我们进一步探讨两件文书的年代，是有重要参考价值的。

（本篇初刊于《楼兰鄯善简牍年代学研究》，
新疆人民出版社，1995年）

19　中国边疆考古学与世界考古学的
关系初探

　　近些年来,经常有人提到中国考古学与世界考古学接轨的问题。此问题很重要,但这种接轨究为何意? 如何接轨? 却言者仁智各见,莫衷一是(由于对接轨的理解和目的不同,所言接轨的方面、方式和方法也大相径庭,对此本篇姑且不作讨论)。窃以为在这个问题上,若抛开一般的概说或泛论,在不同的接轨方面和形式中,仅从考古学研究角度,就中外考古学文化在内涵上的关系而言,中国考古学与世界考古学的接轨点必为边疆考古学。所以本篇拟重点探讨边疆考古学与世界考古学关系的背景、渠道和主要内涵。这样就可以边疆考古学为中介,探寻中国内地考古学与世界考古学内在联系的线索;进而既可为今后全面研究中国考古学与世界考古学的关系添砖加瓦,又可为研究两者接轨的基础问题略作前期准备。此外,还应指出进入新世纪之后,在考古学研究日趋国际化的大潮中,中国考古学与世界考古学接轨无论早晚,都是势在必行。特别是近年来再度兴起的中国边疆考古学和中外文化交流考古学,均与世界考古学有密切的关系。两者与世界考古学是否接轨,不仅事关其今后的发展,而且还关系到中国考古学与世界考古学能否较快接轨的问题,所以此种接轨更具有紧迫性。在这种情况下,诸如本篇之类的命题早已提到日程上来,并大有时不我待之感。有鉴于此,笔者不揣冒昧,拟就本篇这个内涵非常丰富复杂,难度很大的题目,先从宏观上粗线条地浅释和探讨,以拙见抛砖引玉,并就正于方家。

19.1 边疆考古学是中国考古学
不可分割的组成部分

中国考古学,是指我国现在版图内各地区、古今各族(包括那些现在已经消失的古代民族,下同)从史前到元明时期,所有考古学文化共同组成的完整考古学体系。中国边疆考古学,是在中国考古学范畴之内,专指边疆地区的考古学而言,但又有狭义和广义之别。狭义的边疆考古学,是指我国现在陆疆和海疆地区古今各族的考古学;广义言之,则还包括我国古代边疆有关各族在今疆界外原有故土上的考古学文化遗存(这些今疆界外原有的故土,只是到近现代才被划出界外)。

中国边疆考古学文化,早在史前时期就已经与内地相邻地区的考古学文化有着千丝万缕的联系。这种联系随着时间的推移,在内涵上不断加深,在地域上不断扩大,其相互影响和渗透的关系,现在已成为考古学者们研究的重要课题。进入历史时期之后,边疆与内地考古学文化的关系,在史前时期的基础上更加密切。特别是汉唐时期以高度发达的文明和强大的国力,陆续将边疆地区(包括古今边疆地区,古代边疆地区现在有的已在界外)纳入中央政府的各种行政建置的统辖之下,使这种关系更升华到一个新的发展阶段。是时中央政府对边疆地区实行有效的治理,不断加强对边疆地区的经营与开发,使内地与边疆地区物畅其流,文化交融日益加深,从而为中华民族文化共同体和我国多民族统一国家的形成和发展奠定了坚实的基础。

从位于我国边陲的陆疆地区来看,其境域辽阔,古今多为少数民族聚居区或杂居区。因此,陆疆地区的考古学以古今各少数民族考古学文化为主体,文化面貌个性鲜明,大都自成系统,有一定的特殊性。但是,若从中国考古学总体上看,认真分析研究考古学文化之间的关系,就会发现陆疆地区的考古学文化与内地考古学文化又是紧密相连的。两者不仅在考古学文化的分布上地域相接、犬牙交错(包括边疆民族考古学文化之中所夹杂的以汉文化为主要特征的考古学文化区,以及汉文化与民族文化的混合分布区,如新疆古代的楼兰地区和高昌地区等);而且在文化内涵上,也是你中有我,我中有你,相互胶着,并逐渐朝多元一体的方向发展。所以陆疆地区的考古学文化,在历史的长河中由于各种亲和力的作用与不断的磨合,自然潜移默化地成为中国考古学不可或缺的有机组成部分。

我国的海疆地区,汉族广布,即使是少数民族聚居之地,也大多较早地划归中央政府的行政建置,汉人亦随之不断大量迁入。因而海疆地区的居民或以汉族为主体或占比例较大,汉族和少数民族杂居现象较多;甚至在一些少数民族的聚居区,汉文化也有相当的影响。在这种情况下,秦汉及其以后海疆地区的考古学文化,虽然也有较强的地方特色或民族特点,但总的来看,其主体考古学文化与中原地区考古学文化基本上是一脉相承的;或可以说是中原地区考古学文化的延伸或变体。

综上所述,可明确指出边疆考古学与中国考古学是局部与整体的关系,边疆考古学是中国考古学不可分割的有机的重要组成部分之一。因此,本篇将要探讨的中国边疆考古学与世界考古学的关系,实际上也是通过边疆考古学来探讨中国考古学与世界考古学的关系。

19.2 边疆考古学与世界考古学相互关系的背景

世界考古学,顾名思义,似可理解为现今世界各地诸国别(或地区)考古学荟萃并综合为一体的总称,中国考古学则是其中当然的主要构成之一。但是,由于本篇将要探讨中国边疆考古学与世界考古学的关系,故本篇再提到世界考古学时暂且将中国考古学除外,以示区别并形成对应关系,便于行文和叙述。

中国边疆考古学与世界考古学的关系,史前时期与历史时期迥然不同。在史前时期,世界各地大都是以不同的地理单元或邻近的诸地理单元为载体,以生活在这里的各种不同的人类群体为本位,形成各具特色的多元文化(在同一文化中,又往往有不同的文化类型)。是时各种考古学文化间的隔绝性较强,它们之间虽然也有影响和被影响的关系,但是囿于当时历史发展阶段的局限性,各种文化的辐射面和相互影响的程度都是极其有限的。就中国的史前时期而言,边疆地区的史前考古学文化,也只是与境内或境外(包括古代时期的境内和境外)相互邻近地区之间或有某种关系。然而,限于目前的研究水平,对这种或有的关系尚难以阐明。鉴于上述情况,以下所谈边疆考古学与世界考古学的关系,则仅限于历史时期。进入历史时期之后,各种考古学文化之间的关系,在不同的历史阶段也有很大的差别,但总的趋势是不断向前发展的。特别是相当于中国的汉唐时期,东西方诸国各族的社会发展较快,活动的范围不断扩大,不同文化间的接触和相互影响日益加深,彼此间的各种交流也逐渐频繁,致使亚欧大陆各主要的文明地区之间大都程度不等地发生某种或直接,或间接,或辗转相关的一些双向和多边的联系。这种联系反映在考古学上,就是考古学文化之间的关系。

中国考古学与世界考古学的关系,大多是以边疆地区为先导和媒介,通过边疆地区内联外引,渐次将内地文化传到域外,又将域外文化传到内地的形式进行的(在此过程中,边疆考古学文化亦处于这种交流与传播的影响之中)。这是因为边疆考古学所涉及的地域位于我国版图的周缘,四面八方与许多国家和地区接壤或隔海相望。这种地缘优势,使边疆考古学文化与周边诸国邻近地区考古学文化自然有较密切的关系。其次,从历史上看,我国现在的国界大都是近现代才划定的,因而我国边疆地区古今有关各族的故土,在很多地段还有相当广阔的面积在今疆界之外。这样就导致我国现在边界内外有大片地区一些时段的考古学文化或相同,或近似,或有某种亲缘关系(实际上世界各国间近现代人为划定的国界,均不是区分考古学文化的当然界标)。上述情况表明,我国边疆考古学文化与周边诸国邻近地区考古学文化的关系是全方位的。在一定意义上和特定的情况下,可以说它们之间的考古学文化关系是有某种内在联系而自然接轨的。

但是,面对上述全方位的关系,本篇在有限的篇幅内不可能也无

·欧·亚·历·史·文·化·文·库·

必要都进行论述。大家知道,世界古代文化在东方以中国为中心,在西方以希腊罗马为中心,古代其他主要文明地区大都在中国与罗马之间或在其以远的延长线上。从古代中外文化交流来看,其中交流最频繁,对中国古代文化影响最大,同时通过这种交流中国古代文化又造成世界性影响的,则非中西文化交流莫属(参见下文)。而世界考古学作为古代人类文化的主要载体,其具有世界性和代表性的典型构成态势,亦与上述主要文明地区的分布情况相同。因此,以世界古代文化交流为底蕴所形成的考古学文化之间的关系中,最为我国学术界所关注并具有代表性和世界性影响的,同样也是中西考古学文化之间的关系。所以我们现在无论探讨边疆考古学还是中国考古学与世界考古学的关系,无疑均应以上述范畴为主。在这种情况下,本篇所谈边疆考古学与世界考古学的关系,就可基本上限定在今新疆、中亚、南亚、西亚、小亚细亚,向西直至罗马和北非(汉唐时期与北非是间接关系,宋元明时期则直接交往)的考古学范围之内(与东北亚、北亚和东南亚考古学的关系拟另文讨论)。

那么,上述中西文化交流关系是如何发生的呢?我们认为主要是以汉唐及其西边的安息、萨珊王朝和罗马等国强大的国力和高度发达的文明为基础,以汉唐与上述诸国在地缘上逐步靠近为条件,最后是有关各方强烈的互通有无的需求使然。若具体言之,造成这种交流态势又是与当时的历史背景密不可分的。兹略述如下。

(1)汉唐依托于今新疆地区大力向西拓疆,其势力范围先后扩展至今中亚(本篇所说的中亚地区,系指前苏联中亚五国、阿富汗和巴基斯坦北部一带)绝大部分地区,唐代还在中亚广置羁縻性质的都督府(唐在东起阿尔泰山,西至咸海的原西突厥控制区设置羁縻都督府较多;在阿姆河以南至今阿富汗北部的16国中也置羁縻都督府,向西直至波斯境内)。今中亚地区介于北亚和南亚,今新疆与西亚之间,地处要冲,故中亚很早就成为上述地区之间的交通和商贸的通道。特别是波斯(波斯帝国地跨亚、欧、非三洲)居鲁士二世于公元前545年,马其顿(位于希腊北部,地跨欧、亚、非三洲)亚历山大大帝于公元前330年至前 327 年,塞琉西王国(中心区在今叙利亚,中国史书称条支)于公元前 312 年至前 3 世纪中叶相继侵入和统治中亚南部地区以后,中亚与上述诸国所涉及的地域之间的交通、贸易和文化上的联系更加紧密。其中亚历山大大帝入侵中亚后,有大量希腊人移居中亚地区。而塞琉西王国统治中亚时期则实行殖民政策,向中亚大量移民(希腊和马其顿人等),所以这时中亚南部的文化具有浓厚的希腊化色彩。此后大月氏灭大夏建立贵霜王朝,又以佛教为中介与印度建立了密切的关系,并形成了著名的希腊化的犍陀罗佛教艺术(按在迦腻色迦王时期,贵霜将中心区移到古代印度西北部的犍陀罗地区,定都于布路沙布罗,即今白沙瓦。犍陀罗相传为古印度十六列国之一,后沦为波斯行省,又曾属马其顿管辖,公元前 305 年则被印度孔雀王朝夺回。公元前 190 年巴克特里亚即大夏的希腊人征服犍陀罗地区)。由于上述种种情况,中亚地区除当地原有的文化之外,很早就成为西亚(以波斯文化为主,此外还有两河流域文化等)、南亚(以印度为主)、北亚(以游牧文化为主)和欧洲(以希腊文化为主)以及由波斯、马其顿和塞琉西而间接传来的各种文化的荟萃之地。因此,当汉唐势力到达中亚地区后,一方面带来了高度发达的汉文化,并由此渐次向西传播;另一方面,又接触和亲自体察到了中亚地区的上述诸种文化,通过直接引进或各种交流而传到今新疆并渐渐深入内地。可以说汉唐时期今新疆地区文化的繁荣与此密切相关,同时这种交流对汉唐时期内地文化的发展也起到一定的作用。此外,汉唐势力到达中亚地区后,又相继与安息、贵霜和萨珊王朝等建立了较密切的关系,同时与罗马帝国和后来的东罗马帝国亦有间接关系,它们之间的经济文化交流也不断发展。总之,汉唐时期的中西文化交流,汉唐经营西域及其势力在中亚的存在是前提,中亚的文化状况和它的中介作用是关键。[1]

(2)原居我国境内的一些游牧民族西迁中亚地区,在中西文化交流过程中也起到一定的促进作用。比如,乌孙、大月氏(或包括昭武九

---

〔1〕孟凡人:《丝绸之路史话》,中国大百科全书出版社,2000 年。

姓,后来成为粟特的主体)、匈奴、呎哒和西突厥等,先后西迁今中亚地区后,不仅将自身的游牧文化,而且还将其所接受的汉文化也带到了迁居的地区。后来这些西迁诸族相继立国,并将其自身的文化,以及他们与波斯、印度和罗马等交往过程中吸收的多种文化因素融于当地文化之中,遂创造出新的文化。由于这些西迁诸族原居我国境内,汉唐势力到达中亚后以旧缘为基础与他们建立了较密切的关系。因而这些西迁诸族在中西文化交流过程中,起到了重要的推波助澜的作用。此外,后来匈奴又有相当部分西迁至东欧草原,西突厥的一支还迁到小亚细亚,他们在东西文化交流中同样起到了程度不等的作用。

(3)汉代打通丝绸之路以后,以丝绸之路为纽带,将汉唐时期的中国与中亚、南亚、西亚、欧洲乃至北非等重要文明地区的相关诸国各族维系在一起。与此同时,由于罗马帝国对中国丝绸的渴望和大量的需求,以及安息和萨珊王朝等在中国与罗马之间做丝绸中间贸易所获巨额利润的驱动,遂成为他们竭力与中国交往的主要动因。于是以丝绸之路为主要渠道,在丝绸贸易的带动下,丝路沿途诸国各族之间展开了频繁的经济文化等各种交流活动。[1]

(4)起源于南亚和西亚的宗教也沿丝绸之路不断向东传播到我国的新疆和内地,因而其各种有关的文化艺术等亦随之大量东渐。对宗教的狂热,使其传播的势头十分强劲;同时我国接受这些信仰的僧徒,更以虔诚之心大量西行求法。从而成为中外文化交流史上最辉煌的一幕,对我国文化的发展起到了非常重要的作用。

总之,上述情况表明,我们谈边疆考古学与世界考古学的关系绝不是空穴来风,而是有充分事实依据的。其中特别是以今新疆为桥梁,以今中亚等地区为主要媒介的中西文化交流,更有着深刻的历史背景为依托,有丰富的文化内涵作保证,因而为中西文化交流考古学奠定了坚实的基础,使这些地区成为现在研究边疆考古学与世界考古学关系的宝库。

---

〔1〕孟凡人:《丝绸之路史话》,中国大百科全书出版社,2000 年。

19.3 "丝绸之路"是连接边疆与世界考古学的 主要渠道和纽带

古代中外文化交流的渠道是多方面的,并因时代的不同而有所差异。但是,其中持续时间最长、联系地区最广、涉及面最宽、文化关系最密切、内涵最丰富、最为世人瞩目的渠道,则莫过于前述背景之三提到的丝绸之路。现在中国边疆和内地考古学文化与世界相关地区考古学文化之间的联系,绝大部分都是通过丝绸之路所进行的具体而又有实效的各种文化交流结果的反映。

丝绸之路有陆路和海路之别。关于陆路丝绸之路,并非是自古以来就一直畅通的,而是有一个发展的过程。总的来看,中亚地区的交通本来就有较好的基础,其与外界交通线的开通也很早。比如,在波斯入侵中亚过程中,他们出于政治、军事和商贸活动的需要,修筑了四通八达的驿道。其中从巴比仑穿越伊朗高原到巴克特里亚和印度边境的大道,可与从小亚细亚沿岸的以弗所经撒尔迪斯,通过美索不达米亚的中心区,到达帝国首都苏撒城(迪兹富尔西南)的波斯"御道"相接(此后亚历山大大帝和塞琉西王朝时期,中亚与外界的交通又有所发展)。而上述交通线又可与罗马帝国从本土向东延伸到两河流域的罗马大道(罗马大道交通线较多,谚语说"条条大道通罗马",到两河流域者只是其中之一)对接,并辗转通向欧洲其他地区和北非(罗马大道通向大不列颠、多瑙河流域、西班牙和北非)。上述情况表明,在汉通西域之前,中亚地区早已形成了通向南亚、西亚、小亚细亚和欧洲(并可间接通向北非)的交通格局。但是,汉通西域以前在中亚之东的塔里木盆地则不然。这个阶段的塔里木盆地由于被高山环绕,盆地内遍布沙漠和戈壁,道路险阻,小国林立,交通不便,故难与外界沟通,基本上还处于封闭状态。其次,河西走廊和天山北麓至中亚一线,大部分是游牧地区,道路又经常被匈奴阻断,亦难于通行(但此线为游牧民族迁徙之路)。因此,这时中亚和塔里木盆地之间除了个别的民间往来外,真正从交通角度来看,可以说东西方之间仍是互相隔绝的。但是,当张骞凿空引发汉通西域后,情况则为之一变。特别是在汉置西域都护府之后,逐渐统治了塔里木盆地诸国,渐次建立了长安经河西走廊到塔里木盆地的诸国较完整的交通体系,并将其延伸到势力所及的中亚地区,使之与前述中亚各有关的主要交通线对接联网,这样才逐步形成了近代以来所称的丝绸之路。[1]

丝绸之路至唐代发展到高潮(天山北路也全线开通),从宏观上看,汉唐时期的丝绸之路自其都城长安或洛阳(其为都城之时)向西进发,经河西走廊、今新疆、中亚(又从帕米尔转向南亚的印度)、西亚、小亚细亚,直到通向罗马(从此又可通向北非)的丝路沿途,将古代和中世纪的世界大国(即汉朝、安息、贵霜、罗马帝国;唐朝、萨珊王朝、东罗马帝国和稍晚的阿拉伯帝国等)都串联起来。从而通过丝绸之路(包括各主要支线)将当时东西方各主要文明中心和文明地区,各主要政治中心和商贸中心,各种主要的著名城镇均维系在一个特定的范畴之内。使丝绸之路成为一座绵延万里,长达千年,浓缩着当时世界史和人类文明史主要精华的大舞台。在这座大舞台上,由于东方的汉至唐朝,西方的罗马帝国和东罗马帝国,处于其间的安息和萨珊王朝,以及相关诸国各族政治、军事、商贸、宗教和文化等方面频繁的互动,遂导致丝路沿途诸国各族间的各种交流活动高潮迭起,盛况空前。所以丝绸之路这种交通载体又变成了沿途诸国各族互通有无,物畅其流的商贸之路和物种传播之路;成为他们互相学习、相互影响的文化艺术和科技交流之路;成为他们彼此不断增进了解的友谊之路;成为沿线诸国进行政治交往的使节之路;成为沿线各族魂系天国,传播各种宗教的神灵之路。此外,丝绸之路还是民族迁徙之路(见前述),也是游牧民族和农耕民族交融之路(主要在今新疆、中亚和西亚地区);同时又是沿线诸大国间风云变幻的政治斗争之路,进行长期角逐大动干戈的战争之路(如罗马与安息和萨珊王朝间旷日持久的政治斗争和战争等)。

---

〔1〕孟凡人:《丝绸之路史话》,中国大百科全书出版社,2000 年。

丝绸之路诸如此类的各种重要作用,都在丝路沿线打上了深深的烙印,成为这个时期世界历史和人类文明史的主要标记之一。这些烙印和标记,就是我们现在探寻中国边疆和内地与丝路沿途诸国各族,以及丝路沿途诸国各族间考古学文化内在联系的主要依据。因此,丝路便成为连接上述各方考古学文化的主要渠道和纽带。

丝绸之路的繁荣景象在唐代之后,由于历史的原因而走向衰落。此后到了元代,陆路丝绸之路又一度复兴。是时以蒙古人建立的各汗国为纽带,元朝与中亚、西亚和欧洲建立了较密切的关系,文化交流和商贸活动也随之有较大的发展。然而,这只是昙花一现的落日辉煌,随着元朝的灭亡,陆路丝绸之路也就基本完成了它的主要历史使命。

关于海上丝绸之路,它同样肇始于汉代,到唐代海上丝绸之路不断发展,已使我国的航海事业和海外贸易处于世界领先地位(汉唐时期,罗马为打破安息和萨珊王朝对丝绸贸易的垄断,故又在海上与中国到印度和波斯湾地区的商船进行大宗丝绸贸易,所以与此有关的海路又称为海上丝绸之路)。这样在唐代之后,由于陆路丝绸之路的衰落,海上丝绸之路遂取代了陆路丝绸之路的地位,而成为东西经济文化交流的主要渠道。海上丝绸之路的盛期在宋元明之际,至明代郑和下西洋时已达到当时世界航海事业和海外贸易的顶峰,因而成为世界航海史和海外贸易史中的里程碑。这个时期海上丝绸之路的兴盛和繁荣,又将中国的海疆地区与东北亚、东南亚、南亚、波斯湾地区、阿拉伯半岛,直到北非、东非海岸各国和地区串联起来,使中国与上述地区之间的商贸活动和文化交流不断发展,与沿途各种文明建立了广泛的联系。其中尤以宋元明时期中国文明与波斯湾直至非洲的伊斯兰文明之间频繁的各种交流,对双方影响最大。特别是当时中国出口的大量瓷器,又将两者的考古学文化紧密相连,并造成较强的世界性影响。[1]

总之,上述情况表明,陆路和海上丝绸之路,乃是古代中外文化和

---

〔1〕马文宽、孟凡人:《中国古瓷在非洲的发现》,紫禁城出版社,1987 年。

·欧·亚·历·史·文·化·文·库·

经济等方面交流的必由之路。在这两条丝绸之路沿线或沿岸,所保留的中外各种交流的遗迹和遗物,是中国考古学文化(包括边疆地区)与世界考古学诸相关地区考古学文化关系的主要物证,并成为中外文化交流考古学的重要内涵。因此,丝绸之路无疑是研究中外考古学关系的主要学术平台。

19.4 以丝路为载体的中外考古学关系的主要内涵

在古代我国边疆地区是接受域外文化的首站,并将域外文化传至内地(是时域外文化直接传入内地者较少),同时又将内地文化传向域外。当时这种文化交流主要是通过丝绸之路进行的,其表现在考古学上就是我国边疆考古学和内地考古学与世界考古学相关部分的关系。下面就此拟"以丝路为载体的中外考古学关系的主要内涵"为题,择要略作概括介绍。

汉唐时期,以长安至罗马的丝绸之路为载体的中西文化交流,内涵比较丰富,其中我国输往西方的物品最被称道最有代表性的是丝绸。中国是丝绸的故乡,养蚕、缫丝和织绸是我国古代的伟大发明创造。蚕丝具有强韧、弹性、纤细、光滑、柔软、光泽、易于染色等特性。用蚕丝织成的丝绸又有坚韧细致、富有光泽、柔软爽滑、色彩鲜艳(染色)、纹样斑斓、高雅华贵等特点,可做各种服装面料,并适于刺绣和做装饰品,用途十分广泛。丝绸这种内在素质与实用性和美学的高度统一,使之一传出国门(大都是中亚等地商人从新疆或内地贩运。此外,还有其他途径),就立即引起轰动,丝绸热迅速蔓延,很快便风靡亚欧大陆和北非。在此后的广泛而持久的丝绸热中,表现最突出的是罗马帝国和后来的东罗马帝国。当时罗马人千方百计地到处搜罗丝绸(罗马人最初将中国的素色丝绸拆散,再染色织成具有本地特色专供上层社会需要的绫绮,后来则主要进口中国蚕丝作丝织原料。当时在贝鲁特、推罗和西顿等城市有较发达的丝织业),其热衷丝绸的程度已到无以复加的地步。是时罗马人的衣着、葬俗和宗教装饰等许多方面无不与丝绸有关。由于丝绸的影响深深地渗透到罗马社会生活和意识形态之中,使丝绸的消费量不断巨增。因此,丝绸税和丝绸价格浮动的情况,甚至影响到帝国政府的经济决策,并成为判断帝国政府政治方面吉凶的重要征兆之一。丝绸对罗马如此重要,然而罗马却不能从中国直接获取丝绸,这是因为当时位于丝路要冲的安息和后来的萨珊王朝为了获取丝绸中间贸易的巨额利润,阻断了罗马与中国的直接交往,垄断了对罗马的丝绸贸易。所以在罗马和安息及萨珊王朝之间展开了一场旷日持久的、争夺丝绸直接贸易权的激烈角逐,为此还引发了多次战争。到公元 6 世纪中叶,东罗马帝国得到从中国偷走的蚕种之后,这种角逐才告结束。总之,养蚕、缫丝和织绸是中国对世界的重要贡献,产生了极其深远的影响。因而丝绸西传成为世人铭刻于心的大事,不仅古代的希腊罗马将中国称为"丝国"(Serice,音译为"赛里斯"),以后历代各国均将丝路沿途发现的中国丝绸视为考古珍品,而且晚至近代西方学者还据此将当时的东西交通大动脉命名为"丝绸之路"。从此丝绸西传的重大历史意义伴随丝绸之路一称更是享誉全球,永世长存。[1]

除丝绸之外,这个阶段还有造纸术的西传。纸是中国古代四大发明之一,魏晋时期今新疆已开始大量使用纸文书(如楼兰纸文书)。此后,经今新疆地区可能已有少量的纸逐渐传到中亚(如粟特地区)、西亚(如波斯)和南亚(如印度)部分地区。但是,造纸术的西传却较晚。现在一般认为,751 年唐朝与大食在怛逻斯之役中战败,被大食俘获的唐军中有造纸匠(同时被俘的杜环所著《经行记》中,还记有织工、金银匠、画匠等在大食重操旧业),于是在撒马尔罕兴建了造纸厂。此后直至 1100 年间,又相继在巴格达、大马士革、开罗和摩洛哥的非斯等地建造纸厂,造纸术在中亚、西亚和北非的阿拉伯文化圈内逐渐盛行起来。此外,阿拉伯生产的纸传到欧洲也较早(西班牙境内出现纸不迟于 10 世纪),但到 12 世纪时阿拉伯人才将造纸术传入西班牙,又于 13 世纪

---

〔1〕孟凡人:《丝绸之路史话》,中国大百科全书出版社,2000 年。

427

传入意大利,而后逐渐传遍欧洲。总之,纸的发明是中国对人类社会的伟大贡献,造纸术的西传对推动阿拉伯世界、欧洲和世界文化的发展,产生了不可估量的巨大作用。[1]

汉唐时期经过丝绸之路东传者,以东汉之后陆续东渐的各种宗教最为重要。如佛教(源于印度)、景教(基督教聂斯托利派,由叙利亚人经波斯传入我国)、摩尼教(源于波斯)、祆教(琐罗亚斯德教,又称拜火教,源于波斯)和伊斯兰教(源于阿拉伯半岛)等。这些宗教均首先传入今新疆地区,然后逐渐传至内地,对我国产生了极其深远的重要影响。[2] 众所周知,宗教不仅是一种信仰,同时也是一种文化(宗教文化内涵比较宽泛,除宗教经典外,一般多以各种文化艺术为主要的外在表现形式,凡此所涉及的领域,大都代表了当时的最高水平),宗教信仰与宗教文化相辅相成,互为依托,是一个不可分割的整体。所以宗教的传播,往往是信仰与宗教文化相伴同步进行的,即随着宗教信仰的传播,同时也将其发源地和传播所经地区的宗教文化一并传来。今新疆地区是古代世界各种主要宗教的汇聚之地,其中尤以佛教最为重要。佛教大约在东汉之后从罽宾(《大唐西域记》称迦湿弥罗,即今克什米尔)传入今新疆地区,其盛期在魏晋至唐代(吐鲁番地区延续至宋元时期)。佛教的特点是偶像崇拜,必须建佛寺(包括石窟寺),绘佛画,雕塑佛像。因而随着佛教的传入,也先后传来了犍陀罗佛教艺术(即希腊化或希腊—罗马化的佛教艺术),印度笈多艺术、阿富汗和粟特佛教艺术、萨珊波斯艺术,以及随之而来的音乐(包括乐器)和歌舞等。[3] 对这些域外传来的文化艺术,古代新疆各族以虔诚的信仰,极高的悟性不断消化吸收,使这些外来文明与当地文明有机结合,逐渐融为一体。从而创造出艺术精湛、灿烂辉煌,既有外来影响烙印,又极具本地特色,举世闻名的佛教艺术(佛寺、石窟寺建筑、佛画、佛像雕塑等)。凡此又继续东传,遂成为内地的佛教和佛教艺术的主源之一(此

〔1〕潘吉星:《中国科学技术史·造纸与印刷卷》,科学出版社,1998年。
〔2〕沈福伟:《中西文化交流史》,上海人民出版社,1985年。
〔3〕沈福伟:《中西文化交流史》,上海人民出版社,1985年。

外,佛教也从海路传入内地)。因此,内地的佛教和佛教艺术,乃是以今新疆为媒介首先感受到上述诸地区的影响(此后内地又与印度和犍陀罗等地区展开了较频繁的双向交流)。待到唐代,内地的佛教和佛教艺术在中国化的道路上日臻成熟,取得空前的发展,反过来又对今新疆地区的佛教和佛教艺术产生了较大的影响(以今吐鲁番地区为主)。总之,以佛教东渐为契机,今新疆地区魏晋至唐代的文化核心是佛教文化,其物化形态则是凝聚东西文化交流成果的佛教艺术。这个时期内地的情况也有类似之处,只是表现的形式和程度不同而已。[1]

鉴于上述情况,佛教考古就成为新疆汉唐考古学中的主要内涵之一,同时在内地考古学中也占有很重要的地位。新疆和内地佛教考古学的重要特点,就是域外文化影响与本地文化不断融合,经过再创造而向浑然一体的新形式发展(各地程度不一)。就此而言,似可认为在佛教考古领域内,上述的新疆、内地和域外相关地区的佛教文化艺术之间,在其发展过程中已经自然接轨了。

传入今新疆地区的其他宗教,无论在持续的时间、传播的地域,还是所造成的影响等方面,均无法与佛教相比。佛教之外仅摩尼教(又称明教,3 世纪创于波斯)影响较大(景教、祆教和伊斯兰教暂略),但也主要限于高昌即今吐鲁番地区(焉耆、于阗等地区亦有发现)。摩尼教约在 7 世纪传入高昌地区,不久又传入内地。摩尼教的盛期在高昌回鹘时期,从摩尼教史来看,只有摩尼教成为高昌回鹘王国的国教之后,才真正迎来了摩尼教时代(10 世纪左右,高昌回鹘又改信佛教)。在吐鲁番地区发现有回鹘摩尼教寺院遗址(包括部分洞窟),出土了大量精美的摩尼教经典和绘画残件。由于粟特人在传播摩尼教上起了主要作用,所以这些摩尼教绘画可明显看出粟特的影响。吐鲁番地区发现的各种摩尼教资料,现在已成为研究摩尼教的世界级珍品。[2]

伴随着宗教的东渐,那些记录各种宗教经典及与宗教传播所经地

〔1〕王镛主编:《中外美术交流史》,湖南教育出版社,1999 年。
〔2〕孟凡人:《新疆考古与史地论集》,科学出版社,2000 年;《高昌壁画辑佚》,新疆人民出版社,1995 年。

·欧·亚·历·史·文·化·文·库·

区有关的梵文、佉卢文、婆罗迷文和粟特文等十余种南亚、中亚和西亚的文字也相继传入今新疆地区。由此又引起当时新疆各族使用或借用这些文字而创制出新文字,如鄯善国在公元3世纪中叶至4世纪中叶使用佉卢文(于阗等也使用过),以后其他地区又借用婆罗迷文系统的笈多斜体字形成了于阗文、龟兹文和焉耆文,回鹘时期还采用粟特字母创造了回鹘文。其中鄯善将佉卢文字写在形制源于内地的简牍上(少量写在羊皮上),简牍的封泥押印西方图案戳记或汉文印文;其他文字多为纸文书且有不少与汉文合璧的双语文书。上述情况表明,域外文字的传入不仅有助于宗教的传播,而且在当地民族使用汉字的同时,又促使其使用多种域外文字,并开创了当地出现不同民族文字的新纪元,从而跨入了使用本民族文字的新时代。

随着文字的传入及东西方贸易和各种交流的发展,当时新疆各族在广为使用内地钱币的同时,又走上了自造钱币的新阶段。如于阗先后出现了形制源于内地的汉文"于"文钱和佉卢文五朱钱,最后又自造汉佉二体钱。汉佉二体钱铜质,打压,圆形,无孔,无周郭;背面中间有马或驼纹,外圈有佉卢文铭文带,这些特点均仿贵霜钱币。二体钱正面以内地衡制"铢"为单位,用汉文标明重量为"重廿四铢铜钱"和"六铢钱",但大小钱的比率为4:1,又是仿贵霜钱币制度。此外,龟兹还出现了形制源于内地的龟兹文和汉文二体钱。至于流入新疆(少数流入内地)的贵霜和东罗马等钱币,是否成为当地流通的货币,学术界尚有不同的看法。但贵霜和东罗马钱币均被当地仿制,东罗马金币的仿制品主要发现于吐鲁番,并多出于阿斯塔那墓地死者的口中。有的学者认为,这种死者口含仿制东罗马金币现象似受古希腊葬俗的影响(我认为不尽然)。凡此结合前述域外文字传入及其结果来看,清楚地反映出,东(汉文化)西方文化与古代新疆当地文化三者有机融合的情况。

除上所述,在丝绸大量西运之后,波斯的丝织业也发展起来,并向今新疆地区输出,吐鲁番出土文书将其称为"波斯锦"。波斯锦的特点是纬锦,图案多联珠纹、对禽和对兽纹等。其纬锦织造工艺和图案对古代新疆乃至内地都产生了较大的影响,如在吐鲁番出土有我国生产的具有中国特点的波斯式锦,新疆的石窟寺壁画中也不时出现有当地特色的萨珊式联珠纹和禽兽纹等。[1] 此外,还有中亚和西方的金银器、玻璃器等产品及其制造工艺亦较多地流入今新疆地区和内地,并产生了较大的影响。总之,上述诸种情况表明,无论是宗教的传布,还是传入的各种文化艺术和物质文化,在今新疆和内地大都经过了一个消化、吸收、改造、发展和创新的过程(在此过程中有的则被淘汰),最后达到了"洋为中用"的目的。从而成为我国物质文化的重要组成部分,变成中国考古学和边疆考古学的内涵之一。因此,在中华文明的宝库中,同样也有其他国家人民智慧的贡献,这是我们现在研究中国考古学与世界考古学之间关系的重要基础之一。

唐代之后中外文化交流的重点转移到海上,这时中国向外输出的主要是瓷器。瓷器是中国古代具有世界意义的伟大发明之一,其大量外销集中在宋元明时期。外销的地区除东北亚外,大都销往东南亚、南亚、波斯湾地区、阿拉伯半岛、北非和东非的沿岸地区,外销到上述地区瓷器的数量十分惊人(如埃及福斯塔特所出中国古瓷片即数以万计)。由于中国瓷器将广泛的实用性和美学效果寓于一体,精致典雅,令人赏心悦目,加之又有易保存、耐酸碱、洗涤方便、质优价廉等特点,所以中国瓷器一出现在国际贸易的舞台上,很快就成为继丝绸之后的一种新的世界性商品,中国因此又荣获"瓷国"的美誉。中国瓷器对世界的影响,可以东非和北非为例略作说明。据现有的研究成果,已知中国瓷器不仅成为这些地区的日常用品,而且还普遍用作当地建筑、清真寺和柱墓(东非中世纪穆斯林的墓葬,多在墓前用石头砌成巨大的石柱作为墓标,故称为柱墓)的装饰,大量用于室内陈设,并被当作墓葬的主要随葬品之一。由此又进而引发了当地食具和饮食方式的改变,促进了当地模仿中国瓷器的伊斯兰陶器的形成和发展。可以说中国瓷器的影响已渗透到当地穆斯林社会的机体之中,瓷器逐渐普及到多数

---

〔1〕中国社会科学院考古研究所编辑:《夏鼐文集》中、下卷,社会科学文献出版社,2000年。

家庭,因而成为当地伊斯兰物质文明的有机组成部分之一。[1] 总之,由于中国瓷器大量外销,使之变成世界性的重要物质文化,并促进了世界各国制瓷业的产生和发展,这是中国古代对人类文明的又一伟大贡献。正因为如此,那些地下埋藏或传世有大量中国古瓷的国家和地区,大都将中国古瓷作为本地考古学的内涵之一,并将其视为考古断代的重要参照物。同时由于中国古瓷的巨大影响,还引发了全球性的收藏和研究中国古瓷的热潮,经久不衰。有鉴于此,学术界又将宋元明时期的海上丝绸之路称为陶瓷之路。

此外,唐代之后中国文化对世界的影响又远在瓷器之上的是印刷术、指南针和火药的西传。此三者均肇始于唐发展于宋代,它们与纸合称为中国古代四大发明。印刷术(唐代有雕版印刷、宋代发明活字印刷)、指南针和火药西传的时间和传播的路线,学术界尚有不同看法,在此不作讨论。但总的来看,西传主要集中在宋代和蒙元时期,西传后对世界文明的进程产生了无与伦比的影响。马克思指出:"火药、指南针、印刷术——这是预告资产阶级社会到来的三大发明。"[2] 17 世纪西方学者也说四大发明"已经改变了整个世界的面貌和事物的状态"。[3] 学术界普遍认为,纸和印刷术解放了人类的思想,成为欧洲文艺复兴、宗教改革和科学革命兴起的必要前提。[4] 总之,中国的四大发明震撼了世界,推动了世界文明发展的进程,并将世界史引入新的时代。因而世界各地有关四大发明传播期不同发展阶段的主要遗存,就成为中外文化交流考古学极其珍贵的重要资料。

综上所述,归纳言之,可将历史时期的中外文化交流分为前后两大阶段。第一阶段,汉唐时期以陆路丝绸之路为主,海上丝绸之路为辅进行中外文化交流。是时我国向西输出者以丝绸为代表,域外东传者主要是以佛教为代表的各种宗教,以及随之而来的各种文化艺术。从

〔1〕马文宽、孟凡人:《中国古瓷在非洲的发现》,紫禁城出版社,1987 年。

〔2〕马克思:《机器·自然力和科学的应用》,人民出版社,1978 年。

〔3〕转引潘吉星:《中国科学技术史·造纸与印刷卷》绪论所引培根《新工具》(Francis Bacon, Novum organum,1620)一书,科学出版社,1998 年。

〔4〕潘吉星:《中国科学技术史·造纸与印刷卷》,科学出版社,1998 年。

考古学上来看,域外宗教和各种文化艺术传入我国后,所形成的考古遗迹和遗物已成为中国考古学的主要内涵之一,并成为中国考古学与世界考古学在内涵上相连接的主要纽带。而中国外传的丝绸虽然数量多、意义大,但丝绸难以保存,丝路沿途诸国有关中国丝绸的考古资料有限,中国这时外传的纸等物品(其他还有漆器、铁器、铜镜等日用品)被保留者也很少。两相比较,表现在考古学上,这个阶段主要是域外文化(主要指今新疆以西地区)对中国的影响。第二阶段,宋元明时期以海上丝绸之路(陶瓷之路)为主,陆路丝绸之路(主要在蒙元时期)为辅进行中外文化交流。这个阶段中国向外输出者以瓷器为主(仍有大宗丝绸贸易),域外输入者以各种香料和宝货为主。从考古学上看,域外传入的香料和宝货等很难形成考古资料,而中国外销的瓷器数量多,持续时间长,易保存,影响大,故成为考古资料(此外,再加上四大发明所形成的考古资料),并成为中国考古学与世界考古学在内涵上相联接的主要纽带。因此,这个阶段表现在考古学上,主要是中国文化对域外的影响。此外还应指出,自汉迄明中外文化交流不断发展,地域逐渐扩大,内涵日益丰富。对此已有许多论著介绍了中国古代与亚欧草原地区、中亚诸国、印度、波斯、两河流域、阿拉伯半岛、罗马、东罗马、埃及和东非等地区的各种交流情况。[1] 但是,其中大都属于中外文化交流史范畴,可形成考古资料者很少,故本篇对此不再赘述。

19.5 开展边疆考古学、中外文化交流考古学和世界考古学研究的重要性

19.5.1 边疆考古学的重要性

边疆考古学,是研究和复原边疆地区及有关各族古代历史和文化的基础学科。因此,无论从学术还是从政治的角度来说,其重要性都是不言而喻的。仅就考古学范畴言之,边疆考古学乃是关系到中国考古

---

〔1〕沈福伟:《中西文化交流史》,上海人民出版社,1985 年。

学在地域上能否包括我国全部领土(古今少数民族大都居于边疆地区。现在各少数民族居住区,约占我国总面积的 50% ~ 60%),在文化内涵上能否包容汉族以外所有各少数民族的考古学文化,以形成完整的中国考古学体系的大问题。大家知道,自 20 世纪 50 年代末考古学界提出建立中国考古学体系以来,迄今还远未完成,其中边疆考古学的发展严重滞后即是主要症结之一。以此为鉴,可以说作为各少数民族考古学文化主要载体的边疆考古学发展的情况,今后仍然是制约中国考古学体系能否形成的关键。因此,在新的世纪里,我们必须将边疆考古学的重要性提到战略高度,制定切实可行的规划和措施,并尽快落实到位。只有这样,边疆考古学才能有一个大发展,才能使边疆考古学这个尚未充分开发的"富矿"成为孕育滋生中国考古学学术生长点和前沿性课题的沃土,加速中国考古学体系的形成和发展。

其次,前已说明中国边疆考古学与世界考古学相关部分有着多方面的联系。这些联系既取决于内地文化延伸到边疆地区,并通过边疆地区将其影响传向域外;也取决于域外文化渗入边疆地区,又通过边疆地区将域外的影响传到内地;同时还与内地和域外之间的直接交流密切相关。在这种情况下,经过不断的往复和深化,现今从内地、边疆和域外相关地区考古学文化内涵之间的关系来看,在一定程度上多少都具有某种多样性、持续性、紧密性、渗透性、融合性、转化性、深远性和延伸性。而此种情况的形成和发展,边疆考古学文化重要的中介作用是关键,功不可没。所以边疆考古学犹如一把双刃剑,无论在中国考古学中,还是将其纳入世界考古学范畴来看,都占有独特而重要的地位。

19.5.2 了解和研究世界考古学的意义

随着信息时代的来临以及经济全球化、科学技术研究国际化进程的加快,包括考古学在内的人文科学研究也正在走向国际化。在这种情况下,国外考古学界出现了许多值得注意和重视的新动向。现在国外考古学界的新发现、新成果、新观念、新理论、新技术、新方法、新模式、新规范层出不穷;考古学传统的分支学科正在发生新的变化,面临着重新组合;在不同层面上新的交叉学科不断涌现;考古学与诸人文社会科学、自然科学和现代科技的结合及其相互渗透的程度日益加深;考古发现和研究与现代社会发展的关系也在探索之中;各种学术交流蓬勃发展。可以说国际考古学新的共性正在逐步形成,并已开始走上全新和全方位的发展之路。面对这种情况,中国考古学研究必须彻底打破封闭状态,加强国际学术交流,全面了解、认真研究世界考古学新的发展状况,取其精华,去其糟粕,为我所用,迎头赶上,尽快融入世界考古学发展总趋势的洪流之中。只有这样,中国考古学才能跟上时代的步伐,创造出一条有中国特色的、符合时代特点和要求的发展之路。

除上所述,了解和研究世界考古学对中国考古学还有以下几个作用:(1)考古学是以人类古代物质文化为研究对象的,世界各国、各地区和各民族的古代物质文化,在不同的历史时期均有自己的发展模式和特点及其演变规律。但是,任何一个国家、地区和民族的古代物质文化又不是在绝对封闭、与世隔绝的状态下孤立发展的,而是相互之间总有这种或那种联系和互相影响的关系。因此,在人类历史的长河中,其物质文化的发展轨迹也有一定的共性。这种共性,对世界考古学中的个案研究具有重要指导意义。因此,我们了解和研究世界考古学的主要目的之一,就是要努力寻找这种共性,以促进中国考古学研究的发展进程。(2)了解和研究世界考古学,可使我们从宏观上深刻认识人类古代物质文化发展的全貌,明确各个历史时期人类不同文明中心的地位和作用,进行横向和纵向的对比研究,探索其中的内在联系。这样才可能将中国考古学真正从内涵上深层次地置于世界考古学的框架之中,找准中国考古学在世界考古学中的坐标,使中国考古学与世界考古学由表及里地逐渐融为一体,为世界考古学体系的形成和发展做出应有的贡献。(3)"他山之石,可以攻玉",我们了解和研究世界考古学,有助于中国考古学与之相关领域(特别是与中外文化交流考古学相关的部分)研究的深入,并促进中国考古学与世界考古学中相似课题研究的进展。(4)了解和研究世界考古学,还可吸收国外考古学的经验,汲取国外考古学的教训,借鉴国外考古学的研究成果和研究

·欧·亚·历·史·文·化·文·库·

方法以及一切好的东西,从而开阔眼界,提高洞察力。这样既可拓展研究领域,增强中国考古学的底蕴,又可进一步确定中国考古学的奋斗目标和发展方向,迅速提高中国考古学的研究水平,尽快使中国考古学走上与世界考古学同步发展之路。

总之,只有了解和深刻认识世界考古学,中国考古学才能真正走向世界。中国考古学只有走向世界,才能与国外考古学真正接轨,彼此才能取长补短,互相促进;才能与中国古代辉煌灿烂的文明和我国的大国地位相称,才能与考古研究国际化的潮流相适应。因此,在新的世纪里中国考古学研究的进一步发展离不开世界考古学,所以开展世界考古学研究已是摆在我国考古界面前的重要任务之一。

19.5.3 着力开展中外文化交流考古学研究势在必行

古代中外文化交流的内涵十分丰富,它既包含文化艺术和科学技术,又包括与之俱来的意识形态(如各种宗教和属于哲学范畴的问题);其表现形式既有大量的物质文化,也有属于上层建筑领域的精神文化。通过这种交流,不仅沟通了古代几大文明中心的内在联系,将古代东西方的文化关系拉近了;而且在交流中还使人类的物质文明和精神文明更加发扬光大,并对参与交流的诸国各族产生了深远的影响。鉴于上述情况,以古代中外文化交流主要内涵为对象的考古学研究,可以说是一个具有相对独立,研究难度很大的特定范畴,故现在学术界又多将其称为中外文化交流考古学。

研究中外文化交流考古学,无论中国还是外国的考古学者,都必须以中国考古学和世界考古学诸相关部分为基础,只是其各自的立足点与取向和主要学术目的不同而已。其次,研究中外文化交流考古学,中外考古学者也都离不开中国边疆考古学这个重要的中介。如前所述,边疆地区乃是古代中外文化不断进行交流,相互加强影响的主要渠道和桥梁,从而使边疆考古学成为中外考古学文化的接轨点和互相联系的纽带,故边疆考古学又是研究中外文化交流考古学的重要舞台。所以自19世纪末以来,中国边疆考古学一直是世界性的热点研究领域,具有浓厚的国际化色彩,深受许多国家学术界的高度重视。因而百余年来大家辈出,代不乏人,为中国边疆考古学和中外文化交流考古学(包括中外文化交流史)研究奠定了初步基础。现在对上述领域的这种国际化的研究传统仍连绵不断,并有新的发展。此外,研究中外文化交流考古学,在研究方法上主要是进行中外考古学文化相关部分的比较研究,以期究明外来文化与本土文化间的影响和被影响关系,相互融合的程度和融合的模式及其主要作用。只有进行这种比较研究,中外学者才能对彼此传入的文化与本土文化的关系作出较合理的解释,才能逐步阐明中外考古学文化间的内在联系,才有可能建立中外文化交流考古学较完整的体系,并为促进本国和世界考古学研究的发展做出应有的贡献。总而言之,上述情况表明,中外文化交流考古学在内涵方面,乃是将中国内地—边疆考古学和世界考古学之间相关的考古学文化集于一身的综合性学科,而其所采用的比较研究方法,又可使这些相关的考古学文化建立内在的有机联系并融为一体。在此基础上,就有可能以宏观的视野,高视点、多角度地观察和研究问题,在更加深的层次上取得新的突破。如此不断积累,在中外文化交流考古学研究发展的同时,必然会促进中国内地·边疆考古学和世界考古学相关部分的研究。所以中外文化交流考古学研究不仅事关其自身的学科建设和发展,而且在上述的考古学研究领域中也占有很重要的地位。

除上所述,研究中外文化交流考古学对中国学者来说,还有更深层次的意义。因为研究中外文化交流考古学所必须涉及的边疆考古学和世界考古学,在不同程度上均属我国考古学者的薄弱环节。这些薄弱环节是制约研究中外文化交流考古学的主要瓶颈,同时又严重阻碍了中国内地考古学与中外文化交流考古学诸相关问题研究的进展。为改变这种状况,我们必须加强中外文化交流考古学研究。如是,必将会带动边疆考古学研究的发展,推动内地考古学与中外文化交流相关问题研究的进展,促使中国考古学者全面了解世界考古学,并有的放矢地研究世界考古学的有关部分,以达到由表及里,以点带面,不断深入,逐步掌握世界考古学精髓的境界。因此,研究中外文化交流考古学,既是促进边疆考古学和世界考古学研究的双赢之路,又是中国学者研究世界考古学可取得实效的捷径,同时也是中国学者走上世界考古学舞台的重要阶梯。总之,上述诸种情况更进一步表明,中外文化交流考古学乃是中国考古学与世界考古学接轨不可逾越的重要环节。所以无论从哪个方面来说,着力开展中外文化交流考古学研究都是势在必行。

上面简要阐述了开展边疆考古学、中外文化交流考古学和世界考古学研究的重要性与必要性,今后面临的就是如何落实的问题。我们相信,在改革开放的大好形势下,迎着新世纪的曙光,经过广大考古学者的努力,一定能完成时代赋予我们的光荣而艰巨的历史使命,为我国边疆考古学、中外文化交流考古学和世界考古学研究开创出一个辉煌的新时代,使中国考古学昂首走向世界。

(本篇初刊于《21 世纪中国考古学与世界考古学》,
中国社会科学出版社,2002 年)

20　论楼兰考古学

1876—1887 年,俄国军官普尔热瓦尔斯基到阿不旦一带进行地学等方面的调查,遂引起罗布泊位置之争,从此该地区就成为国际学术界关注的焦点之一。在这之后,1900 年 3 月瑞典学者斯文·赫定发现了楼兰故城;1906—1907 年、1914 年英国学者斯坦因又两次大规模地盗掘了楼兰故城及其附近的遗址和墓葬。以此为契机,中外学者掀起了研究楼兰考古学、楼兰史、楼兰地理学和相关学科的热潮,近百年来不断求索,经久不衰。然而,时至今日,由于楼兰考古工作长期停顿,无新资料支撑楼兰研究,故其神秘的面纱尚未全面揭开。在这种情况下,一些人为的炒作则大行其道,使之愈加神秘,更加引人注目。特别是近些年来,该地区的盗掘日益猖獗,遗址和墓葬被肆意破坏,大量前所未见的精美文物惨遭劫掠,因而又引起国家主管部门和学术界的高度重视,在中外学者和公众中反响强烈,重开楼兰考古工作的呼声迭起。有鉴于此,特撰是文,以飨读者。

20.1　楼兰道和楼兰地区

20.1.1　楼兰道

所谓楼兰道,系指连接敦煌和西域,以楼兰城东西一线为主要通道和分途点的交通干线而言。关于楼兰道,文献中表述最明确的是《三国志·魏书》卷 30 引《魏略·西戎传》所述:"从玉门关西出,发都护井,回三陇沙北头,经居卢仓,从沙西井转西北,过龙堆,到故楼兰,转西诣龟兹,至葱岭,为中道。"[1]这条道东有阿奇克谷地(长约150公里)直通敦煌,从敦煌至今罗布泊地区后(西汉时以今土垠遗址为中心,东汉之后以楼兰城为中心),向北连接高昌地区(今吐鲁番盆地);向西通往天山南麓地区(汉代西域北道),其间途经今库尔勒可北上焉耆盆地;向南则与汉代西域南道对接,通向塔里木盆地南缘诸绿洲;进而又转至中亚、南亚和西亚地区。所以今罗布泊一带乃是古代塔里木盆地东端的十字路口,是从敦煌直接或间接通向西域(广义)各主要地区最重要的交通枢纽。

今罗布泊一带西汉初是楼兰国的东北边境地区,当汉武帝通西域之际,匈奴以蒲类海(今巴里坤)地区为大本营,控制了天山北麓,阻断了伊吾(今哈密)路。因而汉通西域只能选择处于匈奴势力边缘,距汉最近,直通敦煌,并能成为主要交通干道的蒲昌海(今罗布泊)地区作为唯一的突破口。故西汉时期一直在全力开通、经营和确保楼兰道。东汉时期曾直接进击蒲类海地区,战败匈奴打通伊吾路。但是,由于盘踞在蒲类海一带的匈奴势力败而未衰,经常出没于伊吾地区,所以伊吾路时通时断。在这种情况下,东汉仍必须确保楼兰道。魏晋前凉时期,鲜卑占据伊吾地区,楼兰道又成为此时通西域的唯一干道。前凉之末退出该地区之后,这一带的城址等逐渐沦为废墟。但是,楼兰道作为一条主要交通干线,其生命力并未就此完结,直到隋末关闭"大碛路"(楼兰道)之前,该道仍在发挥较重要的作用,甚至到唐代还有人通过。

2003年初,盗墓者在楼兰故城之北约20公里,LE古城西北约4公里处盗掘几座墓葬。其前后双室墓的墓葬形制和葬俗可看到高昌地区的葬俗和双室墓的某些影响,而墓葬残存的大面积壁画的画风、人物形象、服饰、手持酒杯的姿势和酒杯的形制等,则颇具粟特壁画风格。上述墓葬与其西营盘墓地15号墓等似有某种内在联系,两者恰位于楼兰道东西主干线上,被盗墓葬坐落在LE古城西北烽燧旁,东距西汉土

---

[1]《三国志·魏书》关于楼兰道表述中的地名之方位,诸家分歧较大。详见孟凡人:《楼兰新史》,光明日报出版社,1990年,第55~56页。

堀遗址仅7公里左右。上述现象表明,被盗墓葬西至营盘一线与汉代楼兰道基本相合。该道远在楼兰故城之北,与楼兰城无关。以此结合其墓葬形制、葬俗和壁画来看,被盗墓葬的时代当在楼兰城废弃之后。据后来在 LE 古城西北一带进行考古调查的学者所述,与被盗墓葬相似的其他墓葬分布范围较广,数量较多。说明此类墓葬的主人有相当数量,而其墓葬形制和葬俗受到高昌地区的某些影响,又反映出与高昌地区关系密切,并在这一带定居的时间很长。从近似豪华的壁画墓来看,与这些墓葬有关的居民应有较强的经济实力,文化素质较高。现在学术界的研究表明,汉唐之间在今新疆地区与河西走廊一带(甚至远到长安、洛阳和内蒙古地区),粟特商人或商团十分活跃,并在沿途形成了一些粟特人的聚落。[1]

在楼兰文书中曾发现粟特语文书(LA. II. X, 01 ~ 02、LA. IV. V. 028、LA. VI. ii. 0104、LM. II. ii. 09、LL. 018),一枚汉文木简记有"建兴十八年(330 年)三月十七日粟特胡楼兰一万石钱二百"的出入账目(LA. 1. iii. 1)。此外,笔者还论证了斯坦因在敦煌 T. x11. a 号烽燧发现八件粟特文纸文书(《粟特古书简》)中第二号书信的年代在 320 年前后,书信所记粟特商团就是经楼兰地区至敦煌等地的。上述情况表明,是时楼兰地区不仅有粟特人,而且还是粟特商团至内地的主要商道(参见本书所收《粟特古书简第二号书信的年代》一文)。此后到唐天授二年(691 年),一件文书上还记载:"得石城(今婼羌县城附近)镇将康拂耽延弟地舍拨(粟特人,石城粟特人聚落规模较大)状称,其蒲昌海旧来浊黑混杂,自从八月已来,水清彻底,其水五色"(《沙州图经》),说明晚至唐代粟特人仍与蒲昌海一带有某种关系。据上所述,似可认为这些墓葬的主人之所以在此荒僻之地长期居住,显然是与维护这条商道密切相关。总之,从粟特人与楼兰地区的传统关系和利用楼兰道作为主要商道的情况来看,上述墓葬及同类墓葬的主人很可能

<hr>

〔1〕参见荣新江《中古中国与外来文明》一书中关于粟特聚落的介绍,生活·读书·新知三联书店,2001 年。

是隋末闭大碛路以前为维护这条商道,并为粟特商人或商团提供食宿而早已形成的粟特人聚落的居民,这些聚落的年代下限可能延续较长。此说虽然尚待进一步证实,但无论如何,上述情况都表明楼兰地区荒废之后,楼兰道还在发挥一定的作用。甚至在隋末闭大碛路后,在白龙堆东北部古道上还曾发现 900 余枚开元通宝,散落钱币如此之多,说明当时仍有小股商队通过。以此结合前述天授二年的文书来看,晚至盛唐之时该道仍未绝商迹。凡此与前述发现的墓葬似可相互印证,这个现象在楼兰道的研究中很值得注意。

20.1.2 楼兰地区

罗布泊所在地区,一般泛称罗布洼地。狭义的罗布洼地指罗布泊湖盆及湖水曾漫及到的地方,位置大致在北纬 39°～41°,东经 88°～92°之间。广义的罗布洼地则东抵北山,西邻塔克拉玛干大沙漠,南北分别以阿尔金山前山带和库鲁克塔格为界。罗布洼地是塔里木盆地最低的地区,罗布泊又为洼地中的最低点(湖水面海拔 780 米),是塔里木盆地的集水积盐中心。这里气候极为干燥(目前是我国最干旱的地区),高温、少雨、多风沙,罗布泊附近有大片盐壳,雅丹地貌广为分布。总之,罗布洼地的地理位置,其与周围地区明显有别的自然环境,使之在塔里木盆地东端形成一个独立的地理单元。

如前所述,西汉通西域只能选择楼兰道为主要交通干线。为此,元封二年(公元前 108 年)赵破奴虏楼兰王破姑师后,酒泉列亭至玉门。李广利伐大宛后,天汉元年(公元前 101 年)玉门"西至盐水,往往有亭",[1]开始在楼兰道上设防,打通了楼兰道。元凤四年(公元前 77 年)傅介子刺杀楼兰王,更名其国为鄯善,派兵在伊循屯田,从而彻底控制了楼兰道。神爵二年(公元前 60 年)匈奴日逐王降汉,汉据姑师

---

〔1〕《史记·大宛传》:"封王恢为浩侯,于是酒泉列亭障至玉门矣","汉已伐宛……岁余(天汉元年)……而敦煌、酒泉置都尉,西至盐水,往往有亭。"《汉书·西域传》序:"于是西至盐泽往往起亭",改"盐水"为"盐泽"。陈梦家:《汉简缀述》(中华书局,1980 年,第 214～215 页)认为:"盐泽指蒲昌海,盐水应指西西来之水流,约相当于营盘以上之孔雀河及营盘以下之库鲁克河,其情况或当如居延水与居延海的关系。"进而又说:"盐水有亭似指营盘—库尔勒间古道上的烽台;盐泽起亭似指罗布泊北岸至楼兰遗址古道上的烽台。"以上仅供参考。

（车师），在乌垒设西域都护府。于是以今土垠遗址为桥头堡进一步健全了控制楼兰道的体制,[1]并直至汉末。东汉时期为确保楼兰道,始在楼兰城一带屯田,楼兰城之名首次出现于汉文史籍。[2] 魏晋前凉时期在楼兰城设西域长史机构,在楼兰城及其附近一带大规模屯田,使之成为名符其实的经营西域的大本营。可以说从西汉彻底控制楼兰道至前凉之末,该地区一直在内地诸王朝的直接统治之下,在行政隶属关系上与元凤四年更名的鄯善国无涉。[3] 同时该地区的文化,也从以当地土著民族文化为主逐步过渡到以汉文化为主体(后文有说)。在这种情况下,这个独立的地理单元之中,又形成了与鄯善和周围地区有别的政治、地理和文化单元。以此三种单元合一的态势,结合蒲昌海别称牢兰海(牢兰与楼兰为同名异译)和楼兰城(佉卢文称 kroraina,"库罗来纳",这种自称汉译为楼兰。与楼兰汉文简牍文书将所在地称为楼兰相对应)的存在,故罗布洼地在历史学和考古学上习称为楼兰地区。

20.1.3 楼兰道和楼兰地区在西域史中的地位

楼兰道和楼兰地区在汉魏晋前凉西域史、丝绸之路开辟与发展史和中西化交流史中占有极其重要的地位。在此略指出五点:(1)楼兰道是张骞凿空之后,官方正式开辟的第一条内地至西域的交通主干线。进而以此为准,向西、向南、向北延伸,使今新疆境内早已存在的交通孔道相互连接变为通途。这是尔后内地至西域其他主要交通干线相继开辟的先声,是今新疆境内逐步建立四通八达交通网的基石。(2)楼兰道是官方首次开辟的可以通向西方的主要交通干线,是第一

---

〔1〕孟凡人:《楼兰新史》,"楼兰道上的桥头堡——土垠、居卢仓、龙城和姜赖之虚",第60～83页。

〔2〕孟凡人:《楼兰新史》,光明日报出版社,1990年,第16～17页。

〔3〕孟凡人:《楼兰新史》(光明日报出版社,1990年,第188～194页),论证了楼兰汉文简牍在泰始六年(270年)至永嘉四年(310年)中断的近四十年中,西晋西域长史机构暂时撤离楼兰城,至310年前不久,前凉又再次在楼兰置西域长史机构。在这中断的四十年中,佉卢文简牍表明,鄯善曾一度统治过楼兰地区。此外伊循地位较特殊,见本书第7篇"伊循屯田与伊循城的方位"。

座正式沟通东西方交往的桥梁。楼兰道的开辟,进一步打开了当时中国的眼界,从而使中国走上世界历史舞台。同时楼兰道也是与当时的中亚、南亚和西亚乃至西方诸国各族进行各种文化和物品交流之路,著名的丝绸之路即发端于此。由于楼兰道是两汉魏晋前凉时期连接内地、西域和西方之间的唯一交通主干线(东汉时伊吾路无保障),故它在这个阶段中西方政治、经济、文化艺术(包括宗教)交流史中的地位和作用是不可磨灭的。总之,一部汉以后的西域史,首先打上的便是楼兰道的印记。(3)从汉魏晋前凉西域史来看,其通西域均以敦煌为西进基地,以楼兰道为通西域的主要干道,以楼兰地区和高昌地区为经营西域的桥头堡。敦煌、楼兰、高昌这个铁三角形成鼎足之势,楼兰和高昌地区犹如从敦煌伸出的双臂,呈钳形控制西域腹地,使这个阶段经营西域进退自如,立于不败之地。在这个态势之中,楼兰地区尤为重要,特别是魏晋前凉在此设西域长史机构之时,其地位更远在高昌之上。可以说是时经营西域的成功,均系于楼兰道和楼兰地区,因而其在这个阶段西域史中具有无可替代的重要地位。(4)从楼兰地区史来看,楼兰地区最初因楼兰道而扬名,其后楼兰城的兴起和楼兰地区经济文化的发展等方方面面,无不与楼兰道密切相关。楼兰道是该阶段楼兰城和楼兰地区赖以存在和发展的生命线,其直接和间接的影响在这个地区几乎是无所不在。(5)楼兰道是汉魏晋前凉时期将今新疆地区和内地紧密连接在一起的主要纽带,楼兰道和楼兰地区对加速这个阶段西域各地经济文化的发展,及其在今新疆地区成为祖国不可分割的组成部分的过程中的重要作用,将是永存的。

总之,楼兰道在汉至前凉时期内地与西域的交通史、西域史、楼兰地区史、丝绸之路开辟和发展史与中西经济文化交流史中,都具有首创之功。它是一座永远值得人们铭心纪念的里程碑。其次,从考古学来看,楼兰道本身就是考古学的重要调查研究对象,楼兰地区则是楼兰考古学的载体,因而成为楼兰考古学存在之本。

20.2　楼兰地区遗迹分布概况与楼兰之谜

20.2.1　遗迹分布概况

　　楼兰地区遗迹的分布,从北向南大致可分为四区。一是罗布泊北岸与孔雀河(包括支流)北岸地区。这一带是楼兰道主体之所在,遗迹主要分布于 LJ 遗址和土垠至营盘东西一线,距离很长,遗迹点多而疏散。遗迹以史前至汉通西域前后一段时间的墓葬和遗址居多,东部以汉代土垠遗址最重要,城址乏见;西部营盘古城和墓地的下限延续至魏晋或更长,沿线是烽燧和古道遗迹的主要分布区。二是以楼兰故城(LA)为中心的分布区,该区各种遗迹在一定范围内略呈组团式分布,较密集,遗迹种类较多(城址、戍堡、寺庙、屯田遗迹、古道遗迹、烽燧、墓葬等),出土了大量的珍贵文物和简牍文书(以汉文简牍为主,出土部分佉卢文简牍),内涵丰富,时代集中在魏晋前凉时期(史前和汉代遗迹较少),学术课题构成复杂,是楼兰考古学的主体部分。三是以 LK 古城为中心的分布区,该区除 LK 古城外,余者多为屯戍遗迹(戍堡和屯田遗迹),遗迹相对较少,时代与楼兰故城分布区大体相同。其中 LK 古城时代的上下限,似分别早于楼兰故城时代的上下限。[1]　四是米兰遗址分布区,以米兰佛寺遗址群和米兰古城为主体。佛寺时代大致在 3—5 世纪,米兰古城下层约与佛寺时代相当,其改建的现存形制为唐代吐蕃城。出土了较多的吐蕃遗物和吐蕃文简牍,古城附近还有灌溉遗迹。[2]

　　上面所述遗迹的分布概况,仅以已刊布的资料为据,从近些年的零星发现来看,各种遗迹分布的范围、数量和密度远不止于此。可以说我们现在对已知遗迹的了解程度还很有限,对整个楼兰地区遗迹的分布、数量、形制、规模、时代和性质的底数,仍处于不完全清楚的阶段。

---

〔1〕孟凡人:《楼兰新史》,光明日报出版社,1990 年,第 106 ~ 107 页。
〔2〕孟凡人:《楼兰新史》,光明日报出版社,1990 年,第 97 ~ 98 页。

20.2.2　所谓楼兰之谜

楼兰之谜,是公众最感兴趣的主要热点。其实现在在社会上流传的许多楼兰之谜,或是莫须有的炒作,或是对尚未研究清楚的学术问题的曲解和讹传,其对公众的误导作用不容忽视。如果说一些学术问题的未解之谜,或有争论而未达共识者也算作楼兰之谜的话,可概括略举数例。(1)在地学和生态学方面:①罗布泊是否为游移湖? ②塔里木河下游和孔雀河下游关系的变化,孔雀河下游改道、断流的原因,其改道、断流的时代、次数、情况和规律,改道、断流对楼兰故城等遗址的兴废有无直接的影响? ③楼兰地区雅丹等特殊地貌的成因、形成的时代、发育的阶段性,及其与龙城等传说和楼兰地区遗址荒废的关系。④楼兰地区史前、西汉、魏晋、前凉及其以后一个时期生态环境有无变化? 不同时期的生态状况,楼兰地区生态环境恶化始于何时、起因、主要表现和演变情况,及其与该地区遗址兴废的关系。(2)在史学和考古学方面:①楼兰国和更名鄯善国后都城的方位,有无迁都问题? 其都城与城址的对应关系如何? ②楼兰城出现的时代,废弃的年代和原因,楼兰城的性质及其与楼兰(鄯善)国都和西域长史治所的关系。③西域长史治所在何处? 其与楼兰故城和 LK 古城的关系。④LK 古城的时代和性质,及其与注宾城和伊循城的关系。⑤李柏文书出于楼兰故城还是 LK 古城? 李柏文书的时代。⑥米兰古城下层和改建后的现存形制的时代和性质,其下层早期城址与楼兰国都和伊循城的关系。⑦营盘古城和墓地的时代,两者的关系。其与楼兰故城等遗址群的关系,营盘古城与山国及其都城的关系,营盘古城与注宾城的关系,如此等等,不再枚举。

以上所述,其实基本上属于楼兰学术课题[1]构成范畴。在此类问题中,现在有的仍处于探索的初级阶段,有的已研究到一定深度,有的已发表阶段性成果,有的已明朗化只是尚未达到共识。对于这些问题

---

〔1〕孟凡人:《楼兰新史》(光明日报出版社,1990 年),对本篇上述所谓"楼兰之谜",均有较详细的论述,可供参考。

应本着学术的严肃性和严谨性,进行规范化的探讨研究。在探讨研究过程中,出现不同的见解乃至争论是正常的。但是,不能以"百花齐放,百家争鸣"为名,在缺乏论据和论证的情况下,坚持已见时强词夺理,故弄玄虚,甚至采用排他性或攻击性言词而走向偏颇。我们希望凡参与楼兰问题讨论的学者,切忌借此炒作,并避炒作之嫌,以免无端再衍生出一些楼兰之谜,既误导公众,又贻笑大方。

20.3　楼兰考古学的重要性

楼兰考古学,系指以楼兰地区各种遗址、墓葬及其所出遗物为研究对象的考古学。其内涵丰富,底蕴深厚,从史前至前凉时期自成体系,具有很高的学术价值和现实意义。因此,楼兰考古学无论在楼兰史,还是在新疆考古学和西域史的研究中,均占有十分重要的地位。下面拟对此择要略述之。

（1）楼兰地区以罗布泊周围和孔雀河沿岸分布的史前遗址和墓葬较多(下限至西汉通西域之时或其后不久),遗物丰富,史前文化较完整和系统,独具特色。就此而言,新疆其他地区的史前文化在总体上目前尚未见出其右者。可以说楼兰地区史前文化的重要性已超出本地区之外,它不仅是研究楼兰、鄯善史前文化迄今唯一已知的系统资料,而且也是现在研究新疆史前考古学最主要的突破口之一(哈密地区史前遗址和墓葬虽然较多,但不能代表新疆史前文化的主流)。特别是在目前新疆史前考古学基础十分薄弱,情况仍不甚明晰的情况下,以此为突破口尤为重要。

（2）新疆入汉以后的遗址大都前后延续时间很长,叠压打破关系复杂,不易区分,给断代考古带来很大困难。楼兰地区则不然,其入汉以后的遗址较单纯,时代较明确,是新疆进行断代考古研究的理想之地。比如,土垠遗址始建于天汉元年(公元前 100 年)后不久,下限至西汉绝西域之时,是西汉在楼兰道上设置的管理机构和中心。该遗址的形制基本清楚,并出土 71 枚汉简,是新疆目前所知唯一单纯的西汉

·欧·亚·历·史·文·化·文·库·

遗址,也是唯一出土西汉木简的遗址。除此之外的其他遗址和墓葬,则主要集中于魏晋和前凉时期(东汉遗迹较少)。由于新疆在此之外的其他地区西汉、魏晋和前凉时期的遗址、墓葬很少单独存在(此外,尼雅遗址也可分出东汉和魏晋两个时期。高昌地区除少数墓葬外,遗址则很难区分),所以楼兰地区就成为构筑新疆汉魏晋前凉考古学最重要的基石和宝库。

(3)楼兰地区出土汉简、大量魏晋前凉汉文简牍文书和少量佉卢文简牍。这些简牍文书出土位置和组合都较明确,故与遗址遗物有机配合进行考古学研究的条件得天独厚(新疆可与之相比者只有尼雅遗址,但其以佉卢文简牍为主,汉文简牍很少;吐鲁番文书属该阶段者较少,且主要出于墓葬中)。在此基础上,不仅有助于判断遗址和墓葬的年代和性质,逐步建立考古学年代的序列,解决相关学术课题;而且还可以促进该阶段考古学全面系统的综合研究,对楼兰考古学体系的形成有重要的推动作用。除上所述,根据这些简牍文书,又可大致复原出该阶段楼兰的社会构成和生活状况;勾画出楼兰地区在政治、军事、屯田、水利、商贸、文化和交通等方面的概貌;并为了解当地民族状况及其与汉族和西域长史机构的关系,楼兰西域长史机构与鄯善、西域诸国的关系,楼兰与域外的关系和它们之间的经济文化交流等方面,提供了最原始的直观资料。其中特别是西域长史机构职官系统的复原(史籍缺载),屯田概况的复原(汉唐在今新疆大量屯田,但文献记载极为简略。楼兰屯田资料是古代新疆屯田最完整、全面、系统的唯一资料,对研究新疆古代屯田极为重要),以及简牍文书所反映的当地民族与汉族关系及两者之文化融合的情况,更为可贵[1]。总之,这些简牍文书极大地丰富了魏晋前凉西域史,补史之阙,为研究和撰写魏晋前凉楼兰史和西域史奠定了重要的资料基础。

(4)楼兰地区出土大量汉晋时期的丝绸和内地其他物品,同时还

---

〔1〕孟凡人:《楼兰新史》,光明日报出版社,1990 年,第 115 ~ 137 页;140 ~ 148 页;154、155、158 ~ 162 页。

出土了一些域外传来的遗物。在简牍文书中,则反映出当时活跃的交通和商贸(以丝绸等贸易为主)等方面的情况,并出土粟特文与婆罗迷文文书和记有粟特商胡的汉文简牍。凡此都是研究丝路开通初期中外交往和经济文化交流情况的极为难得的重要资料。

(5)米兰佛寺遗址群,是鄯善国仅存、西域南道东部仅见的大规模佛寺遗址群。其占地之广、遗址数量之多,在新疆古代佛寺遗址中独占鳌头。该佛寺遗址群对研究鄯善的佛教、佛寺和佛教艺术;对研究西域(指今新疆地区,下同)佛教、佛寺形制、佛教艺术与犍陀罗和古印度的关系,研究其壁画与西方和内地绘画艺术的关系;对研究西域佛教早期佛寺形制和佛教艺术特点等方面,均至关重要,因而在新疆佛寺考古学中占有举足轻重的地位。

(6)米兰古城的下部属早期城址,其时代上限早于米兰佛寺遗址,两者废弃的时间大体相同。该城与研究楼兰(鄯善)的伊循城,鄯善的东城[1]之方位有关(过去还有人认为与楼兰国都有关),对研究楼兰(鄯善)史及其与楼兰地区的关系有重要意义。米兰古城的现存形制,是唐代吐蕃人改建的城堡,出土大量吐蕃遗物和吐蕃文简牍(以屯田资料为主),附近还有灌溉渠遗址,城堡的性质属军事性的屯城遗址。该城堡和所出遗物与简牍,是新疆同类考古资料中,对研究唐代吐蕃与西域的关系、吐蕃在西域的军政建置、人员构成和宗教(苯教)等问题最为重要的资料。[2] 特别是吐蕃戍堡,由于现在西藏尚未发现规模较大较完整的吐蕃城址,所以该城址(包括出土的吐蕃文简牍)在吐蕃考古学中亦占有很重要的地位。

(7)现有迹象表明,以小河墓地为界(或包括古墓沟墓地),其东、西的文化面貌既有内在联系和共性,又有一定的差异。小河西至营盘一带的中心遗址是营盘古城,古城北约900米有与之对应的大片墓地,墓地之东约200米有较大佛寺遗址,古城附近有烽火台,这一带正位于

---

〔1〕《魏书·沮渠传》所记安周"退保东城"。

〔2〕孟凡人:《楼兰新史》,光明日报出版社,1990年,第91~97页。

楼兰道的主线上。以营盘古城为中心的西部诸遗址和墓葬的时代,总的来看从史前至魏晋大致连续,其中营盘古城和墓地则可能延续到更晚些的时段。营盘古城及相关遗址、墓葬与山国(墨山国)的关系,营盘古城与山国都城和注宾城的关系,[1]是学术界长期探讨而未决的悬案。此项研究无论对西域史中迄今未明的山国问题,还是对楼兰考古学中区别文化类型和文化分区问题均有重要意义。

(8)依托于楼兰地区考古资料(包括未知的遗存和已刊发的资料)的完整性和系统性,通过大量考古工作,按照考古规范进行整理,并以类型学(包括地层学)为基础作分区(如前述以 LA、LK 古城为中心的分布区,米兰古城分布区,以营盘古城为中心的分布区等)、分期和综合研究,可渐次建立楼兰地区从史前至前凉不同时期文化发展的演变序列,逐步形成以完整地理单元与文化单元密切结合的区域性考古学体系。这样就可能在新疆考古学领域首次建立一个可供参考的发展演变序列的标尺,树立一个区域性考古学体系的样板(这是目前新疆考古学应走之路)。这种率先垂范的作用,对新疆考古学的发展,无疑是有重要意义的。

(9)楼兰地区是今新疆境内少数遗迹分布地域广、相对密集、文化内涵丰富、底蕴深厚、自成体系,并有一定资料和研究基础,前景广阔,可长期进行考古调查、发掘和研究,从而对新疆考古学的发展和体系的形成有重要作用的地区之一(此外,还有吐鲁番地区、尼雅遗址等)。就新疆诸重要遗址区全面权衡、相比而言,楼兰考古学乃是目前新疆考古学中最重要的生长点和增长点,处于新疆考古学发展的关节点和前沿。因而是否开展楼兰考古工作,加强楼兰考古学研究,也是关系到新疆考古学今后的走向和能否全面有序快速发展的大问题。

(10)如前所述,楼兰考古学与历史学、地理学、生态学等紧密地交织在一起。其间的内在有机联系、相辅相成的互动作用,在新疆考古学

---

[1]《水经注》卷 2 记载:"河水又东,经墨山国南,治墨山城,西至尉犁二比四十里。河水又东注宾城南,又东经楼兰城南而东注。"

中最为突出。现在有的学者提出构筑楼兰学问题,所谓楼兰学就是上述诸学科(此外,还包括相关的人文学科、自然科学和必要的科技手段)有机组合,形成相互交叉、互相渗透,彼此促进的全面综合研究体制。这种体制是适应今后楼兰研究的使命和西部大开发要求的必由之路。而楼兰学其主要资料和实证,又大都有赖于楼兰考古学。也就是说,楼兰考古学是构筑楼兰学的基础。

(11)前述的楼兰学,在一定程度上可认为是以楼兰考古学为龙头的多学科综合考察和研究。这种考察和研究,可对楼兰地区古今自然状况、地貌、河流、植被、生态等与人居环境密切相关诸因素变化的情况和原因提供极具参考价值的研究成果。其成果除本身的学术价值外,在西部大开发的形势下,还能有效地为全面利用和开发楼兰地区服务,形成助力,进而又可为塔里木盆地的整体开发做出应有的贡献。

(12)楼兰地区在汉通西域之后,完全在汉、魏、晋和前凉政府的控制之下,到魏晋前凉时期又在楼兰城设置西域长史机构。从此楼兰地区汉族居民逐渐占到多数(长史机构官员、驻军、屯田者及一般汉族居民等),汉文化成为当地文化的主体。楼兰汉文简牍文书清楚地反映出,魏晋前凉时期西域长史机构有效治理楼兰地区和经营西域的种种实态。是时,当地土著民族也是长史机构的子民,他们有户籍(汉文户籍,用汉文书写民族人名),服劳役和兵役,参加屯田,有的还在长史机构任下级官吏。出土遗物表明,土著民族大量使用汉族用品,其墓葬中多随葬丝绸衣物、铜镜、漆器等,汉族用品已与民族葬俗紧密结合在一起。与此同时当地汉族也广为使用土著民族用品和生产工具(在遗物和简牍文书中均有反映),并出土有汉文佉卢文双语文书。如此等等,可以清楚地看出汉族与当地民族在文化上的相互影响、互相渗透和逐步融合的关系;以及汉族与当地民族休戚与共,你中有我,我中有你,谁也离不开谁的依存关系。凡此都是我国多民族统一国家形成和发展过程中的重要基础,也是新疆自汉代以来就是我国领土不可分割的重要组成部分的铁证,因而具有重要的现实意义。

20.4 开展楼兰考古工作的紧迫性、艰巨性、复杂性和可行性

20.4.1 紧迫性

自 20 世纪 20 年代末黄文弼教授等中国学者在楼兰地区开展楼兰考古工作之后,中国的楼兰考古学研究也随之起步。其楼兰考古发现和研究成果不仅令列强学者刮目相看,而且还带动了我国楼兰史和地理学等相关学科研究的发展。此后由于抗日战争和解放战争等原因,楼兰考古工作长期处于停顿状态。大约到 20 世纪 80 年代才终于打破沉寂,我国考古学者又恢复了在楼兰地区进行考古调查和发掘的工作。同时中国科学院新疆分院还在罗布泊地区组织过几次规模较大的多学科综合考察,取得了许多重要成果。上述情况虽然只是昙花一现,但是这种短暂复苏所闪出的火花,却重新燃起了我国学者研究楼兰问题的热情。一时间发表了许多很有见地的论著,将我国的楼兰研究推上了一个新台阶。但是,好景不长。由于种种原因,楼兰考古工作又再度停顿,已经形成的小高潮迅速冷却,迄今未能恢复。在这种情况下,才引发现在提出重新开展楼兰考古工作的紧迫性问题。这种紧迫性若直言之,实际上已迫在眉睫。究其主要原因,大致可归纳为三点。

第一,新疆考古学学科发展的需要。在新疆考古学领域,长期以来欠缺以学术为主导的发展规划,考古调查发掘较随意,如大撒网,天女散花,点距遥远,虽然资料不少,却缺乏内在的有机联系。因而点不能连成线,更不能汇聚成面,难以集束有关资料形成关键性的课题,这是新疆考古学领域迄今未能较好地解决任何一个全局性课题的主要原因。为扭转这种严重滞后的被动局面,有关主管部门和学者一直在苦心求索,力图制定出以学术为灵魂的切实可行的发展规划,并为此而寻觅可带动全局的主要突破口。就此而言,楼兰考古学则正是最主要的突破口之一。关于楼兰考古学,前面所述楼兰考古学的重要性,已经回答了其与新疆考古学今后发展的关系。其实,前述楼兰考古学的重

要性,就是开展楼兰考古工作的学术基础,也是迅速恢复楼兰考古工作的主要依据,更是新疆考古学今后发展的需要。所以是否恢复长期中断的楼兰考古工作,从学术角度来看已是当务之急,故应早下决断。

第二,来自学术界和公众的压力较大。众所周知,欧洲和日本的学者,自斯文·赫定、斯坦因和橘瑞超等人盗掘楼兰地区遗址和墓葬以来,由于掌握大量资料,对楼兰的研究起步较早,研究楼兰问题的学者多,研究的进程持续不断,出版的论著数量大,总体研究水平较高。这种情况对我国学者来说大有形势逼人,时不我待之感。"楼兰在中国,研究理应在中国",所以我们必须奋起直追,迎头赶超。其次,国内史学界(特别是新疆古代史领域)和相关学科随着研究的深入进展,对楼兰考古学提出了更高的要求,对他们有疑问或希望协助予以解决的许多问题,必须进行科学规范地回答。此外,在社会上广为流传并造成误导之势的"楼兰之谜",混淆视听,公众也迫切需要考古学者给予正确的解释。而去伪求真,以正确的知识武装群众,则是考古学者义不容辞的责任和义务。总之,要做到上述诸点,其关键之一就是必须将恢复楼兰考古工作尽早提到日程上来。这是考古学者充实、武装自己,更新知识和观念,不断推出楼兰研究的新成果,以完成前述使命的基础。

第三,楼兰地区遗迹保护的形势严峻。在西部开发的大好形势下,罗布泊地区的开发利用已提到日程上来。石油勘探,罗布泊钾盐矿区开发,"西气东输"工程罗布洼地路段,设罗布镇等已经进行或正在启动,后续项目亦可能接踵而至。在这种情况下,摆在我们面前有两项任务,一是配合基建进行考古工作,二是为西部开发开道、让路,保驾护航。而欲达此目的则必须尽快恢复楼兰考古工作,摸清楼兰地区各种遗迹的家底,区别轻重,科学地规划出各种不同等级遗迹的有效保护范围,明确其各自的学术价值。只有这样,才能以学术目的为指导,积极主动地配合基建工程进行考古工作,取得实效;只有这样,才能不处处设防,做到该保的保,该清理发掘的清理发掘,该让路的让路,以保障基建工程顺利进行;只有这样,才能避免跟着工程后面看残迹捡遗物,才能最大限度地避免工程误伤遗迹而造成破坏;只有这样,才是基建考古两利的举措,我们才能为西部开发做出应有的贡献。否则,就可能对遗迹造成灾难性的破坏,给楼兰考古学带来不可弥补的损失。

同时,由于现在"楼兰热"已成为一种潮流,因此,经旅行社组织或自发的旅游人群涌入楼兰地区的批次和人数不断增加。特别值得注意的是那些缺乏约束的自发人群,他们在所谓的"楼兰之谜"的误导下,怀着强烈的好奇、猎奇和探险之心,又无文物保护意识,已对楼兰地区遗迹构成了严重的威胁(有的已造成破坏)。此外,更有甚者,是盗掘活动日益猖獗,屡禁不止,已经对楼兰地区的遗迹(以墓葬为主)造成毁灭性的破坏。所以必须亡羊补牢,有效地加强对楼兰地区遗迹的保护,这已到了刻不容缓的地步。

目前楼兰地区虽然有少数蹲点保护人员,但楼兰地区广、遗迹点多而散,东(从敦煌)、西(从尉犁等处)、南(从米兰等处)、北(从吐鲁番)均可进入楼兰地区,令相关工作人员防不胜防。因此,楼兰地区遗迹保护仅在个别点上派少数人静态等候,"守株待兔",不是根本解决保护问题的办法。只有正式恢复楼兰考古工作,考古工作者大范围地、多点联动地活跃起来,才能扩大保护范围,加强监督力度,从而对那些居心叵测,图谋不轨者起到震慑作用。只有正式恢复楼兰考古工作,使楼兰遗迹焕发生机,逐步摸清楼兰遗迹的底数,了解其学术价值,才能维护到位,做到重点保护,合理布点设防,设计有效的巡防路线,动静结合,建立起楼兰地区遗迹全面、科学和有效的管理保护机制。在这种情况下,才可能达到以保护促科研、促旅游、促开发;才可能形成考古发掘研究、遗迹保护、旅游和经济开发相辅相成,制约与促进互动的良性循环。只有这样,才是上述诸方面共同的发展之路,才是最佳的上策。

20.4.2 艰巨性和复杂性

楼兰考古工作的艰巨性和复杂性是密切相关的,其主要表现有三个方面。

(1)楼兰地区自然环境恶劣

楼兰地区地貌复杂,各种遗迹广布于雅丹、盐壳和沙漠戈壁地带。这种地带除石油勘探开出的部分土路外,一般极难行走,也无法行车和使用牲畜,只有沙漠车才能通过。该地区荒无人烟,无植被、风沙大,夏季酷热,冬季寒冷,无饮用水(现在水源干涸,已处于无水状态),并处于核污染区,生存条件极差。在这种地区进行考古工作,主要依靠考古工作者的事业心和奉献精神,但一定要考虑到人的承受力是有极限的。因此,要想顺利开展楼兰考古工作,必须做好不同以往的各项准备工作(包括精神和物资等方面的准备)。

(2)楼兰地区遗迹状况复杂、工作困难

前已说明楼兰地区的遗迹种类较多,分散,内涵丰富。遗迹区内地表坚硬,地层结构特殊,遗迹埋藏情况复杂,保存状况不一。诸遗迹凡显见而重要者都被多次盗掘,遗址被搞乱,遗迹遗物需采取特殊保护措施者多。那些未被盗掘的遗迹或偏僻或埋于地下,不易发现,考古调查难度很大。所以在楼兰地区开展考古工作,必须在常规调查发掘方法的基础上,按照考古学规范因地制宜地、创造性地采取适合该地区的考古调查、发掘、技术处理和保护方法与手段,其难度非同一般。据楼兰地区气象资料显示,一般来说每年9月至次年3月无大风,最佳考古季节以每年10月至次年1月为宜(但该地区气候突变情况较多,不在此例),因此考古工作周期很短。以此结合前述第一点,可知在楼兰地区开展考古工作非常困难,所以楼兰考古工作不可能在短期内完成,更不能毕其功于一役,必须做好长期的准备。

(3)楼兰考古工作是一项系统工程

所谓系统工程,其含义有四。第一,楼兰地区遗迹的时代基本连续,内在联系较密切,整体性较强。楼兰考古学从史前至前凉时期各种遗迹的时代大体连续,特别是魏晋前凉时期各类遗迹间内在联系密切,各遗址之间均有一定的主次或主从、或相互依托关系,墓葬与遗址也有较清楚的对应关系。在上述诸种关系中,还有纪年或年代界限基本清楚的简牍文书穿针引线,将其维系成一个整体(其间绝对孤立与其他遗迹无任何关联者较为罕见)。这种极强的整体性,就决定了楼兰考古工作必须统筹兼顾,制定出总体规划和年度计划。规划和计划应以打阵地战(除应急任务外,切忌零打碎敲)为主导思想,在明确学术目的前提下,抓主线,选准突破口,确定各种遗址墓葬的先后工作顺序(根据工作进展情况可作调整),以学术课题统帅各次考古发掘,按计划出阶段性成果。第二,楼兰考古学的综合性和多学科交叉性强。楼兰考古学是"楼兰学"的主体,它是为诸相关学科提供研究资料的宝库,同时楼兰考古学也只有在相关学科的配合下,充分利用相关学科的研究成果,才能做好专题和综合研究,楼兰考古学才能研究得较深透,才能较全面地发展起来。比如,楼兰出土较多的简牍文书、丝绸、漆器和各种艺术品,以及佛教遗迹和佛教艺术等,就需要考古学相关分支学科配合进行深入研究;而对楼兰考古学至关重要的,各遗迹周边的古今地貌、古今河道和古代道路的变迁,古植被区的情况和分布态势,各遗迹内必须经科学测定的遗物和标本等,又需要自然科学一些相关学科的配合。此外,在研究过程中,还涉及历史学、历史地理学、地理学、古民族文字学、体质人类学等许多领域。所以楼兰考古学对包括人文科学和自然科学在内的多学科交叉性、综合性、全方位系统研究的要求较高。第三,楼兰考古学学术要求高,探索性强,研究难度大。目前楼兰考古学是以列强学者杂乱无章的盗掘资料为基础,据此虽然可以研究和解决一些问题,但无法理清楼兰考古学的基本发展脉络,难以系统化和确立楼兰考古学完整的框架。可以说我们现在接收的楼兰考古学是一个乱摊子,今后若进行考古调查发掘,不仅要确定其与列强学者各得其手的调查地点的位置和发掘部位的关系,而且还要将新获取的资料与过去发现的遗迹和遗物从内涵上有机地融为一体,这是一项探索性很强,难度较大的研究工作。第四,楼兰考古学的学科基本建设几乎是白手起家。属于楼兰考古学学科基本建设范畴的研究工作,为过去所忽视,基本上是一片空白,其探索和研究的难度很大。而楼兰考古学要想健康有序地发展,又必须突破这个瓶颈,从此做起。所以在今后的楼兰考古工作中,必须对楼兰考古学的学科基本建设给予高度的重视。也就是说,新世纪的楼兰考古工作应按考古规范尽力准确地判断遗迹遗物的时代、性质及其内在联系,在此基础上加强类型学和分区分期研究,注重内涵式的专题和综合研究,努力探索遗迹遗物的发展演变规律,逐步建立遗迹遗物的发展序列和各种相关的标尺。只有以此为基础,再结合其他方面的研究工作,才可能复原楼兰地区各遗迹间和遗迹内部原本存在的整体面貌,并最终达到建立楼兰考古学体系的目的。而欲达此目的,就要求楼兰考古调查发掘必须严格按照考古规范操作,以实事求是的科学态度,全面、完整、准确地获取各种资料,建立可信的、便于使用的资料系统。这是楼兰考古学赖以研究之本,切莫等闲视之。

总之,楼兰考古学无论从哪个方面来看,都是一项系统工程,其艰巨性和复杂性远远超过一般遗址区。因此,在楼兰考古工作中,必须讲究科学方法,坚持严谨的学风,避免随意性和盲目性。

20.4.3 可行性

楼兰考古工作虽然艰巨复杂,但并非高不可攀。从现在的情况来看,开展楼兰考古工作是可行的。首先,新疆考古学经过 50 余年的发展和积累,经过几代人的努力,为开展楼兰考古工作奠定了坚实的基础。其中最可宝贵的是人才,那些在长期考古实践中砥砺磨练,有丰富学识和经验的老专家可在学术上把关和指导;一批茁壮成长起来的中青年专家有胆有识,学术观念新,完全有能力承担楼兰考古工作。特别是楼兰考古工作中断之后,学者们一直憧憬重开楼兰考古工作,为此憋足了劲,早已积薪待燃,蓄势待发。除人才之外,50 余年来新疆考古学的资料积累和研究成果也有较好的基础。楼兰考古工作亦可借此相类相从,寻踪开悟以致远。其次,经过 20 余年的改革开放,我国的经济和综合国力迅速发展,科学技术也有长足进步。在这种大好的形势下,若开展楼兰考古工作,国家已有可能在财力和科学技术及相应设备上给予强力支持。现在楼兰地区的开发利用工程已经启动,楼兰考古工作势在必行。有了这种大好的形势和难逢的机遇,我们对重新开展楼兰考古工作充满信心,并寄予厚望。

但是,千里之行始于足下。我们必须从现在起就未雨绸缪,为重开楼兰考古工作事先在学术上做好准备。这种准备重点是收集整理国内外已发表的所有楼兰考古资料以及相关学科的资料,并使之形成较规范的资料系统。同时还要在此基础上,进行认真的梳理、研究和论证,初步整理出楼兰考古学学术课题总体构成的大致框架。据此按照学术要求,结合遗迹的自然分布状况,规划出不同的考古工作区。提出不同工作区的学术目的、要求,以及其可能存在的重大课题、前沿性课题和生长点。有了这种准备,进而可初步拟定楼兰考古工作规划纲要,以备不时之需。上述准备工作,乃是重开楼兰考古工作的重要前提条件之一,也是检验重开楼兰考古工作是否可行的重要标准之一。因此,从现在起就应组织有关学者,笃学躬行,尽快地较好地完成此项任务。如是,则重开楼兰考古工作有日,楼兰考古学研究必将人有可为,楼兰学者必将大展宏图,大功毕成。

(本篇初刊于《缤纷楼兰》,新疆大学出版社,2004 年)

21 吐鲁番考古学和"吐鲁番学"
及其关系略说

21.1 吐鲁番考古学的内涵、特征和现状

吐鲁番考古学,是研究在今吐鲁番盆地内发现的从史前至元明时期的各类遗址和墓葬(个别的下限可到清代),以及其他相关考古资料所共同形成的考古学文化的学科。

吐鲁番考古学的内涵,在此仅以类别言之,主要有居住遗址、城址、墓葬、石窟寺等,后三项是目前吐鲁番考古学内涵的主体。此外,还有其他各类遗址。在其他遗址中,军事性的烽燧和戍堡遗址相对发现较多。交通类的驿站遗址、农业类的屯田和灌溉遗址、手工业和商业的各种遗址等,其考古工作目前基本上还处于空白状态。

吐鲁番考古学的主要特征,是在吐鲁番盆地完整的地理单元内,形成了较完整的、独具特色的文化单元,文化单元和地理单元基本相吻合(在一定程度上,也是新疆区域性考古学中较普遍存在的特点)。这个独具特色的文化单元,既与周边地区有很大差异,又有一定的内在联系;其不同阶段的考古学文化虽然内涵各异,但都有与外界文化交流的特点。比如,史前考古学文化,不同时段的文化往往在共性之上又分成不同的文化类型,并大都有农耕文化与游牧文化交汇的色彩。汉通西域之后,特别是魏晋至唐代的考古学文化,以当地民族文化底蕴为基础,逐渐加深了汉文化的烙印,同时传入的域外文化亦渗透其中。上述各文化因素在发展的进程中,彼此不断深化融合,从而形成了一脉相承的、共性和阶段性都较强的、具有鲜明地域和时代特点的、多

·欧·亚·历·史·文·化·文·库·

元一体的复合型考古学文化。她以出类拔萃的气质和魅力,成为独步全疆、全国乃至蜚声海内外的奇葩。唐末以后,吐鲁番盆地又别开生面,进入了以回鹘族为主体,创造回鹘考古学文化的新时期。

但是,应当指出,以上关于盆地内有较完整的文化单元的观点,乃是现在一般概括而笼统的说法,其实已发现的各种考古学文化至今还远未形成完整的考古学体系。比如,旧石器时代一直处于探索阶段,其他史前时期的考古学文化也处于不断发现和整理阶段,缺环较多,研究力度不够,其范畴、时限、文化性质和发展演变序列仍不明晰。汉通西域以后的考古学,则尚未建立较准确的断代标准,致使一些断代似是而非,甚或出现不应有的错误。其具体情况,大体言之,在已发现的汉代以后的各种遗址和墓葬中,属两汉时期的目前可确认者极少,魏晋时期发现的数量也很有限,到南北朝时期才逐渐增多,数量较大。唐代是吐鲁番考古学的辉煌阶段,已发现的各类遗址和墓葬的数量、规模和内涵均远远超过前代。即使如此,该阶段也还存在缺环和不少薄弱环节,真正的研究工作亦未正式展开。因而对一些著名的大型遗址迄今仍无科学而明确的解析,对阿斯塔那等大型墓地,现在甚至无法按照考古学规范解决墓葬类型、分期和发展演变序列这些基本问题。至于回鹘考古学,虽然发现的考古资料较多,但研究工作至今仍未正式提上日程。甚至享誉国内外的,并作为吐鲁番考古和旅游品牌的回鹘国都高昌故城,其研究工作也一直乏人问津。上述情况表明,祖先遗留的灿烂的吐鲁番古代文明虽然久负盛名,但是作为研究这种文明的吐鲁番考古学的现状,却是名不符实。当然,上面主要是讲存在的问题,但瑕不掩瑜,吐鲁番考古学的巨大成就是不容抹杀的。之所以讲存在的问题,主要是为了警示我们吐鲁番考古学的现状。站在学术角度要有一个清醒的认识,并以此作为鞭策和动力,激发我们的使命感和责任感,为尽快扭转这种局面而殚精竭虑,不懈努力。

21.2 什么是"吐鲁番学"

"吐鲁番学"自提出之日起,学术界尚未对"吐鲁番学"的定义和范畴进行过认真的讨论。因此,本节只是在缺乏共识的情况下,略述拙见而已。

首先,"吐鲁番学"与习见的"历史学"、"考古学"等有明确范畴和研究领域的情况迥然不同。其次,现在多将"敦煌学"、"吐鲁番学"连称,似乎两者属同一范畴。然而,实际情况并非如此。众所周知,"敦煌学"的"敦煌"和敦煌县毫无关系,"敦煌"与后面的"学"字是确指以敦煌石窟寺的石窟形制、壁画、塑像、题记和藏经洞所出大量各种文献为主要研究对象(其他方面暂不涉及),并以此而逐渐形成了特定的研究范畴、研究规范和研究方法。"吐鲁番学"则不然。"吐鲁番学"的"吐鲁番"纯粹是地区名称,其后的"学"字从字面上很难一下子明了其确指。就实际情况与敦煌学相比较而言,吐鲁番地区的石窟寺只是该地区众多古代文化遗存中的一种,与敦煌学中石窟寺的唯一性不同。至于吐鲁番文书则主要出于墓葬和部分遗址,大都是当时社会实用文书的残件,宗教内容很少,并同为该地区大量遗物中的一种,其发现的情况和内涵与敦煌文献迥异。此外,结合后文的论述,可知吐鲁番学研究基本以田野考古发掘资料为基础,敦煌学研究则以地面遗存的石窟寺和藏经洞文献为基础,其差别显而易见。而这种差别就导致了"吐鲁番学"与"敦煌学"的主要构成要素不同,主要内涵不同,总体研究范畴不同。主要研究对象除石窟寺相同、文书相类外,余者绝大部分均不同,研究的规范和方法亦差异较大,故两者既缺乏同一性,也无可比性,因而依据"敦煌学"是无法解析"吐鲁番学"的。

如前所述,"吐鲁番学"冠以地名,"学"字无一目了然的确指性。这种状况说明,无论是吐鲁番历史学和考古学,还是吐鲁番文书文献学之类的学科,各自均不等同于"吐鲁番学"。若按字面诠释,所谓"吐鲁番学"即古代吐鲁番地区的学问,明显是泛指古代吐鲁番盆地包括的所有学科或门类的总称。换言之,也可以说是将古代吐鲁番盆地包括的所有学科或门类整合起来,而冠以"吐鲁番学"统于一体。如是,就可在分析古代吐鲁番盆地所包括的各种学问的基础上,进而明确"吐鲁番学"的核心是研究古代吐鲁番盆地的历史和文化。其时代界限,是从史前直至明清时期,主要时段则在史前至回鹘时期。其空间、地域范围,是以今吐鲁番市为中心的吐鲁番盆地,并涉及古代与之有密切关系的周边地区。其资料基础,一是文书文献学,即历史文献和出土的汉文、民族文字以及域外文字的各种文书铭刻等;二是考古资料,属吐鲁番盆地古代物质文化范畴,其与文书文献学可相辅相成,互证互补,共同构成了"吐鲁番学"的主要资料基础(出土文书亦属考古资料范畴,因其特殊性故单列出来)。"吐鲁番学"的主要构成要素,是以吐鲁番考古学、吐鲁番历史学、吐鲁番文书文献学三者为最重要的支柱(余者暂不涉及)。

"吐鲁番学"既然是古代吐鲁番盆地包括的所有学问的总称,其内涵就十分广泛而丰富了。大体言之,"吐鲁番学"的内涵涉及古代吐鲁番社会的政治、经济、军事、交通、宗教、民族、社会构成状况、文化、艺术、文化艺术交流、对外关系、各种历史变迁,以及生态环境等方方面面。可以说几乎囊括了古代吐鲁番社会生产力与生产关系、经济基础与上层建筑的所有领域,因而"吐鲁番学"应是包含了古代吐鲁番社会的全部领域。在这些领域中又可细分成许多门类,而成为有关的社会科学和自然科学学者们研究的不同范围,并在不同时期形成不同的重点研究领域和课题。在这种动态的研究过程中,构成"吐鲁番学"的各个学科、领域的协同、配合关系,也会相应地不断调整或变化。但是,"吐鲁番学"以研究吐鲁番盆地内的古代历史和文化这个核心主题是不会改变的。

关于盆地内的古代历史和文化,在此都是广义的。即历史不仅仅是指政治史,还包括上述诸领域的历史,文化除一般的含义之外,主要是指内涵极其丰富的考古学文化。其次,在对盆地内古代历史和文化的具体研究上,按照时代的要求,现在已不能仅满足于单项的、专题的和某些个案研究,而是重在规范化的综合研究,并在研究过程中善于归纳总结,寻找规律,得出较科学的结论。只有将上述两方面紧密、有机地结合起来,以综合研究带动专题研究,以专题研究促进综合研究,才能使"吐鲁番学"研究不断发展和完善,逐步形成较完整的体系。只有这样,才能最终达到复原古代吐鲁番盆地历史文化的目的。只有这样,我们的研究才真正具有科学价值和学术价值,才能为繁荣、推进吐鲁番地区的学术研究和文化建设起到应有的作用。只有这样,我们的研究才能达到以史为鉴的效果,才能在今吐鲁番地区提高全民素质,实现现代化,再创辉煌的进程中做出积极的贡献。

21.3 吐鲁番考古学是"吐鲁番学"的主要基础

前面已经指出,吐鲁番考古学、吐鲁番历史学和吐鲁番文书文献学,是"吐鲁番学"构成的三大支柱。但是,三者对"吐鲁番学"的重要性并非等量齐观,相比之下吐鲁番考古学乃是重中之重,是"吐鲁番学"的主要基础。所谓主要基础,有两层含义:一是资料基础,二是研究基础。

如前所述,"吐鲁番学"以研究吐鲁番盆地的古代历史和文化为核心,其研究的基础资料,除有限的历史文献外,几乎全部依靠考古资料。比如,"吐鲁番学"重点研究领域的文书研究,基础资料均来源于阿斯塔那等墓地和部分遗址出土的各种文书。文书研究除文书本身的缀合、考证等专业性研究外,进而上升到史学高度的研究工作,则主要是依据相关文书的内涵。吐鲁番古代史研究,汉通西域前的史前史完全仰仗于考古资料得以构建。汉通西域以后的历史,依据历史文献虽然可以写出来,但是若想使这部历史既形成较完整的骨架,又有血有肉、有丰富的内涵,并能具体地反映当时社会历史的实况,也必须在研究和利用各种相关的考古资料的基础上才能完成。其他诸如吐鲁番盆地的古代文化艺术和文化艺术交流,宗教、民族、交通等领域,历史文献的记载十分有限,其研究均须以相关的考古资料为基础。总之,由于考古资料具有原始性、真实性、直观性、客观性、可靠性、动态性、内涵的丰富性和广泛性以及弥补历史文献空白等特点,故其在"吐鲁番学"的研究中是无可替代、不可或缺的资料基础。

考古资料是"吐鲁番学"的主要资料基础,所以研究这些考古资料

·欧·亚·历·史·文·化·文·库·

的考古学,也必然成为"吐鲁番学"研究的基础。这是因为考古学专业性很强,其原始考古资料并非局外学者都能直接利用。比如,史前时期的原始考古资料,若不经考古学者按考古学规范进行整理和研究,形成研究报告,局外学者几乎无法利用。进入历史时期以后,少数考古原始资料,比如文书、铭刻、壁画、塑像以及某些遗物等等,其他学者虽然可直接利用,但利用的效果也会大打折扣。比如,墓葬出土文书是"吐鲁番学"中研究的热点之一,并已取得较大的学术成果。但是,这些已刊布的文书均与原出土墓葬的内涵失去联系,因而这些文书出土的位置、各件文书的附着物和存在状况,文书之间以及文书与同墓遗物间的组合关系,文书与墓主人的关系,同一墓地同一类型相邻或相近墓葬所出文书间的关系等,均不明晰。此外,现已刊布的文书中,有些文书出土墓号是不准确的,这样又影响到判断文书的组合关系。凡此,在文书深层次研究中均有较重要的参考价值。但是,上述诸种情况。除考古学者外,其他学者即使找到原发掘简报也很难全部搞清楚。而如果对上述情况全然不知,仅孤立地研究文书,则就好比毛皮脱离,失去所本。在这种情况下,若所研究的问题恰恰与上述情况有关,便可能影响到研究成果的广度、深度和水平,甚或产生错误的判断。至于遗址和墓葬的各种遗迹和出土的遗物,其能否被正确使用,同样也离不开考古学者的综合研究成果。比如,著名的高昌故城、交河故城、柏孜克里克石窟寺等重要的大型遗址,阿斯塔那之类的大型墓地,均须经过考古学者整理和研究,规范描述,对遗址的时代、性质、文化内涵、形制布局、建筑类型和结构、遗物出土情况和组合状况等方面提出较准确的定位、定性、分期和中肯的分析;对墓地的区划、墓葬的配置和组合关系;对墓葬的类型、形制结构、葬制、葬俗,遗物组合、断代分期、演变序列和规律等进行研究;对墓葬和遗址涉及的与盆地外的关系和中外文化艺术交流部分,进行较充分、得体和准确的比较研究。只有对其所涉及的各种专业性和专门的领域进行规范之后,其他学者才能从本学科的角度去正确审视和利用这些考古遗迹和遗物,从而取得相应的较大的研究成果。

上面所述,说明原始考古资料不等于考古学,只有按照考古学规范,对原始考古资料进行整理和研究,形成以较完整的考古资料系统为基础的学术研究成果和体系之后,才算作考古学。只有在考古学研究"统帅"下的考古资料,才能作为"吐鲁番学"各相关研究领域高起点的、较准确的、可靠的资料基础。也就是说,只有将原始考古资料转化为考古学研究成果,才能真正成为"吐鲁番学"各相关领域研究的基础,故吐鲁番考古学也是"吐鲁番学"的研究基础。

21.4 吐鲁番学研究院的成立是吐鲁番学 发展进程中的里程碑

吐鲁番学研究院的成立,为吐鲁番学研究搭建了一个学术平台,使吐鲁番学有了真正的研究中心,其意义非比寻常。因此,这个创举乃是吐鲁番学发展进程中的里程碑,着实可喜、可庆、可贺。

吐鲁番学研究院的成立,标志着吐鲁番学将以整体的力量、全新的面貌呈现于学术舞台,预示着吐鲁番学必将快速迈向新的发展阶段。但是,千里之行,始于足下。在新张开幕、百事待举之际,如何迈出坚实的第一步,至关重要。权衡之后,我认为只有首抓学科基础建设,才是势在必行的头等大事。为此,我建议在吐鲁番学研究院的领导和统筹规划之下,尽快着手组织有关方面的专家、学者,陆续做好以下四件事。

第一,编写《吐鲁番考古学》。吐鲁番考古已逾百年,享誉中外。在新的世纪里,为吐鲁番考古学自身的学科建设,为使吐鲁番考古学在"吐鲁番学"研究发展进程中真正发挥基础作用,有必要对百余年来的考古资料进行整合,对百余年来的研究成果进行梳理。然后以此为基础,继往开来,按照现在的学科规范和研究水平,就已有的资料和成果,再加上根据需要进行必要的补充发掘和相关的专题研究(如中外文化艺术交流考古学研究、城址、交通、宗教考古学研究等),组织撰写《吐鲁番考古学》,使之初步形成《吐鲁番考古学》的基本框架和体系。

·欧·亚·历·史·文·化·文·库·

如是,我们不仅对百余年来吐鲁番的考古工作进行了较科学的总结,而且还可从中较准确地找出缺环和薄弱环节,理出吐鲁番考古学的课题构成系列,明确努力方向,为今后制定近期计划和长远规划打下坚实的基础。

第二,正式启动回鹘考古学的研究工作势在必行。回鹘考古学是新疆考古学和吐鲁番考古学的重要组成部分,也是新疆考古学和吐鲁番考古学最后阶段的主体。因此,回鹘考古学是关系到新疆考古学和吐鲁番考古学能否形成完整体系的大问题。就全疆而言,目前只有吐鲁番地区有条件首先正式启动回鹘考古学的研究工作(包括必要的考古发掘工作)。这里是高昌回鹘王国的中心区,都城和其他城址、王家寺院等各种遗址和相关考古资料较多,王陵也有一定线索,基础较好。现在客观条件已基本具备,机不可失,因而正式启动和开展具有重要学术价值和现实意义,并能产生较大国际影响的回鹘考古学的研究工作,已是势在必行。

第三,编写《吐鲁番古代史》。吐鲁番古代史,不仅对吐鲁番地区十分重要,而且也是解析新疆古代史、中国古代西域史,古代中外文化艺术、经济、宗教等方面交流史的主要锁钥之一,在学术上占有举足轻重的地位。关于吐鲁番古代史,早已有详略不同、特点不一的多种版本。现在编写新版《吐鲁番古代史》,应在此基础上提出更高的要求。(1)要将历史文献、考古资料、出土文书及其他相关资料和已有的研究成果有机地融为一体,形成较完备的总体框架。(2)对《吐鲁番古代史》中的重点课题、难点和疑点列出专题,集中力量研究攻关,力争有较大的突破。(3)编写《吐鲁番古代史》应达到现阶段所能做到的复原吐鲁番古代历史的目的。(4)编写《吐鲁番古代史》要注重体例,以形成较完整、较系统的体系。(5)编写《吐鲁番古代史》要写出特色,突出吐鲁番古代史之"魂"。这里所谓的"魂",就是根据吐鲁番古代史的特点,主要突出以下几个问题:①突出古代汉族和相关各族共同开发盆地的历史;突出古代吐鲁番盆地是汉族、维吾尔族和相关各族的共同家园;突出汉族和相关各族长期休戚与共,相濡以沫,不断互相融合,共同谱写出光辉的历史篇章。②突出汉文化、相关各族文化以及域外文化之间不断互相影响，互相融合，并最终形成独树一帜的吐鲁番文化的进程和特色。③突出古代吐鲁番盆地多种宗教共存共荣，及其在当时的社会与文化艺术领域和中外文化艺术交流中的地位和作用。④突出汉唐时期吐鲁番盆地的历史和文化与内地血肉相连的关系，突出其与中央政府相统属，命运与共的主线。⑤突出回鹘族入主吐鲁番盆地后，在繁荣当地文化中的重要作用；突出回鹘文化的主要特点及其与内地文化的有机联系；突出回鹘族对开发盆地，维护祖国统一所做的重大贡献。突出上述紧密关联的五点，重在将其精髓贯穿并融入《吐鲁番古代史》之中，尽量让材料说话，避免说教。如是，就可基本再现古代吐鲁番盆地多元一体的历史，再现古代吐鲁番盆地与祖国不可分割的历史，再现古代吐鲁番社会的各相关领域中，原本存在的汉族和相关各族你中有我、我中有你、相互依存的实况。这些历史和实况就是我国统一的多民族国家、中华民族和中华民族文化形成和发展进程中的铁证。既有重大的学术价值，又有重要的现实意义。在此基础上，甚至可以缩写成通俗本，以飨广大读者。

第四，编辑《吐鲁番出土文献集成》（以下简称《集成》）。吐鲁番出土的汉文、民族文字和域外文字的各种文书和铭刻资料，是"吐鲁番学"的资料宝库，是吐鲁番史学研究的主要资料支撑之一，也是吐鲁番考古学不可或缺的重要组成部分，故吐鲁番文书的重要性自不待言。目前无论从编写《吐鲁番古代史》、《吐鲁番考古学》来看，还是从吐鲁番文书文献学自身的学科建设和研究需要来看，都急需编辑一部《集成》。《集成》应严格按集成体例进行编辑。资料收集尽量全面，辑录和考证规范，索引准确。为保证辑录质量，文书文献学者和相关领域的学者还要携手共同进行必要的专题研究。考虑到民族文字和域外文字研究的难度和现状，《集成》可分两步走：即先启动编辑汉文部分，作为上册；再筹备民族文字和域外文字部分，从长计议，作为下册。力争使《集成》真正成为便于使用的、集大成的、完整的资料体系。

综上所述，《吐鲁番考古学》（包括回鹘考古学）、《吐鲁番古代史》

·欧·亚·历·史·文·化·文·库·

和《吐鲁番出土文献集成》,既是本学科里程碑式的基础工程,又是"吐鲁番学"中相互关联,内在联系密切,三位一体的基本建设,最为重要。这项基本建设,实际上就是吐鲁番学研究院起步阶段所树立的三座丰碑,也是吐鲁番学研究院的镇院之宝。这项基本建设,同时更是广大吐鲁番学学者情之所系,众望所归,大家正真诚地期待着上述三大工程的立项和完成。古训云"有志者,事竟成",让我们众志成城,为此而努力奋斗吧!

(本篇初刊于《吐鲁番学研究》,上海辞书出版社,2006 年)

22 斯坦因探险的性质与 如何看待其著作问题

19 世纪末至 20 世纪 30 年代,列强诸国学者对我国新疆与河西地区的探险活动和他们的大量著作,是新疆考古学和相关领域研究不可或缺的重要组成部分。其中特别是斯坦因,他的探险活动和著作,在新疆考古学、佛教考古学、简牍与民族古文字学、历史地理学、地理学、西域史、敦煌学、中西文化交流史、丝绸与丝绸之路等诸多领域中,影响深远,更占有举足轻重的地位。因此,在新世纪之初,回顾新疆考古学和相关领域研究之时,势必要涉及斯坦因。在这种情况下,若谈到斯坦因,我们认为其前提条件是判定他探险的性质,基点是如何看待他的著作问题。本篇拟对此略述拙见,以供参考。

斯坦因在 1900—1901 年、1906 年—1908 年、1913 年—1915 年、1930 年先后四次到中国新疆及河西地区进行探险,其中 1930 年第四次探险因中国学术界的抵制和反对而夭折。所谓探险,一般是指到从来没有人去过或很少有人去过的艰险之地,就某些未知和不清楚的领域进行考察。19 世纪末 20 世纪初,列强诸国学者在新疆的种种活动,大都冠以"探险"之名。这种"探险"表面上与前述一般的探险相近,其实不然。这是因为他们的"探险"是在列强垂涎并妄图染指新疆的大背景下进行的,均肩负各自政府机构的使命,具有明确的政治目的。因此,其所谓的探险不仅深入沙漠腹地,而且还流窜于各有关绿洲和敏感地区,干了许多违背探险宗旨,偏离探险轨道,践踏我国主权的非法勾当。如此者流,斯坦因首当其冲。有鉴于此,下面我们就结合《近代外国探险家新疆考古档案史料》(新疆档案馆编,新疆美术摄影出版社,2001 年。有关斯坦因的档案史料在 1899 年 5 月—1931 年 5 月,主要是当时新疆各级官方机构有关斯坦因探险活动的来往公文和信函等。以下正文中凡加引号者均引自该书),对斯坦因在考古学和地理学探险名义下的所作所为略作披露,以还其本来面目。

第一,斯坦因是肩负英印政府使命的御用学者。新疆地处战略要冲,故英国和其他列强"久有觊觎窥伺之心"(1913年8月28日公文)。为此,他们处心积虑地将魔爪伸向新疆。斯坦因正是在这样的背景下闯入新疆的。

斯坦因"奉印度政府之使命"(1930年12月公文,时印度政府受英国政府控制),在印度勘探局、大英博物馆和英国皇家地理学会等官方机构大力支持下,才得以在新疆进行四次探险活动,对此斯坦因在其著作中从不讳言。那么,斯坦因领受英印政府什么使命呢?答曰:"其目的系借考古迹为名,偷绘我国地图"(1913年12月17日公文),"名为考古,实则暗中盗窃吾新古物转运英国"(1930年12月20日公文)。此外,还有一条就是搜集各种情报。斯坦因在《沙埋契丹废墟记》前言中,曾提到他到新疆和河西地区探险的目标和性质,但却未将上述三条包括在内。其实这缄口不言的三条,才是他探险的真实目标和性质,并在历次探险活动中不遗余力地坚决贯彻执行之。正因为如此,斯坦因才被英国和印度政府奉为"英雄",并获得英王授予的印度王国武士勋位和骑士勋位。正是以此为基础,其学术成果才被褒奖有加,他才有机会获得英国皇家地理学会和皇家亚洲学会颁发的金质奖章,以及牛津和剑桥大学赠予的名誉博士学位等一系列殊荣。所以斯坦因到新疆探险绝不是纯学术活动,而是执行英印政府使命的政府行为,他是地地道道披着学术外衣为英印政府帝国主义政策服务的御用学者。所以"命运之神"才对他"格外垂青"(《沙埋契丹废墟记》前言,斯坦因的其他著作中也经常有类似的话)。

第二,为完成英印政府赋予的使命,斯坦因靠强权、谎言和骗术,辅以行贿官员收买走卒等伎俩,不择手段,以求一逞。对于上面提到的三条,中国政府和地方当局早有察觉。因此,诸如对斯坦因的活动要"随时侦察"(1913年8月28日公文),"应即查明禁阻"、"遵照部令严行禁阻通行"(1913 年 11 月 12 日公文),"严密监视其行动,不准到处勾留"(1930 年 9 月 27 日公文),"请饬属防范,严加监视"(1930 年 11 月 10 日公文)……等饬令,不绝于书。但是,斯坦因仍然我行我素,到处横行。这是为什么? 就是因为当时中国贫弱,吏政腐败,官员贪污成风。斯坦因之流正是乘此机会,利用强权政治开路,由英国外交机构出面打压中国政府和地方当局(详见档案史料);并以探险是"为发扬中国古时威名"(1930 年 10 月 16 日公文)等鬼话进行欺骗。同时还用钱物贿赂各级有关官员,收买走卒为其张目(斯坦因著作中每有流露。以第四次考察为例,斯坦因就拿出六千美元"为运动新省官员费用",斯坦因甚至明说"只要拿些钞票行贿新疆官吏无不行的",以上见 1930 年 12 月公文)。所以负有监视之责的一些官员,往往以斯坦因"并无测绘及违约情事"(1914 年 10 月 16 日公文)等不实之词谎报平安无事。有的官员甚至以斯坦因有"英、美两政府后援",不能用"无关实际之考古问题徒伤国际感情",准斯坦因考察"毫无不妥"、"务请当机立断","免误事机"(1930 年 10 月 23 日公文);如若不准"何以对国人"(1930 年 10 月 29 日公文,此公文与 23 日公文说的是一回事)等内奸式的言词要挟上级政府。这些丧失民族尊严和国格的腐败官员为虎作伥,又何以对国人! 真是可恶之极! 在这种情况下,当局虽然已认识到斯坦因探险的目的,明知斯坦因以"多谋善窃著闻世界","惯于巧取豪夺",其人"老猾"、"行踪诡秘",他的话"全系谎言,不足置信"(1930 年 12 月公文)。但是,由于当时中国政府软弱无能,惧外、媚外,加之这些腐败官员和一些走卒与斯坦因沆瀣一气,致使斯坦因的上述使命和阴谋仍然得逞。如此这般,着实令人痛心疾首!

第三,到处搜集情报,散布攻击和分裂中国的谬论。斯坦因利用考古和地理考察的名义,深入到新疆各地。在其著作中反映出,他所到之处都在广泛搜集当地政府、驻军、民政、民族构成、民情、民俗、民族关系等方面的情报,对敏感地区还进行体质人类学考察与测量;广泛搜集各地气候、水文、物产(包括矿物标本,甚至采集石头、沙子和土壤标本)等方面的情况。此外,还有下文将要谈到的与偷绘军事地图有关的种种情况。凡此所为,有的虽然可以与考古和地理考察挂钩,但是,上述资料早已大大超出学术需要的范畴。所以斯坦因的行径显然别有他图,其司马昭之心,不言而喻。

除上所述,斯坦因在著作中还将新疆称为东突厥斯坦,不承认新疆是中国领土,宣扬新疆古代是白人的家园,新疆古代文化西来说,汉人是外来民族,并极力贬低汉文化在古代新疆的地位和作用,如此等等,不一而足。对此,当时中国官方机构也早已知晓,指出斯坦因侮辱中国,"轻薄中华民族之议论,尤堪发指";对斯坦因"谓我只知有旧中国","外国人应不理会"中国,"新疆并不能算是中国领土,中国并无中央政府,新疆又不开化","中国民族的生命已临最后之一日……"(以上见1930年12月公文)等种种狂言,无不愤慨。总之,上述情况表明,斯坦因为英帝国主义染指新疆到处搜集情报、肆意诽谤攻击中国,为英国和列强诸国妄图分裂中国充当吹鼓手,扮演了极不光彩的角色。

第四,以偷绘军事地图为己任。斯坦因的历次探险均由印度勘探局出资、出先进设备,配备精通测绘人员,对所到之处偷绘详细地图。从斯坦因著作中可明确看出,他对测绘地图竭尽全力,比考古探查还要上心。为测绘地图他本人或派员进行实地勘察,凡山川等各种地貌,山口险隘,古今军事要地和要塞、古今交通线(包括古今军事道路和小路)、交通枢纽、烽燧(烽燧线即是古代军事警戒线)、驿站,古今城镇和居民点,各种水源的位置,水草分布状况等等,地图上无不应有尽有。斯坦因所绘地图囊括地域之广、涉及腹地之深、其详细和精确程度之高,地图数量之多,远远超出考古和地理学术考察之需要(在《西域考古图记》、《亚洲腹地》等著作中刊布的地图,仅是其所绘地图的一部分),是不折不扣的军事地图。据说有人曾作过对比,20世纪30—40年代中国政府有关这些地区的军事地图,在一些方面还不如斯坦因的地图。在列强诸国探险队中,大规模偷绘军事地图者只此一家,这大概就是"大英帝国理所当然成为第一个吃螃蟹的人"(《沙埋契丹废墟记》前言)的真实含义吧!由此可见,斯坦因到底是何许人也?意欲何为?通过其致力于大量偷绘军事地图一事,已昭然若揭。

对斯坦因偷绘军事地图一事,当时的中国政府也非常敏感。在有关斯坦因新疆探险的档案史料中,涉及其偷绘地图的公文最多。档案史料中明确指出,斯坦因到新疆的目的是"偷绘我国地图"(1913年12月17日公文),他的活动"当不离军事范围"(1930年12月公文)。斯坦因所到之处,"窃伺关系军务要险地段"(1914年1月30日公文),"察看险要地方暨照绘地图"(1913年8月28日公文),"派人分往各处测绘"(1913年11月22日公文),"测绘险要"(1913年12月18日公文)。"其受印度政府命令来华测量","自印度入新、甘之军路详细测绘以去";斯坦因"携百余万元之巨款,奉印度政府之使命,领测探之专员,结果如何,念之不寒而栗!"(1930年12月公文)。所以当时中国政府一再发出"注重国防"(1930年9月27日公文),对斯坦因"严加监视","绝不能任其自由行动"(1930年11月10日公文),"禁止测绘在案"(1913年10月11日公文),"严行禁阻"测绘(1913年11月12日公文)之类的禁令,不绝于耳。但是,由于前面第二条所述原因,斯坦因偷绘军事地图有禁不止,"此诚吾国家莫大之损失"(1930年12月公文,原公文"损失"所指,还包括下文提到的盗掘遗址,劫掠古物等项)。

第五,大肆盗掘破坏古遗址,疯狂劫掠大批文物。斯坦因的足迹遍布塔里木盆地、吐鲁番盆地和天山以北东部地区。在如此广袤的土地上,斯坦因几乎盗掘了汉唐时期所有重要的古遗址和遗迹,给遗址和遗迹造成严重破坏,所出遗物也几乎被席卷一空,全部劫往印度和英国。对此,当时中国政府的有关当局指出:"古物保之国境乃尊主权之道",斯坦因"盗取我国先民遗迹,蹂躏我国固有主权,实为吾族人士一大愤慨"(1930年11月10日公文),"此诚吾国家莫大之损失"(1930年12月公文)。因而一再下令不准斯坦因"窃挖古物,测量地形,用副中枢,注意国防,保卫文化之至意外"(1930年9月27日公文),并要求地方政府"派员严密监视,不得有发掘古物及携带出境"之事发生(1930年9月21日公文)。最后,由于屡禁不止,故在斯坦因第四次探险时,当时的中国政府被迫只能采取"将其驱逐出境","庶几主权、国防、国宝皆得保全"(1930年12月公文)之策。但是,斯坦因究竟劫掠了多少古物出境,当时中国政府根本不清楚。有的官员也只能笼统地报告"惟查该游历(请注意,"游历"也是斯坦因编造的谎言)需用车辆、驼只、马匹甚多。询悉每考查一处,举凡一草一木,石块片瓦之属莫不装载而归,是以需用如此甚多"(1914 年 11 月 7 日公文)。此类报告虽然语焉不详,但也反映出斯坦因在明目张胆地进行洗劫。关于斯坦因劫往印度和英国的中国新疆古代文物,至今尚无完整的统计。仅从他在著作中披露的情况看,就已触目惊心。

此外,斯坦因在河西敦煌等地以及内蒙古额济纳旗黑城等地也大肆盗掘和劫掠,其中尤以对敦煌石室宝藏的劫掠最为臭名昭著。斯坦因在《西域考古图记》第 22 章《藏经洞的发现》、《沙埋契丹废墟记》第 65 至 69 章中,详细描述了他及其帮凶(实为内奸)蒋师爷如何巧施阴谋诡计,编撰故事,鼓动如簧之舌,欺哄愚昧无知的王道士,以几个小钱步步紧逼王道士上钩,诱骗宝藏;并津津乐道他们如何瞒天过海,在夜色中一次次偷走大量精品。最后装满 24 箱(一箱的重量相当于一匹马的负荷)写卷,5 箱绘画等艺术珍品,全部劫往大英博物馆(斯坦因说此后法国伯希和到藏经洞时,藏经尚有 15000 余卷,绝大部分被其劫往法国。后来斯坦因第三次探险时,又从敦煌石室盗走部分精品)。斯坦因开盗窃敦煌石室宝藏之先,他与伯希和所盗走的敦煌石室宝藏,是人类文化史上空前的浩劫,震撼了中国,也使世界为之震惊!

总之,上述情况表明,斯坦因在英印政府对我国新疆等地阴险图谋的"棋盘"中,显然是一颗无可替代的重要"棋子"。事实证明,斯坦因所谓的探险,绝不是一般意义上的科学考察性质,而是假考古学和地理学探险之名,以执行英印政府使命为宗旨,行偷绘军事地图、劫掠文物与搜集情报之实。仅就其"考古探险"而言,斯坦因劫余之后,新疆汉唐时期的遗址大都遭到破坏,遗物已所剩无几,敦煌石室宝藏国内也只剩少许。可以说在 20 世纪 30 年代以前,斯坦因乃是中国古遗址最大的盗掘和破坏者,是中国古代文物的最大劫掠者。其劣迹斑斑,铁证如山。对于此类恶劣行径,西方有良知的学者亦嗤之以鼻,并将斯坦因之流贬称为"魔鬼"。[1] 然而,另一方面,时至今日,西方却仍有为之招魂者,声称他们拿走新疆和中国内地的文物是保护文物,不然留在当地也被破坏了。这种颠倒是非的谬论,完全是地地道道的偷了东西还要立牌坊的强盗逻辑,是对中国人民极大的诬蔑。因此,我们必须对这种谬论予以严正谴责,彻底批驳,清算斯坦因之流欠下的孽债,扯去他们的遮羞布,讨还公理!

　　除上述以外,再谈谈如何看待斯坦因的著作问题。斯坦因的著作与其上述行径既密切相关(其著作植根于"探险"之中),又有很大区别。斯坦因的上述行径肮脏龌龊,完全是反派面目。但是,他的著作则不然。一是他的著作属学术范畴,以资料和研究为主,长期以来广为流传,并已经在人们的印象中形成某种"较好的定式"。二是他的著作有意掩饰上述行径,其有问题的言论又湮没于大量资料和一些研究之中。因而泛读斯坦因的著作,看资料和成果易,发现问题难,所以这些著作就成为斯坦因遮盖劣行和欺世钓誉的"护身符"。三是在一般的情况下,人们看斯坦因的著作主要是查资料,寻觅有关研究成果,很少去注意此外的问题。四是斯坦因的著作量很大,涉及的学术及其他方面问题多且复杂,不像他的上述行径,一抓就准,一点就破。因此,对斯坦因著作的全面评价一直是一个很大的难题(这种评价应包括主要成果、成绩的定位,主要缺欠、不足和存在问题的定位,及其在该领域学术发展史中的定位。而欲达此目的,则要求评价者必须有广博精深的学术功底,较高的考古学造诣,丰富的史学知识和政治头脑,同时尚须长期研究其著作,认真梳理,所以评价本身就是一门艰深的学问和一项难度很大的系统工程)。即使试图评价,其能否准确到位姑且不论,仅就篇幅而言,评价文章短了说不清楚,长篇评论须下大功力,又受诸多主客观条件的限制,往往难产,故很多人对此视为畏途,望而却步。上述四点便是长期以来对斯坦因的著作说好话者多,批评者寡的主要原因。由此进而造成了目前对斯坦因著作只看成果,不顾问题;突出赞

〔1〕〔英〕霍普科克著,杨汉章译:《丝绸之路上的外国魔鬼》,甘肃人民出版社,1983年。

扬,不作批评的认识误区。在这种情况下,就引出了本篇提出如何看待斯坦因著作的问题,所谓"看待"即不等于也不是全面而具体的评价。仅仅是针对上述认识误区,对斯坦因著作的成就,特别是其成就之外存在的主要问题,从宏观上提出一些粗线条的看法或"标准",以供读者在读斯坦因著作时参考。下面即分成就和问题两方面简述之。

斯坦因的著作较多,举其要者,他第一次探险出版了《古和阗考》(考古报告,二卷,1907 年。现在已完成中文译稿),《沙埋和阗废墟记》(通俗本,1904 年。1994 年新疆美术摄影出版社出版中译本)。第二次探险出版了《西域考古图记》(考古报告,五卷,1921 年。中译本于1999 年由广西师范大学出版社出版),《沙埋契丹废墟记》(通俗本,二卷,1912 年。中译本即将出版)。第三次探险出版了《亚洲腹地》(考古报告,四卷,1928 年,中译本已出版)。最后他又综合三次探险写了一本《斯坦因西域考古记》(通俗本,1936 年中华书局出版中译本,1987年中华书局和上海书店联合再版)。此外,斯坦因还出版了一些其他著作。

在上述论著中,《古和阗考》、《西域考古图记》和《亚洲腹地》三部正式考古报告是斯坦因的代表作;《沙埋和阗废墟记》和《沙埋契丹废墟记》则是通俗性的著作。这两部通俗性著作,以较短的篇幅(相对正式报告而言),分别陈述了第一、第二次探险的经历和情况,主要发现和重要收获,并将探险中"所见、所闻、所思告诉给普通的读者",书中不乏正式考古报告中未载的一些细节和轶事。在上述的两部书中,以即将出版的《沙埋契丹废墟记》部帙最大,内容最丰富。该书近 80 万字,有 300 余幅图版和地图,详细地介绍了他第二次中国西部考古探险的全过程(斯坦因四次探险中,以第二次最为重要),书中将资料性、学术性和趣味性有机结合,相得益彰,具有较强的可读性。但是,应当指出,《沙埋和阗废墟记》和《沙埋契丹废墟记》成书均早于相对应的正式考古报告,后来出版的正式考古报告对这两部书中记载的一些内容多有订正或改动,所以这两部著作若作为资料使用,必须参照正式的考古报告。此外,《斯坦因西域考古记》则是对他三次探险的概括和总结,言简意赅,在通俗之中寓有较强的学术性。总之,上述三部通俗性著作与斯坦因三部代表作既是相辅相成,又是互查互证,彼此勘误(也存在三部通俗性著作资料正确,而三部代表作记错的情况)的姊妹篇。同时这三部通俗性著作也是读者了解斯坦因的探险生涯,主要发现和收获以及其人其事的捷径。

斯坦因的三部代表作,较全面地记述了新疆汉唐时期的遗迹和遗物,以及敦煌石室宝藏、千佛洞佛教艺术与河西地区汉长城遗迹等。书中以大量的文字和图版,将上述地区的各种有关遗址及其丰富而精美的遗物展现于世人面前,从而揭示出该地区汉唐时期的文化概貌(除了与考古学有关者外,还涵盖了西域史和佛教等诸多领域),揭开了中西物质文化交流的神秘面纱;再现了汉长城的分布态势、保存状况、结构特点,论证了玉门关和阳关的位置;并在客观上又使敦煌宝藏重见天日。此外,书中还详细地描述了深居亚洲腹地的新疆和河西地区的自然环境,以及山川、大漠、戈壁、雅丹、盐壳等地貌种种奇妙的景观;探讨了该地区地理学、历史地理学及古代交通线等一系列问题,令人耳目一新。在这个基础上,他进而又转入考古学和地理学的动态研究。对该地区古代遗址的分布态势、兴废和迁徙(包括个别遗址废弃后又重新兴起)与自然地理环境变化之间的相互关系;其中某些地域历史时期河流的水量、流向、流程、流域范围,河水泛滥、退缩、改道和回流等现象变迁的实态和规律;一些地域遗址废弃并荒漠化的原因和进程,个别荒废地域重新开发利用的可能性等方面,均进行了初步的探讨和研究,提出了许多有益的见解。总之,斯坦因用他的宏篇巨著为人们打开了此前"未知世界"的大门,因而轰动了当时的国际学术界。于是那些垂涎欲滴的列强学者们和形形色色的探险家也紧随其后,纷至沓来。

其次,斯坦因在编写三部代表作过程中,还邀请了当时欧洲与此相关领域的一流学者,对各种难度较大的课题进行了长期的专题和综合研究。然后斯坦因以自己丰富的学识和研究成果为基础,总其大成,编撰成书。因此,这三部代表作既是斯坦因的专著,又是集体智慧的结晶,代表了当时该领域的最高研究水平。从学术角度来看,虽然现在不难发现其中的错误和瑕疵,但其主要研究成果至今仍有重要学术价值或参考价值,所以斯坦因的三部代表作在国际学术界享有很高的声誉。

但是,斯坦因的著作盛名之下也存在一些不足和令人深思的问题。比如:

第一,总的来看,斯坦因的著作(特别是三部代表作)以考古资料整理为重头戏,资料整理属学术范畴,但其所获考古资料的途径和方式又是政治问题(参见前述情况)。此外,斯坦因著作依托于考古资料的研究部分,绝大多数是学术问题,研究成果占主导地位。然而这种研究是受斯坦因的立场和观点制约的(参见前述情况),所以也有一些谬论和政治性的问题。因此,对斯坦因的著作要具体问题具体分析,应针对不同情况,分别采用学术标准和政治标准,并将其放到当时的学术和政治环境中予以衡量和评说。

第二,如前所述,斯坦因的三部代表作,其实就是对他盗掘的遗址,劫掠的遗物之整理与研究;他的三部通俗读物则是这种模式简化和变化后的通俗性作品。因此,斯坦因的著作以资料为主体,其价值以资料取胜(资料报道也不规范,见第三点)。在斯坦因的著作中资料与研究是皮和毛的关系,资料是斯坦因学术成就的基础。所以是中国新疆灿烂的古代文化和敦煌石室宝藏给斯坦因带来了崇高的声誉,造就了斯坦因的学术地位。斯坦因的学术研究成果,说穿了就是以上述博大精深的中国古代文化为底蕴而谈的一些看法,归根结底还是中国古代遗迹和遗物本身价值所致,是中国古代文化瑰宝对人类文明的伟大贡献。因此,不能不顾这些事实,把金都贴在斯坦因的脸上。

第三,说到斯坦因考古报告中的资料,也存在许多问题。由于斯坦因对遗址是盗掘,对遗物是劫掠,在做贼心虚的情况下,往往抢时间、赶"任务",大都以"挖宝"的方式放纵民工乱掘滥挖(这是遗址遭破坏的主要原因之一),随意处理复杂现象或根本未观察到重要现象;加之斯坦因又经常离开现场(大多与测绘有关),使"发掘"处于失控状态,因而其所获资料大都缺乏准确性和科学性。斯坦因的考古报告即以这样的资料为基础,以自己在现场所做的记录、日记和工人口述情况为线索,按流水账的方式报道遗址、遗迹和遗物的情况。所以斯坦因的考古报告很不规范(与现在真正科学的考古报告相去甚远),重要遗址的完整形制布局及其各部位间的关系(包括平面打破关系,剖面叠压关系);遗物出土的层位、坐标、遗物与遗迹的准确对应关系,遗物之间的相互关系及其组合构成情况;遗迹之间、遗物之间的相对早晚关系,等等,绝大多数未交代清楚。所以斯坦因的断代,大都是以出土的钱币、文字资料和少数他能够掌握时代特征的遗物进行猜测。斯坦因在学术上的许多误判和错误结论,大都与上述诸种情况密切相关。因此,从学术研究角度来看,斯坦因考古报告的资料很难进行深层的有效利用。总之,在斯坦因的考古报告中,各种资料大都以盗掘时的情况,呈无内在关联的"自然状况"单独存在,其价值主要表现在遗迹的局部或某个方面和单个遗物上,很难全面反映遗址的本来面貌(大都不能进行遗址的复原研究),因而其资料价值又大打折扣。所以若没有认真研读斯坦因的著作,则不宜盲目地对其著作的考古资料部分给予过高的评价。

第四,斯坦因的研究成果和学术成就(前已说明,不赘述),是斯坦因坚决贯彻执行英印政府所赋予的使命,并为之奋斗的"敬业"和"献身"精神与其个人学术素质相结合的产物,同时也是许多欧洲学者集体智慧的总汇。从斯坦因的著作来看,他的研究成果,大多与资料夹叙夹议(其中单独的专题研究除外),研究成果不太醒目,但仔细阅读仍能看得清楚。对于这些研究成果,我们应当从学术角度予以审视。采取实事求是的科学态度,以学术研究发展的历史眼光进行分析,该肯定的肯定(其成果不乏精辟之见),该商榷的商榷,该否定的否定(有的是受前述所获资料缺乏准确性和科学性的制约,有的是限于当时的学术研究总体水平,有的是斯坦因个人研究水平所致),取其所长,为我所用。但是,应当指出,斯坦因著作中资料之外的言论并非全是科学的研究成果,在这些言论中也不乏夹杂着渗透其帝国主义者心声的借题发挥和杜撰的谬论(主要是斯坦因的立场和观点决定的,参见前述情况)。对此,必须用政治标准予以透析,扬弃其糟粕。特别是他利用遗迹遗物别有用心的攻击污蔑中国的种种谬论,则必须进行彻底批判,以肃清其流毒和影响。

第五,斯坦因的著作,是以肆无忌惮地践踏我国主权为前提,以疯狂盗掘中国古代遗址并劫掠中国古代文物为基础的。因此,斯坦因的著作即是其卑劣行径的铁证,同时也为那段令国人屈辱而心碎的历史留下了真实的记录。所以我们在读斯坦因著作时,一定要牢记惨痛教训,勿忘国耻。

第六,经斯坦因盗掘和劫掠之后,凡其所涉及的遗址均遭严重破坏,遗物也没有了。所以记录这些遗址和遗物的斯坦因著作,就成为今天研究新疆汉唐考古学的基础资料(尽管存在许多问题),其有关敦煌石室宝藏的记录又是研究敦煌学的基础资料之一。这是英帝国主义的侵略政策假斯坦因之手造成的结果,也是我们不愿意又不得不接受的残酷的历史事实。但是,我们一定要结合前述情况(探险的性质和目的,及其种种劣行)来面对这个事实,绝不能因其所起的基础资料作用就无保留地全面肯定斯坦因,并对他进行无原则的赞扬。

综上所述,应当指出,斯坦因的著作虽然有前面提到的不足和问题,但其著作中的资料价值和具有重要学术价值的研究成果则是客观存在的。我们既不要以问题抹煞成果,也不能用成果掩盖问题,必须采取实事求是的科学态度。所以我们认为,对于研究新疆考古学和敦煌学,以及一些研究与之相关学科的人,或那些想了解这方面情况的朋友,斯坦因的著作不可不读。无庸讳言,斯坦因的著作对上述诸学科研究的发展,充实青年朋友自身的知识宝库,无疑都是有重要作用的。既然如此,那么,我们为什么用较长篇幅揭露斯坦因探险的目的和性质,谈对斯坦因著作的看法呢?原因有三:第一,目前存在对斯坦因著作的认识误区(参见前述情况)。第二,其成果越大,欺骗性越大,不了解真相的人越容易受到蒙蔽。致使一些人将斯坦因的著作与其探险活动等同起来(如此,既抹煞了斯坦因探险的目的和性质,又将其探险完全学术化了),并以著作为标准评价其人(人的评价与著作的评价并不等同)。这样不仅掩盖了其探险的卑劣行径,而且还突出了斯坦因的正面形象,使对斯坦因其人的评价走向偏颇(对斯坦因其人的评价应包括探险活动和著作两大部分,以及其他有关部分)。第三,因为现在有一些人无原则地全面肯定斯坦因(包括探险活动在内),甚至大加吹捧。以此结合前述情况,又使对斯坦因著作认识的误区发展到对他探险活动的认识误区,并已经造成误导之势。针对上述时弊,我们认为必须及时敲响警钟,揭露斯坦因探险的目的和性质,分清他著作中的良莠,指出其著作中的不足和问题。从而提醒读者,特别是不了解那段历史的青年读者,在读斯坦因著作时,一定要站在中国人的立场,结合历史背景,以爱国主义精神和实事求是的批判精神、严谨的科学态度予以认真的审视。在事关我国主权和民族尊严的大是大非面前,绝不能人云亦云,盲目跟着别人随便给斯坦因唱赞歌。我们希望读者朋友们,要以史为鉴,了解斯坦因在探险活动中的所作所为,深入研究和分析斯坦因的著作,并以这两者所表现的不同层面和两重性,如实地、恰当地评价斯坦因。这是认清斯坦因本来面目和读斯坦因著作时必备的主要基本功之一。

(本篇原是为巫新华主持翻译的斯坦因著《沙埋契丹废墟记》所写的序言,现略作改动,先行发表于《吐鲁番学研究》,2002年第1期)

主要参考书目

汉文

中华书局标点本：

《史记》、《汉书》、《后汉书》、《三国志》、《晋书》、《梁书》、《魏书》、《周书》、《隋书》、《旧唐书》、《新唐书》、《新五代史》、《元史》、《明史》、《资治通鉴》等。

王溥撰. 唐会要〔M〕. 北京：中华书局,1955.

杜佑. 通典.〔M〕北京：中华书局,1988.

李吉甫. 元和郡县图志〔M〕. 贺次君点校. 北京：中华书局,1983.

玄奘. 大唐西域记校注〔M〕. 季羡林等校注. 北京：中华书局,1985.

王钦若. 册府元龟〔M〕. 北京：中华书局影印本,1960.

郦道元. 水经注〔M〕. 杨守敬、熊会贞疏,段熙仲点校. 南京：江苏古籍出版社,1989.

徐松. 西域水道记〔M〕. 道光三年刊本.

陶保廉. 辛卿侍行记〔M〕. 光绪三十三年刻本,养树山房本.

袁大化修,王树楠纂. 新疆图志〔M〕. 宣统三年铅印本.

国家文物局古文献研究室、新疆维吾尔自治区博物馆、武汉大学历史系统编《吐鲁番出土文书》一至十册〔G〕. 北京：文物出版社,1983—1991.

王国维. 流沙坠简〔M〕. 日本：京都东山学社印本(1914),1934年校正重印本.

王国维. 观堂集林〔M〕. 北京:中华书局影印本,1984.

冯承钧. 西域南海史地考证汇辑〔G〕. 北京:中华书局,1957.

〔法〕沙畹著,冯承钧译. 西突厥史料〔M〕. 北京:中华书局,1958.

岑仲勉. 西突厥史料补阙及考证〔M〕. 北京:中华书局,1958.

黄文弼. 罗布淖尔考古记〔M〕. 北平(北京):国立北平研究院史学研究所,1948.

黄文弼. 西北史地论丛〔M〕. 上海:上海人民出版社,1981.

〔英〕A. 斯坦因著,向达译. 斯坦因西域考古记〔M〕. 北京:中华书局,1946.

冯家昇. 维吾尔史料简编(上册)〔M〕. 北京:民族出版社,1958.

刘义棠. 维吾尔研究〔M〕. 台北:正中书局,1975.

韩翔、王炳华、张临华. 尼雅考古资料(内收王广智《新疆出土佉卢文残卷译文》)〔M〕. 乌鲁木齐:新疆社会科学院,1988.

林梅村. 沙海古卷——中国所出佉卢文书(初集)〔M〕. 北京:文物出版社,1988.

陈梦家. 汉简缀述〔M〕. 北京:中华书局,1980.

中国国家文物局、新疆维吾尔自治区文物考古研究所. 交河故城〔M〕. 北京:东方出版社,1998.

沈福伟. 中西文化交流史〔M〕. 上海:上海人民出版社,1985.

马雍. 新疆所出佉卢文书的断代问题〔J〕. 文史,1979(7).

孟凡人. 北庭史地研究〔M〕. 乌鲁木齐:新疆人民出版社,1985.

孟凡人. 楼兰新史〔M〕. 北京:光明日报出版社,1990.

孟凡人. 楼兰鄯善简牍年代学研究〔M〕. 乌鲁木齐:新疆人民出版社,1995.

孟凡人. 高昌壁画辑佚〔M〕. 乌鲁木齐:新疆人民出版社,1995.

孟凡人. 丝绸之路史话〔M〕. 北京:中国大百科全书出版社,2000.

日文

香川默识编. 西域考古图谱〔M〕. 日本:国华社,1915.(本书引用

欧·亚·历·史·文·化·文·库·

时,缩写成西·图·史,后面注明原书图版号。)

松畴男. 古代天山的历史地理学研究〔M〕. 东京:早稻田大学出版社,1956,1970.

长泽和俊. 楼兰王国〔M〕. 东京:角川书店,1976.

安部健夫. 西回鹘国史研究〔M〕. 京都:汇文堂书店,1955.

森鹿三. 东洋学术研究·居延汉简篇〔M〕. 京都:同朋舍,1975.

西川宁. 李柏书稿年代考〔C〕// 东京教育大学教育学部纪要八. 1967.

藤枝晃. 楼兰文书札记〔J〕. 东方学报,1970(京都四一).

小山满. 张济文书之考察〔J〕. 东洋学术研究,1972,11(1).

西文

August Conrady. Die Chinesischen Handsch. Riften und Sonstigen Kleinfunde Sven Hedins in Lou – lan. Stockholm, 1920.（本书引用时缩写成 C·P(纸文书),C·W(木简),后面注明原书编号。）

Edouard Chavannes. Les documents Chinois découverts Par Aurel Stein dans les sables du Turkestan oriental. Oxford,1913.（本书引用时缩写成 cha,后面注明原书编号。）

Henri Maspero. Les documents Chinois de la troisiéme expéditiom de sir Aurel Stein Asie Central, London, 1953.（本书引用时缩写成 MA,后面注明原书编号。）

Boyer, A. M, Rapson, E. J. & Senart, E：Kharoṣṭhi Inscriptions, discovered by Sir Aurel stein in Chinese Turkestan part Ⅰ—Ⅲ, Oxford, 1920、27、29。（本书引用时直接用原书编号。）

Aurel Stein. Serindia, Detailed Report of Explorations in Central Asia and Wester. nmost China. Volumes Ⅰ—Ⅴ. Oxford, Clarendon press, 1921.（1999 年文本师范大学出版社,出版汉译本。）

Aure Stein. Innermost Asia. Detailed Report of Explorations in Central Asia, Kan – Su and Eastern lran. Volumes Ⅰ — Ⅳ. oxford. Clarendon press, 1928. (2004 年文本师范大学出版社,出版汉译本)

F·H·Andrewe. wall paintings. From Ancient Shrines in central A-sia, 1948.

Grünwedel. A·Bericht über archäologische Arbeiten in ldikutschari- und umgebung. Im wineer 1902—1903. München, 1905.

Le Coq. chotscho, Berin, 1913.

附：佉卢文汉文译名

王名、职官与地名

1. 王名

aṃǵoka	安归迦
tajaka	陀闍迦
pepiya	贝比耶
mahiri	马希利
vaṣmana	伐色摩那

2. 职官

aǵeta, aǵita, aghita	税吏
apsu	曹长
ari	贵人
ekhara	埃卡罗
oǵu	奥古
kala, ala, khara	卡拉
kitsáitsa, kitsayitsa, kitsatsa	元老
kori	御牧
guśura	古斯拉
carapuruṣa, caraǵa, carka	探长
cojhbo	都伯（州长）
jiṭugha, jiṭuṃga, ciṭughi	夷都迦（侍中）
tasuca	祭司

toṃga, toṃgha	督军
daśavita, dajavita	十户军
divira, dtivira	书吏
vasu, v́asu, asu	司土
śadavida, śatavida	百户长
soṭhaṃga, soṭhaṃgha, soṭhaga	税监

3. 地名

kuhani	库哈尼（扜泥）
khvani, khuv́aneṃci	库瓦尼（扜泥）
kroraiṃna, krorayina	库罗来那（楼兰）
caḍota, caḍoda	凯度多（精绝）
calmadana, calmatana	且末
navaǵa av́ana, navaka	纳缚县, 纳缚
nina, nana	尼壤
mahaṃtanagara	马哈姆塔·纳加拉（伟大城镇）
saca, sacha	舍凯（莎阇）
supiya	苏毗

4. 行政区划

av́ana	县（州之下第二级行政单位，其地位高于村，又不同于现代的县，此处系借用这个名称）
grama	村
goṭha	庄园
daśavita, dajavita	十户
nagara	城
raya	（王）州
śadavita	百户

·欧·亚·历·史·文·化·文·库·

人名

acuñiya	阿注尼耶
apǵeya	阿波格耶（阿钵吉耶）
apeṃna	阿般那
apñiya	阿波尼耶
aṃtiya	安提耶
arcaka	阿凯伽
oǵiya	奥祇耶
onaka	乌那伽
kapǵeya	迦波格耶
kamlana	甘罗那
karaṃt	迦罗没蹉
kipṣaya	吉波沙耶
kipṣuta	吉波苏陀
kuuna	鸠那（鸠元）
kutre	鸠特列
kupala	鸠帕罗
kúṃṣena	鸠那色那
kustañaga	鸠色多那伽
kuraǵeya	鸠罗吉耶
kolṕina	柯莱那
kranaya	克罗那耶
camaka	凯摩迦（左摩迦）
calaya	凯罗耶
cuǵapa	注伽钵
ḍhaǵiya	驮吉耶（达祇耶）
tagu	耶笈

tatika	驮提伽
taṃjaka	檀阇伽
tamaspa	耽摩色钵
tsuǵeṣra	楚格施罗
payina	钵夷那
parsuǵe	帕尔苏格
piǵita	毕祇多
piteya	毕特耶
piltua	皮尔都
pǵena	波格那
budhapala	觉护
bhimaya	毗摩耶
bhuǵelga	布格尔伽
maṣḍhiǵe	摩施迪格
malbhiǵeya	摩尔毗格耶
malbhu	摩尔布
mutreya	牟特罗耶
muldeya	牟尔德耶
moǵeya	莫吉耶
motǵe	莫特伽
yapǵu	耶钵笈（叶波怙）
yitaka	夷陀伽
rutraya	卢特罗耶（楼答喇耶）
larsu	罗苏（罗尔苏）
lustu	楼色都
lṕipa ṅǵa	莱钵多伽
lṕipeya	黎贝耶
lṕipe	黎贝
lpimsu	林苏（莱没苏）

489

vasula	婆数罗
v́arpa	伐钵
vaǵiya	布祇耶
vukiṃna	布基没那
vukto	伏陀
vurcuǵana pradaeǰade	伏尔周迦那之部
ṣamaṣena	舍摩犀那（勤军）
saǵapeya	沙迦贝耶
siǵaya	施耆耶
śī̄ rjhata	尸札多
siḋnaya	尸德那耶
su ŝita	苏耆陀（苏笈多）
sugiya	苏耆耶
sucaṃma	苏遮摩
sujata, sujada	苏阇陀（善生）
suryamitra	苏耶迷多罗（日友）
sotuǵe	索波阇伽
namarajnma	那摩罗兹摩

注：目前佉卢文汉文译名很不规范，译法很多。本书采用的是王广智和林梅村的汉文译名，其中有的译名虽不太合适，但考虑到上述二人的汉文译名使用者较多，故未变动。

索　引

·欧·亚·历·史·文·化·文·库·

B

·欧·亚·历·史·文·化·文·库·

R

S

507

508

·欧·亚·历·史·文·化·文·库·